U0513378

"中国人权研究"编辑委员会

顾　问：王家福　刘海年

主　任：李　林　陈泽宪

副主任：莫纪宏　周汉华　柳华文

委　员（以姓氏拼音为序）：

　　　　陈　洁　陈　甦　胡水君　蒋小红　李洪雷　李明德

　　　　廖　凡　刘敬东　刘仁文　曲相霏　孙世彦　孙宪忠

　　　　田　禾　谢鸿飞　谢增毅　熊秋红　薛宁兰　朱晓青

学术秘书：张锦贵　卢　娜

60TH ANNIVERSARY OF
INSTITUTE OF LAW, CASS

中 国 人 权 研 究

丛 书 主 编 ／ 李 林

儿童权利论

一个初步的比较研究

王雪梅 ／ 著

CHILDREN'S RIGHTS
A Preliminary Comparative Study
in the Context of China

社会科学文献出版社
SOCIAL SCIENCES ACADEMIC PRESS (CHINA)

"中国人权研究"总序

人权，是人作为人，基于每个人的自然属性、文化基因和社会本质所应当享有的权利。

人权，是人类文明最崇高的普遍价值之一，是中国人民和世界人民长期以来的美好追求。

人权，是全面建成小康社会，实现国家富强、人民幸福、中华民族伟大复兴中国梦的核心价值和内在要求。

人权，是人民幸福、人民尊严、人民利益、人民当家作主的具体化、法治化和可操作的制度安排，而绝不仅仅是抽象的意识形态概念。

人权，无论是作为一种理论、一种文化、一种价值，还是作为一种权利、一种制度、一种实践……都值得深入研究，需要广泛传播，都应当得到充分尊重、有效保障和具体实现。

由于众所周知的历史原因，人权这个概念曾经被视为"资产阶级的口号"而列为研究的禁区，人权话语一度成为与人民共和国、中国人民、社会主义宪法和法治等格格不入的西方怪物，成为中国共产党领导和中国特色社会主义的异化和敌人。

1978年中国改革开放以后，随着社会主义民主的日益发展、国家法治建设的不断加强，人权问题得到愈来愈多的重视和关注。以1990年初有关"人权问题回避不了也不能回避"的共识为依据，以1991年6月中国社会科学院法学研究所在北京召开第一个全国人权理论研讨会为标志，人权理论研究和宣传的禁区逐渐被打破；以1991年10月中国政府发表第一个《中国的人权状况》白皮书为转折，以1997年中共十五大正式提出"尊重和保障人权"为标志，人权逐渐成为主流话语，广泛深入研讨人权问题成为学界的重要任务。在这个过程中，1991 年中国社会科学院法学研究所成立了人权理论与对策研究课题组，1993 年在课题组的基础上组建了中国社会科学院人权研究中心。

中国社会科学院人权研究中心成立 20 多年来，积极开展人权对策研究，向党和国家有关部门提交了《中国应高举社会主义人权旗帜》、《划清人权的国家保护和以人权为借口干涉别国内政的界限》、《发展权是各项人权的必要条件》、《主权与人权的几个问题》、《确立"尊重和保障人权"的宪法原则》、《关于中国参加国际人权两公约的建议》等研究报告；深入开展人权理论研究，出版了《中国人权建设》、《发展中国家与人权》、《当代人权》、《当代人权理论与实践》、《人权的普遍性与特殊性》、《妇女与人权》、《人权与司法》、《人权与 21 世纪》、《经济、社会和文化权利研究》等论著；深化人权基础研究和比较研究，出版了《中国人权百科全书》、《国际人权文件与国际人权机构》等工具书，组织翻译出版了《权利的时代》、《人权与国际关系》、《人权与科学技术发展》、《普遍人权的理论与实践》等外国人权理论著作。这些成果，极大地引领和推动了中国的人权理论与对策研究，促进了中国人权法治的完善和发展。

人权是法治的精髓，法治是人权的保障，两者互为表里，相辅相成，相得益彰。法治、人权和民主都是中国社会科学院法学研究所长期以来高度重视和深入研究的重要领域，其间产生了许多具有重大学术价值、理论意义和实践影响的成果，在中国改革开放史和新时期法学研究史上留下了浓墨重彩的印记。为了纪念中国社会科学院法学研究所成立 60 周年（1958—2018 年），巩固前期人权研究成果，整合以往人权研究资源，弘扬人权研究的创新精神，推进人权研究的理论化、法治化和国际化，为构建中国特色人权理论体系、话语体系、学术体系和教材体系提供支持，中国社会科学院法学研究所、国际法研究所决定出版"中国人权研究"系列丛书。丛书既要重新编辑加工出版 20 余年来有重要文献和学术价值的人权专著、论文集、译著、研究报告等，也要面向未来人权理论和对策研究，继续编辑出版有关人权研究成果，条件具备时还要出版英、德、法等外文的人权研究成果，努力使之成为法学研究所和国际法研究所作为国家人权法治高端智库的标志性品牌，为中国人权理论创新和实践发展作出新贡献。

当前，中国的法治和人权已经站在更高的历史新起点，中国的法治理论发展和人权学术研究已经进入更辉煌的历史新阶段。我们比以往任何时候都更加充满道路自信、制度自信、理论自信和文化自信，更加充满民主自信、法治自信、人权自信和政党自信，将在实现“两个百年”奋斗目标、实现民族复兴中国梦新的伟大征程中，不断创造中国特色社会主义法治和人权理论研究的新成就新辉煌。

李　林

2017 年 8 月

再版序言

　　本书自 2005 年出版至今已历经 13 载，对于一个人来说开始进入更有思想和主张的青春期。就本书而言，因为当初理论准备和资料积累得不够充分，对某些问题思考得也不够深入，在内容和技术上留有的遗憾未能及时弥补。比如，在内容上，儿童保护原则当中的"尊重儿童意见原则"，其意义在于强调要听取儿童的意见并给予认真对待，因此也有论者以"参与原则"表示，笔者当初的理解重点在于"尊重儿童"，因此将尊重儿童人格尊严放在一起加以论述，但实际上可能会削弱该原则对儿童参与的强调；最大限度保障儿童生存和发展原则，意在强调儿童的生命、存活和发展，以及国家、家庭、社会及儿童这些主体之间的关系，原版用"多重责任原则"表示，仅注意强调了后者，不够全面。在儿童权利的基本内容一章，"生存的权利"和"发展的权利"分为两节讨论并没有问题，但是考虑到多数人将权利内容分为生存权、发展权、受保护权和参与权，我国 2006 年修改的《未成年人保护法》也将这四大权利纳入其中，因此，从善而如流，这次修订也将儿童权利内容分为四节来论述。另外，基于作者这些年对儿童权利保护问题的持续思考和关注，时有心得，希望有机会加以补充，此其一。

　　其二，十几年来无论是在国际范围还是国内范围内，儿童权利保护理论和实践都有了一些新进展，特别是后者。当然，基本原理方面不会有太大变化，只是这些年有两个新动向需要介绍给读者。一个动向是国际社会从特别强调儿童权利的个体属性，向个体权利和儿童群体权利同等保护方面转变，从《儿童权利公约》的英文表达（*Convention on the Rights of the Child*）就可以看得出其对个体权利的重视，这里用的是"the child"不是"children"。而近些年，儿童权利委员会关注到了某些儿童群体权利有其特殊性，特别是处于特殊状态下或困境当中的儿童，如难民儿童、受艾滋病影响的儿童等。另一个动向是特别强调用儿童权利保护的视角看待和解决实践中的问题，而不只是采取一种福利的视角。在儿童福利保护当中注意权利视角的把握有着特别重要的意义，因为，传统的福利保障都是补缺性质的，且往往被看作一种额外的利益，甚至是"施舍"。但事实上，就对困境儿童的福利保障来说，不管是物质帮助还是精神上的福祉，都是他们原本就该有的权利，他们之所以陷入困境，是因为有不合格的父母、不合理的制度，那么，对困境儿童的福利保障其实就是成人社会弥补对他们的亏欠，是对困境儿童应有权利的尊重。就儿童权利保护的实践发展来看，十几年来，国际、国内儿童权利保护实践也特别关注一些新问题，比如，联合国儿基会发布的《2016 年世界儿童状况》关注的是"平等的机会"，《2017 年世界儿童状况》关注的是数字时代的儿童。而我国儿童福利保障也已经有了比较大的发展，流动儿童、留守儿童、重症儿童、失依儿童的保护问题得到国家的高度重视，这些问题需要根据《儿童权利公约》做出阐释。

其三，认真的读者对本书的批评主要围绕分论部分，认为除了篇章结构的失衡外，内容上也欠缺颇多，比如，用三章的篇幅讨论少年刑事责任及其权利保护问题，明显使得整体的布局不合理，而对其他处于特殊状态下儿童保护问题的讨论又显得过于薄弱。原本此书就是对《儿童权利公约》的解读，对公约中的很多内容潦草带过也并非作者初心。

基于以上三点，在原版的基础上，笔者本次做出了较大的修改。对总论部分的总体框架做了一些微调，根据儿童权利委员会这十几年发布的 21 项"一般性意见"的解释增加了一些内容；分论部分改动比较大，将原来的第六章、第七章和第八章的内容删减掉 2/3 并同时充实了一些新内容合为一章，而将收养中的儿童、流离失所中的儿童（难民儿童和受武装冲突影响的儿童）单独立章，并增加了一章讨论流动儿童和留守儿童的权利保护问题。分论"特殊状态下儿童权利保护概述"一章的内容结合了笔者另一部专著《儿童福利论》，对残疾儿童、重症儿童和失依儿童的权利保护做了简单的阐释。

值此修订本再版之际，笔者感到少许欣慰的是，总算了却了修订此书的心愿。

王雪梅 谨识

2018 年元月于青年汇佳园

序　儿童有权利吗？

　　我们不无遗憾地看到，这个世界是一个由成人主宰的世界，儿童的利益时刻处于危险之中。从"弑杀亲母"①到"蓝极速网吧放火"②，从阜阳"奶粉事件"③到泗县"甲肝疫苗接种事件"④，看到这些，笔者时常陷入深深的彷徨和痛苦之中，禁不住自问：创造什么样的健康安全环境才能不使他们坠入犯罪的深渊，怎样才能保护好我们的孩子不受伤害？当成人的利益与儿童的利益发生冲突时，怎样寻求合理的解决办法以满足儿童最大利益的需求？怎样才能把儿童权利观念注入每个中国人的心田，使之成为我们时代的精神风貌？不能否认，把儿童的利益宣布为儿童的个体权利，并从人权的角度加以保护，是现代国际社会发展的重大进步。但是，半个多世纪过去了，儿童权利的发展仿佛进入了另一条"时空隧道"，它并没有随着时光的推移融入我们的生活，成为我们基本的价值取向。对很多中国人而言，儿童权利是生疏而又不可思议的。笔者想，这一方面是因为我

---

①　2000年1月17日，某17岁中学生因其母亲唠叨其学习成绩下降给他造成压力，情急之下操起铁榔头将其母杀害，震惊全国，该学生被判有期徒刑15年。见《大地》2003年第18期。

②　2002年6月16日凌晨，一名13岁和一名14岁的少年，点燃了位于北京海淀区学院路20号的"蓝极速"网吧。火灾导致25人死亡。起因是两人没钱上网，受到该网吧服务人员的羞辱而起报复之心。见《中国青年报》2002年6月17日。

③　2003年3月，安徽省阜阳市颍东农村，因食用苍南圣宝乳品有限公司等生产的婴儿奶粉，食用婴儿严重营养不良，出现呼吸循环衰竭，患上营养不良综合征，引起较大的社会反响。见《人民日报》2004年6月10日。

④　2005年6月18日，安徽省泗县水刘小学几百名学生因接种甲肝疫苗，引起过敏反应和群体性心因性反应。经查，这次事件是基层卫生防疫人员违规操作，擅自进行群体性接种所致。见《人民日报》2005年6月29日。

们的法律文化中儿童权利意识的欠缺。传统的儒家文化教育我们"玉不琢，不成器"，儿童从来都是被雕琢的对象，而不是拥有权利的独立个体。另一方面是因为儿童权利理论的缺乏和模糊，这可能源自其"母体"——人权理论的混乱。在很大程度上，儿童权利的自觉需要社会深入浅出的引导。

一如人权概念在解释和运作过程中总是出现混乱和模糊一样，儿童权利概念也存在各种各样的解读。儿童权利就像一块"橡皮泥"或一个"变形球"，把它捏成什么样就是什么样，似乎不管从什么意义上使用儿童权利概念都有一定的合理性。实际状况正是如此，人们或从道德意义上或从法律意义上使用儿童权利概念，或通过强调儿童权利某一方面的价值解读儿童权利，或从某一特定文化的视角看待儿童权利。其实，由于儿童权利主体的特殊性，儿童权利在适用中遇到的更多问题是多元价值的冲突。例如以权利冲突表现出来的个体利益和集体利益的冲突、儿童权利与家长权利的冲突，以文化价值冲突表现出来的儿童权利和传统习俗的冲突，以国际法转换形式表现出来的作为国际标准的儿童权利与国内法律规定的冲突，等等。这样一来，儿童权利似乎不仅是一个语义模糊、难以确定的概念，还是一个到处碰壁、无法适用的概念，难怪人们觉得儿童权利只不过是一个"口号"，对它既渴望、向往，又觉得虚空、无奈。

那么，儿童权利果真是人为构筑的，是不可知的吗？儿童保护运动的历史告诉我们，人类正走在获享儿童权利的路上，尽管举步维艰、路途遥远，但是，人类一直在思考这个庄严而又内涵丰富的话题。显而易见，对儿童权利的认识同样摆脱不了人类认识的两种模式，① 一方面，理性的启蒙促使人们对儿童的传统道德地位、对儿童的现实状况特别是对危急状态中儿童的待遇做理性的思考；另一方面，儿童的现实状况又在不断地修正人们对儿童的社会地位、权利及其实现的理性判断。在笔者看来，儿童权利是一个多维度的、立体的概念。从社会架构的角度看，儿童权利是一项制度，首先是法律制度，包括一系列具体的权利及其实现机制；从发展观的角度看，儿童权利是一种历史和文化现象；从道德意义上理解，儿童权

---

① 一是理性的、建构的、乌托邦的、未来的；二是经验的、进化的、现实的、传统的。参见陈兴良《刑法的启蒙》，法律出版社，2000，第 4 页。

利又是一种理念。

首先，儿童权利是一项制度，由若干具体权利及其实现机制构成，这些具体权利的设定又有别于普遍意义上的人权内容。如果我们只笼统地说儿童权利包括公民、政治权利和经济、社会、文化权利，儿童权利就失去了独立存在的实际意义。当然，我们并不是要刻意地将儿童权利和普遍意义上的人权做区分，实际上，二者也是不可能分开的，它们在质的规定性上有着一致性。之所以要做一些区分，是因为作为儿童权利主体的儿童与成人有着天然的不同。作为儿童来说，他们的身心发育尚未成熟，个性和智识都有待发展，应当得到特别的保护和照料，包括法律上的适当保护。因此，有些权利是成人享有而儿童没有的，如婚姻自由；而有些权利是儿童享有而成人没有的，如被控少年审判中的父母到场权等。笔者认为，儿童权利的保护和实现既要体现国家、社会对儿童个体的特别保护，又要体现特定文化条件下个人潜质的充分发展。儿童权利大体包括生存的权利和发展的权利两方面的内容。前者包括生命权、健康权、相当生活水准权、安全生存环境权等，后者包括教育权、参与权以及基本自由权等。

其次，儿童权利是一种历史和文化现象。儿童权利是人类文明发展的产物。回头远望，在古老文明的进化中，许多美德的产生，如同情、仁慈等都是在对后代的关爱中诞生的，而这些美德又往往被湮没在低级和狭隘的人性之中。从原始社会开始，人的生存和发展就是以牺牲个体为代价的，原始人还没有意识到生命的意义，即便到近代，儿童的价值仍然是无足轻重的。儿童不过是一个客体，甚至是虐待、谋杀、战争的牺牲品，是教育政策或健康恶化的靶子，是被边缘化了的群体。儿童因其身心发育尚未成熟，在社会历史和经济文化发展的进程中，悄悄而又被动地改变着自己的命运。只要人类对自身的理解和狭隘的利己主义的道德分不开，人类就不可能真正爱护他们的未来——儿童；只要人类不给予他们的后代真正的关爱，他们就永远是狭隘而渺小的人类。可以说，真正赋予人类伟大意义的是"儿童世纪"的到来，特别是被誉为儿童权利"大宪章"的《儿童权利公约》的出台。尽管公约的制定过程持久而艰难，却得到了国际社会的广泛接受，这在国际文件发展的历史上是少见的。我们要理解儿童权利的由来和发展，要探究儿童权利为什么会被接受或不被承认，不得不对儿童及其权利的发展做一番历史和文化的考察。

再次，儿童权利又是一种理念。儿童权利作为个体权利的理念是《儿童权利公约》确立的。就像我们把人权理解为"人人的权利"一样，儿童权利也是"儿童个体的权利"，是每个儿童都应当拥有的权利。所以，儿童权利不是一个群体权利的概念。这就要求我们尊重现实中每个个体儿童的权利，无论在家庭中、学校里还是社会上，儿童都应当受到平等的对待。尽管从某种意义上来说，儿童的活动大多被限定在家庭和学校范围内，作为一个独立的个体或一个不愿接受管束的群体，他们在公共生活中似乎并不怎么受到欢迎，但是，至少现在的人们已经接受了儿童权利观念，认识到儿童的保护不限于家庭、学校，还包括社会。尽管这种理念和儿童保护的需要还有距离，儿童权利仍然没有形成社会政策和规划的"基本的社会价值"，但至少儿童权利观念为我们树立了一个家庭生活和广泛的社会政策标准。尽管人们对儿童权利的概念有多种解读，但儿童的重要性是不容置疑的，儿童权利较之普遍意义上的人权，更能够鲜明地反映一个国家人权发展的状态和水平。我们主张儿童权利，并不是要把儿童置于成人的对立面，正如我们主张妇女解放，并不是把女性和男性看作不能相容的对立体一样。我们倡导儿童权利，是在承认儿童与成人间的差异性、承认双方拥有自主权的前提下，认真对待这种差异性并探寻双方利益的结合点。

作为个体权利的儿童权利，还要求我们对儿童进行全面的保护，而不只是保护他们中的一部分或大部分。应当使每个儿童都得到平等的保护和尊重，而不管他们是残疾还是被控有罪，不管他们是难民还是孤苦无助。因此，我们有必要对收养儿童、残障儿童、难民儿童、武装冲突中的儿童、触法少年以及其他处于弱势地位的儿童给予特别的保护和照料。特别是被指控有罪的少年，人们往往只注意到他们离经叛道的一面，而鲜少考虑他们作为社会牺牲品的一面，很少注意到，是国家、社会和家庭没有尽到保护和教育的责任才使他们走上了犯罪的道路。对于这些少年我们有什么理由一味地追究其个人的责任，而不对他们尽教育保护之责呢？

我们还注意到，第一，儿童权利观念源自西方，半个多世纪以来对其理论和实证上的研究已趋于成熟，但在实际运作的层面始终存在各种各样的冲突和问题，这些冲突和问题是它本身不可避免而带有的、与西方价值观念相联系的特性所致，还是儿童权利概念本身的问题，值得认真分析总结。第二，随着西方人权观念包括儿童权利观念在世界范围的激荡，中国儿童权利保护意识正在升腾。然而，博大精深的中华文化造就出的却是别样的价值体系，这个缺乏儿童权利意识的价值体系与源自西方的儿童权利观念必然会发生冲突，对这些冲突进行研究很有必要。第三，对儿童权利的尊重和保护既是人类文明的产物也是衡量文明程度的重要指标，对文明、和谐的追求和向往是人类共同的要求，怎样会通发扬中华文明的优秀传统并将其与西方现代文明成果相结合，建立适合中华文化要求并且能够与世界对话的儿童权利保护机制，乃笔者孜孜以求的心愿。此三点也正是笔者写这本书的意图所在。

本书分为总论和分论。总论部分探讨儿童权利的一般问题，包括儿童的地位及权利、儿童保护的原则、儿童权利内容及其实施机制四章。分论部分论述特殊状态下儿童的权利问题，尤其对被控少年的权利及其刑事责任做了较为详细的具体分析，包括特殊状态下儿童权利保护概述、被控少年的实体法保护及其刑事责任、少年刑事司法中的权利与责任以及中外关于被控少年的保护及其刑事责任的规定四章。下面分别对各章内容做简要的概括。

第一章分为四个方面，讨论儿童的地位及其权利问题。首先，讨论了儿童及其地位，尤其对儿童的家庭、社会和法律地位的历史发展做了必要的梳理，同时还对政治、文化和经济因素对儿童状况的影响尽可能地做了概括。其次，对儿童保护运动做了历史的考察，试图展示儿童保护是伴随着工业革命的发展、民权运动的兴起以及妇女地位的提升而受到前所未有的关注的，特别是《儿童权利公约》为我们树立了国际儿童权利保护的最高标准。再次，考察儿童权利的当代观念及其在具体运作中产生的冲突，试图强调具体文化背景下促进儿童权利发展的重要性。最后，对中国儿童权利保护的发展，以及《儿童权利公约》对中国儿童保护的影响做了论述，指出在儿童保护方面还存在的问题并提出建议。

第二章讨论儿童权利保护的原则。本书将其归纳为四项原则，首先，简单论述了最大利益原则的含义和该原则的特点，试图探明"最大利益"作为国际标准的具体内涵，结论是只有在具体的历史文化背景下，儿童权利保护的最大利益才能具有确定性。其次，关于平等（无歧视）原则，笔者认为，在儿童保护的语境下可以从道德平等和儿童特需两个方面来理解，之后着重对平等原则的实现条件进行了简单的归纳。再次，尊重儿童原则除了尊重儿童的基本权利和基本自由外，还包括对儿童的人格尊严、观点和意见的尊重，本章主要对后者进行了论述。最后，多重责任原则主要考察在保护儿童权利中，国家、社会和家庭所应承担的责任，其中重点讨论父母履行监护义务中所面临的困难，还间或涉及国家、父母和儿童三方的关系问题。

第三章讨论儿童权利的基本内容。本书将儿童权利内容分为生存的权利和发展的权利两部分。第一部分从人的生存应具备的基本生存权利和快乐而有尊严地生存这两个层面叙述儿童生存权利的内容，具体包括生命权、安全环境权、健康权、相当生活水准权等内容。第二部分从儿童应得到基本的教育以及身心获得充分发展两个方面论述发展权利的内容，包括教育权、参与权和基本自由的保障。

第四章分两个层次讨论儿童权利的实施机制。第一个层次论述《儿童权利公约》的实施机制，重点介绍了儿童权利委员会和政府及非政府组织的实施机制；第二个层次是国内实施机制，涉及缔约国实施公约的义务、《儿童权利公约》在国内法中的地位、救济措施、国内政府和非政府组织在实施中的作用等方面。

第五章讨论特殊状态下儿童权利的保护问题。主要探讨对收养儿童、难民儿童、残疾儿童和武装冲突中儿童的权利保护问题。收养制度中儿童的保护主要涉及收养的国际标准、国外有关收养的规定以及我国的收养制度。之后，还就难民儿童和残疾儿童的定义、国际文件对他们的特别规定及其保护以及国内的保护机制做了简要的论述。武装冲突中儿童的保护主要涉及参与敌对行动的儿童、冲突中的平民儿童以及这些受害儿童的重返问题。

第六章讨论被控少年的实体保护及其刑事责任问题。被控少年的实体保护集中体现在各国的刑事责任制度中，对刑事责任制度的历史观照也可以使我们看到，少年刑事责任制度的建立和发展在很大程度上是为了满足少年的特需。因此，本章着重探讨被控少年刑事责任制度存在的事实根据和理论基础，主要从历史的角度考察了少年主体的特点和犯罪成因，强调因少年生理、心理发育不成熟，易于受到外界客观环境的影响，成人社会对触法少年的失足负有不可推卸的责任。随后，探讨了被控少年刑事责任的目的、原则和归责要素，着重分析了刑事责任能力与刑事责任年龄，指出少年刑事责任能力所具有的获得性、渐进性、有限性和差异性的特点。最后，对少年刑事责任理论与传统刑事责任理论上的悖反做了初步探索，对国外被控少年刑事责任的立法特点进行了考察。

第七章讨论少年刑事司法中的权利与责任问题，展现了少年刑事司法的两个核心问题。通过正当程序的运作，一方面保护被控少年和被剥夺自由少年的权利；另一方面确认被控少年应承担的刑事责任。本章侧重于探讨被控少年和被剥夺自由少年的权利，以国际法中的相关规定为基准，就触法少年的保护原则和权利内容进行重点考察；同时，还就少年司法模式与刑事责任确认及承担，包括对非刑罚方式以及几种特殊的少年处遇方式，如少年观护制度、保安处分和矫治制度进行了系统的介绍，试图寻求一种既达到预防少年犯罪的目的，又保护违法犯罪少年的理想模式。

第八章讨论我国未成年人刑事责任制度及其司法保护问题。首先，将我国少年刑事责任立法特点归纳为四点：刑事责任范围三阶段的划分；未成年人犯罪处遇中的宽宥原则；广义的刑事责任概念；对未成年犯排除死刑。同时探讨了我国少年刑事责任立法的科学依据、政策依据和制度观念依据。对我国被控少年刑事责任制度检讨的目的在于，比照国际上关于被控少年保护及其刑事责任的立法趋势，完善我国的相关制度。其次，对我国少年司法中权利保护问题给予了必要的关注，着重就少年司法原则、权利保护以及完善少年司法权力保障机制进行了探讨。

王雪梅

2005 年 7 月

目录
Contents

总论　儿童权利的一般问题

分论　特殊状态下儿童的权利保护

总　论
儿童权利的一般问题

第一章　儿童的地位及其权利[*]

儿童的地位和权利首先取决于一个社会关于儿童的道德准则。"尊老爱幼"是人类普遍的关于老人和儿童的道德原则，但是，一旦涉及权利问题，事情就变得复杂起来，这在很大程度上取决于如何认识儿童。有人把"儿童"的固有特点总结为四点：一是儿童时期只不过是人一生的短暂停留；二是儿童具有某种自然天成的本性；三是儿童的单纯性；四是儿童在年龄上处于弱势，有着脆弱的依赖性。特点一和特点四以儿童的能力为中心，特点二和特点三关系到儿童的道德性问题。儿童的能力和道德性不仅涉及儿童政策的制定和福利的享有，还影响到儿童的道德地位和对儿童权利问题的理解。[①]

经过长期的历史积淀和艰难跋涉，从 20 世纪初开始，儿童的道德地位和法律地位在儿童保护运动中得到迅速提升，也可以说，对儿童的保护在这几十年间发生了基因突变式的变化。从 1924 年日内瓦《儿童权利宣言》到 1959 年联合国《儿童权利宣言》再到 1989 年的《儿童权利公约》的通过，这期间伴随着工业的发展、民权运动的兴起以及妇女地位的提升，儿童问题受到了前所未有的关注。儿童保护运动所取得的可喜成就，不仅在于出台了一个几乎每个国家都承认的公约，还在于对这个公约所寄予的希望——使儿童的权利能够在国家制度中找到一个合理的位置。尽管各个国家的历史文化不同，但希望通过公约这个结合点，人们都能够接受儿童权

---

*　本章关于儿童地位和权利发展历史的叙述部分参考了 George H. Pagne, *The Child in Human Progress*；Michael Freeman, *The Moral Status of Children: Essays on the Rights of the Child*；〔法〕安德烈·比尔基埃等《家庭史》；〔英〕伯特兰·罗素《婚姻革命》等多部著作。为叙述的连贯性，本文在行文中不再一一标注，在此一并加以说明。

①　参见 Michael Freeman, *The Moral Status of Children: Essays on the Rights of the Child* (Martinus Nijhoff Publishers, 1997), pp. 9 - 10。

利是个体权利的理念。

儿童地位的变化反映在法律上就是"儿童权利"概念的诞生。但是，我们还必须深入地追问：儿童权利概念的出现意味着成人的世界把儿童当作社会的一分子认真对待呢，还是这种良好的初衷本身就存在某种成年人的偏好呢？我们只有认真地对待儿童的权利，儿童的地位才会获得真正地改善。权利对儿童的发展有多么重要似乎是不言自明的，但为什么儿童权利在运作的过程中会出现那么多至今都无法解决的问题？儿童权利观念的形成和发展有一个历史的过程，当这个社会的整体智识还没有达到一定的程度时，对儿童权利概念有不同的理解是难以避免的。同时，我们还看到，儿童权利本身又和儿童的能力以及文化的多元性等问题纠缠不清，这样，儿童权利概念的模糊就不值得大惊小怪了。关键的问题是，如何在具体的文化背景下解读儿童权利，并合理解决儿童权利具体运作中的冲突，促进具体文化背景下儿童权利的发展。

中国有着独特的历史文化积淀，儿童权利观念和儿童保护运动对中华文明固有的价值体系会有什么样的冲击？这种冲击与原有价值体系是渐趋融合的还是背道而驰的？是西方的观念吞噬了东方的价值观还是东方的价值观改造了西方的价值观？从汉代"罢黜百家，独尊儒术"之后，儒学就一直统治着中国人的精神世界，儒家观点也代表着对儿童的道德价值判断。尽管中国的法律中一直都有保护儿童的规定，文化传统也有爱护儿童的做法，但这些却是从家庭和社会的整体利益角度认识儿童价值的。通过国际人权活动，我们对儿童及其权利的认识发生了飞跃。我们不仅批准了《儿童权利公约》，还为儿童权利在国家体制中找到了一个位置，制定了《未成年人保护法》。当然，我们对儿童权利保护的水平还远未达到国际标准，对儿童权利的认识还存在误区，理论上也还有盲点，现实中那些残害儿童的事件还在不断地发生，因此，对儿童保护中的问题和如何改善进行归纳很有必要。

一　儿童的地位

"儿童"在不同时代和不同文化背景下有着不同的内涵，甚至被看作具有某种特殊实用价值的物什。例如，在新石器时代，儿童生存的唯一希望是父母或母性的本能。在文明的较高级阶段，在母系氏族制存在的地方，人们发现了儿童作为动产的存在价值，毕竟，人口的增殖对生产力低下的人类发展是必要的条件。在神学和哲学中，儿童也呈现了他们自身的重要性。儿童之所以受到人道的对待，是因为这个年轻的灵魂特别是男性将成长为一个作为父亲的男人，一个对国家负有责任的人。

法律上对儿童的承认，也包含不同文化背景的冲突。事实上，每一次较进一步的认识阶段都经历了漫长的岁月，最原始的习惯总是对更进一步的认识和启蒙进行修正。例如，在生物学角度上，有的地方把十三四岁作为儿童与成人的年龄分界线，认为这个年龄的孩子在生理机能上已达到成年。我国古代曾经以身高作为判断一个人是否成年的标志，认为一个人达到一定的高度就具有了成年人的气力。再如，在《儿童权利公约》的讨论过程中，对儿童定义的争论就凸显了各种文明之间的冲突，这些分歧表现在下列几个方面。

（1）童年的起点是从胎儿算起还是从出生算起。由于宗教的原因，有些国家的代表认为胎儿是有灵魂的，因此，法律应当禁止堕胎，并对胎儿加以保护。特别是19世纪以来，更多的人出于对生命的尊重，认为胎儿也是具有生命的个体，对儿童的保护应该包括保护胎儿，并建议《儿童权利公约》确认童年的起点从胎儿开始。对这个问题的讨论是无意义的，因为讨论的结果必然是谁也说服不了谁，而只能由各国通过自己的准则解决这个问题。《儿童权利公约》也只能采取回避或折中的办法，对童年的起点略去不提。当然，关于这个问题，有一点是争论双方都能够接受的，那就是1959年联合国《儿童权利宣言》序言中所载明的："儿童在其出生前和以后均需要特殊的保护和照料，包括法律上的适当保护。"比如，继承法中对胎儿预留份额的规定就体现了这种特殊保护。

（2）关于童年的终点。争论的焦点主要在于统一标准和尊重不同文化背景下法律规定之间的冲突。在有的国家或地区，特别是处于热带地区的国家或地区，因儿童成熟较早或贫困儿童众多，这些国家或地区难以负担众多儿童的生活，所以成年年龄规定偏低，从13岁到18岁不等。

（3）由于成年年龄规定的差异，如何尊重低于国际标准年龄的国家的

法律规定就成了一个问题。^①

关于儿童的定义，《儿童权利公约》认为"儿童系指18岁以下的任何人"。儿童权利委员会2013年在其《第14号一般性意见》中就该公约第13条第1款的含义，对儿童做出解释："儿童"一词系指在缔约国管辖范围之内一无例外地所有未满18岁者。对于儿童、未成年人、少年和青少年称谓的使用及年龄界限的划分，国际和各国均未做统一明确的界定。例如，英国刑法将14—18岁应负刑事责任者称为未成年人；德国少年法院法将14—18岁者称少年，将18—21岁者称未成年青年；我国《未成年人保护法》将18岁以下者均视为未成年人。^②尽管规定很不一致，但从一些规范性文件和各国的习惯中可以对其用法稍做区分。"少年"虽不是确切的法律用语，但在与刑事司法联系时通常有"少年司法"的提法，如联合国关于少年刑事问题的三个规则，西方国家也多将处理未成年人案件的法庭或法院称为"少年法庭"或"少年法院"。根据《联合国少年刑事司法最低限度准则（北京规则）》的规定，司法中的少年指按照各国法律制度，对其违法行为可以不同于成年人的方式进行处理的儿童或少年。从这个定义可以看出：①少年只是未成年人中的一部分；②少年的称谓与刑事司法有一定的关系；③即使在刑事司法领域，少年也不仅指犯罪嫌疑人或被告人，还包括有严重违法行为的少年；④罪错少年的范围比"少年犯"的范围要广得多，少年司法除了涉及犯罪、违法行为需要矫治的少年之外，在美国还包括身份犯^③。尽管如此，少年仍然不能等于犯罪，不能将"少年"污名化。另外，联合国关于《公民权利和政治权利国际公约》第10条的"一般性意见"建议，至少在少年司法中，将18岁以下者均视为少年。笔者对这项建议不敢苟同，认为把6岁以前的学龄前儿童也视为少年恐怕不是十分恰当。

无论如何，明确少年的含义是重要的。因为，国际和国内法律中的一

---

① Sharon Detrick, *The United Nations Convention on the Rights of the Child: A Guide to the "Travaux Préparatoires"* (Martinus Nijhoff Publishers, 1992), pp. 115 – 120.

② 我国台湾地区的"儿童福利法"将儿童定义为"未满12岁之人"。

③ 身份犯的本质是非犯罪的作为和不作为，如离家出走、逃学、夜间游荡。国家对少年的这些行为予以禁止是基于其年龄和能力，但成年人则可以自由实施这些行为。身份犯的规定有些是禁止性的，还有些是指令性的和预防性的。参见〔美〕巴里·C.菲尔德《少年司法制度》（第二版），高维俭等译，中国人民公安大学出版社，2011，第39—40页。

些标准只适用于少年，而不是所有的未成年人。从国际和各国的规定看，其通常将 18 岁以下者视为儿童或未成年人。根据有的论者关于《公民权利和政治权利国际公约》的分析，未成年人包括未达刑事责任年龄的儿童和达到刑事责任年龄的少年，而《儿童权利公约》将 18 岁以下者均视为儿童，代表的是相当晚近的观点，不能直接适用于《公民权利和政治权利国际公约》第 24 条。① 从社会学的视角看，学者在谈及权利保护问题时多采用"儿童"或"未成年人"的称谓，研究犯罪学的学者称之为"青少年"，年龄界限也比较宽泛；而从法学的角度看，在司法领域特别是刑事司法领域，多称"少年"或"青少年"。"少年"的称谓与刑事司法有一定的关系，由于各国社会制度和文化的差异，刑事责任年龄在划分上也有差异，起始于 14 岁或 15 岁左右的国家居多。刑事责任年龄的差异从一个侧面反映了少年刑事立法的合理性，因为少年刑事责任年龄的确立所依据的应该是人的心智成熟程度，而在不同文化、地域以及不同历史时期，少年的心智发育成熟程度是有差异的。在很多情况下，人们对"儿童"、"未成年人"和"少年"几个称谓的使用范围未做严格的界分，意义基本一致。既然国际惯例和本国的立法都没有一个统一严格的标准，我们也没有必要冠之以一个一致的名称，如若那样恐怕还会偏离它的原有含义。因此，我们在一般情况下用"儿童"、"未成年人"的称谓，但在涉及司法问题时，也沿用"少年犯罪"、"少年司法"等习惯用法，特别是在引用一些文件或著述时。

（一）儿童的道德地位

童年是绝无定论的。童年应该是什么样子，不仅因时代不同而不同、因民族文化不同而有异，恐怕也是因人而异的。正因为童年是没有固定模式的，所以，关于童年的判断也就有过于主观的嫌疑，如英国学者 M. 弗里曼（Micheal Freeman）在其著作《儿童的道德地位》中引述的波斯特曼（N. Postman）等人的观点认为，"童年正在消逝"。② 还有人以强势话语创造了一种超历史的童年模式，即所谓的"符合一切准则的童年"，更有甚

---

① 参见〔奥〕曼弗雷德·诺瓦克《民权公约评注：联合国〈公民权利和政治权利国际公约〉》（上），毕小青等译，生活·读书·新知三联书店，2004，第 422—423 页。

② Michael Freeman, *The Moral Status of Children：Essays on the Rights of the Child*（Martinus Nijhoff Publishers，1997），p. 7.

者把童年看作"噩梦"。姑且不论那些因少年犯罪、绑架和人口贩卖等中断欢乐童年的恶行,看看那些所谓的正常儿童所拥有的童年吧:他们或是无法找到正确的途径欢度童年而迷失在虚拟的网络空间,如成人般在网上拼杀;或是被学习的重担压得无喘息之机,过早地体味成人世界的竞争和残酷……显然,这样的一些判断都是以某种固定的童年模式作为参照的,在判断的开始就加入了判断者的主观因素。有论者认为,对童年的两面性内涵应做进一步的阐释。首先,"无邪"和"堕落"并不是儿童固有的两种特质,而只是成人对类似于儿童行为的认识,这样的行为模式是以假定儿童有如成人般的关于对和错的分辨力为基础的,这种分辨力很大程度上依赖于其年龄的大小。其次,儿童的"无邪"和"另类"都被看作其所处时代的社会所建构的。法律和社会都已经接受了这些术语,但没有认识到儿童"堕落"的真正缘由,这样,成人社会就成功地锻造出了一个基于无邪童年的构想而保护儿童不致"堕落"的传统。① 尽管还不能给童年下一个精确的定义,但是,童年总不应该与迷失、虚幻,甚至犯罪、绑架画等号。那么,童年的状态对儿童的道德地位又意味着什么呢?

有论者认为"童年是社会的制造物"。在制度上承认儿童有权利,但同时又认为童年是一种正在消失的现象,这二者之间似乎有些矛盾。童年的确已经改变并将继续改变,但那些为童年敲响丧钟的人却常常把童年的转变解释为道德的堕落,这种思考过于简单、夸张,当把这种解释与儿童保护运动相联系时,可以看到这种解释的危险性。M. 弗里曼进一步指出:

> 童年没有消逝也不会消逝。一个处于童年期的儿童被认可具有一定的道德地位,在这种地位中他的权利受到了认真的对待,这就是一个好的童年……童年是一种社会的建构。②

的确如此,如若认为童年正在消失,就可能会导致否定儿童拥有权利的后果。也就是说,如若认定"好童年"正在消逝,那么,这个"好童年"就

---

① 参见 Claire Breen, *The Standard of the Best Interests of the Child: A Western Tradition in International and Comparative Law* (Martinus Nijhoff Publishers, 2002), p. 4。

② Michael Freeman, *The Moral Status of Children: Essays on the Rights of the Child* (Martinus Nijhoff Publishers, 1997), p. 7.

是超越阶级、超越性别和超越民族文化标准的童年，这样，就无法准确理解不同背景的童年状况。正如弗里曼所说，童年是一种社会建构，童年不是单一的、普遍的、跨文化的现象。

接下来就应当对童年是如何建构的给予更多的注意，关注特定制度对童年的组织和再组织，以及这些组织或建构是如何通过法律、文化、宗教、经济、媒体、社会工作、教育体制及实践完成的。在这个过程中，童年的大部分生活是由儿童参与社会生活所建构，另一部分生活则是通过儿童和他们所处的社会生态之间的互动来完成。[1]

这样，我们似乎明白了，童年是在一定的社会建构中得到正当对待的，是儿童自身和具体社会环境的一个互动过程。在笔者看来，弗里曼的"好童年"的标准实际上是普适的、跨文化的。那么，如何理解不同文化背景下儿童权利能否得到认真对待的问题呢？在童年的建构过程中，儿童确实能够实现其自身的价值以及与社会的互动吗？的确，我们根据保护主义的经验创造了一种童年，这种童年通过规范管理、社会规则和习惯行为的指引完成。因为，童年常被想象成"一种缺乏责任的阶段，只能受到保护和训练，而不能自主"。[2] 因此，童年的观念常常被用作管理规范的借口。但以现代人的观点看，儿童不应该是"社会结构确定的被动主体"，儿童本身是有自主意识的，社会结构却常常将这个自主体放到被动的位置，这就不免造成儿童自身的经验和童年所经历的体制结构之间的不和谐，造成社会学家、心理学家、历史学家对童年的不同理解和涉及儿童的法律、政策、体制和实践的错位。这种不和谐和错位与儿童家庭角色和社会角色的演进又是息息相关的。

1. 儿童的家庭角色

家庭是一种社会制度，人类学家早就发现了家庭组织的普遍性。家庭组织从来都是社会集团的简单缩影，有着复杂的社会功能。出于我们讨论

---

[1]　参见 Michael Freeman, *The Moral Status of Children*：*Essays on the Rights of the Child*（Martinus Nijhoff Publishers, 1997), p. 8。

[2]　Judith Ennew, *The Sexual Exploitation of Children*（Cambridge：Polity Press, 1986）；M. Freeman, *The Moral Status of Children*：*Essays on the Rights of the Child*（Martinus Nijhoff Publishers, 1997), p. 9.

问题的需要，这里将侧重考察主流家庭模式中儿童的地位。①

　　第一，儿童被看作父亲的私产。早期家庭的建立是为了照顾孩子，从生理的角度看，是因为在母亲怀孕和哺乳期间，父亲的帮助是孩子生存的必要条件。人类发展的早期，父亲不知道孩子和他有生理上的联系，以为孩子只是他所爱恋的女人的后裔。随着智力的发展，男人开始意识到孩子是他播种的结果，因此必须保证妻子的贞操，于是妻子和孩子就成了男人的财产。对于这些私产，父亲有生杀予夺的大权，并得到了法律的确认。法律上将儿童看作父亲私产的历史可追溯到古巴比伦王朝时期，《汉穆拉比法典》就将子女作为父亲的私产看待。

　　第二，儿童是被驯服的对象。据考察，家庭模式的转变对家庭成员包括儿童的影响是很明显的，而这种转变在很大程度上与新的宗教气氛的形成密切相关。宗教教义加强了子女与妻子对家长的从属地位，巩固了他们之间的等级地位，其特点之一就是在教育中引进了体罚。② 但是，在欧洲，由于宗教的盛行，很难说清哪种家庭模式是纯世俗的或是纯教会的。世俗观和宗教观渐趋融合，也反映在对待儿童的问题上。根据基督教原罪的理论，人类天性是恶的，人从幼年起就要承担起赎罪的责任，家庭对他们每一点天性的发挥都加以严厉的管教，甚至棍棒相加。尤其在英国清教徒的习俗中，这种理论促使人们采取更为严厉的措施对待儿童。例如，受到诸如"原罪说"或诸如"棍棒底下出孝子"的儿童观的影响，父母们相信，孩子经过了母亲精心呵护的幼年时代之后，接下来就应该被驯服成为他们理想中的个体，而这种训练只能由粗暴的男人来完成。然而，父子的亲情可能会影响这种严厉性，所以，父母宁愿将戒尺交给没有父爱情感障碍的陌生人。于是，在欧洲发展的早期，很多家庭都将孩子送出家门，经受磨砺。美国历史学家劳埃德·德莫斯（Lloyd DeMause）甚至认为，直到20世纪初，儿童的生活环境不过是长期受折磨而已。当时人们普遍认为，造就一个人不可避免地要用粗暴的方式，而将使用粗暴方式的任务转移到别

---

① 主流的家庭模式主要是指核心家庭模式和扩展家庭模式，前者和近代工业社会的发展息息相关，工业发展使扩展的大家庭逐步解体为一个个小家庭。

② 参见〔法〕安德烈·比尔基埃等《家庭史——现代化的冲击》（第二卷），袁树仁等译，生活·读书·新知三联书店，1998，第38—65页。

人身上，正是父母逃避教育子女义务的好方法。①

　　第三，儿童被视为家庭的负担。在早期西欧，有一种值得注意的现象就是儿童的"立身期仆人"（Life - cycle servant）现象，有论者也称为"学徒制"。儿童在8—16岁，甚至更早，被送到大户人家或有技术的人家做仆人或学徒，让他们自己养活自己，经过一定时日的劳作考验再将他们领回家中。这在17、18世纪的欧洲很流行，在贫穷家庭中更为普遍，因为这样可以减轻贫苦家庭的经济压力。这种做法的起因：一是古老传统的延续；二是与原始工业化需要劳动力有关。但我们认为还有一个关键的因素，就是思想观念。② 当然，对相当一部分家庭来说，这种做法也是出于受教育的考虑，这对当时不够成熟的教育制度来说，无疑是一个重要的补充。在当时的乡村，不论是富裕的还是贫穷的家庭，这种做法均十分有效。如在法国大革命之前，社会各阶层之间交换子弟，首先为的是学到本事和人情世故，其次是情感剥夺和适应性的考验。据安德烈·比尔基埃的研究，儿童做学徒学技术也好，初涉尘世也好，都需要长期投入外部世界这样一个启蒙性的过程。当时的父母认为，强迫孩子离开家庭环境，是对孩子适应性的考验，也是剥夺情感的考验，如避免青春期的孩子与家庭发生冲突，以及避免乱伦而远远支开接近性成熟的孩子等。

　　第四，儿童只是"匆匆过客"。美国家庭对待子女与欧洲家庭有很大的不同，其家庭模式类似于欧洲的核心家庭，其中自由和尊重个体的成分要多一些，这可能和移民生活有关。移民是出于对自由的渴望，自由的因素已悄悄地浸入他们的身体和精神中，也反映在父母教育子女的问题上。育儿法教科书也提出，孩子出生后就是一个具有个性的独特个体，母亲的活动就应该"根据孩子自己的愿望"去发展这种个性。人们常说，在早期的美国家庭中，孩子是"皇帝"。但是，更确切地说，这些"皇帝"是被当作外人、客人对待的。父母尊重孩子，但孩子不能参与涉及家庭重大事务的讨论，他们在家庭里没有合法地位，因为他们将来会不顾一切地独立出去。

---

　　① 参见〔美〕劳埃德·德莫斯《童年的历史》（*The History of Childhood*），转引自〔法〕安·比尔基埃等《家庭史——现代化的冲击》，袁树仁等译，生活·读书·新知三联书店，1998，第54—55页。
　　② 参见〔法〕安德烈·比尔基埃等《家庭史——现代化的冲击》，袁树仁等译，生活·读书·新知三联书店，1998，第52—60页。

第五，儿童是家庭中独立的一分子。尽管前述情形在当代家庭中绝非罕见，但是，自 20 世纪后，有效的家庭计划开始运行，家庭开始围绕选择、责任和权利而发展，家庭被看作分离的社会单元，儿童也被看作家庭中独立的一分子。例如在西欧，与儿童有关的法律原本仅涉及生命和死亡事务，现在开始关注儿童的福利。在国际社会中，一系列树立新观念的文件已经出台，这些文件不仅涉及儿童的家庭地位，还确认了儿童在家庭中和社会中的优先地位。[①]

2. 社会怎样对待儿童

我们注意到，即便是最低等的动物，在照看幼小动物的组织中也有利他主义的倾向。但是，这种利他是和血缘紧密相连的，只有存在血缘关系的母性和幼仔间，才会产生永久性的关爱关系。例如，角马在迁移中，只对自己生出的幼仔才舍己相救，而对非己出者，则表现冷漠。在人类发展的漫长幼年时期，典型的利他主义也是通过"母性和幼儿间的永久关系而结合在一起的"[②]，这种利他主义就是道德的萌芽状态。或许可以说，儿童获得关照的道德地位是天然的，是出于人类本能的。那么，是什么原因使儿童的天赋地位受到了剥蚀呢？我们知道，杀婴、弃婴并不是远古独有的野蛮行为，即便在今天，这些现象仍未完全杜绝。这背后又有着什么样的经济和文化内涵呢？从以下几个方面或许能看出些端倪。

（1）人口结构的变化对儿童地位的影响。在 15—18 世纪的欧洲，人口结构变化极不稳定，这种不稳定给儿童带来了很大影响。一般情况下，如果死亡率低于出生率，人口就会增长，可是过一段时间就会来一次骤然的人口危机，造成人口危机的原因包括饥馑、瘟疫、战争等。这些情况严重影响了孩子的成活率，除了当时的卫生条件外，分娩时的意外情况也是成活率低的重要原因。这些灾难给儿童带来的后果之一便是家庭人口结构的重组。18 世纪，将近 1/4 的婚姻为再婚，两个孩子中便有一个可能在某一时刻处于继父母不大保险的保护之下。[③] 还有一种情况是，杀婴和堕胎

---

① 参见 Geraldine van Bueren, *The International Law on the Rights of the Child*（Martinus Nijhoff Publishers, 1995），p. xxi。

② George H. Pagne, *The Child in Human Progress*（G. P. Putnam's Sons, 1916），p. 4。

③ 参见〔法〕安德烈·比尔基埃等《家庭史——现代化的冲击》，袁树仁等译，生活·读书·新知三联书店，1998，第 21 页。

被一些地方用作控制和平衡人口的最简单的方法，如西太平洋的巴布亚人，一个母亲最多只准养活三个孩子，超生的孩子要被杀掉。在宗教不加干涉的地方，这种方法极为普遍并形成习惯。① 限制人口出生率和避孕技术的落后之间的矛盾，也导致杀婴现象的发生。

（2）工业发展对儿童地位的影响。一般认为，直到 18 世纪中叶，儿童都没有得到过合法的雇佣。18 世纪突然爆发的工业革命完成了现代工厂体制结构变革，随之而来的是对劳动力需求的变化。工厂追求廉价的劳动力，对童工就有了大量的需求。在工厂中，儿童受到的对待是不人道的，直到 19 世纪上半叶，童工的状况仍继续恶化，尽管这种状况已经受到关注，如英国通过法案限制童工的年龄和工作时间，但是，童工实际上是一种新的资源，借助这些资源企业才能负担沉重的赋税。与此同时，美国的劳工状况和英国差不多。18 世纪下半叶，制造业特别是服装行业开始发展，吸纳了大批妇女和儿童，麻省第一个棉花加工厂开始就宣称他们要雇佣大量的妇女和儿童。与此同时，我们也看到，作为工业元素的儿童福利逐渐发展起来。实际上，早在 16 世纪中叶以后，一些西方国家就注意到了儿童福利问题。

（3）教育中儿童的角色。社会同样把儿童看作规制的对象，认为这是一群"野蛮的入侵者"。从 16 世纪开始，教育方法上的粗暴便逐渐升级，最典型的表现就是学校中的体罚。尤其在法国大革命前，对越来越多的儿童来说，行为与知识的入门教育从家庭转移到学校，他们更多地体会到了"造就人"的粗暴。基督教盛行的社会使我们不得不认为这种粗暴与"原罪说"的观念有某种间接关系。"造就人"的方法在田庄和作坊中表现得更粗野，如过分严厉的处罚、人身伤害，有时甚至致使孩子终身残疾。一项普鲁士法律曾试图制止此等歪风，规定师傅不应越过家长的允许自行其是。实际上，这种暴力教育模式正源于家庭。对孩子来说，欧洲 18 世纪流行的"立身期仆人"的体验，无论对他们人格的形成还是他们对社会的看法都造成了极大的影响，这种体验既毁人又造就人。一方面，这种做法切断了与家庭相联结的亲情关系，送出去的孩子等于进入了个人主义的学校；另一方面，这种做法客观上教会了年轻人将劳动关系与亲属关系分开。在道德与情感的遮掩下，他们更早地发现对师傅的义务具有契约的性质。

---

① 参见〔英〕伯特兰·罗素《婚姻革命》，靳建国译，东方出版社，1988，第 158 页。

（4）社会对杀婴和弃婴的态度。毫无疑问，不管文明程度对这种恶行有多大的宽容度，杀婴和弃婴都是社会文明发展中的丑恶行径。杀婴和弃婴是一种历史现象，其背后蕴含了某种文化的和经济的因素。

从文化发展的角度看，远古时期，杀婴带有某种神秘色彩，也是宗教起源之初祭祀的普遍现象。因为人们对自然的认识非常局限，认为某些灾难是因为"神"发怒了，所以要祭祀，而祭祀所用的牺牲不是别的，正是孩子，日本"神狼"是女孩，中国传统中也有用童男、童女祭祀的传说。大部分民族在其分裂的历史过程中，或脱离野蛮走向文明的过程中，都带有早期异类相食或杀婴的遗俗。各民族杀婴的文化有所不同，一般来说都包含某些"不吉祥"的理由，这些理由如双胞胎、出生时间不吉祥、出生方式不对、性别等。在古代宗教和社会观念中，女童是不重要的，只有男童才能使整个种族得以延续，女童常常遭到遗弃。古代的多数文明，如古老的中华文明、古巴比伦文明、古印度文明都有杀婴的现象，这些对儿童的不利影响和文明的发展极不协调。所以，文明并不总代表着社会的全面进步，或可以说文明并不必然体现人类的博爱，即便是伟大的柏拉图也认为杀婴是不可避免的。①

从经济发展的角度看，尽管杀婴是违反人类本性的，"但事实却告诉我们，只要杀害婴孩在经济上是有益的，人们就会非常情愿地去干这件事"。② 大多数遗弃和杀婴均因生存所需，公元 7 世纪，贫穷和战争使得大量儿童被遗弃和出卖，这种现象遍及当时整个欧洲。为了一部分孩子的生存，不得不牺牲掉另一部分孩子，这也是古希腊人的生存哲学。③ 16—17世纪，弃婴的两个主要原因是未婚生育和贫困。伴随着人类文明程度的提高和宗教博爱精神的光大，人类对杀婴和弃婴现象有了新的认识。尽管我们不能乐观地认为现实中杀婴和弃婴现象已经完全杜绝，但至少在法律上已经确认了儿童享有生命权的观念。

（二）儿童的法律地位

人类一直都经历着这样两个时期：一是道德上升为法律；二是法律转

---

① 参见 George H. Pagne, *The Child in Human Progress*（G. P. Putnam's Sons, 1916），pp. 188 – 189。

② 〔英〕伯特兰·罗素：《婚姻革命》，靳建国译，东方出版社，1988，第 9 页。

③ 参见 George H. Pagne, *The Child in Human Progress*（G. P. Putnam's Sons, 1916），p. 196。

化为道德。法律和道德有明显区别，又相互补充，共同调整着人们的行为。儿童道德地位上的变化会在法律上得到印证，法律地位的变化也反映儿童道德地位的高低，儿童法律地位的变化都有着道德依据，反映出一定的文化内涵。例如，同样规定儿童有继承权，古代的长子继承权背后是延续香火的观念，现代儿童继承权规定的背后是将儿童作为人类平等的一分子看待。儿童的发展历史表明，儿童地位的提升反映出多样的文化传统和社会的发展，这在西欧表现为四种现象。一是当大量劳动力从事的密集型农业减少时，儿童传统的经济利益也随之降低。二是通过 19 世纪欧洲国家义务教育法的介入，儿童能够充分地享有教育机会，教育的价值得到了确认。三是西方社会妇女地位的深刻变化。妇女逐渐拥有法律上的独立人格，而不再是男人动产的一部分。与此相适应，儿童也不再是父亲的私产。四是伴随着父母新角色的诞生，国家开始对家庭私领域的事务进行干预，在国家责任和儿童之间建起了一座桥梁。[①] 纵观儿童保护立法的历史，17 世纪和 20 世纪似乎是两个值得关注的时期。17 世纪中叶之后，儿童的法律地位有所改善；20 世纪之后，儿童的法律地位才得到真正的提升。笔者试着把 17 世纪和 20 世纪作为两个分界点，把儿童法律地位的发展分为前期、中期和后期三个阶段。

1. 儿童法律地位发展前期

这一时期，儿童法律地位普遍低下，虽然有一些国家的法律对儿童的能力给予了关注，但从总体上来看，还只是出于恤幼的本能，或者更看重的是儿童的经济价值。所以，这一时期的法律还残留有原始野蛮的遗迹。例如，根据《汉穆拉比法典》，如果一个孩子不尊重父母，就将被驱出家门，并受到严厉的惩罚。像《十诫》这样最有影响的宗教典章，对儿童保护也是保持沉默的。但东罗马帝国时期，已经确立了相当地位的基督教教义，甚至斯多葛教义也开始赞成儿童应当受到保护。而事实证明，无论是世俗的法律还是宗教的法律都未能拯救儿童所处的不利地位。长子继承（primogeniture）法和继承权的变化规则有时把儿童作为儿童来研究，但史学家和法学家的主要旨趣在于把他们作为继承财产的渠道看待。直到 17 世

---

① 参见 Geraldine van Bueren, *The International Law on the Rights of the Child* (Kluwer Academic Publishers, 1995), p. xxi。

纪，日本的封建法中还有关于父母犯罪，儿童要受到惩罚的规定。① 封建社会是以家族为本位的，家族既是一个政治单位，也是一个经济单位。这种家族格局就决定了等级身份在处理家族事务中的重要作用，法律也极力维护这种等级秩序，保证作为家长的父亲在家庭中的统治地位和其对子女在政治上和经济上的支配权利。例如，我国古代秦律中将"擅杀、刑、髡其子"规定为"非公室告"，② 即在程序上，国家对侵害子女的行为不予受理，尽管在实体法中也把"擅杀子"视为犯罪。这样，用程序法消解了实体法的规定，取消了受侵害子女告官的权利。③

同时，这一时期的有些法律已开始具有一点文明的萌芽了。比如，根据《萨利克法典》，杀婴要受到罚款或缴纳税款的制裁。在《查士丁尼法典》中，国家和教会终于联合起来共同保护儿童的生存权利，该法典宣告儿童是有自由的，宣称儿童不是父母的私有财产，也不是收养人的私产。罗马法首次对儿童的行为能力做了规定，根据罗马法，7岁以下儿童不具备行为能力，7—25岁为限制行为能力人，25岁以上为完全行为能力人。罗马法关于行为能力的规定是立法史上的一大进步。我国古代法律没有明确的行为能力的规定，但有些规定间接地说明了行为能力的范围。例如，周朝有"未龀者不为奴"④，间接规定了七八岁以下的儿童是没有行为能力的。冠礼的风俗习惯也与行为能力有关，冠礼既是成熟的宣告，也是对一个人具有完全行为能力的宣告。据史书记载，当时行冠礼，有以年龄而冠的，也有以身高而冠的。《礼记·曲礼》就记载，"男子二十冠而字"。荀子也说："天子诸侯子十九而冠，冠而听治，其教至也。"⑤

2. 儿童法律地位发展中期

这一时期，很多国家的法律开始重视对儿童的保护。国家对儿童的态度是社会进步的缩影，标志着人性的另一种提升，这一进步与中世纪慈善业拯救儿童的长期努力是分不开的。1641年美国马萨诸塞州率先承认儿童

---

① 参见 George H. Pagne, *The Child in Human Progress*（G. P. Putnam's Sons, 1916），pp. 84 - 86。
② 《睡虎地秦墓竹简》，文物出版社，1990，第196页。
③ 参见栗劲《秦律通论》，山东人民出版社，1985，第223—225页。
④ 《周礼·秋官·司厉》。
⑤ 《荀子·大略》。

是有自由权利的人，当时的父母被告知不要干涉孩子选择同伴，不要用违背人道的严厉方法对待孩子。工业革命的狂野并没有完全剥蚀掉人性中博爱的一面。在英国，工业改革家 R. 奥斯特勒（Richard Oastler）反对工厂雇佣童工，他极力主张 10 小时工作制。1847 年，英国终于通过了"十小时法案"。20 世纪初期，英国法律在保护童工方面更进了一步，规定禁止 18 岁以下的儿童夜间工作，9—13 岁儿童每周工作不得超过 48 小时，不得雇佣 9 岁以下儿童等。在少年司法领域，其也开始注重对触法少年的保护。1899 年，世界上第一个少年专门立法——美国伊利诺伊州《少年法庭法》出台，标志着少年司法走上了独立发展的道路。

3. 儿童法律地位发展后期

这一时期，儿童的法律地位提升到一个前所未有的高度。20 世纪上半叶，随着国际人权法的发展，国际儿童权利法相应而生。国际儿童权利法的发展可以分为三个阶段：第一阶段承认儿童是国际社会的一分子，是国际法保护的主体；第二阶段是赋予儿童实体法上的权利；第三阶段在承认儿童享有基本权利的同时，承认他们拥有行使及要求这些权利和自由所必需的程序上的能力。[1] 在法律上对儿童权利能力的确认是对儿童法律地位认识的一次飞跃，是对儿童权利的肯定。自 20 世纪 20 年代以来，国际人权法迅速发展，越来越多的国际文件观照到了儿童。到 20 世纪末，已经有 80 多个国际性文件涉及儿童权利的保护问题。[2] 比如，儿童权利保护的专门性文件有 1924 年《儿童权利宣言》、1959 年《儿童权利宣言》、《儿童权利公约》等；综合性人权文件有《世界人权宣言》、《公民权利和政治权利国际公约》、《经济、社会和文化权利国际公约》等；此外，还有区域性的人权文件，如《欧洲人权公约》以及由非洲统一组织通过的《关于儿童权利和福利的儿童宪章》等。

这些国际性文件中，对儿童权利保护有着重要意义的除专门规定儿童权利的两个宣言和一个公约之外，特别值得注意的就是人权宣言和人权两公约。随着儿童法律权利的确认，儿童被看作能够主张权利的个体，并在

---

[1] 参见 Geraldine van Bueren, *The International Law on the Rights of the Child*（Martinus Nijhoff Publishers, 1999），p. 1。

[2] 参见 Sharon Detrick, *The United Nations Convention on the Rights of the Child: A Guide to the "Travaux Préparatoires"*（Martinus Nijhoff Publishers, 1992），p. 20。

国家的政治生活中占有了一席之地。继人权宣言之后，首先肯定儿童法律权利的国际文书就是 1966 年底通过的人权两公约。两公约的出台反映了不同价值观的妥协和调和。① 尽管国际社会认识到公民和政治权利及经济、社会、文化权利对人权实现的同等重要意义，但是，在法律上确认这两项权利并保障其实施，不管对发达国家还是发展中国家都是一个严峻的挑战。

《经济、社会和文化权利国际公约》对儿童的特别保护主要集中在第 10 条、第 12 条、第 13 条，涉及儿童的健康权、教育权以及基本自由等内容。第 10 条确认家庭"作为社会的自然和基本单元"，特别是对于它的建立和当它负责照顾和教育未独立的儿童时，国家应给予尽可能广泛的保护和协助。第 12 条规定人人享有能达到的最高体质和心理健康标准的权利。为实现这一目标，缔约国应采取措施，降低死胎率和婴儿死亡率，使儿童得到健康的发育。第 13 条作为保护儿童教育权的特别条款，确认人人有受教育的权利；还规定，父母亲享有按照他们自己的信仰安排孩子接受宗教和道德教育的自由。② 教育应鼓励人的个性和尊严的充分发展，加强对人权和基本自由的尊重。③ 尽管教育权通常被理解为文化权利，但是教育权的内容涉及教育自由和学术自由等多方面，它是当代人权法的基本组成部分。④ 虽然该公约第 2 条的无歧视条款中没有列入基于年龄的歧视，但现实中一切对儿童的歧视均

---

① 人权两公约既代表了人权的两类内容，公民和政治权利及经济、社会、文化权利，也反映了国际社会不同文化价值观对人权的认识。在儿童权利保护方面也是一样，公民和政治权利的法律保护问题，在《儿童权利公约》的起草过程中一直是一个争论的焦点。西方发达国家认为，社会主义国家想在公约中否定儿童政治权利的做法降低了公约的立法标准，如里根政府就试图在公约中更多地加进反映儿童的公民和政治权利保护的条款。这种论争既反映了不同社会的法律制度、不同宗教信仰和价值观念的冲突，又反映了国际人权领域意识形态的斗争。参见 Philip Alston，"The Best Interests Principle：Towards a Reconciliation of Culture and Human Rights"，in Philip Alston，eds.，*The Best Interests of The Child*（Oxford：Clarendon Press，1994），pp. 1 – 5。

② 中国颁布的《社会力量办学条例》与该条的相关规定有抵触，因此，针对该条中国发表了声明：在中华人民共和国境内，个人或团体设立教育机构的自由将遵循中国的有关法律。参见刘楠来《关于加入〈经济、社会和文化权利国际公约〉的研究报告》，1997。

③ 参见《经济、社会和文化权利国际公约》第 13 条、《世界人权宣言》第 26 条、《儿童权利公约》第 29 条。

④ 参见 Asbjørn Eide，"Cultural Rights as Individual Human Rights"，in Asbjørn Eide，et al.，eds.，*Economic，Social and Cultural Rights*（Martinus Nijhoff Publishers，2001），pp. 289 – 290。

源自这一群体的弱小——其在心智、体力、年龄上处于弱势。针对儿童心智、体力、年龄弱势的特殊需要，应该给他们以特别的关心和爱护，该公约通过确认儿童应该享有"特别方式的保护和援助"，进而提升了儿童的法律地位。该公约还认为，缔约国有责任最大限度地获得资源以逐步实现《经济、社会和文化权利国际公约》所体现的权利。

在《公民权利和政治权利国际条约》的起草中，关于是否要设一个专门条款对儿童权利加以特别保护是一个有争议的问题。① 最终，公约在第24条确定了儿童的平等保护权和获得合法身份的权利，其他一些条款还涉及诸如少年司法、儿童信仰自由等问题。根据公约第24条，儿童有权利基于未成年地位而不受任何歧视地得到来自家庭、社会和国家的特别的保护。人权委员会在审议公约实施情况的国别报告中评议道："报告国家似乎常常低估了这项国家义务，总是不能提供充分的信息反映儿童是否充分享有他们的特别保护问题。"② 根据公约第6条、第10条、第14条，被控少年应当享有一系列正当程序保护。例如，对犯罪少年不得判处死刑；被控少年应与成人分隔开，并给予其适合其年龄及法律地位的待遇，还应尽速予以判决；儿童案件不应公开宣判。少年案件的审理要考虑其年龄和进入社会的特需。公约第18条还敦促缔约国应该尊重父母和法定监护人保证孩子按照他们自己的信仰接受宗教和道德教育的自由。另外，公约中涉及的其他公民和政治权利也同样适用于儿童，比如第19条还规定，人人有自

---

① 波兰首先提出在公约中设立特别条款保护儿童，得到前南斯拉夫的支持，认为应该使《世界人权宣言》第25条第2款和儿童宣言中的相关规定，在具有法律约束力的文件中有所体现。同时，还提请其他国家注意，《经济、社会和文化权利国际公约》已经包含了对儿童特别保护的条款，其建议在草案中设立单独条款，但是只有很少的议案被通过。大多数国家更愿意在一般性条款中强调为儿童发展的需要使其免受歧视的保护原则，但是，考虑到并非全部的公约权利和自由都适合于儿童，因此，儿童有必要得到特别的保护。反对设立此条的国家认为，公约第2条已经包括了一个无歧视条款，而第2条的无歧视条款适用于所有人，当然也包括儿童；特别是，该特别条款并没有反映儿童应得到特别保护的特性，对特定群体条款的设立可能引起人们对公约其他条款的普适性提出质疑。参见 Geraldine van Bueren, *The International Law on the Rights of the Child* (Martinus Nijhoff Publishers, 1992), p. 21。

② Geraldine van Bueren, *The International Law on the Rights of the Child* (Martinus Nijhoff Publishers, 1995), p. 21；参见 paragraph 1 of *the Committee's General Comment No. 17* (35) (1989), on without any Discrimination for the Right of Child。

由发表意见的权利，这项权利包括寻求、接受和传递各类信息和思想的自由。① 缔约国应确保有主见能力的儿童有权对影响其本人的一切事项自由发表自己的意见，对儿童的意见应按照其年龄和成熟程度给以适当的看待。为此目的，儿童应有机会在影响儿童的任何司法和行政诉讼中，以符合国家法律规定的诉讼方式，直接或通过代表、适当机构陈述意见。②

儿童权利保护的专门立法——《儿童权利公约》终于在 1989 年出台了，该公约取得了政府组织、非政府组织以及不同文化背景的国家的一致通过。当人们为《儿童权利公约》所具有的普遍精神所感动时，其更加难以忘怀的是公约制定过程的艰难。在经过了漫长而曲折的制定过程后，这个公约得到了极为广泛的欢迎，这在国际立法史上也是罕见的。《儿童权利公约》确立了儿童权利保护的一般标准，据此，很多国家有了自己的儿童保护法。如英国 1989 年的《儿童法案》，这个法案不仅以儿童为中心，而且明确承认了儿童的决策能力。《儿童权利公约》的成就除了提出并确认了一些儿童保护的原则和权利，如最大利益原则、保护儿童免遭来自家庭的虐待和忽视等，从总体上看，还包括以下几个方面的成就：一是通过对儿童保护原则和内容的确认，为各国儿童保护确立了国际标准；二是《儿童权利公约》实施机制的确立，为儿童权利保护在国家体制中的重要地位提供了法律依据；三是确立了儿童是有权利的独立个体的理念。有人把《儿童权利公约》誉为儿童权利保护的"大宪章"，它不仅为法律传统提供了营养，还增强了我们保护儿童权利的能力。这个成就经历了漫长的人类历史的发展，经过一点一滴对儿童和童年认识和态度的演进，以及国际人权运动和国际人权法的进步积淀而成。人们在探讨和研究儿童问题的过程中，对儿童道德地位的真正提升，对是否能真正实现儿童权利以及满足儿童的真实愿望等问题还心存疑虑，但是，至少在立法的层面，人们对儿童地位和权利的重视已经达到了一个相当的高度。不得不承认，国际社会以及各国在处理涉及儿童问题的实践上，将会越来越受到这些文本的影响和制约。

---

① 参见 Goran Melander and G. Alfredssoneds. , *The Raoul Wallenberg Compilation of Human Rights Instruments*（Martinus Nijhoff Publishers，1997），p. 49。

② 关于该条的解释，参见 Marie – Francoise Lücker – Babel，"The Right of the Child to Express Views and to Be Heard"，*International Journal of Children's Rights* 3（1995），p. 391。

二 儿童保护运动

从荷马到柏拉图，从宗教教义到这些教义成为人们日常生活的哲学，人性的光辉在一点点显露。博爱精神是母性利他主义的升华，这种精神从同类到异类，经过漫长的进化过程，结合神学和哲学对生命的认识，使儿童开始被看作应该受到尊重的生命个体，而不再简单地被视作工具。在儿童保护运动中，19 世纪可以看作一个关键的时期，在这之前的儿童保护运动尽管此消彼长，但都支离破碎，没有形成一股世界的潮流。

（一）19 世纪以前的儿童保护运动

在早期的儿童保护运动中，教会发挥了重要的作用，教堂成为公认的孤儿庇护所。但教会的善举并没有改变儿童的命运，特别是宗教历史上那黑暗的一页，宗教精神已经不能激起人们对儿童福利问题的兴趣了。尽管宗教教义有很多令人称道的方面，但它仍未能克服对人的忽视以及道德上的野蛮性。那些被遗弃后又被教会收养的儿童通常在奴役中成长。欧洲的大城市不得不采取行动救助儿童，在米兰、威尼斯、佛罗伦萨等地先后建立起儿童慈善机构。有些人也在自己的宅地建起救济院。

历史捡拾着一点一滴的博爱与人道，汇集为一股保护儿童的新精神。由于弃儿的处境日益恶化，人道运动悄悄蔓延，历史的合力使儿童逐渐走出了被忽视和虐待的阴霾。至少，首先在欧洲，自公元 7 世纪下半叶，就不断有各种救济贫困人的"旅社"出现，这些地方也被用作儿童的救济院。公元 787 年，在米兰，大主教首倡建立照顾无家可归儿童的专门机构，这之后类似的机构，如育婴堂、儿童慈善院等不断地在欧洲其他国家建立。尽管这些收容性的机构并未使儿童得到真正的关注，但应该看到人类迈出的可喜一步。这些机构的诞生不仅是人道性所致，还是一种新精神的展露，博爱的历史无疑揭示了产生这些人文运动的多种因素。

但是，16 世纪到 17 世纪初，宗教和博爱的推动力受到了阻碍，战争不仅摧毁了慈善院、救济院这类慈善机构，还摧毁了人们的博爱精神。儿童的现实状况没有得到实质性改变。或许正是由于战争和日益恶化的儿童状况，以及对博爱精神的压抑，17 世纪中叶开始，一些热心慈善事业的人

士涌现，他们纷纷捐赠救助孤儿院，热衷于改善儿童的生存状况。17 世纪
之后，人类迈出了正确认识儿童的第一步。1658 年，捷克教育家扬·阿姆
斯·夸美纽斯（Jan Amos Komensky）出版了图画教科书《世界图解》，第
一次让欧洲的教师们认识到，教育儿童应当考虑到儿童的心理和接受能
力。这之后，英国的洛克、法国的卢梭等引领着人们不断地认识儿童、发
现儿童。

（二）19 世纪后的儿童保护运动

具有博爱精神的人类存在不过几百年，自 19 世纪起人们就开始关注儿
童保护问题了。19 世纪 70 年代开始，儿童解放运动迅速展开。这场儿童保
护运动的背后是当时的工业发展状况使得儿童终于派上了用场。在工厂中，
儿童受虐待的背后是产业主义者的兴起。这些产业主义者最初试图以行会来
保护不公平的竞争中的男性劳动者，也包括童工。19 世纪开始的旨在拯救儿
童的运动涉及孤儿院的成长、学校的发展，以及收容儿童机构的建设，包括
少年法庭。由美国人 P. 亚当斯（P. Adams）等人主编的《儿童权利》一书
的副标题就是"走向儿童解放的时代"。该书的作者之一 R. 奥伦德福（Rob-
ert Ollendorff）首次主张青少年的自主（self - determination）权。英国人
F. A. 阿格纽（Frederick A. Agnew）访问并调查了美国的情况之后，联合其
他人于 1883 年建立了利物浦防止虐待儿童协会，这是欧洲第一个防止对儿童
犯罪的机构。接着，在伦敦、柏林、米兰以及法国、奥地利等地区和国家都
有相似的组织建立起来。但是，直到 20 世纪中叶，在印度、中国及南美，
同样的防止对儿童犯罪和救济无助儿童的组织才得以成立。

在这方面，美国人比英国人还要超前一些。在 1825 年的美国，观照儿
童福利的运动就已经兴起。当时在纽约成立的青少年问题改革协会认为，
不仅必须惩罚对儿童的犯罪，还必须防止这种犯罪的发生，因此，建立了
主要用于收留无家可归的儿童及少数被虐待的孩子的避难所。首次儿童保
护运动也于 1871 年在纽约兴起。自纽约预防伤害儿童协会成立后，许多目
的类似的社团在美国和英国相继成立，唤起了公众对贫困儿童的关注，预
示着儿童保护运动的蓬勃发展。只有当人们面对涉及儿童的恐怖犯罪而又
束手无策时，当所有的法律都无法保护这些受害儿童的时候，人们对儿童
犯罪的认识才会进一步深化，长期的历史积淀才会在这时发挥它的作用。
在美国就是这样，似乎儿童保护运动以及随之而来的保护儿童的法律在一

夜之间就迸发出来。在美国，儿童保护运动兴起于一起虐待儿童案，这起案件使针对儿童的暴行受到了法律的惩罚。儿童保护运动刚发展起来就超出了地域范围，影响到世界其他国家和地区。① 而对于因违法犯罪不得不走上法庭的儿童，纽约协会认为，应该把他们和成年被告人分离开来。于是，1892 年的刑法典中提出了分离原则，这场儿童保护运动也逐步发展成少年法庭运动，并开始对少年违法犯罪问题进行研究。1899 年，第一个少年法院（庭）——芝加哥少年法院建立，在很短的时间内，少年或家事法院便遍布各州。

儿童保护运动每年都在扩大行动的范围，人们除了关注伤害儿童的案件外，还编纂法律全书，关心儿童福利问题。1912 年，一个通过国会报告儿童福利问题的儿童局建立起来，该机构目前是卫生和人事服务部的一部分。1935 年，《社会安全法案》通过。1962 年，模范立法取得了发展，要求儿童职业工作者向法律实施机构和儿童保护机构报告可疑的儿童虐待和忽视事件。1963 年，第一部儿童受虐举报法规通过，四年之内，每个州都有了举报法。儿童受虐问题直到今天仍很严重，儿童保护服务机构的成长就是为了满足家庭和儿童的需求。1974 年，《儿童虐待和忽视预防及处置法案》通过，1980 年又通过了《收养援助和儿童福利法案》。儿童保护运动这样的发展速度与儿童在历史中的艰难跋涉相比的确有点出乎预料，因为仅仅在一百年前，儿童的生命还时刻处于危险当中。

与此同时，儿童也在以一种特殊的方式吸引着成人的视线，使成人世界不得不开始认真地思考儿童问题。这些特殊方式也包括一些最为激进的表现，诸如早恋、少女妈妈，甚至少年犯罪等。从此，我们便进入了研究少年问题、张扬儿童权利的新时代。在国际法范围内，先后发布了保护儿童权利的两个宣言、人权宣言及其后的人权两公约，可以说，儿童权利的保护从此走上了法制化的轨道。人们感受到了儿童的艰难处境及其对人类未来发展的重要性，紧急呼吁以人权两公约及儿童宣言为参照，尽快制定一部专门保护儿童权利的国际规范性文件。众望所归，《儿童权利公约》终于在 1989 年通过，这个公约以及其他关于儿童问题的立法，标志着成人

---

① 参见 George H. Pagne, *The Child in Human Progress*（G. P. Putnam's Sons, 1916），pp. 335 - 336。

社会试图认真地担负起对儿童的责任。《儿童权利公约》讨论的过程也反映出世界儿童运动不断发展的趋势和水平的提升。在《儿童权利公约》讨论的前几年，只有不超过 30 个国家参与工作组的讨论，到 20 世纪 80 年代中期就已经超过了 40 个国家。《儿童权利公约》讨论的后期，许多南半球国家和伊斯兰国家也积极参与了进来。1990 年，来自 90 多个国家的政府首脑和政界高官在纽约举行了世界儿童国家首脑会议。这次会议通过了《关于儿童生存、保护和发展的世界宣言》及其后的《行动计划》。尽管这个宣言和计划不具有约束力，但代表着国家政府对保护儿童权利的承诺。会议注意到世界上无数儿童面临阻碍他们成长和发展的危险，他们是战争和暴力的受害者和种族歧视的牺牲者，他们蒙受着种族隔离、侵略、外国占领和兼并引起的社会灾难，被迫成为背井离乡、受尽苦难的难民儿童，作为残疾者和被虐待、被剥削者而受尽折磨。会议还注意到，每天都有成百万儿童遭受着贫困、饥饿、无家可归、疾病、失学和环境恶化的苦难。1993 年维也纳世界人权大会呼吁所有国家不但要批准《儿童权利公约》，还要采取有利于儿童福利的特别措施。许多国家制订了旨在保护儿童，尤其是孤儿、残疾儿童、流浪儿童的行动计划。各国和联合国越来越注意到儿童的卫生问题，包括艾滋病和身心伤害。2002 年，联合国大会第二届特别会议文件《适合儿童生长的世界》宣称，为达到 2015 年国际发展各项指标和千年首脑会议的各项目标，决心在 2000—2010 年的 10 年，将儿童健康、教育，保护儿童不受虐待、剥削和暴力，以及防治艾滋病等方面作为优先行动领域。同时，呼吁开展全球保护儿童运动，通过捍卫对诸如"儿童第一"等 10 项原则和目标的承诺，建立一个适合儿童生长的世界。进入 21 世纪之初，为建立一个适合儿童的世界，在联合国儿童基金会的号召下，掀起了一场全球儿童运动。① "全球儿童运动"向各国领导人发出呼吁，要求为世界各地的儿童展开活动，倡导由儿童本身改变这个世界，倾听儿童的声音，为儿童参与决策创造机会。在儿基会的促进下，"为儿童说是"的活动在 2001 年 4 月举行，促进了儿童的生存和发展。

　　1949 年建立的新中国，百废待兴，历史的局限致使当时不可能从权利

---

① 全球儿童运动的领头人是南非前总统纳尔逊·曼德拉和他的夫人、莫桑比克前教育部长格拉萨·马谢尔。

视角考虑儿童问题，当然，也不排除中国传统观念和文化的影响。中国对《儿童权利公约》的签署和批准，并不意味着公约的全部条款能在中国立即全面实现。其中观念的、经济的、文化的、社会的因素都可能成为儿童权利实现的阻碍，但政府的意志和观念无疑也是一个很重要的因素，国家在这方面承担着不可推卸的责任和义务。当然，在很多情况下，贫困者的经济、社会和文化权利的实现是不确定的，甚至是困难的。穷人能否充分实现诸如受教育权、就业权、医疗健康权等权利，很大程度上取决于自己的经济状况，以及国家的权利救助制度。例如，美国经济学家 P. 萨缪尔森（Paul Samuelson）告诉我们，较低层的或工人阶层的父母常常无法负担把他们的子女送进商学院或医学院所需要的费用，这些子女就被排除在整个高薪职业之外，这种状况明显地反映出就业权的不平等。中国也面临同样的情况。以教育为例，各地义务教育的发展非常不平衡，国家教育行政部门根据各省份义务教育发展的不同水平，将全国划分为一、二、三类地区，这种格局几乎表明了地区的富庶程度与受教育权落实的正比例关系。[1] 当然，自 20 世纪 80 年代以来，中国政府开始积极参与国际儿童保护运动，例如，积极参与《儿童权利公约》的讨论及批准；2001 年 5 月，在北京成功举办了"第五次东亚及太平洋地区儿童发展问题部长级磋商会议"，通过了指导本地区未来 10 年儿童发展的战略文件——《北京宣言》，重申了改善儿童状况、促进儿童事业发展的重要性。其实，关于经济发展与儿童权利实现的关系，联合国儿童基金会从贫困儿童视角对发达国家儿童福利状况的研究报告显示，[2] 当国家的综合实力达到一定程度后，经济发展与儿童权利的实现并不呈现十分紧密的关系，而国家和社会观念则发挥着更重要的作用。

尽管儿童保护运动席卷整个国际社会，但现实生活中，仍然有大量儿童的生存和发展处于较低水平，特别是当社会的贫富差距越来越大的时候，大量低收入家庭的孩子受到各种歧视和不公平对待，他们基本的生存权还没有保障，甚至成为放射试验的牺牲品，还会不断地受到各种各样的诸如绑架、贩运、虐待等恶行的侵扰。例如，关于儿童虐待问题，人们一直存在某种误解，认为虐待亲生子女是极端个案，但中外都有各种调查显

---

① 参见郝铁川《权利实现的差序格局》，《中国社会科学》2002 年第 5 期。

② 参见 UNICEF, *Child Poverty in Perspective：An Overview of Child Well - Being in Rich Countries* (The United Nations Children's Fund, 2007)。

示，虐待儿童包括性虐待现象普遍存在。尽管这类行为具有某种隐蔽性而不容易精确地统计，报刊上不断披露的仅为冰山一角，但一些研究和调研报告显示，在美国，20%—30%的父母都不能恰当地照顾孩子。[①] 据"美国国家儿童受虐待和被忽视中心"估计，每年儿童性虐待案件有 20 万—25 万起。[②] 除此之外，儿童的发展权也没有得到很好的保障。除少数国家为装点门面，规定儿童有参与权外，一般情况下，儿童仍只是受规制的对象。现实中不断发生的侵害儿童的罪行很容易被人们忽略或遗忘，因为这些新闻常常被淹没在大量的其他新闻中间。这种普遍存在的童年"变质"或童年"缩水"[③] 现象，对儿童的道德地位特别是他们的权利保护又意味着什么？在假定儿童具有普遍的权利之前，如果没有对儿童的深刻认识，儿童的权利就会不可避免地受到质疑，或遭遇对抗性反应。这些都是值得关注和认真思考的问题。

三　儿童权利概念

儿童权利观的形成经历了曲折的发展过程，正如人类理性的启蒙不是一朝一夕能够成就的，对待儿童权利这样需要注入更多人类理性的问题也是如此。20 世纪早期，人们开始认识到，儿童不仅仅只是被保护的对象，儿童与成人一样也应该是有权利的。保护儿童的观念在人权两公约、联合国少年司法最低限度标准规则（北京规则）等国际文件中都有所体现，但将儿童视为权利主体的理念却是在《儿童权利公约》中才得以确立的。"有权利就意味着有能力要求尊重，有能力提出要求，并有能力要求对方听取。"[④] 在这里，美国学者 K. 菲德拉（Katherine Federle）提出了传统权利理论和现代权利理论间的尖锐对立，展示了拥有权利和权利的运作是和

---

① 参见〔美〕罗斯·S. 肯普、C. 亨利·肯普《虐待儿童》，凌江等译，辽海出版社，2000，第 9 页。

② 参见陆士桢、李玲《揭露，为了预防——我国儿童性侵犯研究报告》，华东理工大学出版社，2011，第 10 页。

③ 这里所谓"童年变质"是指少年犯罪或成为犯罪的受害者，如受到性侵犯和被绑架、贩运等；"童年缩水"是指儿童提前进入成年社会，承担起成年人的责任，如童工。

④ Katherine Federle, "Rights Flow Downhill", *International Journal of Children's Rights* 2 (1994), p. 344.

能力相联系的。她还注意到，"儿童缺乏权利并不一定表明别人有权力或对他们有权力"。[①]　其实，关于权利的本质属性，我国学者夏勇提供了更为全面的认识。他指出，权利的本质包括五个基本要素，即利益、主张、资格、力量、自由。其中，就资格而言，又包括道德的和法律的；力量包括权威和能力，因力量的来源不同又有道德权利和法律权利之分。这五要素中的任何一个都可以用来阐释权利的概念，表示权利的某种本质。所以，他认为，"权利是为道德、法律或习俗所认定为正当的利益、主张、资格、力量或自由"。接着，他又指出，这个对权利的阐释其实是"关于权利的一种定义方法，它代表着理解权利概念的一种路径"。[②]　确定了权利的基本内涵，才有探讨儿童权利概念的基础。但是，究竟儿童的权利和他们的道德地位之间有什么样的关系呢？我们应该相信，只有认真地对待儿童权利，儿童的地位才会得到提升。一个没有权利的社会是道德沦丧的社会，这样的社会里，儿童最容易成为牺牲品，这是经过漫长的历史证明了的。权利对社会的发展，对人尤其是儿童的发展有着至关重要的作用。那么，到底权利对儿童有多么重要，人们是怎样认识儿童权利的，儿童行使权利有无限制，儿童的权利和能力有怎样的关系？要弄清这些问题不得不先回到历史中去，考察儿童权利观念是如何生成和发展的。

（一）儿童权利观念的生成与发展

从前文的叙述可以看出，对童年意义的理解和对儿童权利的认识经历了一个漫长而渐进的发展过程。儿童道德地位的提升、法律权利的确认和实现不仅与人的观念有直接的关系，还与家庭模式、社会风貌、国家体制的变革息息相关。例如，爱护弱小是人类的本能，正是这种平平常常的友善天性，成为争取儿童权利保护过程中一个不可忽视的因素，也为儿童权利的争取提供了丰富的土壤。当然，在把儿童看作弱小群体并加以保护的同时，也容易把儿童看作脆弱的、无意识的群体，这就从另一方面为歧视和虐待儿童提供了空间。儿童因其身心发育尚未成熟，处于天然的弱势，他们在社会历史和经济文化发展的进程中，只能悄悄而又被动地改变自己的命运。

---

① 参见 Steven Lukes, Power："A Radical View"（Macmillan, 1974）。转引自 M. Freeman, *The Moral Status of Children：Essays on the Rights of the Child*（Martinus Nijhoff Publishers, 1997），p. 12。

② 夏勇：《中国民权哲学》，生活·读书·新知三联书店，2004，第 311—313 页。

　　然而，理性的启蒙促使人们采取不同于以往的眼光看待周围的事物。进入 19 世纪后，英国产生了"国家是儿童最高监护人"的衡平法理论，其意义是不言而喻的。国家、家庭和社会对于儿童来说，更多的是责任和义务。20 世纪初期，国际法领域开始把儿童作为权利持有者看待，尤其是战争的强烈刺激使人们更加渴望并追求自由、和平、民主的理想社会。第一次世界大战后，救助儿童国际联盟 1924 年首次提出了"儿童权利"这个国际性概念，并倡导草拟儿童权利宣言。二战后，联合国成立并通过了人权宣言，倡言"人人生而自由，在尊严和权利上一律平等"，并将对尊严和权利的尊重视作追求自由、正义与和平的基础。与此同时，得益于西方社会人权运动的兴起、妇女地位的提升，人类理性的光芒也照射到了儿童这一特殊群体，人们开始意识到，他们也是国际社会中重要的一分子，儿童在道德上是有权利的。儿童以一种特殊的方式吸引着成人的视线，使这个成人的世界不得不开始认真地思考儿童问题。自 1959 年儿童宣言通过后，联合国先后发表了包括人权两公约在内的多个涉及儿童问题的国际文件，确立儿童在法律上的地位和权利，在儿童权利保护领域发挥着积极的作用，并成为草拟《儿童权利公约》的蓝本。所有这些文件都强调一点，即儿童需要并有权利得到特殊保护和优先照料。我们有理由认为，在儿童权利观念的生成和发展中，这些国际文件特别是 1989 年《儿童权利公约》成为人们认识儿童权利的基本依据。

（二）当代儿童权利观

　　20 世纪六七十年代，关于什么是"儿童的权利"曾众说纷纭，人们对儿童权利的内涵、儿童权利是否将发展为成人权利的对立面、儿童权利是对抗成人权力抑或脱离父母的自治等问题产生了疑虑，这些疑虑和不同观点大概源于权利观念本身的复杂性。正如人权概念在解释和运作过程中总是出现混乱和模糊一样，对儿童权利概念出现的多样解读也是不可避免的。对权利的传统理解有"资格"、"自由"、"要求"、"王牌"①、"削弱权力的武器"②、"某人期望实现的可能性"③ 等说法。有人把这些观点归

---

① "王牌"（trumps）这个术语来源于德沃金的权利理论。

② M. Freeman, *The Moral Status of Children*：*Essays on the Rights of the Child*（Martinus Nijhoff Publishers, 1997）, p. 17.

③ 〔德〕马克斯·韦伯：《论经济与社会中的法律》，张乃根译，中国大百科全书出版社，1998，第 99 页。

纳为"自由说"、"意思说"、"利益说"、"法律上之力说"等。还有论者认为，这些认识权利的视角无外乎伦理视角的界定和实证角度的界定，但不论从哪个单一的角度界定权利，都"容易导致权利问题的简单化、庸俗化。全面、正确地理解权利概念，较为关键的是把握权利的要素，而不是权利的定义"。[①]事实情况确实如此，如果仅从权利的道德重要性方面理解权利，特别是儿童权利，易导致在处理涉及儿童的事务时忽略"权利问题"。正如人们在探讨易卜生笔下的娜拉出走的难题时一样，不知不觉就陷入是主张"自由"、从家中出走但面临穷困潦倒，还是放弃权利重复以往的尴尬境地的两难选择。儿童的权利主张有时和其自身的现实利益或他人的利益是矛盾的，这时对于如何认识儿童的权利及其道德地位的重要性，便产生了不同的看法。弗里曼将这些看法归纳为三类观点：

第一类观点，权利和权利语言本身的重要性被夸大了。有其他更具道德意义的价值，如爱、友谊、同情、利他主义，而且相比于以义务为基础的权利，这些价值更能把彼此的关系提到一个较高的层面。这种观点与儿童权利是对立的，特别是在以家庭关系为背景的情况下。或许在理想的道德社会，这种观点是对的。权利常常被用来解决利益的冲突，理想社会是和谐的社会，冲突是不存在的。但是，根本就没有理想社会，对儿童来说肯定没有。儿童是非常脆弱的，需要权利保护他们的尊严和正直……当然，可能有人担心，儿童有了权利就会制造冲突，他们抱怨所受的待遇，他们提出合法的主张，他们挑战权威。

第二类观点，假定成人均出于爱、关怀、利他来处理与儿童之间的关系，这就使儿童权利显得多余了。这是理想的儿童-成人关系：它强调成人只考虑儿童的最大利益。

第三类观点，人们都把童年看作黄金年代，看作一生中最好的年华。童年是天真无邪的象征。……正像童年时我们躲避掉了成年生活的责任和苦难一样，我们也没有必要去思考权利的事情，这是一个我们必须假定是为成人保留的概念。但是，人世间却充满了贫困、疾

---

① 夏勇：《中国民权哲学》，生活·读书·新知三联书店，2004，第310—311页。

病、剥削和虐待，显然，这个神秘的、"幸福的、安全的、有保护的、天真无邪的童年"恰是一个明明白白的错误。①

实际上，弗里曼从另一个视角为我们指出了权利对儿童的重要性，而他所指的那种不需要主张权利的自由理想社会至少现在是不存在的。根据弗里曼的观点，其主张权利对社会环境也是有要求的，即行使权利必须有前提条件，那就是要有一个人道的、完善的、独立的、人性化的体制。由此看来，在两种社会环境中不需要权利的保障：一是和谐的自由社会，如弗里曼所说的幸福、安全有保障的无邪童年时期不需要考虑权利；二是原始的自然社会，这样的社会即便有了权利也无法行使，如果权利不能得以实现等同于没有。但现实恰恰证明，我们已经远离了原始自然状态，又没有步入和谐自由的社会，我们正处在一个需要权利、张扬权利的年代。我们所假设的无邪的童年也并非安全幸福的庇护所，那里充斥着贫困、剥削和虐待，这就需要社会来建构起金色童年的大厦，用权利捍卫孩子们该有的天真无邪。但同时还要看到，儿童不是社会建构中的被动主体，他们有的是体现个性伸张需求的自主和冲动。福柯（M. Foucault）的"狂热是童年"的格言的确是对童年的恰当描述。

以上这些观点尽管表述不同，但都是从权利的角度看待儿童权利问题的，还有论者是从义务的角度看待儿童权利的。笔者也曾遇到这样的诘问，儿童真的需要成人赋予的这些权利吗？权利对儿童意味着什么呢？比如说，教育权问题，也许有的儿童会说，我不需要接受教育，我愿意每天在旷野中玩耍。也许，对儿童来说，更易于接受的是卢梭（J. J. Rousseau）提倡的"自然教育"② 方式，而不是经院式的学校教育。③ 那么，这种情况下，受教育权本质上对儿童来说就不是要争取的权利，而成了一种"义务"。我们所谓的"权利"对于儿童而言到底是权利还是义务呢？英国哲学家 O. 奥尼尔（Onora O'Neill）提出疑问：把儿童的消极权利视作基本权

---

① M. Freeman, *The Moral Status of Children*: *Essays on the Rights of the Child* (Martinus Nijhoff Publishers, 1997), pp. 23 – 25.

② 参见〔法〕卢梭《爱弥儿：论教育》，李平沤译，商务印书馆，1983。

③ 如关于正规教育问题，也许 10 岁以前的孩子更愿意到大自然中和高山、大海、流云、大地去对话，而不愿到学校接受所谓的正规教育，我们不能否认有些教育内容不仅无聊，而且对儿童的健康发展甚至是有害的。

利的根据是否足够充分？她主张，儿童基本权利的最好依据来源于基本义务，这一路径同样可以用作证明消极的权利和义务的基础。"如果我们不试图去把这些消极权利看作基本权利，或许我们能进一步为儿童的消极权利的道德基础提供保障。""把权利看作儿童道德评判的基础既没有理论的优势也没有政治的优势"，儿童生活的道德方面最"确切的看法"是"能够通过把义务作为基础来获得"。[1] 弗里曼的观点与奥尼尔有所不同，他认为，第一，奥尼尔的观点"不能正视儿童保护运动"。第二，儿童的依赖性的确与其他群体不同，这种依赖性某种程度上是人为造成的。经验和直觉告诉我们，很多青少年比成年人更缺少依赖性。例如，如果依靠能力而不是权力来做试验，我们可能投票给许多 14 岁的孩子而不用担心腐败事件的发生。第三，在儿童主张权利的意识发展之前，他们有权得到保护。当他们的权利受到粗暴对待时，其他人能够以孩子的名义提出申诉。[2] 问题是"通过谁"和"怎样"申诉却还未得到过满意的回答。弗里曼不同意奥尼尔对儿童天性的"重大修正就意味着成长"的观点，认为会低估儿童的能力和成熟程度。在儿童道德和认识的发展中，尽管推理能力的完善明显要经过青春期，但许多 12—14 岁的儿童已达到了成年人的认识水平。我们希望青少年在 14 岁承担刑事责任，却不愿接受权利和责任的相关性。一个被剥夺了权利的儿童与那些被授予这些权利的儿童的发展有着很大不同。青少年比幼儿对结社权有更大的需求，幼儿比青少年需要父母更多的照料。也就是说，青少年更关心权利问题，权利的实现更多地依赖于接受者能理解权利对他们的意义。[3] 但是，这和权利对儿童的道德的重要性是不能画等号的，我们不能说，对于不能理解权利意义的婴幼儿来说权利是不重要的。那么，如何理解权利对于儿童的普遍意义呢？

我们应该认真地对待儿童的权利，每个儿童都应被看作权利的持有者，这在道德上是否有一定的合理性呢？英国学者哈德曼（Charlotte Hardman）指出，对儿童权利有兴趣的人最常忽视的是，应把儿童假设为"用

---

[1]　Onora O'Neill, "Children's Rights and Children's Lives", in M. Freeman eds., *Children's Rights*, vol. 1（Ashgate/Dartmouth, 2004）, pp. 291 – 293.

[2]　参见 M. Freeman, *The Moral Status of Children：Essays on the Rights of the Child*（Martinus Nijhoff Publishers, 1997）, pp. 25 – 26。

[3]　参见 M. Freeman, *The Moral Status of Children：Essays on the Rights of the Child*（Martinus Nijhoff Publishers, 1997）, pp. 26 – 29。

他们自己的权利来研究，而不是仅仅作为成人教导的对象物来研究的群体"。从成人的视角研究儿童权利免不了先入为主或产生种种疑虑。人们不禁会问，我们所观照的儿童问题对儿童来说是重要的吗？在法律中设定的这些权利儿童真正需要吗？儿童目光中透出的深刻我们理解吗？儿童在国家体制中得到应有的地位了吗？[①] 要解答这些问题，就不可避免地要对儿童的能力问题做一番考察。

（三）能力与权利

有人把自主性作为儿童权利的前提假设，但也有人对儿童的自治表现出担忧，认为很多国际人权文件都以人的自主性为前提假设，而这样的假设用在儿童身上可能是成问题的。[②] 尽管权利的运作，特别是参与权的运作会使儿童变得更加成熟，对其前景的发展也更有好处，但由于把握整体的能力的缺乏，权利的运作也受到了限制，当然，这并不能构成否定儿童行使权利的关键理由。澳大利亚学者坎贝尔（Tom D. Campbell）注意到，从婴幼儿的角度看儿童的能力，容易将其机能上的自治不能和缺乏对具体生活内容的选择能力相混淆。把能力作为抑制权利的理由，无论多么善意，都具有潜在的危险性。比如，关于儿童的经济能力问题，目前还没有足够的证据证明儿童没有达到自己花钱的成熟度，钱的支出要由成年的家庭成员实行。[③] 实际上，孩子至少从 3 岁开始就有了一些关于经济的简单的认识，从青春期开始，孩子用钱的观念就开始逐渐成熟了。当然，孩子的经济观点不一定和社会观念一致，如因偷东西而惩罚孩子是不适当的，除非孩子能够理解财产所有权的概念，而这就需要成人的引导。把成人的以理性为标准的自治适用于儿童是不恰当的，也就是说，儿童的自治是和他的能力相适应的自主。弗里曼告诉我们，"在寻求儿童权利的进程中，我们必须承认儿童的尊严和他的决定能力，但是同时也要注意到完全自由的危险"，"认真对待儿童权利要求我们更加认真地保护儿童并承认他们的自由，包括实际的

---

① 参见 C. Hardman，"Can There be an Anthropology of Children?"，*Journal of the Anthropological Society of Oxford*，4（1），1973，p. 85。

② 参见 Geraldine van Bueren，*The International Law on the Rights of the Child*（Martinus Nijhoff Publishers，1995），p. 3。

③ 转引自 Geraldine van Bueren，*The International Law on the Rights of the Child*（Martinus Nijhoff Publishers，1995），pp. 3 – 4。

和潜在的"。他还借助罗尔斯（J. Rawls）的正义原则来论证他的观点，指出罗尔斯的正义原则限制了家长统治。笔者认为，承认并认真对待儿童的权利和自治是道德意义上的，即意味着别人不能随意侵犯他们的权利和自治，但并不是说儿童对权利和自治的行使是正确的，正如德沃金（Ronald Dworkin）所言：

> 说一个人有权利做什么事情，和说他做这件事情是对的，或者说他做这件事情没有错，有着明显的区别。某人可以有权利去做对他来说是错误的事情……反过来，某人可能做某件事情是对的，但是他没有权利这么做。
>
> 一个人是否有权做某件事，同他做的某件事对不对，这两者的区别通常是不会发生混淆的，但是，有时候它确实产生问题，因为有时候我们说一个人有权利做某件事时，我们的意思只是说他做这件事没有错误。①

所以说，有权利和有能力行使权利或行使权利的对错与否是从不同角度对权利的理解，即夏勇所说的权利所包含的"资格"、"力量"等要素。权利的力量要素要求权利的正确行使不仅要有权利能力也要有行为能力，前者含有道德权利、道德资格的意蕴，后者含有根据"事实"予以法律确认的意蕴。如果说这种"事实"仅指纯科学的诸如生物学、心理学等的分析结果，就有文化虚无主义的嫌疑。或许可以说，儿童决策能力的有限性基本上是基于科学分析获得的判定，但也不能排除文化因素的干扰。说到能力的有限性，弗里曼认为，承认能力的有限性就意味着对儿童生活中的非理性行为可以进行干预。但是，什么样的行为可以被认定为"非理性"必须受到严格的限制。罗尔斯认为，对于什么是"非理性"应该采取一种能够容纳从各个方面看都"正当"的中立理论加以限定。② 而根据德沃金的"人有权利做错误的事情"的观点，这种干预无疑是不合理的。那么，

---

① 〔美〕罗纳德·德沃金：《认真对待权利》，信春鹰、吴玉章译，中国大百科全书出版社，1998，第249页。

② 转引自 M. Freeman, *The Moral Status of Children：Essays on the Rights of the Child*（Martinus Nijhoff Publishers，1997），p. 38。

什么才是对儿童生活的"合理干预"呢？这与认定儿童行为的"非理性"是一个问题。弗里曼说：

> 我们不能尊重他们冒险和犯错误的权利也就不能平等地对待人。如果我们考虑只有代理人能做对的事情，只是尊重自治，却不能认真对待儿童权利。但是，如果我们允许儿童去选择一种行为，诸如吸食海洛因或不去上学，就可能会严重并整体上损害完全人格的获得以及他们的后续发展，对儿童完善的认识也就是失败的。"非理性"的判定也必须受到限制，以便能够证明这种干预是为避免立即的伤害所需要，或者是发展理性选择能力所需要，而具备这种选择能力的个体可能有适当的机会避免这样的伤害。①

实际上，目前对保护儿童和保护其自主权所做的二分法是不恰当的。儿童得不到保护，他们的福利就得不到提高，就不能够行使自主权；反过来，如果不能够行使自主权，儿童的利益就不可能真正实现，儿童的保护也就成为一句空话。另外，对儿童个性及能力的错误认识将导致对儿童保护的削弱，这种削弱将使儿童失去主体性。

纵观历史，对于儿童在历史进程中的道德和法律权利问题不时会有这样或那样的说法。问题是，随着时间的推移，儿童的特性是否受到了关注，童年的概念是否有所转变。尽管儿童权利与妇女权利相生相伴并随着妇女历史地位的提高而增长，然而，儿童仍是一个相对的概念，它随着地域文化、地理环境以及社会经济状况的不同而有所不同。② 就广义而言，从国际和各国的规定看，儿童通常指的是 18 岁以下的任何人。③ 我国法律

---

① M. Freeman，*The Moral Status of Children*（Martinus Nijhoff Publishers，1997），p. 38.

② 参见 Geraldine van Bueren，*The International Law on the Rights of the Child*（Martinus Nijhoff Publishers，1995），p. 4。

③ 关于儿童定义的争论引出了胎儿的权利问题。对于什么阶段称为婴儿，国际和国内都有不同的观点，有人认为应从胚胎阶段就算作"人"；有人认为应从胎儿即胚胎发育成人形，四肢、五官健全阶段算起；有观点认为从脱离母体算起；还有观点认为以成活算起。笔者认为最关键的不是胎儿算不算婴儿，而是对胎儿有无保护政策。就《经济、社会和文化权利国际公约》关于"减少死胎率"的规定看，国际公约已经将胎儿视作有生命权的个体加以保护了。很多国家禁止堕胎的规定甚至把胚胎也看作有生命的个体。所以，关于堕胎问题不可能达成一致意见。

也将这一群体称为"儿童"或"未成年人",这和国际公约的相关规定是一致的。在中国,儿童一词还有狭义的概念,指 14 岁以下的群体。①

明确这些概念和年龄的划分并不是毫无意义的,就权利能力而言,公民不论年少还是年长都具有平等的权利能力;但就行为能力而言,不同年龄公民的行为能力有不同的法律意义。比如,我国《民法总则》规定,不满 8 周岁的儿童是无民事行为能力人,他们行使权利和承担义务要由其监护人代理;8—18 岁的儿童是限制民事行为能力人,可以进行与他的年龄、智力相适应的民事活动。② 还规定,16—18 岁的儿童,以自己的劳动收入为主要生活来源的,视为完全民事行为能力人。③ 再如,我国《刑法》第 17 条规定,已满 16 周岁的人犯罪,应当负刑事责任;14—16 岁的少年犯某些特别严重的犯罪,也应当负刑事责任;④ 同时还规定,对于已满 14 岁不满 18 岁的少年犯罪,应当从轻或减轻处罚。因不满 16 周岁不予刑事处罚的,责令他的家长或监护人加以管教;在必要的时候,也可以由政府收容教养。当然,关于儿童能力的规定会因各国历史文化的差异而有所不同,这个问题涉及下文要讨论的文化多样性问题。

(四)儿童权利与文化多样性

《儿童权利公约》实际上就是一个多样文化互相融通和妥协的产物,有些条款就带有这种妥协的明显痕迹。例如,公约第 1 条"除非对其适用之法律规定成年年龄低于 18 岁",第 5 条"尊重当地习俗认定的大家庭或社会成员……",第 21 条"凡承认和许可收养制度的国家应确保以儿童的最大利益为首要考虑……",等等。结婚年龄、工作年龄在各种文化中千差万别,比如,当儿童犯错误甚至和父母意见不一致时,是否允许父母对

---

① 一般观点认为,其中 0—3 岁称为婴儿,3—7 岁称为幼儿,7—14 岁称为少年。但我国在批准联合国《儿童权利公约》以及制定《未成年人保护法》之后,儿童或未成年人均指 18 岁以下者,其中,进入青春期之后到 18 岁者为"少年"。

② 如获得荣誉证书、进行发明创造、发表作品及署名的权利等。其他的民事活动如作为原被告参加民事诉讼、缔结商业合同等则由其监护人代理。

③ 如他们可以参加工作并获得报酬,可以将自己的收入存入私人账户等,同时,他们的行为给别人造成损害时其也有赔偿的责任。参见我国民法、劳动法的相关规定。值得注意的是,18—20 岁的年轻人是具有完全行为能力的成人,可以服兵役,具有选举权和被选举权等,但是不可以缔结婚姻,因为根据中国婚姻法,女子的结婚年龄为 20 岁,男子的婚龄为 22 岁。

④ 包括故意杀人、故意伤害致人重伤或死亡、强奸、抢劫、贩毒、放火、爆炸、投毒罪。

儿童施行惩罚，各种文化的容忍度也有不同。特别值得注意的是伊斯兰文化和非洲文化的影响，例如，伊斯兰法对《儿童权利公约》最明显的影响就是"卡法拉"。根据"卡法拉"，家庭可以接受一个弃儿或无家可归的儿童，但是和收养不同的是，这个孩子不能用家庭的姓氏也不能继承家庭财产。也就是说，收养儿童不具有亲生子女的法律和道德地位。对于伊斯兰法来说，儿童权利的基本概念是家族式的。在笔者看来，最为明显的妥协是在一部公约当中同时规定了儿童的权利和福利内容，而不像人权两公约那样分开来规制。至于儿童权利和儿童福利之间的关系，如果从需求的角度来看，二者并无根本的区别，《儿童权利公约》所确立的权利也都是满足儿童的生存需求和发展需求所必需的，只是从具体操作层面上看，儿童福利中的需求更加具体和便于操作，通常体现为物质需求以及心理需求，在权利范畴内更多地涉及经济、社会和文化权利内容。福利内容可能因为国家的发展程度不同而获得满足的程度也不同，这也是国际范围内不同文化背景国家对权利分类的一个争论点。在西方人看来，经济、社会和文化权利属于福利范畴，而公民权利和政治权利才具有普遍意义的人权的内涵，是人之所以为人的权利。因此，在《世界人权宣言》之后，出现了两个人权公约，即《经济、社会和文化权利国际公约》和《公民权利和政治权利国际公约》，这体现出不同文化之间对人权和福利之间理解的差异以及妥协。然而，《儿童权利公约》并没有做这种区分，而是包括了儿童所享有的经济、社会、文化、公民权利的所有内容，因此，通常意义上，我们说"儿童权利"的时候，也包含了儿童福利的内容。

那么，这就给我们提出一个问题，当立法和另一个国家文化的实践有差距甚至冲突时，如何解决和协调？

文化多元论的论述最早可以追溯到希腊历史学家希罗多德（Herodotus），之后蒙田、维柯、孟德斯鸠等人也有论述，孟德斯鸠大概是试图解释文化差异的第一人。但21世纪的人类学除了关注各种文化间的差异性之外，还应该找到多元文化之间的连接点。多元论是关于价值根由的理论。人对美好生活的实现要素总是存在不同的认识，冲突也就难以避免。不仅仅在政治伦理的研究中需要解决这些冲突，其他学术的研究，包括人类学、权利哲学等研究中，同样要克服基于价值的不相容带来的困难。例如，男孩优先的思想至今仍深深根植于很多中国人的心中，这种思想和男女平等是不相容的，其中一种价值的实现必然导致对另一种价值的排斥。多元论者接受"合理优先"的观点，认为价值冲突可以通过合理的价值顺位得到解决，即以首要价值为先。多元论者反对一元化，一元化或普适主义者都认为，存在或能够建立一种人人都可以接受的超越价值。多元论者也反对文化相对主义，文化相对主义也不承认超越价值的存在，但在对文化相对性的认识上比多元论者走得更远。文化相对主义又分为强文化相对主义和弱文化相对主义。强文化相对主义认为文化是道德权利或规范的合法性的唯一源泉，认为所有的价值都是惯常的，没有首要价值的存在。对强文化相对主义者来说，对美好生活的评价或判断是相对于这种价值生成的文化背景而言的。所以，"宽容"、"文化价值平等"以及"习俗的固有尊严"等是他们的基本信念。他们也认为价值间的冲突可以通过合理的方式解决，但如何解决则由特定文化决定而不是"首要价值"。弱文化相对主义认为，文化也许是道德权利或规范合法性的重要源泉，存在合理的普遍人权，但是允许偶然的和区域性的差异和例外。① 这样，弱文化相对主义者就和文化多元论者的观点不谋而合了。但我们的疑问并不是诸如童婚或女性割礼，或者那些印度的深闺制度、殉夫自焚或多偶婚制等习俗是否能够被所在地的道德标准证明，而是有无必要或是否应当去理解习俗背后的社会文化并进而维护其道德上甚或法律上的约束力。② 当然，判断正义的标准往往是独立于文化共识之外的，但所谓的文化共识在很多情况下又以文化实践的强势话语表现出来。弗里曼用实例证明，多元论能够解决因文化差异而产生的对待儿童福利和权利问题的不同价值之间的冲突，③那么，中国在融入国际社会、接受儿童权利观念的过程中应当如何解决其间的价值冲突问题呢？

四 中国儿童权利保护与《儿童权利公约》

中华文明带来了丰富灿烂的文化，这种文明在价值观上有着自己文化

① 参见〔美〕杰克·唐纳利《普遍人权的理论与实践》，王浦劬等译，中国社会科学出版社，2001，第127—128页。

② 参见 M. Freeman, *The Moral Status of Children*: *Essays on the Rrshts of the Child*（Martinus Nijhoff Publishers, 1997), pp. 137 - 139。

③ 参见 M. Freeman, *The Moral Status of Children*: *Essays on the Rrshts of the Child*（Martinus Nijhoff Publishers, 1997), pp. 142 - 147。

上的偏好，这种偏好表现为某些不同于西方的关于社会正义的观念和制度，这种正义观把重心放在"让与"之上，而非权利之上，并表现出"对个人权利及其发展在文化上的保留态度"。[①] 这种保留的态度使我们在接触其他文明成果时，总是受到古老文化的修正，使接受来的东西不那么纯粹，而是被深深地打上中华文明的烙印。当然，不能笼而统之地断言，这种修正是好的或不好的，因为这由不得个人意志来决定，而是一种根深蒂固、潜移默化的影响。从汉代开始，儒家学说在中华意识形态中的地位被确立之后，它就一直无形地统治着中国人的精神世界。儒家学说的三纲五常等封建伦常又是家国相通的，这种严谨的治国、治家的结构消除了个人权利生存的土壤，更不用说儿童个体的自由平等了。儒学代表了中国人对儿童的道德判断，在家庭中，父亲有着至高无上的权威，孩子则是次等的。

然而，中国古老的伦理道德观又不乏尊老恤幼这类带有人道主义色彩的原则，我们的古代思想中也不乏超越实在法的道德法观念以及人格平等观念。当封闭千年的中国睁开双眼迎接世界的时候，正是这些充满人文主义色彩的文化底蕴，为我们吸纳世界文明的优秀成果奠定了基础。从 20 世纪 70 年代开始，通过对《儿童权利公约》的参与起草、批准和实施，以及对人权两公约的签署和批准，中国公众的儿童权利意识得到普遍增强，从政府到宣传媒体到寻常百姓都更加注重尊重和保护儿童的人格和健康成长，自觉地用权利的眼光打量从前一些司空见惯的事情。

尽管如此，和《儿童权利公约》所确立的儿童保护的国际标准相比，我国对儿童权利保护的水平还有很大上升空间，从国家、社会到家庭，从政治、经济到文化、政策还缺乏一套儿童权利保护的制度体系，很多保护儿童的措施尚需进一步落实。在儿童权利的认识上还有误区，理论研究上还存在盲点，儿童权利保护的现状更加令人汗颜。怎样充分而和谐地发展儿童的个性，怎样在和平、尊严、宽容、自由、平等和团结的氛围中，抚育他们成长，使他们成为有责任感的个体，的确是一项紧迫而又艰巨的任务。

---

① 夏勇：《中国民权哲学》，生活·读书·新知三联书店，2004，第177—179 页。

（一）中国传统文化影响下的儿童地位

古老的中华文明很早就有尊老爱幼的传统，这可以从学术经典和律法中窥见一斑。比如，《周官》中规定了三赦：一曰幼弱，二曰老眊，三曰愚蠢。汉高祖三年下诏曰，对于"八岁以下……当鞠系者，颂系之"。汉成帝时，规定满7岁犯杀人等死刑罪的，"上请廷尉以闻，得减死"。汉元和三年间有诏，对于无父母的孤儿，要"禀给如律"。[①]中国古代有缘坐、连坐之法，通常是一人犯科，举家质作。但律法上也有一些对连坐规定的例外，如隋朝有缘坐中"停送老小应质作"的规定。唐律比隋律又宽仁一些，规定对于老幼废疾犯十恶之罪的给予减免。元代天历年间，又再除妻子和孩子连坐之法。[②]但在这一爱幼恤幼的古老文明中为什么没有孕育出儿童权利的观念呢？正如有的学者所指出的，"惟有承认权利的人性基础和历史基础，方有谈论权利发展之前提"。[③]所以，要追寻中国儿童权利生长的基础，也必须从探求中国人的人性观出发。受儒学影响的中国人总认为"人之初，性本善"，这个"善"字即指善良、忍让、不尚争斗，又蕴含着中国人的基本价值观，即崇义贱利的社会正义观。那么，是不是"贱利"，不轻易言"利"，没有"权利"的预言符号，就没有权利生长的道德根基呢？夏勇回答了这个问题，他认为：

> 无论是在什么样的文化传统里生活的人，都有着人之作为人的并且因此是相同的欲求、需要和愿望，都要过社会生活。不论文明或文化把生活于其中的每个人塑造成或者想塑造成什么样子，但是最终改变的只是欲求、需要和愿望的表现形式和相关的社会制度，而不是欲求、需要和愿望本身，尤其是其中所蕴含的人所固有的尊严和价值，人之作为人的本性……作为权利内容的资格、礼仪、力量或主张最终是基于作为社会存在物的人的特性，或者说，人的权利的最终基础是人本身……每个时代、每种文明传统里的社会正义都是人类的，都包含着或在最低限度的意义上包含着为人类所共有的普遍道德原则，如

---

① 《历代刑法志》，群众出版社，1962，第11、12、53页。
② 参见《历代刑法志》，群众出版社，1962，第321、464页。
③ 夏勇：《中国民权哲学》，生活·读书·新知三联书店，2004，第183页。

行善、敬老、礼貌、公平、抚幼、诚实勿欺、取财有道等。这些道德原则无疑是提出权利主张的永恒的根基。[①]

如此看来,中华文明是具备个人权利生长的人性基础的,那么,为什么在过去几千年的漫长岁月里,儿童权利观念没有在这里破土而出呢?植物生长除了要有适宜的土壤之外,还要有水、阳光、空气等利于植物生长的生态环境。儿童权利观念的生成也是一样,它之所以没有在漫长的古老岁月中发芽,是因为没有一套利于其生长的环境机制。除了政治、经济因素外,文化、道德的价值观也是遏制儿童权利生长的重要因素。封建家长制的形成深受儒家尊卑长幼伦理观的影响,父权(男权)至上的价值观一直占据主流,对儿童的关爱始终仅仅是从德和仁的角度出发的。在中国古代社会,儿童的道德地位和法律地位都很低下,其中尤以女童的地位为最。因为,在儒家看来,男孩特别是长子才是家族接续香火之人,他拥有比其他子女高的地位。中国人对儿童权利的认识总是被来自传统的认识修正。尽管中国素有爱护儿童的良好传统,但是,这种爱护仍是出于"爱护弱小"和"扶贫济弱"的传统道德观念,这样受到保护的儿童只能依附于成人,他们的价值似乎主要在于承载成人对于家庭和社会的期望。可见,传统的儿童观往往从社会和家庭的整体利益的角度认识儿童的价值。在成人的眼中儿童必须依附大人,需要被雕琢,他们的自我意识和独立人格完全被忽视,更谈不上作为独立主体而享有相应的权益了。一如16世纪的西欧,儿童既无道德地位也无法律地位可言。随着民主和自由精神的传入,中国人逐渐有了现代意义上的民权意识,反映在立法上,便是开始重视对儿童的关爱和保护。如1931年中华苏维埃共和国的婚姻条例有若干条款涉及对儿童的保护,并声明儿童是未来新社会的主人。新中国成立后,国家对儿童的认识有所提高,平等观念增强,无论儿童的性别、智能、家庭背景、经济状况、宗教信仰、民族,国家均给以同样的保护,同时还重视对儿童的营养、教育等方面的照料和保护,儿童的地位获得了一些改变。然而,儿童主体意识的确立还是20世纪80年代以后的事情,并且是与国际人权法的发展相依相随的。

---

① 夏勇:《中国民权哲学》,生活·读书·新知三联书店,2004,第182—183页。

（二）《儿童权利公约》对中国儿童权利保护的影响

对我国儿童权利保护产生重大影响的国际文件除了《儿童权利公约》之外，还包括《经济、社会和文化权利国际公约》、《公民权利和政治权利国际公约》以及《世界人权宣言》等国际条约中涉及儿童保护的条款。从《儿童权利公约》的形成及其实施的曲折发展过程看，继人权宣言之后，人权两公约中涉及儿童问题的条款对儿童权利保护以及公约的生成都具有不可忽视的影响。① 在中国参与起草以及批准《儿童权利公约》之后，② 这些国际文件对我国儿童权利保护观念及保护机制的制度体系建设有了一些实质性的促进作用，具体表现在如下几个方面。

1. 儿童权利保护意识有所增强

儿童一直被看作人类的未来，但我们对于儿童是不是有权利的问题似乎并没有做过认真的思考，更不用说为儿童去争取权利和保护他们的权利了，这对于一个拥有几亿儿童的大国来说，不能不说是一件非常遗憾的事情。儿童权利意识在中国的真正增强应该是中国参与国际儿童权利法制定之后的事情。据我国刚刚批准《儿童权利公约》不久之后的研究统计，有84.37%的成人与儿童认为，无论在社会、学校还是家庭中，儿童都应是有权利的；有90%的成人与儿童清楚国家有义务为儿童提供医疗保健的基本条件；等。③

2. 儿童权利保护的法律体系进入初创阶段

尽管从历史上看，早在第二次国内革命战争时期，中华苏维埃共和国政府颁布的《宪法大纲》、《劳动法》、《婚姻法》等法律文件，就有保护儿童生存、学习和劳动等权益的规定。到了抗日战争和解放战争时期，各个根据地和解放区政府颁布的涉及保护儿童权益的法律也屡见不

---

① 在1979年（国际儿童年），波兰政府提出将1959年《儿童权利宣言》发展成为《儿童权利公约》的建议，是以较早期的联合国宣言以及1966年的人权两公约和1949年的日内瓦公约为基础的。参见 Birgitta Rubenson, *The Rights of the Child in Swedish Development Cooperation*, Swedish International Development Cooperation Agency, 2002。

② 中国于1991年12月29日批准《儿童权利公约》。同时声明，中国将在符合其《宪法》第25条关于计划生育的规定的前提下，并据《中华人民共和国未成年人保护法》第2条，履行公约第6条所规定的义务。在批准《儿童权利公约》的同一年，我国政府颁布了《未成年人保护法》，并制定了国别方案，即《九十年代中国儿童发展纲要》。由于我国是亚太地区最早开始后续行动的国家，所以被联合国儿童基金会称为"旗舰"。

③ 参见郝卫江《尊重儿童的权利》，天津教育出版社，1999，第5页。

鲜。① 特别是中华人民共和国成立以后，宪法和其他法律、法规都有大量的保护未成年人的规定，但是一直没有一部关于未成年人保护的专门立法。

在立法方面真正注重儿童权利保护问题，是从 20 世纪 80 年代开始的，特别是通过参与《儿童权利公约》的制定和人权两公约的签署和批准，我国法律越来越注重与国际公约的标准保持一致，在立法和司法中也越来越注重对儿童权利的尊重和保护了。2000 年之后，我国颁布并修订了多部涉及儿童问题的法律、法规和司法解释性文件，如刑事诉讼法、刑法、民法、婚姻法、未成年人保护法、义务教育法、预防未成年人犯罪法、禁止使用童工的规定、最高人民法院关于审理未成年人刑事案件具体应用法律若干问题的解释、人民检察院办理未成年人刑事案件的规定。一个以宪法为核心，以刑法、民法、婚姻法等基本法律和未成年人保护法、预防未成年人犯罪法等单行法律为骨干，并由母婴保健法、义务教育法和收养法等其他民事、刑事和行政法律法规以及大量的司法解释性文件与其相配套，具有中国特色的儿童权利法律保障框架逐步形成。② 在进入国际人权法体系之后，国际文件中涉及的少年司法、犯罪少年的保护、儿童的生存与发展、儿童的家庭保护、无歧视、儿童的生存健康权、禁止对儿童的虐待、童工、儿童的教育权等问题，在我国法律中都有所体现。例如，2001 年新修订的婚姻法将原婚姻法中第 17 条中的父母"管教"义务，改为"教育"义务，体现了以儿童为本位的立法理念。2006 年修订的《未成年人保护法》明确规定儿童享有生存权、发展权、受保护权和参与权，国家根据未成年人身心发展特点给予特殊、优先保护，保障未成年人的合法权益不受侵犯。确定了平等保护、尊重儿童尊严的原则，强化了对未成年人的家庭保护、学校保护、社会保护和司法保护，还对侵犯少年合法权利的法律责任做了较为详细的规定。同年修订的《义务教育法》进一步推进了教育的公平和均衡发展。2012 年修订的《刑事诉讼法》在"特别程序"一编中专设一章规定"未成年人刑事案件诉讼程序"，涉及少年司法的基本原则

---

① 例如，1940 年 3 月 18 日颁布的《晋察冀边区目前施政纲领》第 13 条明确规定"禁止使用……童工从事妨害身体健康之劳动"等。

② 值得一提的是与中国法律体系具有密切关系的司法解释性文件，这些司法解释为司法实践部门审理少年案件正确适用法律制定了标准和规则。

和少年享有的一系列刑事程序性权利。2011 年我国发布了《中国儿童发展纲要（2011—2020）》，明确了儿童的最大利益原则，确立了儿童医疗保障、儿童教育公平、儿童福利保障体系建构、儿童保护法律体系和机制的建设等总体目标，部署了儿童在健康、教育、福利、社会环境和法律保护方面的具体策略与措施。此外，2002 年后，我国还批准了多个国际公约，例如，《禁止和立即行动消除最有害的童工形式公约》、《跨国收养方面保护儿童及合作公约》、《儿童权利公约关于儿童卷入武装冲突问题的任择议定书》、《经济、社会和文化权利国际公约》等，表明了我国保护儿童权利的决心，也是向国际社会做出的庄严承诺。

3. 形成初级的儿童权利保护机制

中国儿童权利保护机制涉及各类政府机构和非政府组织对儿童权利的保护。儿童权利保护组织泛指一切党政机关、企事业单位和民间团体。

首先，党政机关在儿童权利保护方面承担着主要责任。作为权利主体，儿童有权利要求在制定涉及他们的政策和法律时受到关注，政府和立法机关不仅有义务通过立法、行政等措施，保护儿童的利益，而且有义务引导社会各团体机构尊重儿童的权利和尊严。这方面，国家成立了若干机构为保护儿童的基本权利做了大量工作。如国务院妇女儿童工作委员会、全国人大内务司法委员会青少年专门小组等，在协调和推动政府有关部门执行妇女儿童的各项法律法规和政策措施、落实男女平等基本国策、坚持"儿童优先"原则、推动制定和发布《中国儿童发展纲要》等方面发挥了重要作用。同时，相关政府部门如教育部、卫生部、文化部等在制定和执行政策规章时，也越来越重视儿童权利保护问题。最近十年，我国在儿童医疗保健、义务教育、司法保护等方面都取得了一定进展。

其次，企事业单位在保护儿童权利方面的作用不容忽视。经济组织有义务为儿童提供健康而又必需的生活用品和学习用品，有义务遵守国家的法律规定，为儿童经济权利的实现提供保障。科教文卫部门在保护儿童权利方面也做了不少的努力。譬如，除了开展与儿童健康、科学育儿、儿童心理学等相关的科学研究之外，在医疗保健方面，他们积极促进和改善儿童的生活和医疗水平，预防和治疗多发于儿童的疾病，提高儿童的健康水平，使城镇的新生儿死亡率低于 20‰，乡村的低于 20‰—30‰。教育方面，自 20 世纪 80 年代以来，各类初、中等学校数量迅速增长。① 全国适学儿童达到学龄儿童的 99.92%，九年义务教育巩固率达到 93.4%。② 文化娱乐方面，各类博物馆、文化宫、科技馆普及县市，大中城市还有少年宫等儿童学习和娱乐场所。

最后，民间团体在保护儿童权利方面发挥着越来越重要的作用。中国合法登记的民间组织数以千计，其中在儿童保护方面承担工作较多的有几十个，包括共青团、少先队、青年联合会、学生联合会、工会、中国律师协会和全国妇联，以及中国儿童少年基金会、中国关心下一代工作委员会、中国青少年研究中心等，为儿童权利的保护发挥着积极的作用。例如，共青团基于它的特殊地位，成为政府和青少年联系的桥梁和纽带。团中央下设青少年权益部、少年工作委员会等专门的儿童工作机构。通过这种建制，这些机构参与儿童保护立法和方针政策的制定，提出立法建议等。全国妇联将保护儿童作为它的一项重要工作，设置儿童工作部。在全国律协的号召下，目前已经有 20 多个省级律协成立了未成年人保护专业委员会，并同时组建了本省的志愿律师网，以吸纳更多律师从事未成年人维权工作。

当然，要实现《儿童权利公约》的目的，履行公约义务，需要建立一整套儿童权利保护的制度体系，这一内容将在第四章做详细论述，在此不再赘述。

（三）儿童权利保护状况省思

《儿童权利公约》对儿童的利益和福利的真正价值和贡献在于对缔约国实在的影响，在于促使儿童权利能够在各个国家体制中找到适当的位置。但是，我国关于保护儿童的很多做法仅体现了一个社会善待儿童的理想和姿态。由于政治、经济和社会发展水平的制约，以及封建意识和传统观念的影响，我国儿童权利保护仍然面临诸多困难和挑战，儿童维权中还存在很多误区，③ 与国际人权文件的精神和国际标准相比还有较大的差距，在观念上、理论上和实践中需要解决的问题还有很多。

---

① 除公立幼儿园、小学、初高中外，各类中等职业学校、私立学校、特殊教育学校也得到迅速发展。
② 参见《教育部 2016 年全国教育事业发展统计公报》。
③ 参见肖建国《维护青少年权益中的误区探究》，《青少年犯罪研究》2001 年第 1 期。

1. 儿童权利保护中存在的问题

中国儿童权利意识虽已初步生成，但要想在积淀已久的旧思想的岩层下生长出先进的儿童权利观念，绝非易事。20多年前我国就批准了《儿童权利公约》，但至今仍然没有建立起完备的儿童权利保障体系，儿童权利的保护和实现中依然存在很多问题，突出表现在三个方面。

（1）儿童保护的思想认识方面存在误区。中国传统伦理道德思想至今还影响着我们对儿童权利保护的认识，使我们在儿童权利观念上存在一些误区。比如对女童的界定，我们仍然只是从她们是"未来的母亲，有教育下一代的责任"的视角认识女童，而没有从权利主体性视角、从平等权视角、从无歧视的视角考虑问题。另外，对于儿童作为权利主体我们也有误解。如有些人不懂得儿童也是享有权利的主体，应受到特别保护；有些人不知道自己对保护儿童权利负有法律责任，认为子女是私有财产，自己可以为所欲为，不受法律约束；还有人认为，儿童权利保护说起来重要，做起来次要。因此，尽管法律上有规定，但实际工作中有些人对这些规定却熟视无睹，对儿童的家庭暴力、教师对学生的体罚甚至性侵害、社会上对残障儿童等弱势儿童的歧视等现象屡见不鲜，很少有人意识到，儿童也是有尊严的，是享有权利的主体。此外，儿童对自身的认识也存在误区，大多数孩子把儿童的概念限定在自己的年龄以下，即不承认自己是儿童。大多数小学生认为，儿童指幼小的、年龄不足10岁的孩子；初中生多数则将儿童的年龄界定在14岁以下；高中生多数认为未满18岁者为儿童。①

（2）缺乏对儿童权利理论的深入研究，无法为儿童保护制度的建构提供理论支持。特别是涉及儿童权利与父母等权利主体的冲突理论以及权利的多样性问题，儿童权利实现中的自治理论，甚至儿童权利实现中的一些基本概念，比如儿童最大利益概念等，都没能通过深入的研究解决立法和司法中的理论问题。另外，对儿童权利有兴趣的人常常忽视的是，要站在儿童立场上研究儿童的权利，而不是把儿童当作成人教导的对象来研究。国际立法者已经注意到这一点，《公民权利和政治权利国际公约》第19条规定"人人有发表意见的权利"，《儿童权利公约》第12条也是一个明显

---

① 参见郝卫江《尊重儿童的权利》，天津教育出版社，1999，第5—16页。

的佐证。① 从成人的视角研究儿童权利免不了带来尴尬，比如，成人对儿童权利的理解和儿童对其权利的理解往往不同，成人认为在儿童的成长中重要的方面也许儿童并不认为是重要的。

（3）与《儿童权利公约》标准相比，儿童权利保护制度体系还存在诸多疏漏。一是儿童权利保护制度尚需进一步完善，儿童福利保障体系还比较初级，国家在儿童权利保障中的作用还有很大的发挥空间。二是最大利益、非歧视、平等保护等原则尚缺乏具体的规定，也没有成为涉及儿童一切事务的实施原则。比如，在处理涉及儿童的具体问题时，何为儿童的最大利益还不明确，歧视现象、机会不平等的现象还很突出。特别保护条款尚不具有普遍意义，即便是对处于困境的儿童，有针对性的特别保护和照料依然不够。三是制度体系和社会结构的特点带来的儿童福利保障体系的结构性问题。一方面，城乡二元分立的儿童福利模式，带来了选择性、结构性、制度性的社会不平等，乡村儿童的生活水平与福利水平明显低于城市儿童；另一方面，作为整体社会福利附属品的儿童福利的建构，缺乏对儿童的特殊性及其特殊需求的考量。四是关于儿童教育权的规定尚待完善，如教育公平问题，教育应当加强以对人权和基本自由的尊重为目的的内容，尊重父母及监护人选择学校的自由，等。五是少年的司法保护规定不够完善，如少年犯罪预防、违法犯罪行为和心理矫治等尚未得到应有的重视。六是关于基本自由的规定缺乏，如儿童的表达自由、尊重父母保证他们的孩子按照自己的意愿接受教育的自由等。可见，我国在立法上虽初步体现了国际公约的精神，但因经济、社会和观念方面的原因，真正把儿童权利落到实处，还有很艰难的路要走。由于《未成年人保护法》内容的原则性，司法实务中尚不能将其作为保护儿童权利的法律依据，对儿童权利的保护也缺乏正当程序的支持。司法部门和相关政府部门在处理有关儿童的具体事务时，多数情况下是靠内心确信，至于是否符合儿童优先原则，是否满足儿童的最大利益，则既没有相应具体的法律规范法院的权限，也缺乏足够的理论和实证研究的支持。

2. 儿童权利保护面临的严酷现实和挑战

正是因为对儿童权利的保护意识薄弱、法律保护不力，我国在儿童的

---

① 关于该条的解释，参见 Marie - Francoise Lücker - Babel，"The Right of the Child to Express Views and to Be Heard"，*International Journal of Children's Rights* 3（1995），p. 391。

生存、保护和发展方面存在的问题仍比较突出，大体表现在以下几个方面。

（1）儿童的生存环境和健康状况受到各种因素的威胁，如五大污染源①对儿童健康的损害、小学用餐和校车隐患、毒品和各种疾病对儿童健康的危害，②另外，针对儿童的各种暴力还普遍存在，包括家庭暴力、体罚、性侵害等。特别是那些处于不利地位的儿童，如婴幼儿、孤儿、流浪儿、残疾儿童、受虐儿童、司法中的少年等，他们时刻处于诸如贫困、饥饿、营养不良、暴力、环境污染、各类疾病等恶劣环境中。儿童往往承担着父母和社会贫困的后果。资源、教育和安全的缺乏增加了他们遭受侵害和不公正对待的危险，甚至连基本的权利都无法满足。显然，当他们食不果腹或无力接受基本的教育时，根本就谈不上生存权和发展权。他们有的离开家庭，希望找到好的生存出路，但是，往往避免不了被卖为雏妓、被虐待甚至遭遇暴力、被迫犯罪。危险的社会治安环境，也在严重威胁着儿童的生命健康，如针对儿童的刑事犯罪和各种意外伤害事件等。

（2）儿童的社会保护还存在诸多问题。比如，儿童消费市场的隐患还很多，在经济发展的同时，一些不良产品对儿童造成有害影响甚至伤害，一些商家为了赚钱牺牲儿童的利益甚至生命安全。再如，媒体宣传时常误导儿童甚至侵犯儿童的权利，如舍身救险、"背起爸爸上学"的宣传，引导儿童承担本应由国家、社会和成人承担的责任；制造神童的宣传，误导家长忽略儿童的个性、才智和身心能力的全面发展；等等。

（3）儿童的学校保护和安全问题越来越突出。比如校园欺凌问题，时常发生在学校、幼儿园等场所中的讽刺、挖苦、辱骂、体罚甚至暴力，严重影响儿童的身心健康。此外还有一些教育工作者对学生的骚扰和性侵犯。但是，法律对这类涉及儿童事务的从业标准还不甚明确。

（4）家庭保护问题严重。在家庭中，对儿童打骂、不尊重儿童人格的现象普遍存在，儿童成才与玩的权利难以协调。过重的学习压力使儿童失去了玩的权利，产生心理障碍、行为问题、学习困难、注意力涣散、多动、感觉统和失调、人格不健全等多种生理、心理、精神疾病，童年过早

---

①　包括文具污染、杀虫剂污染、电磁场污染、吸烟污染及噪声污染。

②　参见郝卫江《尊重儿童的权利》，天津教育出版社，1999，第57—73页。

地逝去。

（5）我国还没有建立起一套完整的儿童福利保护制度体系，面对诸如贫困家庭、困境儿童这类有着特殊需求的对象，政府或社会不能采取及时有效的措施，给予其援助、指导、咨询和必要的司法援助。

3. 儿童权利和福利应当作为优先发展事项

尽管中国已签署或批准了若干国际人权公约，但国际公约中保护儿童权利的条款在中国的法律中体现得还很不够。尽管权利的全面实现取决于经济发展及综合国力的提高，并不仅仅由我们的良好愿望决定，[①] 但当一国的综合国力达到一定程度的时候，政治的意识形态、社会价值以及权力结构等对权利实现的作用会更加突出，这种影响不仅能从历史考察中得出结论，还可以从现实的政策制度选择中观察到。就儿童福利的实现来看，经济状况不能独立决定儿童福利状况，这已经被联合国儿童基金会 2007 年的一项调查所证实。在社会快速转型过程中，儿童对生存和发展的需求也在迅速变化，如何改造不平等的儿童权利体系结构，建设有利于儿童生存和发展的儿童权利保障体系有着战略上的紧迫性。就中国目前的经济发展情况和综合国力而言，把儿童权利和福利作为优先发展事项不仅具有必要性，而且具备了可行性。

（1）应根据儿童保护的国际标准进行立法或补充完善现有的法律法规。建立健全各项儿童权利和福利保护制度，包括对特需家庭进行经济和法律援助的制度，涉及儿童事务的从业人员的就业培训和资格证书制度，困境儿童的社会保险、保障制度等。建构符合我国基本国情的、保障儿童健康成长的儿童权利保障体系，包括法律政策体系、儿童权利保护机制、儿童福利服务以及多层次性的危机处理机制。目前我国针对儿童的立法、机制、服务措施等都在建设当中，但各个环节之间缺乏联系。当儿童受到侵害时，缺乏机制的、体系的设计，根本无法对受害儿童提供及时有效的救助和安置。

（2）应建立健全少年司法预防和矫治制度。实行一个以预防为主导的综合性少年司法政策是联合国所倡导的一项少年司法策略。对少年的违法犯罪行为要有多视角的分析，比如刑事法学、犯罪学、社会学、心理学和精神医学等视角，对于不幸坠入犯罪深渊的少年，除了追究其刑事责任之

---

① 　参见郝铁川《权利实现的差序格局》，《中国社会科学》2002 年第 5 期。

外，更应当致力于帮助其回归社会正常生活。因此，我们所说的困境儿童应当包括行为偏差儿童、违法犯罪儿童等。另外，应从福利的视角看待少年司法问题。儿童福利水平的发展对预防犯罪有着特别重要的意义，这在联合国《预防少年犯罪准则》等文件中有相关的规定。另外，进一步加强有关儿童保护的各项法律和政策的实施，逐步使国内法律和所加入的国际公约中的权利具有可诉性，这也是预防性少年司法的重要方面。法定权利的实现还可以参照国外的人权监察专员（ombudsman）制度，使儿童权利获得有效的保护。

（3）应净化儿童成长环境，加强国家、社会各部门以及媒体、家庭对儿童保护的责任。例如，净化校园及其周边环境；严禁生产经营单位制造、生产、销售不利于儿童身心健康的食品和产品；发挥媒体宣传作用，增强国家、社会和家庭对儿童权利保护的意识以及儿童的自我保护意识；丰富儿童的文化生活，增强儿童的参与意识和主体意识。在这些方面，我国的香港地区提供了很好的经验。在香港，参与儿童保护工作不仅仅是政府的责任，更是社会的责任，许多非政府部门都在积极地参与儿童保护工作，比如香港城市大学开展的青少年犯罪学及青少年保护的研究工作以及基督医院儿科建立的识别虐儿案件的处理系统。

（4）应建构以政府为主导、儿童为核心、监护人承担首要责任、社会积极参与的福利保障模式，使推进儿童福利成为家庭政策的核心，把协助家庭养育儿童作为重要的方面，特别是预防性的家庭服务。同时，儿童福利制度应当根据需求的不同惠及所有的儿童，这种需求包括生存的需求、发展的需求、自立的需求，满足儿童的需求不仅需要考虑儿童发展阶段的不同特点，还需要与父母的权利和整体家庭福利相结合来考虑。特别紧迫的是满足处于困境中儿童的需求。儿童福利不应当局限于经济物质的帮助，还应当包括精神、心理和社会需求，应当使儿童"过有尊严的生活"，促进儿童的"自立"和"全面发展"。为实现这一目标，应当推进儿童福利工作的职业化、专业化，因为儿童福利涉及心理学、社会学、护理学、教育学等众多专门知识，因此，儿童工作者的素质、状态和机能水平就具有了特别重要的意义。

（5）应广泛进行国际合作和交流，争取国际社会针对特别困难儿童的合作和帮助，如在贫困儿童、艾滋病儿童、残疾儿童、难民儿童、少年罪犯等领域开展经验交流活动和提供帮助。

第二章　儿童权利保护原则

　　无论是在国际人权法的视野下还是在中国法的范围内，关于儿童权利保护的原则都存在一些不同的见解和看法。有论者将中国儿童权利法律保护的基本原则总结为八项，包括儿童优先、照顾儿童身心发展特点、公平和平等、成年人义务、全面保护、一般保护与特殊保护相结合、从实际国情和儿童实际需要出发确定法律保护、国内法与国际法相衔接原则。① 我国《未成年人保护法》第5条列举了保护儿童应遵循的三项原则：尊重未成年人的人格尊严；适应未成年人身心发展的规律和特点；教育与保护相结合。从字面上看，这三项原则与《儿童权利公约》的规定不同，但若做细致的分析，会发现其基本精神是存在于公约所确立的原则之中的。本章意欲在一般意义上探讨儿童权利保护的原则，我们认为，保护儿童的基本原则是不分特定背景而普遍适用的。在这里，将从国际人权法的视角讨论儿童权利保护原则问题。当然，在讨论的过程中，间或会将其与国内法的保护原则做一些比较。但无论如何，在讨论公约基本原则时，我们要清醒地认识到《儿童权利公约》所确立的基本原则的不可克减性。在国际人权法领域，1991年儿童权利委员会第一次会议选择了《儿童权利公约》第2条、第3条、第6条和第12条所涉及的思想作为保护儿童权利的一般原则，即无歧视原则、最大利益原则、最大生存和发展原则、尊重儿童意见原则。这些原则不仅确定了相应的权利，还确立了公约承载的基本价值，我们在解释和行使所有权利时都需要对它们加以考虑，儿童权利委员会最初也是要求各缔约国按照这四个方面的框架递交国别报告的。将这四个方

---

① 参见郝卫江《尊重儿童的权利》，天津教育出版社，1999，第38—40页。

面的内容作为一般原则已达成共识，但对这些原则的具体内涵的理解仍然存在不同看法。比如，一般观点认为，尊重儿童原则可以分为尊重儿童尊严和尊重儿童意见两个方面，也有一些论者从儿童参与的视角来讨论这项原则，可以说，"参与"既是一项原则，也是一项权利。至于"最大生存和发展原则"，其实际上涉及儿童保护的所有方面，因此，也可以把这个原则看作儿童保护的宗旨。笔者认为，要实现儿童权利，国家、社会和家庭认真履行公约义务是基本的保障，《儿童权利公约》自始至终都在强调国家和家庭对儿童权利保护的责任和义务。因此，在本书的第一版当中，笔者将这部分内容归纳为"多重保护原则"，但为了便于交流，笔者尊重多数人的习惯，亦将其归纳为"最大限度生存和发展原则"，但在具体讨论的时候，或仍将重点放在国家、社会和家庭的多重责任方面，而其中涉及的生命权、生存权、发展权的具体内容，将在下一章儿童权利的具体内容部分做分析。本章所讨论的儿童权利保护的基本原则包括：最大利益原则、平等（无歧视）原则、尊重儿童意见原则、最大限度生存和发展原则。

一 最大利益原则

《儿童权利公约》第 3 条把最大利益作为处理儿童问题的"首要考虑"，这是《儿童权利公约》的主要成就之一。当"最大利益"在国际儿童保护领域越来越成为权威话语时，在当今中国，成人在维护儿童利益或儿童在表述自身愿望和要求时却鲜有使用"最大利益"这样的话语的，对很多人而言，最大利益是生疏而又不可思议的。这首先是因为最大利益概念的模糊和不确定性；其次是因为我们的法律文化传统中儿童权利意识欠缺；最后是因为我们传统的法律渊源更多地以大陆法系作为参照，而德、法等大陆法系本身就没有"最大利益"这样的表述。对最大利益原则的生成及其发展做一番客观的审视，就会发现，和对人权概念有多种解读一样，人们在解释和运用最大利益原则时，总是和"儿童福利"、"儿童权益"等这样的概念纠缠不清。因此，该原则在适用的过程中便不可避免地产生了很多问题，如不确定性问题、权利冲突问题、文化价值冲突问题以及国内法转换问题。那么，最大利益的内涵应当如何理解，什么又是最大利益的标准，这种标准和社会传统存在怎样的关系呢？这些都是最大利益原则在适用中不得不弄明白的问题。

（一）最大利益原则的法律内涵

从渊源角度看，"最大利益"一词源自英美法系国家，它的词语含义也有别于"儿童福利"或"儿童利益"，但是，将其确认为保护儿童权利的指导原则的却是 1959 年联合国《儿童权利宣言》，《儿童权利公约》又在更深广的意义上使这一原则的内涵进一步丰富了。那么，公约中的"最大利益"究竟要表达什么含义？儿童权利委员会在其《第 14 号一般性意见》中指出，儿童的最大利益既是一项原则，也是一项权利和行事规则。因此，儿童最大利益的概念可以从三个层面理解。（1）它是一项实质性权利。"最大利益"指的是哪些具体的利益，这在公约的适用过程中是最难把握的。有人认为，公约的长处之一就是它为国内法在适用该条时留了很大的余地，至少当一个国家由于经济、政治等原因尚无力满足社会最基本福利需求的情况下，而仍需要为儿童的不可克减的基本人权提供保障时能有一种灵活的过渡。但是，当审视儿童所享有的不同权利时，最大利益应当是首要的。当考量各不同层面的利益时，儿童有权将其最大利益列为一种首要的评判和考虑，无论具体涉及的是儿童个体还是儿童群体的利益。（2）它是一项基本的解释性法律原则。这既涉及立法也涉及法律实施过程中对法律的解释。从立法的角度看，最大利益条款是保护儿童权利的纲领性条款。因此，在涉及儿童的法律政策的制定当中，都要以儿童的最大利益作为立法的一个标准。有论者在对《儿童权利公约》第 3 条的表述做了细致的分析后指出，条文的表述处处可以看出制定者希望突出该条款原则性的意图，并认为儿童保护的"最大利益"条款是全部公约的基本理论前提。① 从法律解释的角度看，如果法律条文在适用中可以有多种解释，则应当采取最能有效实现儿童最大利益的解释。《儿童权利公约》及其议定书所列举的各项权利为解释法律提供了基本框架。（3）它是一项行事规则。从适用的角度分析，最大利益原则被理解为处理儿童事务的行为准则，公约第 3 条第 1 款明显地包含这一意蕴。具体而言，就是每当就儿童问题的具体事项做出决定时，决策的过程不仅要有合法的程序性保障，而

---

① 参见 Philip Alston, *The Best Interests Principle* (Oxford：Clarendon Press, 1994), pp. 10 – 12。

且需要说明是否以符合儿童的最大利益作为考量标准，特别是当儿童的最大利益与其他利益发生冲突时，是如何用儿童最大利益来权衡的。就利益权衡而言，儿童权利委员会在其《第 14 号一般性意见》中指出，《儿童权利公约》各项权利不分等级，所有权利均体现"儿童最大利益"，不得以对儿童最大利益的负面解释贬损任何权利。

因此，从儿童最大利益原则与公约其他条款的关系看，对儿童最大利益的解释不能脱离或无视公约其他条款所保护的儿童权利。最大利益成为儿童保护的首要原则，这就意味着，涉及儿童的一切事务要优先考虑，要尽力建设儿童友好型社会，政府、公私机构或组织必须牢记他们的行动对儿童所产生的影响。儿童最大利益应当被作为公约的总体价值来看待，我们在审查某个具体问题是否符合儿童最大利益时，要与非歧视原则、尊重儿童意见原则、最大生存和发展原则结合起来考虑。从儿童的利益与非歧视的关系看，非歧视不是一种消极义务，国家不仅要明确禁止对儿童的一切形式的歧视，而且还要采取措施确保儿童切实地平等享有《儿童权利公约》所载权利，积极改变儿童享有权利方面的不平等境况。关于儿童最大利益和生命、生存与发展权的关系，首先要求国家创建一个尊重人的尊严的环境，确保每位儿童的全面发展，并充分尊重儿童的生命、生存和发展权。关于如何从最大利益的视角看待发表意见的问题，应当将尊重儿童表达意见的权利视为儿童最大利益题中应有之义，认真地看待儿童的意见。二者之间是互补的关系，若不能听取儿童的意见并给予认真对待，必然不可能实现儿童的最大利益。在听取意见时，还必须考虑到儿童能力渐进发展的阶段性，家长、法定监护人或其他相关人员需要根据不同年龄阶段的儿童的接受和理解能力采取不同的方式进行交流。对于年龄尚小的婴幼儿以及不善于表达意见的儿童，则可以酌情以代理的方式，评判儿童的最大利益。正如《儿童权利公约》第 12 条第 2 款确定的，儿童既可直接也可通过代理人在涉及其本人的任何事务中发表意见。总之，任何有关儿童最大利益的解释都要与公约的精神一致，尤其要与儿童作为一个有主张和感情的个体的认识相一致，与儿童作为公民和政治权利主体的认识相一致。不能以一种文化相对主义的方式消解儿童最大利益的价值，不能以此为由剥夺公约所保障的儿童权利，如保护儿童免受任何传统习俗和暴力伤害的权利。就公约来说，其他条款中，儿童最大利益的原则也有明显的体现，对于在下列状态下的儿童，国家尤其需要为满足儿童最大利益而承担相应的义务。体现在（1）公约第9条关于与父母分离的条款，规定不能违背儿童的意愿将其与父母分离，除非经过合法程序。并且，即便分离是合法的，也应尊重儿童与父母保持联系的权利，除非"这将违反儿童的最大利益"。（2）其第18条父母责任条款，指出父母双方的首要责任是将儿童养育成人，儿童的最大利益是他们主要关心的事。（3）其第21条关于收养问题，指出国家应当确保"儿童的最大利益成为首要考虑"。（4）其第37条涉及限制自由问题时，规定被剥夺自由的儿童应当与成人分别关押，除非不这样做是为了儿童的"最大利益"。（5）其第40条关于少年司法，规定父母或法定监护人到场原则，除非这将不利于儿童的"最大利益"。此外，还有《〈儿童权利公约〉关于买卖儿童、儿童卖淫和儿童色情制品问题的任择议定书》（序言和第8条）以及《〈儿童权利公约〉关于来文程序的任择议定书》（序言及第2条和第3款）也提及了儿童的最大利益。

尽管《儿童权利公约》对"最大利益"的内涵并没有做出具体的规定，但通览该公约中涉及"最大利益"的条款，可以看出，第3条第1款是有关儿童"最大利益"的原则性条款。从该原则的意蕴和文化的视角探察，最大利益原则蕴含着将儿童视为拥有权利的个体的理念。从1959年联合国《儿童权利宣言》起，最大利益标准就已经涵盖了儿童作为个人在健全的人类环境中依据其能力全面发展的意蕴，直到《儿童权利公约》的制定，最终确立了儿童"个体人权"的理念，并成为处理儿童一切事务的准则。正如澳大利亚学者菲利浦·奥斯通（Philip Alston）所指出的，"最大利益"标准超出了传统权利保护的概念，开辟了新的保护儿童权利的发展方向和法理解释。这种非传统的概念和新的法理解释便是儿童作为权利个体的权利理念。① 儿童权利委员会对儿童最大利益的运用做了进一步的阐释，指出儿童最大利益是复杂的概念，其内容须逐案确定。儿童的最大利益是灵活且可调整适用的概念，它应根据所涉儿童或儿童群体的具体情况，基于个体做出调整和界定，兼顾到个人的状况、处境和需求。儿童最大利益应适用于所有涉及儿童或儿童群体的事务，尤其在解决《儿童权利

---

① 参见 Philip Alston, *The Best Interests of the Child*（Oxford：Clarendon Press, 1994），pp. 10 – 12。

公约》或其他人权条约所列权利之间产生的冲突时更加有必要纳入儿童最大利益标准。儿童最大利益概念的灵活度使之能应对各种各样的儿童境况，但这种灵活性又可能被滥用。比如，在争夺监护权的纠纷中，儿童最大利益可能成为家长维护自己利益的幌子。[①]

最大利益原则集中体现在《儿童权利公约》第 3 条，该条第 1 款规定：

> 关于儿童的一切行动，不论是由公私社会福利机构、法院、行政当局或立法机构执行，均应以儿童的最大利益为一种首要考虑。

条文中首先强调了"关于儿童的一切行动"，那么，什么是"关于儿童"的事务？"一切行动"又指什么呢？那些关乎国计民生的重大政治、经济、社会政策，比如法治建设问题，社会持续发展与环保问题，金融政策、教育政策、住房政策、商业政策等的制定，要不要把儿童的最大利益作为首要考虑呢？儿童权利委员会在其《第 14 号一般性意见》中对该条文做了具体阐释："关于"就是所有可对儿童产生直接或间接影响的决策和行动，包括直接涉及儿童个体或儿童群体的措施和决定，也包括间接对儿童产生影响的措施或行动。比如直接针对儿童的保健、教育等措施，以及不仅仅涉及儿童事务的措施，如环保、食品安全等问题。因此，我们需要从广泛的意义上理解涉及儿童的措施。这里的"儿童"也绝非仅指个体儿童，也指儿童群体。儿童最大利益既被视为群体权利，也被视为个体权利。比如，当土著儿童作为群体适用此项权利时，就必须考虑到此项权利如何与群体文化权利连接的问题。但是，当涉及其中个体儿童的权利时，我们仍然需要从其个人的角度考虑最大利益问题。"行动"既指积极的作为也包括消极的不作为，比如，对遭受虐待的儿童不闻不问。行动不仅包括做出决定（制定法律、政策等），还包括所有的举措、提议、服务、程序及其他措施。关于儿童最大利益权利的义务主体，该条款当中提及除父母（《儿童权利公约》第 18 条有专门规定）以外的其他义务主体，包括所

---

① 参见儿童权利委员会《第 14 号一般性意见：儿童将他或她的最大利益列为一种首要考虑的权利》，2013。

有从事与儿童事务有关的工作与决策机构，包括官方的和非官方的机构。官方的如这里提到的"行政当局"（涵盖教育、照料、保健、环境、生活条件、保护、庇护、移民、获得国籍等方方面面的决策）、立法机构、法院等。该条文中"应当"一词意味着将儿童最大利益作为首要考虑是国家的强制性义务，不可克减。"首要考虑"的意蕴要求在处理有关儿童的一切事务，包括立法、司法，以及政策的制定和执行时，首先要考虑到儿童的最大利益。鉴于儿童的脆弱性、相对低的道德地位和法律地位、生存状况欠佳等具体境况，他们与成年人相比，维护自身利益的能力欠缺，如果参与儿童事务的主体没有保护儿童利益的自觉，儿童的利益会更加受到忽视。那些参与做出对儿童有影响的决定的人们，必须明确地认识到儿童的利益。倘若不突出儿童的利益，那么，儿童的利益就会遭到忽视。这就要求国家在所有行动中确定儿童利益的优先地位，比如，在制定法律和政策时，我们不仅要将儿童最大利益作为首要考虑因素，还应当持续地评估这些法律政策对儿童权利产生的影响，一方面了解相关法律政策的执行情况，另一方面预测未来的政策措施或预算对儿童权利的影响。

但是，我们不无遗憾地发现，儿童的利益并未被纳入这些政策制定的考虑之中。不仅如此，即便在与儿童利益密切相关的事务中，我们也没有把儿童的最大利益作为首要考虑因素，而更多地考虑经济利益或成人的利益，例如，不断发生的儿童食物中毒事件、玩具和学习用具对儿童的伤害、电子游戏和不良动画节目对儿童的伤害、不科学的教育体制和教学方法对儿童的伤害等。

《儿童权利公约》第 3 条第 2 款规定："缔约国承担确保儿童享有其幸福所必需的保护和照料，考虑到其父母、法定监护人或任何对其负有法律责任的个人的权利和义务，并为此采取一切适当的立法和行政措施。"这就明确了国家、公私机构和组织、父母等主体为实现儿童最大利益应当担负的积极义务，各国为执行《儿童权利公约》所制定的行动计划，还明确了原则范围涵盖的广泛性，其不仅包括国家的行动，也包括私人机构或组织，涉及所有与儿童有关的事务。国家层面强调在制定行动计划与政策时，应当优先考虑儿童最大利益，特别是各级预算和资源的分配，比如有关就业政策、教育和健康等服务。第 3 款规定："缔约国应确保负责照料或保护儿童的机构、服务部门及设施符合主管当局规定的标准，尤其是安全、卫生、工作人员数目和资格以及有效监督方面的标准。"该款强调政府以及相关的组织机构为实现儿童最大利益，在服务、设施等方面应当制定相关的标准并确保这些标准能够得到执行。这不仅指国家和地方的法律法规要对儿童保护的最大利益标准有所体现，还涉及所有具体的与儿童有关的保护措施和服务，如寄养、托儿服务、健康、教育、医疗、刑事司法等。这些保护措施和服务应当有一致的规范标准，需要设定有效的监督和惩处措施。

（二）最大利益的标准与适用

1. 最大利益原则的特征

很多学者和政策制定者都认为，最大利益原则的含糊性和不确定性导致它在运用过程中出现一些难以避免的问题。那么，这个原则到底有没有相对确定的、可以把握的标准呢？从《儿童权利公约》的一些条款中可以分析对"儿童最大利益"的具体考量。比如，公约第 9 条第 1 款显示，在出现家庭暴力或父母争夺儿童监护权而无法照料儿童的情况下，保证儿童获得基本的"有尊严的生存和健康的发展"是儿童的最大利益，据此，儿童与父母的分离可能是为了孩子的最大利益。从该条第 3 款看，如果和父母的联系会给儿童带来不安定等有损儿童尊严的后果，那么，保证儿童的"安定、尊严"就是最大利益。根据公约第 21 条，收养中"充分而和谐地发展其个性"应该是出于对儿童最大利益的考量。根据公约第 40 条规定，"促进儿童的尊严和价值感以及对他人人权和自由的尊重"就是儿童的最大利益。可见，针对不同的情况，儿童最大利益的标准是不同的，而且这些最大利益标准的内容，比如"尊严的生存"、"健康的发展"本身又是不确定的。文化背景不同，生存和发展的标准都会有所差异，因此，要想对最大利益标准做一个超文化的、全面的、确定的界定是不现实的，只有在不同的文化背景下，针对不同的具体情况考虑儿童权利保护的最大利益标准。

纲领性、原则性、平衡性既是最大利益标准的特点，又是该原则进入不同传统文化的钥匙。尽管对原则概念的理解颇费周折，但是，依据不同文化背景尽可能得出较为接近的法律概念又非常重要。正如罗素所言："我们必须承认除非文字在某种限度内具有确定的意义，否则讨论就会是不可能的。"① 从理论上说，儿童的身体、精神、心智、道德和社会的发展都是解决具体问题时判断儿童最大利益需要考量的要素。在确定相对文化传统中儿童最大利益内涵时，首先要注意的是将儿童的"最大利益"与"具体的权利或福利"相区别。比如有论者不遗余力地挖掘条款背后的深层含义，就是为了便于各国在立法和司法中充分考虑儿童最大利益的深刻内涵，以确保其运用该原则处理儿童事务时，全面考虑儿童各个方面的利益并使之得以均衡发展。根据客观化理论，决策者的信念所反映的客观状态就是儿童的利益。儿童有权利决定什么是自己的利益，儿童的能动自治在这个过程中起到相当重要的作用。这种由儿童自己决定的结果就可看作他们的最大利益。

2. 最大利益标准面临的挑战

在最大利益标准的发展过程中，其内涵和外延的不断扩展，除了受到传统实践的挑战，还受到各种理论的挑战。例如，不确定性理论②、能动自治理论③，还有文化相对主义理论等。因此，在最大利益标准的实际运作过程中也就遇到了各种冲突。

（1）不确定性问题。哈佛大学 R. 穆诺基（Robert Mnookin）教授首先从价值观入手，论证最大利益标准的不确定性，指出"使用一种不确定的标准将导致家庭和国家之间责任分配的不合理"。而美国学者 C. 施奈德（Carl Schneider）、澳大利亚学者 S. 帕克（Stephen Parker）、英国学者 M. 金（Michael King）和 C. 派珀（Christine Piper）等都把最大利益标准的不确定性集中在选择标准的多样性上，认为最大利益标准要么依赖于决策者的价值体系，要么依赖于对习俗的认同，要么受社会标准的影响，甚至要通过非法利益的"重构"达到确定。④ 然而，鉴于《儿童权利公约》第 3 条第 1 款涵盖的一系列情况，在评判儿童最大利益的过程中，可能会与其

---

① 〔英〕罗素：《西方哲学史》（上），何兆武、李约瑟译，商务印书馆，1963，第 208 页。

② 参见 Stephen Parker, "The Best Interests of the Child – Principles and Problems", in Philip Alston, eds., *The Best Interests of the Child* (Oxford: Clarendon Press, 1994), pp. 26 – 41。

③ 参见 John Eekelaar, "The Interests of the Child and the Child's Wishes: The Role of Dynamic Self – Determinism", in Philip Alston, eds., *The Best Interests of the Child* (Oxford: Clarendon Press, 1994), pp. 46 – 49。

④ 参见 John Eekelaar, "The Interests of the Child and the Child's Wishes: The Role of Dynamic Self – Determinism" in Philip Alston, eds., *The Best Interest of the Child* (Oxford: Clarendon Press, 1994), p. 59。

他利益和权利（如与其他儿童、公共、家长等方面的利益）相冲突，儿童权利委员会明确，儿童最大利益原则在适用中，必须具有一定程度的灵活性。

（2）权利冲突问题。在"最大利益"原则的行使中，经常发生的是个体利益与社会利益、儿童权利与成人权利特别是妇女权利的冲突。在对这些冲突的协调过程中，也发生许多不同的见解。其中比较突出的理论是自治理论和客观化理论。牛津大学的 J. 依克拉（John Eekelaar）、J. 莱慈（Joseph Raz）教授都强调儿童的自治，其在自治的适用中又受到发展理论的挑战。客观化理论则把重心转向认识儿童利益的客观进程，认为儿童在和周遭社会融合时可能需要指导，而不是受社会环境的自然调节和控制。[①]但这些理论都不能很好地解决权利冲突问题。要解决这些冲突或许还是要回归传统，带着最大利益标准回到公平和正义上来。人类社会多少代人所努力追寻的就是不去为了一部分人的利益而牺牲另一部分人的利益，这就是正义和公平，人们总希望找到各自利益间的契合点。最大利益原则的实施，对于父母和儿童权利的实现具有双重性：它既是在厘清儿童的权利，也是在分配父母的权利和责任。而在考量儿童个体与儿童群体的最大利益问题时，则需要逐案加以解决，审慎权衡当事各方之间的利益。倘若其他人的权利与儿童的最大利益形成了冲突，亦须同样处置。特别需要铭记的是，将儿童最大利益列为优先考虑就意味着儿童权利拥有高度优先性，应赋予儿童最大利益更大的比重。

（3）文化价值冲突问题。文化相对论者 A. 那依姆（Abdullahi An - Na'im）认为，最大利益原则不会得到一致的接受也不会成为普遍的文化准则。不同的历史时期、不同的文化背景以及不同的地方特色会对最大利益做出不同的诠释。与现代人权观念紧密相连的 18 世纪欧洲启蒙运动的价值观几乎在各个方面都受到严峻的挑战。例如，孟德斯鸠（Montesquieu）站在传统的相对论的立场，主张法律的道德接受能力依赖于他们所建立的社会、文化和政治状况的演进等。[②]《维也纳宣言》取得了突飞猛进的发展，它宣布"应牢记地方和区域特殊性及历史、文化和宗教背景不同的重要

---

① 参见 John Eekelaar，"The Interests of the Child and the Child's Wishes：The Role of Dynamic Self - Determinism"，pp. 48 - 58。

② 参见 Philip Alston，*The Best Interests Principle*（Oxford：Clarendon Press，1994），p. 8。

性，各国基于政治、经济和文化制度负有保护人权和基本自由的义务"。①
最大利益标准的不确定和权利及价值的冲突，必然导致该原则实施过程的
艰难，艰难的程度又体现在这个标准和传统标准的契合度上。

　　3. 传统框架下的最大利益标准

　　实际上，由于最大利益标准具有过于抽象的意蕴，它的纲领性、平衡
性和灵活性的特点就决定了各成员国在实施的过程中必定有其本国的文化
特色，但同时也易使该原则演变成超现实的摆设。首先，必须明确关于传
统的概念，才能对传统中的最大利益标准做进一步的考察。传统被看作一
种社会的内聚力，传统的两面性包括传统理论和传统实践。"传统理论"
是广义的、静态的，它对社会观念的巩固具有持续的力量，可能导致对儿
童利益的抑制并加强成人利益。传统理论表现出的凝聚性将继续维护多种
传统要素。"传统实践"是狭义的、动态的，涉及特定社会中的信念和实
践运作，有利于用最大利益标准判断并解释传统。根据特定社会因素的变
化关系而改变的传统实践形成后生传统。"传统构成"表明各种传统要素
之间的关系，勾勒出传统理论和传统实践的多样性之间的紧张样态。②

　　新西兰学者 C. 布林（Claire Breen）在其著作中不仅将最大利益标准
放到传统框架中考察，而且，她把最大利益标准也看作一种传统实践。她
主要有以下观点。③

　　（1）最大利益标准作为一种传统实践，一般被看作由若干能够产生儿
童利益的变量和要素构成，这种多种基础和多个层次的变量和要素就是最
大利益传统的构成。

　　（2）最大利益标准对传统地位的影响可能构成巩固社会利益的后生传
统的社会合力的一部分。

　　（3）最大利益标准被看作一种有赖于特定社会的不同信念和相关活动
的传统实践。作为超传统的最大利益标准的出现标志着家长权利的下移和
古老传统的让位。因此，儿童作为家长财产的观点被寻求保护儿童利益的

---

①　联合国：《人权：国际文件汇编》，1994。

②　参见 Claire Breen, *The Standard of the Best Interests of the Child: A Western Tradition in International and Comparative Law*（Martinus Nijhoff Publishers, 2002），p. 2。

③　参见 Claire Breen, *The Standard of the Best Interests of the Child: A Western Tradition in International and Comparative Law*（Martinus Nijhoff Publishers, 2002），p. 4。

传统替代。

（4）传统对实践的积极影响是社会和法律都承认的无邪儿童观念，对儿童的消极影响是导致对儿童进行总体上的重新认识和衡量。理想的童年标准同时创造了无邪儿童的另一个自我：坏的、堕落的、有问题的。这些不符合无邪的、理想儿童标准传统的儿童被看作"另类"。"另类"儿童要么被看作有犯罪倾向性，要么成为虐待的受害者或社会传统不能容纳的一类人。这些儿童都存在社会复归问题。

这种令人眼花缭乱的分析把最大利益标准和传统的关系复杂化了。实际上，我们所要了解的只是最大利益标准是如何使那些不利因素逐渐消融或演变的。也就是说，传统框架中所保护的是谁的利益，即法律和社会传统是在寻求对儿童最大利益的保护还是对成人的保护。这涉及社会中传统的作用和最大利益标准的发展，还涉及与儿童权利和福利有关的最大利益标准的作用。这些方面因最大利益标准和社会利益的冲突而连接在一起，一并形成社会合力的后生传统的组成部分。我们不妨借助布林书中的例子来说明这个问题。割礼习俗对女童的侵害可以证明，尽管最大利益标准基本上是西方的观念，但仍然可以适用于非西方传统的文化中。割礼是一种社会习俗，是形成那个社会合力的基本要素，割礼的传统和最大利益的传统就形成了社会合力的后生传统的组成部分。再如，家长自治、不干预论和基于儿童保护的最大利益原则之间的相互作用。根据爱尔兰宪法，家长权利和家庭自治是优先于儿童权利的。儿童的最大利益在家庭中被认为是最可靠的，但当儿童的最大利益和家庭甚至社会的利益相冲突时，儿童的利益就被并入了整体的促成社会合力的后生传统之中。[①] 那么，如何解决后生传统中这些组成要素间的冲突呢？关键是要看这些组成要素在特定的传统中凝聚力的强弱。凝聚力的强弱又要看社会和法律对组成要素的认同程度，而认同程度要看法律和社会道德的接纳和允许度。

然而，最大利益标准要想成为有一定凝聚力的社会合力并不是一件易事。不能想象最大利益标准在非洲已经成为足以和割礼相抗衡的社会合力

---

① 参见 Claire Breen, *The Standard of the Best Interests of the Child：A Western Tradition in International and Comparative Law* (Martinus Nijhoff Publishers, 2002), pp. 6 – 7。

了。① 只要看一看英美国家是如何对待它们的儿童最大利益传统的，就可以想象最大利益标准在非西方国家的命运了。首先，让我们来考察包括政策制定在内的立法，以及司法领域中最大利益标准的位置。根据弗里曼的介绍，英国法仅在法院裁决中适用最大利益原则。尽管从理论上来说，儿童是作为第一考虑的，但是，像在离婚诉讼中，儿童的利益却没有得到首要的考虑。在刑事司法中，儿童的最大利益也没有得到应有的重视。Bulger 案件②提醒我们，刑事法院在保护儿童最大利益标准和公众情绪之间往往犹豫不定，很难做出明确的取舍，而只能采取折中的做法。在当时欧洲的大多数国家，像该案件中的两个 10 岁少年是不需负刑事责任的。就是在英格兰，在他们杀害两岁儿童的前 6 个月，11 岁儿童也是被假定为不具有刑事责任能力的。但是，被公众舆论和媒体视为"恶魔"的这两个少年初审被判监禁 8 年，这个判决离公众所希望的终身监禁的结果是有距离的，这个距离不知是否受到了"儿童最大利益"考量的压力。在教育法中也是如此，比如，英国的教育立法显示出教育产业化的倾向，指出教育的消费者是父母，而不是儿童。住房立法也未对儿童的最大利益予以应有的重视。其次，在行政事务、经贸领域，在大量的儿童事务当中，根本无法落实"最大利益"标准以保护儿童的利益。例如，在某些场合，当人们决定是否限制出版一种可能有害于儿童的出版物时，首先考虑的是经济利益或商业利益，儿童的利益和福利并没有得到优先的考虑。在社会服务部门如卫生部门，儿童的最大利益也往往被忽视。③ 因此，在这种情况下，虽然不能说最大利益传统在英国不具有内聚力，但至少可以说内聚力的强度还

---

① 据估计，每年至少有 28 个国家的 200 万少女受到如此摧残。电影 *Desert Flower*（沙漠之花）就很好地反映了割礼这种传统与争取儿童权利和妇女权利之间的抗争。

② Bulger 案发生于 1993 年 2 月 12 日，在英国利物浦的一个购物中心，两名 10 岁男孩绑架并杀害了一个 2 岁儿童 James Bulger。这两名 10 岁男孩初审就以谋杀罪被判处 8 年徒刑。该案之所以引起轩然大波，在于它所引起的媒体和政治态度上的强烈反响，以及该案所引发的对道德和新闻价值的思考，新闻的可读性和社会意义的矛盾，这些"反响"、"思考"、"矛盾"从一方面折射出对儿童的负面认识；另一方面也恰恰反映了人们对这种认识的内心彷徨。Bulger 案件强化了公众对少年犯罪的恐惧，自那以后，西方社会采取很多措施试图遏制少年犯罪，如英国采取的对 12—15 岁少年犯的安全培训网络，以及"逃学观察"等措施。参见 John Muncie, *Youth and Crime: A Critical Introduction*（SAGE Publications, 1999），pp. 3 – 5。

③ 参见 M. Freeman, *The Moral Status of Children: Essays on the Rights of the Child*（Martinus Nijhoff Publishers, 1997），pp. 107 – 110。

不够，不足以和诸如追求金钱的传统、倾向于父母利益的传统相抗衡。

所以，判断融入传统之中的最大利益标准是儿童的还是根据成人对传统偏好的重构才是问题的关键。18 世纪末，西方社会对待儿童的态度超出了传统的规制，他们因过分关注儿童离经叛道的一面而与传统对无邪儿童的认识发生龃龉，当时虚构的浪漫童年也不过迎合了要求迅速改变社会的新的价值观罢了。浪漫童年的假设和现实的另类童年间的冲突在最大利益标准的应用中表现出来。这种冲突说明在儿童福利的范围内解释儿童的最大利益标准是不全面的。① 当代的儿童观实际处于社会和家庭的利益取向和儿童利益取向的两难境地，正是这种两难才导致了寻求缓和保护儿童最大利益和保护成人和社会整体利益间冲突的答案。这些冲突的解决很多时候不可避免地使成人的利益超过儿童利益，因为，人们对儿童最大利益标准是否真正存在还心存疑虑。

4. 儿童最大利益标准的评判和确定

儿童权利委员会在其《第 14 号一般性意见》中就儿童最大利益标准的确立做出了详细阐释，下面做一简要介绍。委员会指出，当就儿童具体情况确定其最大利益时，总体上应遵循下列步骤：第一，查明哪些是最大利益评判所涉的相关要素，赋予这些要素具体的内容，并比较其他要素，划定每项要素的比重；第二，为此，要设置程序以确保法律保障和恰当适用这些权利。简而言之，评判和确定儿童的最大利益，是做出决策必须遵循的两个步骤。对具体的"最大利益"进行评判和确定，包含所有评判和对之进行权衡的要素，以及相关主体（决策者、儿童）在一定的程序保障情况下做出决定。

具体而言，对最大利益的评判是一项特殊的活动，应参照儿童的特点和具体生存环境，例如年龄、性别、成熟程度、经验、民族或族裔、是否残疾、家庭境况及家庭关系，以及儿童权利保护所涉的各个领域，比如收养、少年司法领域等，列出要素清单并对其加以考虑和权衡，确定具体的儿童最大利益。总之，儿童最大利益评判的宗旨是确保《儿童权利公约》所载各项权利的实现，促进儿童的全面发展，有悖于该公约的权利要素而

---

① 参见 Claire Breen, *The Standard of the Best Interests of the Child: A Western Tradition in International and Comparative Law* (Martinus Nijhoff Publishers, 2002), pp. 281 – 287。

做出的评判是无效的。下面对各要素做分项列举。

（1）评判和确定儿童最大利益拟予考虑的要素。①儿童表达意见的权利。任何不按照儿童年龄或成熟程度考虑儿童意见、不赋予儿童意见应有考虑、不尊重儿童对确定其最大利益可发挥影响的做法都将对儿童最大利益的实现构成障碍。如果儿童年龄尚小或处于诸如残疾等弱势而不善于表达自己想法的情况下，须采取措施确保儿童全面参与对其最大利益的评判。②儿童的身份。在评判儿童最大利益时必须考虑儿童身份带有的不同特点，诸如性别、性取向、民族血统、宗教信仰、文化多样性、个人性格等。例如，宗教和文化特征，在考虑儿童的领养家庭或安置儿童时，决策者在评判和确定儿童最大利益时必须考虑到儿童抚养成长过程中可持续的愿望以及儿童的种族、宗教、文化和语言背景。③维护家庭环境与保持联系。家庭是儿童成长和儿童福祉的自然环境，儿童享有过家庭生活的权利，家庭环境包含儿童所处的大家庭环境，诸如与祖父母、叔伯婶姑、朋友的关系，甚至与学校和社区的关系。对于儿童可能与其父母分开的情况，必须考虑其最大利益再做出决定。这里的"家庭"是广义的，家庭成员涉及亲生、收养或领养父母，还包括大家庭的各种亲戚，或按地方习俗列入的族群。《儿童权利公约》规定，"不违背儿童父母的意愿使儿童与父母分离，除非……这样的分离符合儿童的最大利益"。即便不得已做出分离的选择，儿童也有权同父母经常保持联系。这些"不得已"的情况包括诸如儿童在家庭中面临被忽视、遗弃、暴力等其他人身风险的情况。而对于被迫与家庭分离的儿童，无论采取领养、寄养还是收养的方式安置，均应考虑其最大利益的需求。④儿童的照料、保护和安全。"保护和照料"也须按广义理解，是与确保儿童"福祉"和发展相关的综合观念。"儿童福祉"广义上包括儿童的基本物质、生理、教育和心理需求，以及对感情与安全的需求。情感需求是一项基本需求，保障儿童成长所需的安全感和稳定感。对儿童最大利益的评判中，儿童安全是一个必需的要素，即儿童获得保护免遭一切形式人身或精神暴力、伤害或虐待（第19条），如性骚扰、同伴欺压、欺凌、有辱人格的待遇等，以及防止遭到色情、经济和其他剥削，遭毒品、劳动和武装冲突之害（第32—39条）。⑤弱势境况。有时候也称为处于困境、危急状态等特殊状态。比如残疾、隶属少数群体、难民或寻求庇护、遭虐待等暴力、流浪状态等。确定困境儿童的最大利益除了考察其是否充分享有《儿童权利公约》所列各项权利，还涉及其他人权准则，比如《残疾人权利公约》当中的权利。要特别考虑根据每位困境儿童的具体情况做出评判。⑥儿童的健康权。儿童的健康权以及健康状况是评判儿童最大利益的核心。在医疗保健方面，除了提供充分的服务之外，根据儿童的年龄和成熟程度，在其知情的情况下发表看法也同样重要。例如，关于青春期保健，国家有义务确保所有青春期少年有机会充分了解对其健康和发展至关重要的信息，以便做出适当的健康行为选择。包括关于抽烟、酗酒及吸食其他物质、饮食、适当的性和生育的信息，早孕的危险、防范艾滋病毒或艾滋病以及性传染疾病等信息。对精神疾病患者和心智不全者的治疗和照顾，同样需要以其最大利益为原则做出评判后决定。⑦儿童的受教育权。儿童免费获得的优质教育包括儿童早期教育、非正式或正式教育，就教育方面采取的措施和决策均须符合儿童最大利益。为了促使儿童获得高质量的教育，凸显教育对儿童健康成长特别是增强儿童责任感和克服脆弱性的重要意义，国家必须对教师以及其他从事儿童事务工作的人员进行持续的培训，以满足儿童最大利益的需求。

（2）评判最大利益时拟予权衡的各要素。是否符合儿童的最大利益是对所涉各要素权衡后形成的总体评判，在利益权衡中需要根据每个儿童以及具体要素的权重情况做出评判。有时候，最大利益评判中的要素可能与具体案情相冲突。例如，维护家庭环境可能与必须保护儿童免遭家长暴力之害相冲突。在这种情况下必须就各要素之间进行权衡，以便寻找到符合儿童最大利益的解决办法。评判和权衡儿童最大利益的宗旨是，确保儿童享有《儿童权利公约》及其《任择议定书》确认的所有权利并能够促进儿童的全面发展。在对儿童最大利益各项要素评判和权衡中，可能存在对有些权利加以限制的情况，那么就需要遵循保障儿童全面享有各项权利的"赋权"措施，根据儿童的年龄、成熟程度、心理、情感、认知和社会发展状况，对相关要素加以权衡。基于儿童能力的渐进发展特点，各相关措施也需进行调整。因此，在做出决策时，不仅需要就儿童的生理、心理、情感、教育和其他需求做出评判，还需要根据儿童发展的可能做出短期和长期的分析，评判和权衡儿童目前和未来境况的持续性和稳定性。

（三）　中国传统与最大利益标准

布林把最大利益标准看作处理法律、社会、家庭和儿童关系的传统。用"传统"一词来描述儿童的最大利益标准，的确给看待最大利益和其他社会传统之间的互动关系提供了另外一种视角。[①] 但是，我们宁愿把这种见解看作一种西方的观点，因为，在非西方的传统理论和传统实践中的确找不到最大利益标准，把保护儿童最大利益标准看作一种传统恐怕为时尚早。当然，在中国的文化背景下，希望其能够容纳并合理改造最大利益标准，使之成为我们文明传统中具有内聚力的社会合力的一部分。

1. 中国传统的儿童观

中国也有处理儿童事务的传统，但那不是为了儿童的最大利益，而是从社会整体利益出发的。在中国，传统的小农经济和专制政治模式，重义、尚德、轻利的非主体意识的价值观一直占据主流，对儿童的关爱却始终仅仅是从德和仁的角度出发。所谓"棍棒底下出孝子"、"君臣父子"等儿童观，都是侵害儿童身心健康、忽视儿童独立人格和主体意识发展的伦理道德。由于父权至上的价值观占据主流，儿童不仅没有政治上的权利，绝大多数情况下也没有经济上的权利，甚至可以被买卖，他们的人身权利经常受到蹂躏和践踏，他们的自我意识和独立人格完全被忽视，更谈不上作为独立主体而享有相应的权利了。

2. 最大利益标准进入中国传统的路径

尽管儿童最大利益是一个灵活的概念，儿童权利委员会还是在其《第14 号一般性意见》中为国家执行《儿童权利公约》所确认的各项权利以及根据各项权利如何确定儿童最大利益提供了一个评判的框架，也为国家尊重和落实儿童最大利益标准提出了基本的义务要求和范围。其要求国家首先将儿童的最大利益作为首要评判和考虑的原则，为此，缔约国须履行三类义务。（1）确保公共机构所采取的每项行动，特别是在对儿童产生直接或间接影响的所有措施、行政和司法程序的执行中，均须遵循儿童最大利益原则，包括确保国家和地方的法律法规、民间规约等，各级司法和行政程序，均须体现儿童的最大利益。在协调和执行国家、区域和地方各级

---

① 　参见 Claire Breen，*The Standard of the Best Interests of the Child：A Western Tradition in International and Comparative Law*（Martinus Nijhoff Publishers，2002），p. 1。

政策时，确保儿童的最大利益。在为旨在履行儿童权利的方案和措施调拨各种资源和援助方面，维护儿童的最大利益。（2）确保所有涉及儿童的司法和行政决定以及政策和立法将儿童最大利益作为首要考虑，包括阐明对儿童最大利益如何审查和评判，以及赋予其多大权重的具体措施。比如，在对儿童产生影响的各项执行措施、行政和司法程序方面，贯彻儿童最大利益原则。（3）确保私营机构在做出决定、采取行动、提供服务等决策中，以儿童最大利益作为首要的评判和考虑。基于上述国家义务，在落实儿童最大利益方面，应铭记下列参照指标：第一，儿童权利的普适、不可分割、相互依存和相互关联性质；第二，儿童是权利的主体；第三，《儿童权利公约》在全球的普遍适用性；第四，缔约国有义务尊重、保护和履行该公约所载的各项权利；第五，采取的行动策略须考虑对儿童发展产生的近期和长期的影响。

为确保以儿童最大利益作为首要考虑并得到实现，为遵循《儿童权利公约》评判和确定的各项步骤和标准，必须设立正式、透明和客观的程序，协助立法者、司法者和政府主管部门在做出决策时，尤其是在涉及儿童事务的决策当中，特别需要关注下列各项程序性保障。（1）儿童表达意见的权利。其中至关重要的是与儿童的沟通，首先需向儿童说明相关的程序及可能的结果对儿童的影响，以及可能的恰当解决办法，听取儿童的意见并给予认真对待。评判和确定儿童群体最大利益的程序，不同于评判个体儿童利益的程序。当涉及众多儿童的利益时，必须采取某种方式以便及时听取儿童群体的意见，比如组织儿童听证会、儿童议会、儿童为主导的组织、儿童联盟或其他代表性机构、学校、社会网络和互联网等开展讨论。（2）确定事实。相关的专业人员必须获取有关具体案情的事实和信息，以便掌握评判最大利益所需的一切要素。这就必须与儿童周围的各相关人员进行接触，核实分析各相关信息和数据，对儿童最大利益做出评判。（3）时限。决策拖延的时间越长，对所涉儿童产生的不利影响越大。因此，须在尽可能短的时间内，确保涉及儿童的程序优先履行，所有关于儿童的决策、照料、治疗、安置及其他措施，均须考虑儿童的意见，以及其不断演进的能力和发展。（4）专业化。基于儿童的特点，儿童的最大利益须由了解儿童发展特点的、经过培训、有从事儿童事务经验的专业人士做出评断，这种评断须根据对儿童将来在法律、教育、心理、健康等方面所可能产生的后果和影响做出。（5）法律援助和决策。法庭等机构在对儿童的最大利益做出决断时，当事儿童必须安排除了监护人之外适当的法律代理人，以备解决利益各方可能发生的冲突。在就儿童事务制定的决策中，必须列明动因、理由和解释。动因必须清楚地阐明所有涉及儿童的实际情况、哪些要素与最大利益的评判相关，逐案阐述所涉要素的内容，以及这些要素如何与确定儿童最大利益做出的权衡。倘若决策与儿童的意见相左或出于例外情况，就必须清楚阐明其理由，必须清楚列明为何某种考虑更具分量并应当作为首要考虑。（6）审核与纠错机制。应在法律制度内建立起就有关儿童问题的处理和裁决的审查、复议、提起诉讼的机制，并应让儿童知晓，便于儿童或通过其代理人提出异议。（7）儿童权利影响评估。所有执行措施的采纳均须遵循确保将儿童最大利益列入首要考虑的程序。儿童权利影响评估可预测任何会对儿童及其享有的儿童权利产生效应的政策、立法、条例、预算或其他行政决策的影响，并持续不断地监测和评估这些措施对儿童权利的影响。儿童权利影响评估须纳入各级政府的工作议程，具体方法必须以《儿童权利公约》及其议定书为框架，以儿童、专业人士、相关政府部门和学术研究的意见及相关经验为基点，形成具体意见和改善建议，并公布于众。

随着《儿童权利公约》的生效和缔约国对上述义务的履行，儿童的"最大利益原则"已经发展成一个国际法律概念，儿童最大利益的落实明显带来这样一种趋势。首先，国家在立法和司法中，必须考虑该原则精神的贯彻及适用；其次，国家必须重视它的法律拘束力及其与本国法律文化相结合的程度，以便最大限度实现原则的立法精神；最后，国家必须采取措施和制定相应的程序把国家义务与公约中相关的儿童权利相结合，把本国的儿童权利落到实处。近几十年随着东西方文化的相互渗入、国际社会的渐趋融合、权利意识的普遍增强，中国在很多方面都有了惊人的发展，传统的利益观也有所转变。我们承认并接受了人作为个体是有权利的、会有利益要求的观念，所以才出现了各种利益的强烈冲突，出现了各种利益群体。中国传统对个体利益的接受是吸纳最大利益标准的第一步，接下来的问题是中国传统社会是否接受儿童也是一个主体，并且是一个有权利的主体的观念；承认儿童是权利主体可以算作最大利益实现的第二步；第三步是确认儿童的利益比其他群体或个体的利益具有优先性，这种优先性的利益应该满足其最大利益标准的要求。

3. 最大利益标准和儿童优先原则

儿童优先是我国处理儿童事务的准则，其基本含义是在处理涉及儿童的事务中，儿童的利益要得到优先考虑。尽管这实际上还只是中国尊老恤幼传统的延续，但说明我们的社会、法律和政策已经承认儿童有利益需求，这种利益需求应该得到优先考虑。我们也可以把儿童优先看作一种传统，一种具有社会合力的后生传统要素。我们还可以把儿童优先原则看作最大利益标准在中国传统实践中的具体化，这种具体化是经过中国传统文化和现实条件改造了的，是非原生的，儿童优先在含义上是和最大利益标准有区别的。[①] 尽快树立儿童是权利主体的信念或意识，是在儿童权利保护上达到与《儿童权利公约》的精神和谐一致的重要前提。我们还可以把儿童优先看作最大利益标准在中国的初步体现。总之，只有权利意识增长，最大利益原则才能在中国保护儿童的相关立法和司法以及政策的制定中得以体现和适用，并具体化为"儿童优先"原则。

二　平等（无歧视）原则

在这个纷繁复杂的世界上，在那些世俗追求的背后，人们真正想要的到底是什么，文明史告诉我们，人们追求的是"没有歧视，是平等的正义、平等的机会和平等的尊严"。[②] 人权文件都是以人人平等的价值观作为其设立的道德依据的，许多国际文件都载有平等和（或）不得歧视的条款，任何权利条约都应当是自由的、平等的、充满博爱精神的协定。《世界人权宣言》第 1 条规定，人人生而自由，在尊严和权利上一律平等。第 2 条又说，人人有资格享受本宣言所载的一切权利和自由，不分种族、宗教、肤色、性别、语言、宗教、政治或其他见解、国籍或社会出身、财产、出生或其他身份等任何区别。这一平等的、无歧视条款在以后的《经

[①]　最大利益标准和儿童优先原则的比较参见王雪梅《儿童权利保护的最大利益原则研究》（上），《环球法律评论》2002 年冬季号。

[②]　Cynthia Price Cohen and Howard A. Davidson, eds., *Children's Rights in Amarica: U. N. Convention on the Rights of the Child Compared with United States Law* (American Bar Association, 1990), p. 109.

济、社会和文化权利国际公约》（第2条）、《公民权利和政治权利国际公约》（第2条、第24条），还有《消除一切形式种族歧视国际公约》（第1条）、《消除对妇女一切形式歧视公约》（第1条）以及《儿童权利公约》中均得到一再的重申。① 国际条约都表达了这样的思想，儿童不能因其天然的条件包括其自身的和父母的因素而受到任何形式的歧视。无歧视条款是国际人权法中最重要的条款，也是儿童权利保护中十分关键的要素。因为，没有明确而肯定的地位，主张个体权利是不可思议的。歧视是基于个人或个人所属群体的特征而受到的不同对待，它与权利平等原则相悖，而权利平等又是人人生而固有的，是天赐的、不可剥夺的。② 人权委员会在其一般性意见中指出，作为个体，儿童应该平等地享有《公民权利和政治权利国际公约》以及《经济、社会和文化权利国际公约》中所体现的各项权利。对儿童之所以要采取特别的保护措施是基于其年龄以及其身心发育程度等因素，目前国际公约中尚无基于年龄歧视的规定，这就要求各成员国根据本国的社会和文化状况对涉及年龄的所有事项加以明确规定，比如民事行为能力及相应的年龄、刑事责任年龄、参加工作的最低年龄等。

（一）平等（无歧视）原则的基本含义及其规定

1. 基本含义

平等意味着无歧视，但并不完全等同于无歧视。从内涵上来说，平等保护比无歧视更加周延，也更加积极。同时，平等不是等同，就像差别不等于歧视一样；平等也不是单一性，而是有形式差别的"公平对待"。平等的确是一个复杂的概念，人们可以在不同的意义上谈论平等，如基于身份地位的平等、基于能力的平等、基于性别的平等，还有"结果平等"、"实际平等"等等。所以，有人认为，在现实的多样性的物质世界中，各种平等不能同时得到满足，"实现一种意义的平等，往往同时意味着另一种意义上的不平等；从一个方面反歧视，常常同时就形成了另一个方面的歧视"。③ 但是，如果对所谓的各种意义的平等做一番推敲，可以看到，有人把形式平等和实质平等混为一谈了。比如，所谓的男女自然差别造成的

---

① 参见《儿童权利公约》第2条、第7条、第8条、第23条、第30条。
② 参见 Gudmundur Alfredsson and Asbjørn Eide, eds., *Universal Declaration of Human Rights: A Common Standard of Achievement* (Martinus Nijhoff Publishers, 1998), pp. 78 - 87.
③ 常健：《人权的理想·悖论·现实》，四川人民出版社，1992，第208—209页。

权利享有方面的实际差别，所谓的为消除这种差别而造成对男人的实际的歧视，都是形式上的不平等，而不是什么实质意义上的不平等。从人性的角度来看，男女的天然差别是非本质差别。男女作为人来说在本质上是没有差别的，只有人和动物才存在本质的差别。因此，反对现实社会所存在的各种歧视和不平等是有自然基础的，这种自然基础就是承认道德上的人人平等，道德平等也就是此处谈论的无歧视原则的道德基础。

儿童权利委员会将无歧视定义为对执行整个公约具有基本价值的一般性原则，没有对歧视做出明确的界定。《公民权利和政治权利国际公约》第2条关于非歧视的表述和第24条第1款进一步指出儿童有受到保护的权利，不因任何因素而受到歧视，第26条进一步强调法律面前人人平等。人权事务委员会进而在1989年的第17号一般性意见和第18号一般性意见中强调，"非歧视，连同法律面前平等和不受任何歧视地平等受法律保护，构成了人权保护的基本和一般性原则"，并对"歧视"的基本含义做出了阐释，指出"歧视"是指"任何区别、排斥、约束或偏爱。其产生基于任何理由，例如种族、肤色、性别、语言、宗教、政治或其他见解、民族或社会出身、财产、出生或其他身份，并且会产生取消或削弱所有人在平等基础上对所有权利和自由的认识、享受或行使的意图或效果"。文件还强调，"平等地享受权利和自由不意味着在每一种情况下的完全相同的对待"，"不是每一种区别对待都构成歧视，如果这种区别的标准是合理的和客观的，并且其目标是为了实现公约的合法目的"。① 在儿童保护的语境下，可以从下列几方面理解无歧视原则的含义。一是无歧视蕴含道德、法律平等的观念，是实质平等。这种平等的要求并不是要消除差异，而是基于人的本性，从人人生而平等的视角所考虑的男人和女人、儿童和成人一样都享有与生俱来的权利和尊严。追求实质平等的差别对待是合理和客观的，是为了实现公约的合法目的。二是在阐释具体条款的含义时，必须考虑儿童个体和儿童群体都可能面临的歧视。《儿童权利公约》的无歧视条款强调了儿童可能面临的双重危险，不仅涉及儿童个体因为年龄和法律地位遭受歧视，还可能同时因为性别、种族、伤残等情况造成儿童的某个

---

① 人权事务委员会：《第17号一般性意见：儿童权利》、《第18号一般性意见：无歧视》，载《各人权条约机构通过的一般性意见和一般性建议汇编》，1989，第199—204页。

群体遭受歧视。比如，反歧视原则应当及于一国领域内的所有儿童，包括
"外国儿童"。这些"外国儿童"也可以看作一个儿童群体，特别是当他们
被迫沦为难民儿童的时候。三是基于儿童自身特点和所处环境需要得到特
别的保护和照料，特别是困境儿童。歧视是儿童遭受各种形式的剥削、虐
待、暴力的根源，反对歧视是避免儿童陷入各种困境的前提。无歧视原则
不排斥采取特别措施保护困境中的儿童，对困境儿童的需求给予特别关
照，以降低或消除产生、助长歧视的条件。关于差别对待和平等保护是实
质平等还是形式平等的问题，二者并不矛盾。因此，《儿童权利公约》在
多项条款中都强调了对特别易于遭受歧视的儿童的特别规定，例如脱离家
庭环境的儿童、难民儿童、残疾儿童、少数人群儿童、遭受经济和其他剥
削的儿童、卷入司法的儿童、武装冲突中的儿童。《儿童权利公约》的序
言中明确指出，"在世界各国都有生活在极端困难下的儿童，对这些儿童
需要给予特别的照顾"，从这个角度考虑，其所采取的无歧视措施还应当
包括缩小不同个体之间的差距，国家应当对本国困境儿童状况及改善措施
制定具体的规划。儿童权利委员会关于缔约国提交定期报告的准则[1]也要
求在提供的有关资料中，说明"用以缩小经济、社会和地理差距，包括城
乡地区差距，防止歧视处于最不利地位的儿童群体的特殊措施，包括……
流离失所的儿童，难民儿童或寻求庇护的儿童，以及生活（或）工作在街
头的儿童"。儿童需要特别照料和保护，这在 1959 年《儿童权利宣言》、
《世界人权宣言》、《公民权利和政治权利国际公约》（特别是第 23 条、第
24 条）、《经济、社会和文化权利国际公约》（特别是第 10 条）以及《儿
童权利公约》中都有所体现。

　　特别保护的依据表现在三个方面。（1）儿童需要特别保护是基于儿童
心智、体力方面较成人处于弱势。儿童的特别需求是指基于儿童的身心特
点，为实现儿童权利所需的条件，特别是国家、家庭、社会以及相关机构
的关心、帮助和爱护。儿童与成人间的天然差别是不言而喻的。儿童因其
年幼、身体尚处于发育阶段、心理因素不稳定、智力正在发育、认知能力
低下等原因，与成人相比在体力、心理和智力上均处于弱势，因此，需要

---

① 参见儿童权利委员会《关于缔约国根据〈公约〉第 44 条第 1 （b）款提交的定期报告的
　　形式和内容的一般准则》，CRC/C/58/Rev. 1，2005。

得到特别保护和照料才能获得全面发展。也正是因为这些弱势，在漫长的人类历史发展中，儿童的实际处境一直都很糟糕。（2）儿童需要特别保护是基于儿童所处的实际困境。正如上文所提到的，儿童地位的提升及权利的发展经历了漫长而又渐进的过程。当人类历史发展到 20 世纪时，儿童的权利才被人们认识。尤其是冷战结束，人类进入了张扬权利的时代，开始用理性的眼光看待儿童问题，《儿童权利公约》的出台便是这种理性光辉的闪烁。但是，儿童的法律权利还不是实有的权利。我们不能忽视权利理想的可贵，但是也不应耽于这种理想，而对应然权利和实然权利间的距离视而不见。今天的儿童要幸运一些，他们的权利得到了国际社会及各国政府的首肯。但是，超过世界人口 1/3 的儿童的声音还是那么微弱，处境还是那么困难。据统计，全世界有数以千万计的儿童生活在特别困难的环境中；全世界有数以百万计的儿童生活在特别困难，甚至是恶劣的环境中，包括孤儿、雏妓、受性侵害的儿童、流浪儿童、难民或流离失所的儿童、战争或灾难的受害儿童、社会上处于不利地位的儿童、受各种形式剥削的儿童、残疾儿童、被控少年、种族隔离和外国占领区的受害儿童；有大量儿童从事繁重的、危险的、违反国际公约的各种工作；吸毒、严重的疾病特别是艾滋病对儿童造成威胁，包括在生命的产前阶段对儿童造成的永久性损害；文明社会所谓的竞争给儿童造成过重的压力。他们的权利需要得到特别保护。[①]《儿童权利公约》生效近 30 年来，这种状况仍然没有根本改观。（3）儿童需要特别保护是基于他们在社会中的角色。儿童不仅是人类未来发展的先决条件，儿童的状况还是社会发展和人权状况的重要指标。如婴儿的死亡率和营养状况、残疾儿童状况、流浪儿童数量、辍学率等经常作为儿童状况和对儿童权利是否尊重的指标。原则上说，儿童的生存与发展不能与社会发展相分离，他们的生存与发展不仅与其父母的生活和能力有密切关系，还与一个国家的社会、经济和政治状况相联系。[②] 儿童的生存和发展有赖于社会的文明和进步，儿童同时是社会文明与进步的希望所在。对儿童的态度可以反映出一个社会的道德观和价值观。

---

① 参见郝卫江《尊重儿童的权利》，天津教育出版社，1999，第 34 页。
② 例如，无论是在西方还是在东方，经济危机或金融危机后，就会有大量的孤儿和流浪儿出现，还有一些儿童被迫工作以承担他们本不该承担的家庭负担。

2. 国际标准

现代的国际人权条约如果没有反歧视的条款简直是不可思议的，这也是国际人权法长期努力的结果。有一些国际文件专门针对歧视问题，比如《消除对妇女一切形式歧视公约》、《消除一切形式种族歧视国际公约》，还有 20 世纪 60 年代制定的消除教育领域的歧视和雇佣、职业方面的歧视条约。我们所熟知的几部具有普遍意义的国际文件也都载有无歧视条款。受到国际社会普遍承认的《儿童权利公约》当然也不例外，其设有专门条款规定了国家"尊重和确保"儿童享有权利的义务，而不能有任何差别。该公约设定了三个专门条款保护儿童免遭歧视，除第 22 条和第 30 条规定了不得对难民儿童和属于少数的儿童歧视的规定外，第 2 条还做出了不得基于身份、地位歧视儿童的一般性规定：

> 1. 缔约国应遵守本公约所载列的权利，并确保其管辖范围内的每一儿童均享受此种权利，不因儿童或其父母或法定监护人的种族、肤色、性别、语言、宗教、政治或其他见解、民族、族裔或社会出身、财产、伤残、出生或其他身份而有任何差别。
>
> 2. 缔约国应采取一切适当措施确保儿童得到保护，不受基于儿童父母、法定监护人或家庭成员的身份、活动、所表达的观点或信仰而加诸的一切形式的歧视或惩罚。

该条第 1 款是一般性条款，它所禁止的对儿童权利的歧视内容是公约其他条款中所载明的内容，此处加以强调。如果是公约其他条款中未载明的权利，也就超出了本条的保护范围。第 2 款是本公约的特别条款，主张保护儿童不受其父母和其他有亲密关系人的身份或活动施加的一切形式的歧视或惩罚，意欲对于超出公约内容的事务给予一定的约束。该条第 1 款和第 3 条第 2 款、第 4 款，阐明了与《儿童权利公约》其余条款所规定的权利有关的缔约国基本义务——尊重公约中的所有权利并确保所有儿童无歧视地享有权利。儿童权利委员会《第 5 号一般性意见》指出，"缔约国要履行这项关于无差别的义务，必须解决确定承认和实现其权利可能需要采取特别措施的儿童个人和儿童群体"，并强调"应用平等享有权利的无差别原则，并不是说待遇相等"。人权事务委员会的一项一般性意见强调了采取特别措施的重要性，以减少或消除造成差别的条件。① 在保护儿童、消除歧视，使其免受剥削和虐待方面，国家、社会和家庭负有不可推卸的责任。

(二) 平等 (无歧视) 原则的适用

对引起歧视的原因进行归纳和研究，这样做的目的是确保国家有足够的信息判断是否在执行有关条款或规定中存在歧视。儿童权利委员会对儿童易遭受歧视的原因以及易受歧视影响的群体做了归纳，前者大致包括：性别、伤残、种族、仇外和种族主义、民族、性取向、族群、语言、无户籍或非本国国籍、出身低微、居住地偏远或农村、贫困、流离失所或无家可归、被遗弃等；后者包括：孤儿、替代照料下的儿童 (被公共机构照料的儿童，生活在街头的儿童)、卷入司法的儿童 (特别是其中自由受到剥夺的儿童)、受武装冲突影响的儿童、童工、被暴力侵犯的儿童、儿童乞讨者、受艾滋病影响的儿童、少女妈妈、少数人 (吉卜赛、游牧等)、非婚生儿童、单亲儿童，还有受父母经济地位、宗教等影响的儿童等。② 《儿童权利公约》其他条款强调了可能遭受歧视的儿童群体，如脱离家庭环境的儿童 (第 20 条)、难民儿童 (第 22 条)、残疾儿童 (第 23 条)、少数人或原属土著居民的儿童 (第 30 条)、遭受各种形式剥削的儿童 (第 32 条、第 34 条、第 36 条)、卷入少年司法体系或自由受到限制的儿童 (第 37 条、第 40 条)、武装冲突下的儿童 (第 38 条)。

在对易遭受歧视的原因和儿童群体进行剖析之后，才能有针对性地采取相应措施，消除歧视。从上文对歧视的原因和易遭受歧视的儿童群体的列举可以看出，反对对儿童的歧视涉及非常广泛的领域，需要采取综合性的措施逐步减少和消灭对儿童的歧视。在无歧视原则适用的过程中，不可避免地会面对一些关键性问题，需要对这些问题进行研讨，以便为进一步的行动提供理论支持。同时，对儿童歧视的严峻局面给国家、家庭和社会带来了挑战，这就要求国家、社会和家庭采取积极措施，不仅要在制度的整体建构以及具体问题和程序方面采取积极措施，儿童及其家庭也须要行

---

① 参见儿童权利委员会《第 5 号一般性意见：执行〈儿童权利公约〉(第 4、42 和 44 条第 6 款) 的一般措施》，2003，导言第 12 条。

② 参见联合国儿童基金会编《〈儿童权利公约〉执行手册》，全国妇联、联合国儿童基金会中国办事处翻译，2006，第 25—26 页。

动起来应对各种具体的歧视问题。

1. 无歧视原则适用中的关键问题

（1）性别歧视与女童保护。在基于性别的歧视当中，对女童的歧视成为国际社会长期普遍关注的问题。《儿童权利公约》和《消除对妇女一切形式歧视公约》是消除歧视的基本行动纲领，也是根据促进和保护女童和妇女地位，根除不平等和歧视的策略制定的基本框架。女童不仅仅是女儿、姐妹、妻子、母亲，还应当是享有权利和尊严的人。实践证明，关注女童问题对消除对妇女有害的传统和偏见具有实质意义。故此，针对女童的教育以及法律政策当中，媒介、广告中的性别平等观念受到较多的关注。儿童权利委员会建议，[①] 一是立法上，应当明确法律面前平等和禁止性别歧视的原则，并提供有效的保护和救济。要在立法中禁止有害的传统习俗，如割礼和强迫婚姻，以及暴力侵害女童的任何其他形式，包括性虐待。特别需要保护的女童群体有女性童工、难民儿童、流浪女童等。此外，在相关法律中还应当明确一些最低年龄，如结婚年龄、就业年龄、刑事责任年龄等。二是其他具体措施方面，要制定策略以进一步理解公约的规定和原则；发起根除对女童所有形式歧视的教育计划；鼓励社会力量参与，包括非政府组织；确保女童进入教育和职业体系，增加其入学率和降低辍学率；消除教材中的陈腐观念，对教师进行公约内容培训；将公约内容纳入学校培训课程中；消除媒介中女童和妇女受屈辱和受剥削的形象。值得注意的是，所有这些立法和其他行动策略中，均须纳入性别视角。

（2）年龄歧视和平等保护。对儿童的歧视不仅发生在儿童和成人之间，也发生在不同的儿童群体之间。发生在儿童和成人间的主要是基于年龄的歧视，实际上也是对儿童在智识和体力上处于弱势的歧视。正如上文已经提到的，针对儿童的特殊需求，应该给予特别的关心和照料。尽管《世界人权宣言》的无歧视条款中没有提到基于年龄的歧视，但《经济、社会和文化权利国际公约》第 3 条、第 10 条中提出了针对儿童特殊群体应给予特别保护并不得歧视的要求，规定"应为一切儿童和少年采取特殊的保护和协助措施，不得因出身或其他条件而有所歧视"。[②] 这里的"其他条

---

① 参见联合国儿童基金会编《〈儿童权利公约〉执行手册》，全国妇联、联合国儿童基金会中国办事处翻译，2006，第 29 页。

② 《经济、社会和文化权利国际公约》第 10 条第 3 款。

件"对儿童权利的保护具有极其重要的意义。令人遗憾的是，正如有的论者已经注意到的，平等概念并没有随着国际和区域人权领域的发展而得到充分的发展以有效地对抗歧视，当儿童的特殊需要应该得到真正的考虑时，平等原则的滥用却给儿童权利的实现带来了负面影响。根据平等原则，任何差别都是不被允许的，但是，根据儿童最大利益的需要，这种区别对待就成了必需的。如果儿童不是一个特别的群体，就不需要通过一个全球认可的《儿童权利条约》给予儿童特别的保护了，因为儿童已经在总的平等条款下得到了充分的保护。然而，并不是所有的人权条约都设定了儿童的最大利益条款，而且，区别对待有可能因考虑公共利益而受到剥蚀，公共利益的考虑为国家权威的自由裁量留出了余地。还有，令人吃惊的是，《儿童权利公约》省略了法律面前人人平等的观念，没有专门设立平等条款。平等体现着儿童的法律地位，对儿童法律人格的承认是儿童作为权利持有者的前提条件。如果公约能够对平等观念加以强调，将会拓宽儿童平等保护的范围，比如《儿童权利公约》出于文化差异性考虑而没有涉及儿童财产权的保护问题。① 有论者将立法中不能够平等对待的情形归纳为四种：①否定一部分人的权利而给予另一部分人；②否定一些人的权利而给予其他的人；③强加给一部分人的责任而不及于另一部分人；④强加给一部分人的责任而不给予其他人同样重的责任。其中，前两种不平等对待情形对儿童来说较为常见，比如儿童的选举权，以及根据他们的年龄和成熟程度对涉及自身的事务的参与决策权的限制等。第三种情形在实践中主要是针对触法少年基于身份的惩罚，如儿童在公共场所酗酒要承担违法责任，而成年人如此却不承担任何责任。第四种情形不大适合于儿童，因为很少有文件规定儿童和成年人应当承担同样的责任。这便是有区别的平等原则所涉及的内容。事实上，有时会出现相反的情形。在工业社会比较普遍的情况是，不适当地强加给儿童许多法律责任，尽管在人权条约中确定儿童的责任有明显的危险性，这就是所谓的责任的制约性。因为，权利的行使和责任的履行是紧密相连的，不履行责任就不可能拥有权利，反过来看，不承担责任就等于剥夺了权利，也必将导致歧视。例如，儿童参

---

① 参见 Geraldine van Bueren, *The International Law on the Rights of the Child*（Martinus Nijhoff Publishers, 1995）, pp. 38 - 40。

加政治生活的情形就是和公民责任相联系的，也许是从中剥离出来的，否定儿童所担负的责任很容易削弱其拥有的权利。《儿童权利公约》也没有反映出儿童的责任观念，但在一些区域性的人权条约中，如非洲和美洲间的人权条约都确定了儿童的责任观念。有论者认为，责任的设定对于儿童来说非常重要，因为它可以作为习俗交流的一部分，并和他们的最大利益相一致。尽管如在非洲宪章中，其对儿童责任就规定得过于宽泛，但可以肯定的是，责任概念作为一种实现自主的工具，应当在全球性的儿童权利条约中有所体现。①

（3）对儿童特有身份的尊重和保护。对不同儿童群体的歧视源于对不同的种族、性别、经济生活状况等身份地位的歧视，这些歧视从儿童一直延续到成年。其中，基于性别的歧视最为明显，尤其是在一些不发达国家，当社会经济状况不具备为每个儿童提供足够的生存和发展机会的时候，首先受到损害的是女童的利益，如受教育权、平等机会等。除此之外，在不发达国家中，因经济生活状况而受到歧视也是普遍的现象，那些生活在边远贫穷地区的儿童，未能与生活在富裕地区的儿童得到平等的对待，如教育、健康保健等经济和社会方面的权利很难得到保障。而在发达国家，基于种族的歧视一直是一个难以解决的社会问题。当然，各国政府也都在这方面做了努力，例如，美国1978年通过《印第安儿童福利法案》，使美国的印第安儿童得以更好地享受到他们民族的宗教和优秀文化。这种政策上的倾斜，既不能看作对富裕地区儿童的歧视，更不能看作贫困儿童的特权，只能说他们享受了应当拥有的权利。儿童的特定身份还包括难民身份、收养身份、继子女身份等。特别是对于非婚生子女的不平等待遇，《世界人权宣言》第25条已经载明，所有儿童，不管是婚生还是非婚生，都应当享有同样的社会保护。对非婚生儿童的歧视已经使他们的权利受到了严重的侵害。非婚生儿童的法律地位问题，在《公民权利和政治权利国际公约》和《儿童权利公约》的讨论中一直是热点话题，由于不同文化中关于非婚生子女的继承问题存在差异，这些国际性条约最后不得不做出一些妥协才达成一致意见。因此，有论者认为，关于《公民权利和政治

① 参见 Geraldine van Bueren, *The International Law on the Rights of the Child* (Martinus Nijhoff Publishers, 1995), p.41。

权利国际公约》第 14 条第 1 款的讨论，"确实显示禁止歧视并不要求在法律的所有领域给予非婚生儿童完全平等的地位……禁止歧视只与儿童地位所要求的那些保护措施有关"。考虑到具体的历史文化背景，对儿童平等的保护措施不应当做广义的解释，其在继承法中的某些差别仍然可能存在。① 对于这种对儿童平等权的解释，笔者不敢苟同。首先，我们不认为对儿童的平等保护只是针对一部分儿童，而对其中的一部分包括非婚生儿童可以给予不平等的待遇；其次，对儿童的平等保护应当做广义的解释，包括涉及儿童的一切事务，而不是一部分事务要遵循平等原则，而有些情况下可以不平等对待；最后，关于非婚生儿童继承权的不平等待遇问题，我们宁愿把这种的确存在的现象看作文化价值的冲突。有人担心给予非婚生儿童与婚生儿童在继承上的平等待遇将可能破坏家庭的稳定性，这是一种感性的强词夺理。如果说破坏家庭稳定性，应当是在孩子出生之前就发生了，非婚生的孩子只不过是家庭不稳定的一个结果而已。另外，基于儿童出生而对其继承权的歧视也是没有根据的。对非婚生儿童继承权的歧视不仅是一个法律问题，而且是一个文化价值问题，是经济利益冲突问题。众所周知，继承以人身关系为基础，就法定继承来说，继承发生的依据包括婚姻、血缘等关系，非婚生儿童与其生父母间无疑是存在血缘关系这种继承发生的基础的。况且，很多国家的法律都规定养子女、继子女和亲生子女具有同等的继承权，这种拟制血亲关系尚且有继承权，自然血亲关系的非婚生儿童却被剥夺了继承权，这就使我们不得不思考歧视非婚生儿童继承权背后蕴含的文化价值。

2. 无歧视原则实施保障：制度性建构

平等条款实施的保障除了国际性文件的普遍认可外，还在于能够在各缔约国的法律体系中获得一席之地，包括宪法和法律上的确认。根据对世界上 110 部宪法的统计，涉及平等权利的宪法有 92 部，提到保护公民不受歧视的宪法有 89 部，两组统计数字均超过宪法总数的 80%。② 其中，美国宪法修正案第 14 条第 1 款规定，各州"在其所辖境内，不得否认任何人享有法律上的同等保护"。除宪法之外，其他方面的立法也在逐步涉及反对

---

① 参见〔奥〕曼弗雷德·诺瓦克《民权公约评注：联合国〈公民权利和政治权利国际公约〉》（上、下），毕小青等译，生活·读书·新知三联书店，2004，第 425 页。

② 转引自常健《人权的理想·悖论·现实》，四川人民出版社，1992，第 202 页。

歧视问题，以平等对待和平等参与的观念看待一些具体的权利。如美国在《民权法案》中，就声明保障公民在诸如选举、财产、雇用、住房、社会参与等方面的个人权利获得平等的尊重和保护，这些权利的获得和尊重不得基于种族、宗教以及性别等因素而有所差别。① 但是，宪法和法律规定的完善，不能反映现实的平等，不论是历史中还是现实生活中，不平等的事件随处可见。例如，在美国历史上，曾存在基于人种的、宗教的和政治见解的不同，而对其公民不合法和非理性对待的情形。1954 年在著名的布朗诉托皮卡教育局一案中，美国最高法院首次判定了儿童基于种族的原因而不能进入公立学校受教育的隔离是宪法"平等对待"原则所不允许的，首次实现了教育上的种族平等。可见，尽管法律上的承认是关键的步骤，然而，最重要的还是平等观念的接受。应该使越来越多的人追求平等，使平等的观念越来越成为我们所生存的世界的一种精神风貌。

人权事务委员会在其关于《公民权利和政治权利国际公约》的《第 18 号一般性意见：无歧视》中强调，平等原则要求缔约国"采取积极的行动以减少或消除产生或有助于公约所禁止的歧视继续存在的条件"。缔约国防止歧视的义务应当是积极的义务，执行过程包括审查、策略规划、立法、监测等，并就缩小差别的措施进行评估。执行无歧视原则需要采取积极步骤，并结合其他条款一同执行，确保所有儿童享有公约确立的权利。无歧视原则应当适用于所有私人机构、个人和国家的行动中，并在立法中加以强调。

从《儿童权利公约》的表述和儿童权利委员会的解释可以看出，缔约国要采取"尊重"和"确保"防止歧视的积极行动，确保无歧视原则纳入国家立法和政策，并应当提供机会向法院就歧视提出异议，还需对所有立法进行审查确保没有包含歧视性条款。"确保"和"尊重"防止歧视的义务是积极义务，即要求国家采取制度性措施，包括审查、规划、立法、监测、传播、教育、数据采集等，考察评估存在的歧视问题。"确保"要求采取的措施切实可行，能够实现儿童不受歧视的目的。采取的积极步骤比

---

① 参见 C. P. Cohen and H. A. Davidson, eds., *Children's Rights in Amarica: U. N. Convention on the Rights of the Child Compared with United States Law* (American Bar Association, 1990), p. 113。

如，审查法律和政策当中是否存在歧视性条款以及是否载入了无歧视原则。除了立法之外，应设计全面的反歧视制度性策略，同时对这些立法和政策进行定期的监督和评估。对公约权利是否得到切实的执行进行监督有着重要意义。监督程序和适用的标准对各种问题特别是公约中提到的如种族、肤色、性别、语言、宗教、政治或其见解、民族、族裔或社会出身、财产、伤残、出生或其他社会地位必须是敏感的。

除了从国家层面采取的整体性措施之外，尚需有其他方面的措施配合实施这项原则，特别是挑战传统的歧视性的态度和习惯的策略。第一，教育和转变观念。转变传统和其他歧视性文化的态度和习惯，比如优待男童、对困境儿童的偏见等。第二，对歧视现象进行研究。通过数据收集和信息掌握了解儿童遭受歧视的状况，这对政策、法律的制定十分重要。第三，权威人士和阶层的态度对反歧视也有非常重要的意义。

在对缔约国提交的首次报告审查的建议中，儿童权利委员会建议采取各种形式的行动消除歧视。[①] 第一，对歧视进行研究，收集数据和信息确认遭受歧视的情况。第二，发展全面的策略。第三，提高对反歧视的认识并举办相关活动，特别是挑战有关歧视的传统习俗。第四，政治、宗教领袖应在反歧视中发挥作用。

（三）中国的情况

尽管儿童权利的主张经历了崎岖而坎坷的历程，然而，随着人类文明程度的提高，对儿童的歧视受到了遏制，儿童权利得到了重视。儿童不能因其天然的条件包括其父母的条件而受到任何形式歧视的观念，不仅在国际人权领域，在中国法律中也有所体现。新中国成立以后，歧视妇女的规定被废除并建立了性别平等原则。基于此，女童和男童获得了政治、经济、社会、文化和家庭生活方面的同等权利，他们有平等的财产权、继承权和受教育权等权利。《未成年人保护法》第3条规定："未成年人不分性别、民族、种族、家庭财产状况、宗教信仰等，依法平等地享有权利。"第10条规定："不得歧视女性未成年人或者有残疾的未成年人。"《预防未成年人犯罪法》也规定，学校对有不良行为的未成年人应当加强教育、管

---

① 参见联合国儿童基金会编《〈儿童权利公约〉执行手册》，全国妇联、联合国儿童基金会中国办事处翻译，2006，第22页。

理，不得歧视。① 我国在立法和实践中注意采取适当措施保护自身条件和生存状况处于弱势的群体。我国宪法对老人、妇女和儿童给予特别保护，规定"婚姻、家庭、母亲和儿童受国家的保护"。此外，我国在立法和实践中还注意采取适当措施保护诸如少数民族儿童、残疾儿童以及其他易受歧视的儿童。国家的法律和政策制定和实施中对不得歧视少数民族、实现民族平等原则给予了充分的关注。针对少数民族语言和自身的特点，我国采取不同的方式使少数民族儿童能够更好地体会本民族语言和文化的传统。如内蒙古自治区根据其地广人稀的特点，采取"流动教学"的办法。关于残疾儿童，国家规定采取多种形式保障其健康成长的特需，给予残疾儿童平等的入学、升学机会，给予他们基于其身体残疾的特殊照顾。关于非婚生儿童，婚姻法规定，不得歧视非婚生儿童，他们与婚生儿童具有同等的权利。

在中国，"唯身份论"的年代②已经过去，但是，基于身份、地位的歧视依然存在，只是形式上有所不同罢了。例如，前几年大量存在的对进城务工人员子女的歧视。尽管法律、政策要求教育部门一视同仁地对待农民工子女，他们应当被流入地公立学校接纳，但学校的接收条件以及城市学校除学费、书本费之外的其他费用，使得一部分农民工子女很难到当地公立学校学习，而不得不进入农民工子弟学校。当然，现实中所存在的资源、能力、智识等方面的不平衡是不可避免的，但无论如何也不能成为歧视或不平等对待的借口。那么，如何解决现实的不平等而达到实质的平等呢？在很多情况下，都需要有区别对待原则作为实质平等的补充。区别对待原则，就是对于强势和弱势者给予区别对待，对弱势一方给予特别的关照。区别对待是道德平等的现实基础的有限性所致，与成人相比，在各个方面，儿童都是弱势的一方，当儿童和成人的利益发生冲突时，我们的法律和政策应当向儿童倾斜，要给予儿童特别的保护。同样，对偏远贫困地区、少数民族地区的儿童实行特殊优惠政策，才能帮助他们更好地实现各项权利。

---

① 现实生活中，女童受歧视的现象依然比较普遍，如大量女童失学，以及重男轻女导致的男女童比例失调。

② 在1966—1976年的特殊年代，身份的好坏不仅能决定一个人拥有什么，而且能决定一个人的命运。

三　尊重儿童意见原则

《儿童权利公约》自始至终都贯穿了尊重儿童的精神。作为国际性人权公约，其对儿童权利和自由以及人格尊严和意见予以真正的尊重，才能不愧为儿童权利保护的"大宪章"。对儿童的尊重包括尊重儿童的基本权利和基本自由，以儿童的生存和健康发展为重，还包括对儿童的人格尊严、观点和意见的尊重，可见，对儿童的尊重是全面的。尊重原则包含的内容，同时又是儿童权利的内容。比如，儿童的人格尊严应当受到尊重，同时能体现其人格尊严的诸如隐私权、通信自由权、名誉权等，也都是应当受到保护的权利内容，所以，这里涉及的具体内容和下一章儿童权利的内容基本上是重复的。需要说明的是，在儿童权利研究领域中谈到尊重原则时，多用"尊重儿童意见"原则表述，是为了突出儿童参与的重要意义。本书原版将对儿童人格尊严的尊重也纳入讨论，本次修改考虑到多数观点，赞同儿童参与的价值，故这里也将侧重讨论与儿童发表意见相关的内容，也就是《儿童权利公约》第 12 条所载内容，而将儿童人格尊严涉及的隐私权、通信自由权、名誉权、荣誉权，以及对基本自由的尊重等内容，放到第三章讨论。

（一）对儿童发表意见条款的法律分析

结合《儿童权利公约》第 5 条、第 12 条、第 13 条的规定来看，该公约已经把视角从儿童没有决策能力推进到儿童怎样才能参与决策以及哪种决策是其能力所及的问题，支撑这种转变的关键是把儿童看作和成人一样的有理性判断能力的个体。每个儿童都有权对影响到其利益的事项发表意见，这就要求国家对儿童的意见认真听取，并根据年龄和成熟度给予适当看待。国家有义务通过立法等各种措施提供必要的信息和建议，以方便儿童做出符合其利益的决定。《儿童权利公约》确定了尊重儿童意见原则，第 12 条规定：

> 1. 缔约国应确保有主见能力的儿童有权对影响到其本人的一切事项自由发表自己的意见，对儿童的意见应按照其年龄和成熟程度给以适当的看待。
>
> 2. 为此目的，儿童特别应有机会在影响到儿童的任何司法和行政

诉讼中，以符合国家法律的诉讼规则的方式，直接或通过代表或适当
机构陈述意见。

该条内容被解释为与儿童事务有关的一切事务具有基本价值的一般性
原则。该项权利既针对儿童个体也针对儿童群体。

该公约第 12 条第 1 款，首先为国家设定了义务，要求如下。第一，应
确保儿童自由发表意见的权利，至少给儿童提供表达意见的机会和渠道。
儿童自由发表意见原则中的"自由"是指儿童可以在没有压力的情况下表
达她或他的意见，以及选择是否想要行使其发表意见权。儿童表达意见时
不应受到不适当的影响或压力的操纵或制约。同时儿童意见的"表达"要
具有真实性。此外，意见的表达还须以知情为前提。儿童"对影响到其本
人的一切事项"都有表达权，表明了儿童表达意见的广泛性。第二，确保
每一个儿童"能够形成自己的意见"，前提假设是所有儿童无论大小都有
发表意见的能力，即便没有自己发表意见的能力，也可通过其代理人行
使。关于发表意见的年龄，该条也没有做出限制，即意味着从理论上来
说，儿童从出生到成年的整个童年时期都拥有此项权利。幼儿往往并非通
过文字和语言表达意见，而是通过诸如游戏、绘画、身体语言等表达认知
和选择，这些表达的方式无疑是存在于该条范围之内的。儿童仅需要对涉
及的事项有足够的认识，以便能够恰当地形成意见即可。国家有义务确保
在表达意见方面有困难的儿童的权利得到落实，例如，应为残疾儿童配备
各种装置，以便于其表达意见。应当对忽略这项权利可能造成的消极影响
具有充分认识，特别是在涉及幼儿或是儿童成为刑事犯罪、性虐待、暴力
或其他形式虐待的受害者的情况下。第三，国家应当就儿童的意见"按照
其年龄和成熟程度给予适当的看待"，需要对儿童的能力进行评估，以便
适当地看待他们的意见。适当地看待是与儿童的理解能力而非其生理年龄
相关。成熟程度指儿童以理智和独立的方式对问题表达自己意见的能力。
当儿童拥有了充分的理解力和智力，能够根据事务的要求提出自己的看法
时，家长的决定权就应该让位于儿童自己做决定的权利。[①] 问题是，如果

---

① 参见 M. Freeman, *The Moral Status of Children*: *Essays on the Rights of the Child*（Martinus Ni-jhoff Publishers, 1997），pp. 111 – 113。

儿童的意见和父母的意见发生冲突时又当如何处理？这同样涉及儿童自主权的限制。这个限制的判定标准不是别的，就是儿童的年龄和成熟程度。这两项标准具有同等的价值，但也不排除有的儿童成熟程度超出了其年龄。

该公约第 2 款指出了在具体程序当中儿童表达权的实现问题，包括"在影响到儿童的任何司法和行政诉讼中"要特别提供机会让儿童表达意见。民事诉讼包括与父母分离、监护、照料和收养等；刑事诉讼既包括对触犯法律的儿童提起的诉讼，也包括儿童作为被害人的刑事诉讼，比如，儿童遭受人身或心理暴力侵害、性凌辱或其他暴力犯罪之害等；行政诉讼包括关于儿童教育、保健等方面的决定，还包括诸如受武装冲突和其他紧急情况之害的儿童寻求庇护和难民地位的申请等。由儿童提起的诉讼当然也须听取其意见，例如虐待申诉。这些诉讼程序必须适合于儿童，儿童无法在被恐吓、有敌意、对其年龄不敏感或不适当的环境下有效地表达意见。儿童可以"直接或通过代表或适当机构"发表意见。间接的方式是可以通过其父母、律师或其他人（特别是社会工作者）发表看法。除非儿童与其代理有可能有利益上的冲突。国家应以符合国家法律的诉讼规则给儿童提供陈述意见的机会，如辩护权、质证权、上诉权等。

（二）发表意见权与其他条款的关系

儿童发表意见的权利意味着儿童就涉及自身利益的事项有权利介入，很多时候是用参与的概念来表示。儿童参与是多方面的，这在《儿童权利公约》的大部分条款中均有所体现，甚至可以说，儿童参与具体事项的规划和落实贯穿于整个公约实施过程中。

尊重儿童发表意见原则与《儿童权利公约》确定的一般性原则，即最大利益原则、无歧视原则、最大限度生存和发展权原则之间的关系密不可分，特别是最大利益原则。与公约第 3 条儿童最大利益原则的密切联系意味着在听取儿童意见的整个过程中均需将儿童的利益作为首要考虑。这两个条款之间是互补关系，只有尊重第 12 条的各项规定才能正确执行第 3 条。同样的，第 3 条加强了第 12 条的功能，加强了儿童在所有影响其生活的决定中的重要作用。发表意见权与无歧视、生存和发展权之间的关系表现在，无歧视条款要求，确保儿童有权自由表达其意见，并给予这些意见适当的看待，不受基于种族、肤色、性别、语言、宗教政治或其他见解、民族、族裔或社会出身、财产、伤残、出生或其他身份的歧视。缔约国应解决歧视问题，包括对弱势群体和被边缘化儿童群体的歧视，从而确保儿童能够在与所有其他儿童平等的基础上表达意见以及参与影响到他们的一切事项。在有些社会，习惯性的态度和做法损害并且严重制约了这项权利的实施。比如，性别定型观念和重男轻女的价值观妨碍和严重制约了儿童享有发表意见权利的实现。提高儿童表达意见的机会对儿童的发展也很重要，因为儿童的参与在发展和教育目标实现中，是儿童的个性和不同阶段的接受能力全面发展的推动力。

尊重儿童发表意见的权利还与公约其他条款，儿童权利委员会在第12号一般性意见中也给予了强调。特别是第13条（言论自由的权利）、第17条（知情权）、第5条关于儿童不同阶段的接受能力以及有家长指导内容的条款有着特殊的关系，儿童不同阶段的接受能力对其发表意见有着特殊的价值。比如，公约第13条涉及言论自由的权利，公约第17条涉及知情权，可以说，这两条是儿童发表意见的前提保障。言论自由和表达意见的权利容易混淆，而这实际是两项不同的权利。言论自由是指持有和表达观点，以及通过媒体寻求和获得信息的权利，因此，国家对于公民的表达不应无端干预。儿童发表意见的权利，主要指在影响到儿童的事项上听取儿童的意见，同时要求国家做出反应，而言论自由条款则不限于影响到儿童的事项，也不要求国家参与或做出反应。关于儿童的知情权，其应当被看作儿童发表意见的前提，儿童需要以适合其年龄和能力的形式获得与他们有关的一切事项的信息。与公约第5条关于父母或其他监护人指导儿童的权利条款关系密切。应当说，得到正确的指导也是儿童发表意见的前提，家长的指导和指引弥补了儿童在知识、经验和理解方面的不足，并且更加关注儿童不同阶段的接受能力。儿童自身的知识和经验越丰富、理解力越强，父母、法定监护人或其他对儿童负有法律责任的人就越需要将指导和指引转变成提醒和建议，最终成为在平等基础上的交流。

（三）　儿童发表意见的要求和具体步骤

儿童发表意见的要求和步骤是实现此项权利的程序性问题，儿童权利委员会在其《第12号一般性意见》中对此进行了详细的说明，因为程序性要求对儿童表达意见原则的适用具有重要意义，所以有必要在此处做简单介绍。

儿童权利委员会指出，儿童表达意见和参与的所有过程都必须是透明和公开的、自愿的、被尊重的、与儿童利益相关的、有益于儿童的、具有包容性的、有效的、安全且对危险敏感的、可以问责的。

确保儿童发表意见权的实现过程分为下列五个步骤。（1）前期准备。负责听取儿童意见的人必须确保儿童了解事项内容，并确知事项处理结果可能对其产生的影响，特别是在司法和行政决策过程中。（2）意见听取阶段。儿童应当在支持和鼓励以及保密的环境下行使其发表意见权。听取儿童意见的人可以是影响儿童事项的参与者（教师、社会工作者、照料者）、机构中的决策者（管理人员、法官）或专家（心理学家、医生等）。（3）对儿童发表意见的能力进行评估。（4）关于如何看待儿童意见的信息（反馈）。必须告诉儿童事项处理结果，说明对其意见是如何考虑的。（5）申诉、补救和赔偿。当儿童发表意见的权利被忽视或受到侵犯时，法律应为儿童提供申诉和补救的渠道，以便使儿童有机会向监察员或其他儿童机构，特别是学校和幼儿园中担任相似职能的人进行申诉。申诉程序应具备安全性等要求，确保儿童不会因此遭受伤害。

（四）缔约国的义务

对实现儿童发表意见权利方面的投入是国家的强制性义务，根据《儿童权利公约》第12条设定的两款表述，国家义务分为核心义务和特殊义务。

1. 缔约国的核心义务

核心义务包括审查或修正其立法，以便儿童获得适当的信息、充分的支持，必要时获得关于如何看待儿童意见的反馈信息，以及了解申诉、补救或赔偿的程序。为此，国家应当采取措施：①审查并取消对第12条的限制性声明和保留；②设立独立的儿童人权机制，如配备儿童监察专员；③为所有从事儿童工作的专业人员，包括律师、法官、警察、社会工作者、心理学者、照料者、监狱官员、教师、医生、护士和其他保健专业人员、公务员和其他公职人员、庇护问题官员提供关于第12条及其适用的培训；④确保有适当环境支持和鼓励儿童表达意见，保证这些意见在各项规定和安排中得到适当看待，并且定期对其效力进行评估；⑤通过各种宣传活动，反对妨碍全面实现儿童发表意见权的消极态度。

2. 特殊义务

可能导致行政和司法介入的重大事项大致分为三类，包括刑事的、民事的和行政的方面。第一类涉及对受到指控少年提出的申诉以及受害人为儿童的刑事诉讼，或者对被认为属于不服管教的"问题少年"或"虞犯少年"，在一些国家，由其父母请求法院予以监督的少年事件的诉讼。根据《儿童权利公约》的要求，在刑事诉讼中，少年司法审理的每一个阶段，都应充分尊重和落实儿童就一切涉及其本人的事项发表意见的权利，包括儿童是犯罪嫌疑人和儿童为受害人、证人的情况。被指控、起诉或承认触犯刑法的儿童，在每个诉讼阶段都有陈述意见的权利。对于儿童受害人，根据联合国经济及社会理事会第 2005/20 号决议《关于在涉及罪行的儿童被害人和证人的事项上坚持公理的准则》，必须给予犯罪行为的儿童受害人和儿童证人充分行使其自由表达意见的机会。第二类涉及针对儿童的监管或父母的探望权而采取的诉讼（包括父母离异或分居、儿童被虐待或忽视，以及父母监护权的终止等），或确立儿童的身份或建立或变更一方家长的抚养义务的诉讼。儿童在民事司法诉讼中发表意见的权利也应当有所体现，比如离婚和分居案件、与父母分离与替代照料的案件、收养案件等，均须征求儿童的意见。第三类涉及儿童收养、将儿童交托给一个精神治疗机构，以及公立学校否定或同意一个残疾儿童接受特殊教育方案或服务等事项，还包括涉及学校纪律问题的各种措施（如停学、开除）、无人陪伴的儿童的庇护请求等问题。在这些事项中，儿童的意见能否得到尊重直接影响到儿童的切身利益，因此，有必要对这些事项中儿童的意见按照其年龄和成熟程度给予特别的关注。一般情况下，只要儿童具备了一定的表达能力，在涉及儿童的事务中都应以适当的方式征询儿童本人的意见。同时，为维护儿童利益，还应考虑并征询其代理人的意见，然后从保护儿童最大利益出发决定各方意见的取舍。因此，为实现对儿童意见予以适当看待的目的，缔约国应当采取必要措施保障儿童表达真实意见并予以慎重考虑。必要的保障表现在如下几个方面。

（1）尊重儿童申辩的权利。特别是在一些特定的程序制度中，包括少年刑事司法程序、儿童监管和家长探望的事项、确定家长身份的事项、精神障碍的处置事项、涉及公立教育问题的司法诉讼等。很多国家的少年刑事司法程序，都承认并保护少年申辩的权利。例如，美国最高法院在 20 世纪 60 年代通过两个重要的案例——*United States v. Kent* 和 *In re Gault*，确立了儿童在可能被剥夺自由的所有重要阶段为自己辩解的权利，这些阶段从审前询问一直到宣判和处置。对于那些公然反抗少年法庭指令的少年身份犯（status offender），美国《联邦少年司法和少年犯罪预防法案》做出了禁止拘禁的例外规定，如果不得已而可能实行监禁，联邦司法行政机构通过《少年司法修正案》规定，儿童必须有能为自己辩解的司法听证。

（2）民事诉讼中对儿童意见的尊重。儿童和成人在民事诉讼方面的最大不同在于他们的陈述意见所引起的法律后果。由于行为能力的不同，在没有合法监护人协助的情况下，儿童不能启动或停止诉讼程序。一般来说，儿童的父母就是儿童自然的监护人。但是，当儿童的利益和父母的利益发生冲突时，比如在儿童告父母的案件中，当父母申请一个使他们精神智障的孩子失去行为能力的法院令状时，父母就不能作为监护人。这时，其他真正代表儿童利益的人可作为拟定监护人（guardian ad litem）。在美国，拟定监护人由法院的官员代理，他们不是诉讼的一方，只负责代表并保护儿童的利益，直到诉讼结束。[①] 儿童的愿望和情感在公共福利领域的确应该受到尊重，但是在私法领域，比如，在一个离婚诉讼中，儿童的愿望和情感却往往不能得到应有的重视。当然，几乎所有的儿童都希望有一个健全的家庭，哪怕他们的父母可能很穷或者常年卧病在床，实际上不能给予他们多少照料。离婚案件最明显地显示了儿童和父母利益的冲突。根据英国《儿童法案》，离婚是以父母为中心而不是以儿童为中心的。实际上，在英国的其他法律中，父母在做决定之前是负有不得不查明或考虑他们子女意愿的义务的。芬兰 1983 年《儿童收养和参与权法案》也规定了在做出收养决定时，应当对儿童的感情、意见和愿望给予适当的考虑。芬兰的规定成为苏格兰相关规定的摹本。[②]

（3）建立完善的代理人制度。当儿童不是诉讼的一方，但诉讼的结果却影响儿童的利益时，如在父母离婚案件中，法院便会指派一个拟定监护人保护儿童的利益。在美国，法官甚至有时将儿童列为诉讼的一方，类似

---

① 参见 Cohen and Davidson，*Children's Rights in Amarica：U. N. Convention on the Rights of the Child Compared with United States Law*（American Bar Association，1990），p. 153。

② 参见 M. Freeman，*The Moral Status of Children：Essays on the Rights of the Child*（Martinus Nijhoff Publishers，1997），p. 114。

于我国民事诉讼中的第三人。例如，涉及保险的诉讼、遗嘱检验或继承诉讼、确定所有权的诉讼、主张一定利益的诉讼，这些诉讼的结果可能使儿童获得某些经济方面的利益。加拿大的安大略省，实行官方"监护人"（official guardian）制度以保障儿童发表意见的权利。1974 年美国通过了《儿童虐待预防和处置法案》，规定在儿童权利保护的民事程序中，儿童有权获得法院指派的代理律师在整个诉讼中独立地保护儿童的利益。① 根据我国民法规定，当父母不能作为监护人时，他们的近亲属以及单位也可以作为代理人。

（4）行政程序中对儿童的尊重可能涉及非常广泛的领域，包括收养程序、抚养程序、严重的纪律处分程序，以及确定儿童身份的程序等。对儿童意见的尊重一方面要听取有主见、有能力的儿童的意见；另一方面，儿童意见的表达要符合国家法律规定的方式。《儿童权利公约》特别强调，儿童应有机会在涉及上述情形时直接或通过代表陈述意见。经过几十年的努力，在公约制定之后近 30 年，很多国家在保障和尊重儿童发表意见方面取得了进展，但是，儿童独立表达意见的空间仍很狭窄。怎样使现有的机制在涉及尊重儿童利益的行政和司法程序中发挥其应有的作用而不是一种摆设，仍是值得认真思考的问题。

（五）儿童发表意见原则的广泛适用

《儿童权利公约》第 12 条第 2 款强调了发表意见权利的另一个方面，暗示了儿童发表意见的权利在促进儿童权利保护方面具有潜在的、广泛的适用范围。在具体环境下，儿童的角色不同，所发挥的作用也会不同，但须最大可能地为儿童发表真实的意见提供机会和渠道。根据儿童权利委员会一般性意见，尊重儿童意见原则在下列具体情况下各具特点，需要加以说明。②

1. 家庭环境

儿童从幼年起便能够发表意见，这将会为儿童在更广阔的社会中行使发表意见权做好准备。这种抚育方法有助于促进个体发展、增进家庭关

---

① 参见 Cohen and Davidson，*Children's Rights in Amarica：U. N. Convention on the Rights of the Child Compared with United States Law*（American Bar Association，1990），pp. 157–159。
② 参见儿童权利委员会《关于〈儿童权利公约〉的第 12 号一般性意见：儿童表达意见的权利》，2009。

系、支持儿童的社会化，并且能够预防家庭中各种形式的暴力。家长有义务以符合儿童不同阶段接受能力的方式提供指导和指引。国家有义务协助家长完善此项义务，比如通过启动家庭教育方案。如果父母能够认真地对待孩子的意见和愿望，就有可能对儿童的参与权予以同样的注意。对于如何考虑和处理儿童与家庭意见不一致的情形，国家应当根据儿童的年龄和成熟度判断，而不应当武断地做出倾向于父母利益的裁决。如果国家尊重父母的权利，就需要提供对儿童判断能力的评估意见，以证实家长的意见比儿童的意见更有利于儿童的发展。

2. 替代照料中

采取各种方式，鼓励接受替代照料的儿童发表意见，包括在各种机构中的儿童，使其能够就他们的安置、寄养家庭照料的规定以及日常生活等事项表达意见，并得到应有的重视。具体措施如设立一个主管监督机构（儿童监察员、专员或检察员等），监督儿童相关权利的实施情况。

3. 儿童保健方面

儿童保健问题也须尊重儿童表达意见以及参与促进其健康发展和福祉的权利。现实生活中影响儿童健康权利的事项很多，其中比较重要的如关于儿童身体疾病治疗和化验方面的意见。人人都有保持自己身体完整的权利，身体上的疾病、残疾等都属于个人的隐私，任何单位和个人未经本人允许不得随意侵犯人的身体，这样就涉及儿童对医疗处置和化验措施知情同意的法律能力问题。根据世界卫生组织调查，在对儿童进行卫生保健和处置之前必须得到儿童及其监护人的同意"几乎是普遍的规则"。但儿童权利委员会在其《第12号一般性意见》中给出了不同的意见，认为儿童在某种情形下，能够在未经父母同意的情况下获得秘密的医疗咨询和意见，比如遭遇家庭暴力或虐待的情形。根据《儿童权利公约》第5条和第12条，国家和家庭有义务尊重儿童的判断能力，在涉及儿童的事务，包括医疗决策中，根据儿童的年龄和成熟度给予儿童的意见以适当的看待。并不是说儿童一旦达到一定年龄其意见就能自动被采纳，也不是说一定年龄以下儿童的意见就一律不予听取，关键要看儿童能否理解治疗和化验的性质和意义，是否能够和愿意做出决定，这就需要相关人士能够清楚地告知他们医疗的性质、治疗过程的危险性、潜在的利益、治疗可能的结果、能否选择及替代措施、拒绝治疗的可能性等。当然，做出这样的选择很多时候并非易事。

4. 学校和工作环境

教育和学校中尊重儿童发表意见的权利是实现教育权的基础。特别是在儿童遭遇歧视、轻视和暴力等情况下，应确保儿童能有渠道表达意见以及对儿童的意见给予适当看待。实际上，有许多事例证明儿童被剥夺了参与发表意见的机会，这种剥夺不仅影响到儿童本身利益的实现，还可能涉及更广泛的社会生活方面的问题，特别是像学校这样的地方。在涉及儿童的事务中，国家有确保儿童发表意见的义务，这种义务的行使可能会导致国家进入传统上被认为属于私领域的范围。工作方面对儿童发表意见权利的尊重，突出地集中在童工问题上，在制定消除童工根源的政策时，应听取儿童的意见，特别是教育方面的意见。

5. 暴力环境

儿童应当受到保护以免遭一切形式的暴力，应特别注意保护被边缘化的儿童和弱势儿童，如受剥削儿童、流浪儿童或难民儿童。许多暴力侵害儿童的行为没有被起诉，一是因为某些形式的虐待行为在儿童看来是可接受的做法，二是因为缺少有利于儿童的报告机制。例如，没有人在信任和安全的氛围中倾听儿童陈述其所遭受的虐待，也没有儿童表达观点的渠道。因此，有必要建立联通个人或组织的便利途径，如热线电话，以便儿童能够在信任和安全的氛围中向其报告。

6. 移民和庇护程序

跟随求职父母或作为难民来到另一国家的儿童处于非常弱势的地位。迫切需要充分落实其就移民和庇护程序所有方面发表意见的权利。关于移民方面，应当听取儿童的教育期望和健康状况，以便将其纳入学校和保健服务体系。关于庇护申请，儿童应当有额外的机会陈述其提出庇护申请的理由。

7. 紧急情况

国家有义务帮助儿童在紧急情况后的重建和冲突后的解决进程中发挥积极作用。他们的意见应明确体现在方案的评估、设计、执行、监测以及评价中。

（六）尊重儿童原则与中国法

国务院发布的《中国儿童发展纲要（2011—2020 年）》确定了尊重儿

童参与原则，规定"鼓励并支持儿童参与家庭、文化和社会生活，创造有利于儿童参与的社会环境，畅通儿童意见表达渠道，重视、吸收儿童意见"，并要求社会各界采取积极措施，"保障儿童的参与和表达权利。将儿童参与纳入儿童事务和儿童服务决策过程，决定有关儿童的重大事项，吸收儿童代表参加，听取儿童意见。畅通儿童参与和表达渠道，增加儿童社会实践机会，鼓励儿童参与力所能及的社会事务和社会公益活动，提高儿童的社会参与能力"。这个规定可以看作一个全面地保护儿童和尊重儿童参与的纲领。另外，我国的《未成年人保护法》明确了儿童有参与权，在第14条中，规定"父母或者其他监护人应当根据未成年人的年龄和智力发展状况，在作出与未成年人权益有关的决定时告知其本人，并听取他们的意见"。另外，1993年最高人民法院《审理离婚案件处理子女抚养问题的若干具体意见》规定，"父母双方对十周岁以上的未成年子女随父或随母生活发生争执的，应考虑该子女的意见"。尽管现实中儿童发表意见的权利常常被忽视，但毕竟这些规定为我国儿童参与家庭事务和社会事务方面发表意见提供了法律依据。

四　最大限度生存和发展原则

保障儿童最大限度地生存和发展原则集中体现在《儿童权利公约》第6条，生命权在其他人权文件中被看作一项普遍的人权原则。在社会生活中，生命权和生存权总是被混同使用，如果都从广义的意义上理解，二者的确是互相包含的，但生命权和生存权侧重点不同，且对国家义务的要求也有异。有论者因此认为二者应当有所区分，并限制二者的内涵，将生命权限定于狭义的理解，即国际刑法学家威廉·夏巴斯（William A. Schabas）所认为的，生命权仅限于国际人权文件所规定的，涉及死刑、堕胎、失踪、非经法律程序而处死、安乐死等问题。其特征是国家有意或武断地主动剥夺了人的生命或者国家有意地不在法律上禁止剥夺人的生命。而生存权的概念也应当受到限制，仅限于表达从国家获得医疗以及健康的生活等社会经济内容。就生命权和生存权对国家的要求而言，前者要求国家消极地不作为，不主动"剥夺"人的生命，而生存权则需要国家积极作为，以使其成为现实的权利。① 笔者的观点稍有不同，认为生命权的义务主体不仅限于国家不得随意剥夺人的生命，还应当包括任何人都无权剥夺他人生命的含义，国家对杀人者施以刑罚即为此意。发展权是一个整体的概念，全部公约内容都涉及发展目标，强调父母和家庭对儿童发展的关键作用和国家的义务。国家必须采取促进儿童身体、智力、精神、道德和社会发展等措施，为儿童在未来社会独立生活做准备。因此，该原则在强调儿童最基本的生命、存活和发展权之外，还特别强调国家、家庭和社会在保障儿童这些基本人权时应当承担的责任和义务。在本书的原版中，笔者称这项原则为"多重责任原则"，也意在强调义务或责任主体在实现儿童生存和发展权当中的重要性，为遵从多数意见，此处改为"最大限度生存和发展原则"。下文先就《儿童权利公约》第 6 条的内容做简单阐释，接下来仍然重点讨论国家、家庭和社会在实现儿童生存和发展权当中发挥的作用以及它们之间的关系。

（一）条文与相关词语释义

1. 《儿童权利公约》第 6 条内容阐释

该公约第 6 条规定：

> （1）缔约国确认每个儿童均有固有的生命权；
> （2）缔约国应最大限度地确保儿童的存活与发展。

生命权是人之所以为人的一种天然的权利，最大限度地"存活和发展"的观念对人权条约的实施至关重要，没有生命一切都无从谈起。生命权作为首要的普遍人权原则，得到《世界人权宣言》第 3 条和《公民权利和政治权利国际公约》第 6 条的确认。"儿童固有生命权"常常被过于狭窄地理解，很不利于儿童生命权的保障，这就要求国家采取一切可能的措施，降低婴幼儿死亡率，提高预期寿命，特别是消灭营养不良和流行病，

---

① 参见赵雪纲、王雅琴《生命权和生存权概念辨析》，《中国社会科学院研究生院学报》2004 年第 6 期。此处仅对生命权和生存权的概念做简单交代，具体内容体现在《儿童权利公约》第 6 条当中，该条并没有用"生存"的表述，而采用了"存活"的说法。学界通识，生存权是儿童的四项权利之一，因此，与生存权有关的内容将留待第四章儿童权利内容部分详细阐释，此不赘述。

还须采取措施限制和消除死刑等。人权事务委员会在其《第 6 号一般性意见》中指出，《公民权利和政治权利国际公约》第 6 条载有"生命权……是最高权利，即使在紧急状态下也不得克减"。除了《儿童权利公约》第 6 条之外，该公约的其他条款也涉及对儿童生命权的保护。

该条第 2 款超越了基本的生命权，规定最大限度地促进儿童的存活和发展。"发展"的概念不仅与儿童为成年做准备有关，还与为儿童的童年生活提供选择条件有关。发展是指儿童成长为一个完全个体的过程。在《发展权利宣言》中，发展权包括对所有儿童的机会平等和分配的正义，比如，受教育以及有权享有足以促进其身体、心理、精神、道德与社会发展的生活水平的权利。公约的很多义务，特别是那些与健康、足够的生活水准以及娱乐和游戏（第 24 条、第 27—29 条、第 31 条）有关的义务都与促进儿童最大限度发展相关，个别条款还扩大了发展的概念。例如，公约在序言中，肯定了家庭是其"所有成员、特别是儿童的成长和幸福的自然环境"，并承认"为了充分而和谐地发展其个性，应让儿童在家庭环境里，在幸福、亲爱和谅解的气氛中成长"。第 5 条指出"儿童不同阶段的接受能力"是一个整体发展的关键概念。第 18 条确认父母或法定监护人对儿童的养育和发展负有"首要责任"并要求国家提供适当协助。公约中那些保护儿童不受侵犯和剥削的条款（特别是第 19 条和第 32—39 条）对保护儿童最大限度存活和发展至关重要。所有形式的侵害，包括性虐待和剥削都会对儿童发展产生潜在的严重影响。第 23 条要求对残疾儿童提供协助，"其方式应有助于该儿童尽可能充分地参与社会，实现个人发展，包括其文化和精神方面的发展"。第 25 条要求对因照料、保护或治疗而被安置的儿童进行定期检查，是儿童发展的重要保障。第 27 条确认"每个儿童均有权享有足以促进其生理、心理、精神、道德和社会发展的生活水平"。第 29 条规定教育的目的是"最充分地发展儿童的个性、才智和身心能力"，并培养儿童"在自由社会里过有责任感的生活"。

总之，第 6 条涵盖了儿童生存和发展的所有方面。生存权和发展权只能从整体上加以落实，为此必须执行《儿童权利公约》所有其他条款，包括落实健康权、适当营养权、社会保障权、适当生活水准权、享有卫生和安全环境的权利、受教育的权利以及游戏权。另外还须尊重父母的责任，并提供协助和高质量服务。因此，为执行这项原则，需要考察国家、家庭、社会在各项儿童权利的实现中所发挥的作用，特别是对困境儿童的权利保护。

2. 责任与义务的含义

《儿童权利公约》中涉及"国家义务"和"父母首要责任"这样的表述，因此，有必要对责任和义务的含义加以说明。不论从语义学上还是从制度的视角看"责任"的含义都是不确定的。对于责任一词，在不同的文化背景下有不同的解说，这样一来，责任和义务的关系似乎也就很难说清楚了。如果从广义上理解责任，可以把它看作义务，从狭义上理解，则通常指法律责任。在法学上，义务和权利是相对应的概念，义务有道德义务和法律义务之分，权利也有道德权利和法律权利之分，但是，权利和义务并不是简单的对应关系。大致可以认为，法律义务和法律权利在内容上是相对应的，而道德义务和道德权利则不存在这种对应关系。法律责任包含法律义务、法律评价和法律后果这三个层次。其中，法律义务是对法律责任的广义理解，指行为人应当做的分内事，有人把这种责任称为积极意义上的责任。法律义务和法律权利相对应，表明该项法律权利具有可诉性或可主张性，没有可诉性的权利是不完整的权利。法律后果是对法律责任的狭义理解，指行为人未做好自己的分内之事所应承担的后果，表明行为的可罚性，有人把责任的可罚性称为消极意义上的责任。法律评价解决的是行为是否应当受到谴责的问题，它是执行法律后果、实现法律义务的中间环节。① 为便于形象地表明笔者的意思，请参见图 2-1。

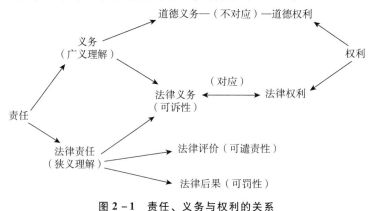

图 2-1　责任、义务与权利的关系

---

① 参见夏勇《中国民权哲学》（生活·读书·新知三联书店，2004）；冯军《刑事责任论》（法律出版社，1996）；张文等《刑事责任要义》（北京大学出版社，1997）；等著作。

如此看来,《儿童权利公约》所确认的诸项儿童法律权利的实现,一方面,要求相对义务人对权利予以尊重、保护并不予侵犯;另一方面,如果相对义务人侵犯了这些权利,儿童能够得到补偿或救济,也就是说,法律权利因与其相对应的法律义务而具有可诉性。这两个方面可看作权利成立的概括性要件。[①] 与儿童权利的实现有关的另一个问题,涉及权利的实施机制,将留待第四章讨论。这里所要强调的是,国家、社会和家庭在保护儿童各项权利,特别是在消除歧视,使其免受剥削和虐待方面,所应负的相应责任。《儿童权利公约》敦促各国采取一切适当的立法、行政、社会和教育措施,保护儿童在受父母、法定监护人或其他任何负责照顾儿童的人的照料时,不致受到任何形式的身心摧残、伤害或凌辱、忽视或照料不周、虐待或剥削,包括性侵犯。

《儿童权利公约》第 3 条、第 4 条、第 5 条、第 9 条、第 10 条、第 11 条、第 18 条、第 19 条、第 34 条和第 36 条涉及国家、父母和儿童的三方关系,其中第 4 条、第 5 条和第 18 条是责任条款,规定了缔约国和父母对儿童权利所应采取的积极而又适当的措施,体现了以儿童为权利主体的国际文件特殊的多重责任制度。在责任担当方面,父母负主要责任,社会服务机构和国家承担协助的责任。同时,责任的履行应当是积极而又适当的,积极指父母、社会和国家对儿童这一特殊群体的权利应当予以主动的保护和关爱。适当指在履行义务时,不能妨碍更不能侵害儿童权利的行使,所采取的任何措施都要以儿童的利益为重。儿童、家庭和国家的关系非常复杂,一方面,为保护儿童利益,国家有时不得不在一些方面涉足家庭事务;另一方面,国家在涉足家庭事务时,又要保护家庭和儿童个人的隐私并尊重双方的自主权。法官、立法者和政策制定者都应当注意把握这两方面的平衡。

(二) 最大限度生存和发展原则的适用——一种儿童、家庭和国家关系的视角

为最大限度地促进儿童的生存和发展,国家、家庭和社会发挥着至关重要的作用,这既是由儿童本身的特点决定的,也是由儿童在社会中发挥

---

① 关于权利成立要件的具体分析,请参见夏勇《中国民权哲学》,生活·读书·新知三联书店,2004,第 314—317 页。

的作用所决定的。其中，国家对家庭有支持和援助的义务，社会在国家的资源不足时发挥补充的作用，家庭对儿童的生存和发展负有首要责任，在家庭责任缺失的情况下，国家作为儿童的最后监护人，承担养育儿童的责任，比如对孤儿、对受虐待和被忽视的儿童的养育等。

1. 国家对家庭的协助

在保护儿童，消除歧视，使其免受剥削和虐待方面，国家、社会和家庭都负有义不容辞的责任和义务。《儿童权利公约》第 4 条规定："缔约国应采取一切适当的立法、行政和其他措施，以实现本公约所确认的权利。"《经济、社会和文化权利国际公约》确认国家有责任对于负责照顾和教育未独立的儿童的家庭，给以尽可能广泛的保护和协助，还规定"儿童和少年应予保护免受经济和社会的剥削"。《儿童权利公约》第 18 条第 1 款规定："缔约国应尽其最大努力，确保父母双方对儿童的养育和发展负有共同责任的原则得到确认。父母、或视具体情况而定的法定监护人对儿童的养育和发展负有首要责任。儿童的最大利益将是他们主要关心的事。"第 2 款还规定："为保证和促进本公约所列举的权利，缔约国应在父母和法定监护人履行其抚养儿童的责任方面给予适当协助，并应确保发展育儿机构、设施和服务。"

这两个条款明确了国家对养育儿童能力不足的父母给予协助的义务。关于政府和家庭的关系，英国政治思想家洛克（John Locke）认为，尽管教育的目标在于训练幼童逐步成长、他日可做好公民，但教育是私事，统治者不应干预。维护个人自由最迫切的，是限制政府权力来保障个人权利。[①] 政府干预家庭以保护儿童的权威，一方面源自政府固有的保护弱者的力量，另一方面来自保护儿童不受虐待和剥削的警察力量。国家对父母的援助体现在教育、卫生保健、营养、儿童托儿服务等方面。就教育来说，各国都设有公共教育的主流体制，并以私立的和地方教育为补充。国家对教育的援助同时也为其干预父母的养育权和孩子的教育权提供了机会，例如强迫家长使孩子接受某种形式的教育，不合理的考试制度对孩子的伤害，等。就贫困对教育的影响来看，贫困状况影响到父母养育儿女的

---

① 转引自〔美〕纳坦·塔科夫《为了自由——洛克的教育思想》，邓文正译，生活·读书·新知三联书店，2001，第 2、413 页。

能力。大量对穷人的财政援助项目虽然没能消除贫困，但是，这些项目却提供了基本的财政保障，使成千上万的家长为儿童提供了最低限度的住所、营养和衣物。

那么，在父母履行养育子女的责任中，国家应充当什么样的角色呢？国家、家庭和儿童三方的关系的确有点复杂，可以采取两种方法进行考察。一种是历史的方法，把家庭看作缩小的国家。在这个"国家"中，父母对孩子有绝对的权威，并排除社会控制，古代中国就是这种状况。这种三方关系进一步捍卫了家庭的隐私，阻止国家对家庭成员的地位进行规范，也就产生了《公民权利和政治权利国际公约》中的隐私和家庭生活条款。这样可能会导致国家对家庭最低干预的政策，而把脆弱的儿童留在家中遭受可能的虐待。同时，把家庭看作纯粹的私领域的不妥之处还有，这样可能会对国家责任构成挑战，而国家责任在国际法律保护中是基本的要素。第二种是比较现代的方法，把家庭看作一个拥有特定权利的个体组成的共同体，认识到儿童处于天然的弱势，需要得到特别的照料。尽管在养育儿童的过程中，儿童的愿望有时候要服从父母的判断和管理，但在道德上他们是平等的，这种认识更加突出了儿童、家庭和国家三者的利益和冲突。这种冲突也体现在现代国际法中，一方面，国际法尊重家庭成员的隐私；另一方面，当儿童有受到家庭成员虐待或伤害的危险时，国家负有保护儿童不受侵害的责任。这必将导致国家对家庭的适当干预，这种干预要通过合法程序进行，这样，就导致了儿童权利和父母权利、隐私、责任以及国家权威等一系列的复杂关系。《儿童权利公约》第5条试图小心地厘清这种复杂的关系，规定：

> 缔约国应尊重父母或于适用时尊重当地习俗认定的大家庭或社会成员、法定监护人或其他对儿童负有法律责任的人以下的责任、权利义务，以符合儿童不同阶段接受能力的方式适当指导和指引儿童行使本公约所确认的权利。

该条反映了国际法要求缔约国尊重父母给予儿童指导和保护的权利，确定了儿童权利保护中的家庭本位，同时也强调了保护儿童是父母双方的共同责任，国家或社会对家庭的干预限度问题，即国家对儿童的责任有多大的问题。国家干预过多会带来若干不利的后果，例如，减轻父母的责任，使他们对培养孩子失去兴趣和信心，损伤孩子和父母间应有的亲情，造成双方的隔阂和疏离，而这种亲情在培养儿童的个性中又是非常重要的。所以，不管父母的教养是好还是坏，是富有还是贫穷，都应尽量减少国家的干涉，以保证儿童在有亲情的环境中成长。当然，并不是父母天生对孩子都有一种责任感，父母和孩子的关系也不总是充满亲情的亲密关系。我们从上文就可以看到儿童的苦难历程，孩子最初不过是性满足的结果，后来才成为不可推卸的责任，这种责任是国家强加的，并不是父母心甘情愿的。这种认识早已成为历史，现在则刚好相反，人们以为养育孩子不仅是父母的责任，而且还是父母的天然权利，把培养孩子和家庭生活完全看作私生活领域的事情，因此反对国家的过多干预。

2. 父母权利及其限制

毫无疑问，父母有生育和培养孩子的权利，孩子的出生是以父母有责任、权利和能力为先决条件的。父母的权利是基本的，应该受到宪法的保护。西方法律传统保护父母组织家庭、养育后代的权利和不受非法侵扰的隐私权，但是，父母对儿童的培养权利却不是绝对的，这些权利必须与儿童应当享有的基本的生存权利和充分的发展权利相结合。正如《儿童权利公约》第5条规定的父母的指引应当以"符合儿童不同阶段接受能力"的方式进行。也就是说当儿童成熟到一定程度，能够就自己的未来做主时，家长就不应过多地干预，否则，就有可能侵犯儿童权利，这时，国家就有权力在父母影响到儿童的福利时限制父母的权威和自由。隐私是指公民个人生活中不愿向他人公开或不愿让他人知悉的秘密。在很大程度上，儿童的隐私受其父母或其他监护人的控制，父母的隐私又和他们的经济状况有关，穷人从来就没有很多的隐私，他们的生活总是比富有的人更加公开，很难想象在十多平方米住着三代人的房间中或邻居家起床的声音都能听得到的住宅里能有什么隐私可言。相对于儿童权利保护来说，家庭隐私权的保护是受到限制的，特别是当儿童在家庭中受到虐待等暴力侵犯时，需要国家的及时介入保护儿童，这就构成对父母权利的限制。

对父母权利的限制可通过以下两种方式进行。（1）通过规定父母的责任而对父母的权利加以限制。过去，人们更多地谈到父母的权利和义务，而对父母的责任涉及不多。我们不妨把家长的责任看作成人－儿童关系的组成部分，这种责任对父母的自治将构成一种紧迫感。那么，判断父母的决定和行动是否尽到了责任的标准是什么呢？履行父母的责任就是担当起儿童的利益和幸福，或儿童对未来的需要和渴望。父母责任原则要求在一定的最低条件还没有具备之前，最好放弃生育后代。父母责任原则还意味着人们太年轻或太年长时都要放弃养育孩子的愉悦，意味着怀孕妇女不可吸烟、过度饮酒、吸毒，意味着艾滋病感染者最好不要生育后代等。原因是显而易见的，先天疾病的折磨无异于对儿童的虐待。父母对儿童的责任也是父母应践履的道德义务，洛克认为，家长"权力"本该关乎幼童权利——之所以要有家长权利，纯粹是为了幼童的福祉，因而它必须以幼童最终能有自由、平等，能与父母建立起友情为依归。① （2）通过剥夺父母的权利或禁止父母行使某些权利加以限制。如果父母未恪尽抚育培养之责，甚至对儿童有虐待和忽视的行为，对儿童的生命安全和健康成长构成威胁等情况下，经合法程序可能剥夺父母的权利，这也是导致父母和儿童分离的情状之一。经由国家干预导致儿童与家庭的分离是极端情况下的极端做法，因此，这种分离应当有法律依据，比如上文提到的父母有虐待或忽视儿童行为，或父母分居、离婚必须确定儿童的居住地点。当分属于不同国家的夫妇离婚时，可能会发生父母一方将孩子带到另一个国家不让孩子返回原籍国，并且也不允许另一方探望的情形。转移儿童一方的父亲或母亲的情绪可能是复杂的，也许是出于爱，或是恨、担心、嫉妒等，不管是什么原因，这种转移均违背了儿童的最大利益。这种转移突然改变了儿童的全部生活环境——家庭、居所、学校，以及亲属朋友关系等，可能对儿童造成心理上的影响。因此，《儿童权利公约》对此种行为持反对态度，第11条规定，"缔约国应采取措施制止非法将儿童转移国外和不使返回本国的行为"。但是，遗憾的是，这样的事件仍在不断发生，其中一个主要原因是对于国际儿童的转移事件，不论在预防转移方面还是在确保这些儿童安全返回方面，都缺乏有效的保护实施机制。

3. 家庭完整与国家监护

家庭对儿童个性的成长和儿童权利的实现发挥着至关重要的作用。国

---

① 转引自〔美〕纳坦·塔科夫《为了自由——洛克的教育思想》，邓文正译，生活·读书·新知三联书店，2001，第412页。

家有责任保证家庭的完整，以避免导致儿童与家庭分离的情况发生，保障儿童家庭的完整也就被当作一项权利提了出来，这样，确定家庭的概念对维护儿童权利也就变得重要了。因为，儿童生活的一些基本方面将依赖于这个概念，包括诸如当儿童与家庭分离时，要通过特定的家庭成员而不是父母与儿童取得联系。为了有效地保护儿童，从国际法的角度上，必须根据不同的家庭、社会结构和价值给定一个较为灵活的家庭范围。家庭是社会的基本组成部分，未来社会的公民将在这里社会化并带着在这里形成的个性走入成年生活。有人把家庭看作一切社会制度中最基本的社会制度，是社会的基石。① 还有人把家庭看作群体或团体，认为家庭或是自主的人的联合体，或是服从更高规则的人群，这个更高的规则是为了保护对抗性主张而定的。② 历史上经历了四种家庭模式——单亲家庭、核心家庭（小家庭）、多偶婚式家庭和扩展家庭（大家庭），其间还夹杂一些不太典型的核心家庭和扩展家庭模式。多数人认为，在国际法范围内，家庭的范围应该不限于仅有父母和孩子的小家庭概念。当然，家庭的概念还是应该由具体国家根据其本国的文化确定，因此，国际法中对家庭不可能给定一个统一的概念。

完整的家庭、健康的家庭生活对儿童成长有着至关重要的作用。《儿童权利公约》强调家庭完整的重要性，并设立了专门条款确认儿童与家庭团聚的权利，其第 10 条规定，"对于儿童或其父母要求进入或离开一缔约国以便与家人团聚的申请，缔约国应以积极的人道主义态度迅速予以办理"。其同时敦促缔约国尊重儿童及其父母离开包括其本国在内的任何国家和进入其本国的权利，除非必要的分离是儿童最大利益所必需。《儿童权利公约》第 9 条第 1 款规定：

> 缔约国应确保不违背儿童父母的意愿使儿童和父母分离，除非主管当局按照适用的法律和程序，经法院审查，判定这样的分离符合儿童的最大利益而确有必要。在诸如由于父母的虐待或忽视，或父母分

---

① 参见〔美〕罗斯·埃什尔曼《家庭导论》，潘允康等译，中国社会科学出版社，1991，第73页。

② 参见 Geraldine van Bueren, *The International Law on the Rights of the Child*（Martinus Nijhoff Publishers, 1995），p. 68。

居而必须确定儿童居住地点的特殊情况下，这种裁决可能有必要。

　　缔约国应尊重与父母一方或双方分离的儿童同父母经常保持个人关系及直接联系的权利，但违反儿童最大利益者除外。

　　本条第 1 款所确定的分离原则之一是父母对儿童有忽视或虐待行为。如若发生父母虐待或忽视儿童的情形，有关当局对家庭这个自治体的介入就成为保护儿童最大利益所必需的了。当然，家庭作为一个独立的自治体对儿童的健康成长是非常重要的，为使儿童能充分和谐地发展其个性，家庭这个自治体应该充满幸福、亲情和谅解的气氛。尽管家庭完整对儿童健康成长有着十分重要的意义，但是，当这个自治体出现了暴力，当父母对儿童有虐待或忽视行为时，家庭的自治就要受到限制，国家为了受侵害儿童的最大利益就要强行介入。这种理论在多国的法律和判例中得到体现，如 1980 年美国《收养援助和儿童福利法案》（*Adoption Assistance and Child Welfare Act*）中就有所反映。这种情况下，最大利益标准就是衡量对有问题的家庭是否干预的标尺，最大利益标准怎样才能实现这种平衡也是长期以来被探讨的话题。

　　《儿童权利公约》第 9 条第 3 款规定："缔约国应尊重与父母一方或双方分离的儿童同父母经常保持个人关系及直接联系的权利，但违反儿童最大利益者除外。"可见，即便有必要分离，也应该尊重儿童和父母的联系，除非这种联系违背儿童的最大利益。该公约第 10 条还规定，"父母居住在不同国家的儿童，除特殊情况以外，应有权同父母双方经常保持个人关系和直接关系"。把"联系"作为一项儿童权利始于 20 世纪 60 年代的美国家庭法院。[①] 检视过去几十年的判例法，就会发现，把"联系"作为儿童权利的情况在 20 世纪 70 年代更加突出，这大概是国际交往增多的缘故。1975 年澳大利亚的《家庭法法案》可能是当时唯一确认儿童联系权的法律，并且，在 1976 年的 *Mazur v. Mazur* 一案中，也涉及儿童的探望问题。在这个案件中，儿童不愿意接受其父亲的探望，这时如果父亲执意与子女

---

① 参见 Philip E. Veerman，*The Rights of the Child and the Chaning Image of Childhood*（Martinus Nijhoff Publishers，1992），pp. 468–469。

联系，对孩子的感情将是一种伤害。① 那么，这是一种什么样的权利呢？法院在阐释这项权利时才发现，把"联系"作为一项权利并将其与他们考虑的儿童最大利益相协调是多么的困难。这种权利对父母来说是探望的权利，如果因父母中的一方或双方的不良行为如吸毒、酗酒甚至犯罪而剥夺其对子女的探望权，实际上也就剥夺了儿童一定时期内的情感和成长的重要需求。关键是，"联系"的重要性在于对儿童的价值，而不是剥夺父母对儿童的探望。大量研究已经显示，和父母保持联系对儿童来说是非常重要的，因此，有关机构在父母和儿童暂时分离时，应当做出"适当的努力"以帮助父母和儿童保持联系，包括对父母的探望给予适当的指导。遗憾的是，现实中，有关机构的干预显然是非人性化的，超出了保护儿童利益的范围，导致了父母和儿童不必要的长期或永久分离。大量的新闻或影视作品也告诉我们，当父母被怀疑虐待或忽视儿童时，有可能几年或几十年见不到他们。正如电影《刮痧》中反映的情形，父母对待儿童的做法是否为虐待或忽视，实际上是文化习惯的不同而导致的对儿童利益的不同认识。在中国，刮痧是一种传统的治病方法，而在美国就被认为对儿童的严重虐待，这就产生了不同文化背景下儿童最大利益标准的冲突。那种强行把儿童从父母身边带走甚至是"偷"走的做法对中国人来说，是不可思议的。

　　国家保护儿童免受虐待和忽视是以警察力量为代表的国家权威的重要部分。例如，在美国，尽管法律认识到不适当地将父母和子女分离是十分危险的，但同时他们也认识到，在特殊情况下，需要有这样的机构帮助收留处于危急状态下的儿童。这种紧急收留是在短时期内让危难儿童停留在一个临时处所，如果因为等待案件的解决而需要孩子长期停留在保护收留处所，社会工作者必须寻求司法的同意。当儿童发生暂时或永久地脱离家庭环境的情况时，根据公约第20条规定，国家有义务为儿童提供特别的保护和协助，并要求各国确保此类儿童根据本国法律的规定得到其他方式的照顾。

（三）最大限度生存和发展原则与中国法

　　儿童生长在成人主宰的世界，儿童身心发展的特点决定了他们的生存

① 参见 M. Freeman，*The Moral Status of Children：Essays on the Rights of the Chold*（Martinus Nijhoff Publishers，1997），pp. 150–152。

与发展有赖于成人的保护。儿童权利的相对义务人是成年人，因此，成年人对儿童权利的实现就具有不可推卸的责任和义务。然而，成人是一个非常抽象的概念，把成人作为履行责任和义务的主体等于没有主体，履行责任和义务的主体规定得越具体，权利的实现才越有保障，才更有利于对权利的救济。

中国传统的家庭关系可能和西方的有所不同。中国家庭也有一个变迁的过程，传统家庭、新中国成立后的家庭和现代新式家庭都有所不同。随着家庭模式的转变，家庭观念以及父母对待子女的态度也有所转变。中国传统家庭的主要特点是家族内部的等级差别，一是亲子差别，二是性别差别。前者维系嫡长子的特权地位，后者维护男性家长的绝对权威。可以说传统家庭是男尊女卑、长幼有序的社会组织，家长对妻子、儿女具有绝对的支配权。新中国成立后，婚姻家庭模式有了翻天覆地的变化，从1950年婚姻法的两项主要原则中可以看出一些端倪。其中包括：取缔封建的强迫包办买卖婚姻，取消男女不平等，注意保护儿童的利益；禁止重婚、娶妾、娃娃亲，禁止阻止寡妇再婚和借婚姻索取金钱和财物。这一时期的家庭模式，有点类似于西方核心家庭和扩展家庭之间的某种模式，尽管和传统家庭模式有很大区别，但是，传统在某种程度上仍被保留，特别是在乡村的家庭中，传统与现代并存。目前的家庭模式，至少是在城市中，倾向于小家庭模式。独生子女政策的实行，使家庭的平均规模变小，通常子女结婚之后就离开父母另外组成家庭。从2001年修订的新婚姻法看，中国法将更加注重夫妻之间的忠实和尊重，注重家庭成员间的平等和睦、敬老爱幼和互相帮助。保护未成年子女的权利是家庭承担的责任和义务之一。

尽管如此，我国家庭中儿童受虐待和忽视仍然是一个较为严重的问题，这样的事例不时见诸报端。笔者随意打开互联网就会见到这样的报道："3岁女童因尿床被亲生父亲打死，其父被判刑3年。"① 因此，法律权利的确认不能代表实有权利的实现，法律保护是实有权利实现的重要基础。法律如何规制国家、社会、家庭对儿童所承担的责任，防止对儿童的虐待、忽视和各种形式的剥削的发生，这的确是一项紧迫的任务。

当然，《未成年人保护法》以及其他法律，也规定了家庭、社会对儿

---

① http://pop. pcpop. com/t050124/1435947. html，最后访问时间：2018年1月15日。

童的保护义务。比如，该法第6条规定，保护未成年人是国家机关、武装力量、政党、社会团体、企事业组织、城乡基层群众性自治组织、未成年人的监护人和其他成年公民的共同责任。第10条规定："父母或者其他监护人应当创造良好、和睦的家庭环境，依法履行对未成年人的监护职责和抚养义务。"所以，有理由认为，我国的儿童保护强调了国家、社会和家庭的多重责任，只不过现在的规定还不完备，尤其是缺乏可操作性，比如国家对家庭的援助和救济问题、家庭中忽视儿童的问题等都没有具体的规定，这对于保护儿童免遭虐待、忽视和各种形式的剥削是远远不够的。

第三章　儿童权利的基本内容

有论者将儿童权利归纳为四个方面的内容：生存权、受保护权、发展权和参与权。① 还有论者以"基本的健康和福利"、"教育、闲暇和文化活动"及"特别保护措施"来分类。② 笔者认为，所谓的受保护权包括的诸如儿童免受各种形式的剥削等内容，可以归纳到生存权利中儿童享有快乐而有尊严的生活的权利中去，而参与权也是儿童潜能全面发展所必需的，也可以归到发展的权利当中。故而，儿童权利可归结为两大方面的内容，一方面是国家、家庭和社会对儿童个体生命和生存权利的特别保护，另一方面涉及儿童在特定社会条件下能获得个人潜质的全面发展。③ 简言之，也就是生存的权利和发展的权利。尽管如此，本次修订还是遵从我国《未成年人保护法》的规定，从生存权、受保护权、发展权和参与权四个方面对儿童权利内容进行阐释。

根据《儿童权利公约》，儿童权利包括以下一些具体的权利：生命权，最高标准的健康权，享有充分营养食品、清洁饮水权，适当标准的生活水准权，名誉、荣誉和智力成果权，姓名、肖像和国籍权，教育权，接受抚养和继承权，发展权，劳动权，司法保护权，隐私权，发表意见权，以及

---

① 参见 Asbjørn Eide, "Cultural Rights as Individual Human Rights", in Asbjørn Eide et al., (eds.), *Economic, Social and Cultured Rights* (Martinus Nijhoff Publishers, 2001), p. 355。

② 参见 Asbjørn Eide, "Cultural Rights as Individual Human Rights", in Asbjørn Eide et al., (eds.), *Economic, Social and Cultured Rights* (Martinus Nijhoff Publishers, 2001), pp. 358 – 362。

③ 正如依克拉所说的，只有在为确保权利要求能得以实现而授予权利主体一定的责任或权利的情况下，"权利时代"（righthood）才能实现。参见 Geraldine van Bueren, *The International Law on the Rights of the Child* (Martinus Nijhoff Publishers, 1995), p. 4。

表达自由、通信自由、结社自由、和平集会自由，等。尽管联合国大会已经声明"所有人权都是不可分的和互相依存的"，[①] 但是，有论者还是认为，政治和经济权利不适用于儿童，认为"儿童不具有拥有政治权利的能力"，有些成人拥有的政治权利儿童不可能拥有，如选举权、参与国家管理以及诉讼等权利都是有限的，[②] 经济权利也是一样。不得不承认，并不是所有的利益都能由儿童直接主张，尽管《儿童权利公约》第 26 条对儿童的社会利益做了规定，但是总体来说，关于儿童的经济权利至今还没有一个可参照的国际标准。然而，特别是关于禁止对童工进行劳动剥削的问题，同样涉及儿童的经济权利内容。如果因此而否定儿童具有行使全部类别的权利，则失之于简单，从这些方面否定儿童的经济权利实际上是混淆了要求的能力和权利本身。权利能力和行为能力，前者是儿童之所以为人而享有的与生俱来的资格，后者是对儿童逐渐发展的能力强弱的表述，也是一个法律概念。行为能力根据年龄大小而有所不同，我国 2017 年施行的《民法总则》规定，"不满八周岁的未成年人为无民事行为能力人"。

儿童权利保护的内容除一般人权保护内容外，还包括针对儿童的特点及其特需所设定的不同于成人权利的内容。但是，这并不意味着儿童权利的内容和成人权利的内容是不相容的，而是说，儿童身心尚未成熟，除享有成人人权内容以外，还需要被特别的保护和照料，包括法律上的适当保护。此外，《公民权利和政治权利国际公约》尽管规定有紧急状态下国家对其所负公约义务得以克减的条款，但是，同时又强调对生命权、基本自由以及纯粹基于种族、性别或社会出身等理由的歧视条款不得克减，而后来的《儿童权利公约》则没有规定克减条款。我们可以理解为，对儿童各项权利的保护适用于任何状态，包括战争期间。应注意，国际人权法所称的"不可克减的权利"表明人的基本权利和自由在任何情况下都不可被剥夺和侵犯，这些基本的自由和权利应当载入《儿童权利公约》中，它所体现的是一个较高的人权标准。

对儿童权利进行分类时应该避免两种倾向：一是避免照搬传统的分类方法，简单地将儿童的权利分为公民政治权利和经济、社会和文化权利；

---

① General Assembly, Res 32/13.

② 参见 Goonesekere, "Women's Rights and Children's Rights: The UN Conventions as Compatible and Complementary International Treaties", *Innocenti Occasional Paper*, 1992, p. 7.

二是完全脱离传统分类，对儿童权利内容进行简单化的分类。前者无法体现权利主体的特殊性，后者容易削弱权利内容间应有的逻辑联系和深刻内涵，这两种分类倾向都是不可取的。因此，这里所说的儿童权利的基本内容是基于《儿童权利公约》的规定所做的分类，至于其他国际人权文件中涉及的作为普遍人权的内容，如民族自决权、婚姻自由等，此处不予涉及。尽管国际公约所设定的权利都能适用于儿童，但是，《儿童权利公约》并没有对所有的权利都加以规定，原因有二。其一，儿童身心发育的特点决定了有些权利对他们来说意义并不大，如自决权等。其二，儿童需要得到特殊保护。因此，有些权利对儿童适用了更高的人权标准。这种权利选择的双重标准容易造成歧义，甚至在表面上看似乎与国际公约精神"相抵触"，实际上，这正是儿童主体的特殊性所要求的。《儿童权利公约》中涉及的很多方面的儿童权利内容经过长期的讨论才达成了一致意见，但在有些方面由于多元化的社会差异，很难达成一致意见，在公约的最终文本中也可以窥见妥协的痕迹。这些分歧主要表现在：第一，思想、良心和宗教自由，主要是伊斯兰国家有不同意见；第二，国家间的收养，拉美国家提出了保留；第三，未出生儿童的权利，在教会国家以及发达国家和发展中国家的人口政策方面发生分歧；第四，传统实践，主要是非洲的一些地方对女性歧视的做法；第五，儿童的责任，非洲儿童宪章有规定。需要说明的是，因本书体例安排上的需要，本章所论述的权利只是儿童生存权利和发展权利的一部分，而其中有些权利可能安排在其他章节论述，如被控少年的权利和被剥夺自由少年的权利将留待分论部分研究。

一　生存权

生存的权利是首要的人权，儿童享有生命安全受特殊保护以及生活保障的权利。生存权并不经常在国际文件或国家宪法中出现，就国际层面上看，它来源于儿基会讨论儿童问题的建议，目的是考察生命权的动态方面。就各国宪法规定来看，德国1919年的《魏玛宪法》首次明文规定保障生存权，这一首创对人类生活的进步具有重大的意义，高扬了福利国家把实现生存权的保障作为国家义务的理念。这之后《法兰西第四共和国宪法》、《意大利宪法》、《印度宪法》都对生存权的保障做了规定。生存权的概念和内容也是一个有着诸多歧义的问题。从广义上看，生存权不仅包括维持基本生活的权利内容，还包括劳动权，教育权，对家庭、母亲和儿童予以保护之类的生存权性质的基本权利；从狭义角度看，生存权仅指健康且带有一定文化内涵的最低限度生活的权利。最低限度生活指人在肉体上、精神上能过像人那样的生活。[①] 我国有论者认为，人类文明发展到今天，生存不仅指一个人生而固有的生命，还包括在恶劣环境的威胁下获得的生存；不仅包括衣食温饱，还包括个人的欢乐，个人与他人及周围环境的和谐共生；不仅指生命的延续，还要有尊严地活着。[②] 日本学者大须贺明认为，"把生存权的特征放在与自由权的对比之下来理解，就较为易得其精髓"。自由权旨在保障应该委任于个人自治的领域，使其不受国家权利的侵害。生存权的目的在于保障国民能过像人那样的生活，以在实际社会生活中确保人的尊严。二者的区别在于：自由权要求国家权力在公民自由领域中不作为；生存权主要是保护、帮助生活贫困者和经济上的弱者，要求国家权力的积极干预，为国家权力划定应该去做的范围。[③] 笔者采取狭义生存权的理解，而将有"生存权性质侧面的基本权利"，如教育权、自由权等放到本章第三部分——发展权部分论述。在此，聚焦于儿童生存应具备的基本权利，集中讨论受监护人保护的权利、获得合法身份的权利、高标准的健康权以及适当生活水准权。

（一）受监护人保护的权利

这里的监护人包括父母以及对儿童负有责任的其他家庭（大家庭、核式家庭、单亲家庭）成员。承认儿童的权利并不意味着降低了家庭的重要性，而是提升了家庭成员的尊严和对他们的尊重。对儿童的保护负有首要责任的是父母。《儿童权利公约》并未对"父母"做出解释，通常来说，和儿童关系最为密切的应当是有血缘关系的父母，即生物学意义上的父母。

父母对儿童的养育责任大致表现在两个方面，一方面是对儿童生命安全的保护，以及涉及儿童生存和发展的物质满足方面的保障，比如儿童健

---

① 参见〔日〕大须贺明《生存权论》，林浩译，吴新平审校，法律出版社，2001，第95、137页。

② 参见郝卫江《尊重儿童的权利》，天津教育出版社，1999，第30页。

③ 参见〔日〕大须贺明《生存权论》，林浩译，吴新平审校，法律出版社，2001，第16页。

康所需的身体照顾、适当生活水准的提供等；另一方面是满足儿童生存和发展的精神和心理需求，这不仅涉及对儿童意见的尊重、儿童教育权的实现，还包括对儿童人格尊严的尊重。对儿童基本生活的照顾和对儿童意见的尊重、儿童教育权的问题已经在其他章节有所涉及，此处简要论述儿童的生命安全以及儿童人格尊严的问题，这些问题对儿童的生存和发展也具有重要意义。

1. 生命安全的权利

儿童的生命权是其他权利实现的前提条件。《儿童权利公约》第 6 条确认每个儿童均有固有的生命权，并敦促缔约国有"最大限度地确保儿童的存活与发展"的责任。这一条款可以看作统领其他条款的纲领性条款，"最大限度地确保"意味着即使在最贫穷的国家也要尽量满足保障儿童生命权所需要的资源和措施，并应当予以优先考虑。生存权体现生命权的动态方面，缔约国需要采取积极的措施促进儿童的健康和发展。生存权集中体现了对个体权利诸如健康权的认识。在《儿童权利公约》第 6 条的讨论中，儿童的生存和发展问题是讨论的主要焦点，其中涉及对生存和生存权、发展和发展权的理解问题。（1）就生存和生存权而言，生存的确是一个语意模糊的概念，从联合国很多文件中可以看出，生存的概念被不断扩大理解，包括成长的监督、疾病控制、母乳喂养、免疫、儿童空间、食品和女童教育等一系列内涵。而生存权涉及生命权的国际准则，在许多国际文件中都有所涉及，比如《世界人权宣言》第3 条、《公民权利和政治权利国际公约》第 6 条。生命权和生存权是互补的，而不是互相排斥的。（2）关于儿童的发展和发展权。生存是发展的前提，保障儿童的生存权就是为了确保儿童能够获得全面的发展，包括身体和精神方面的发展，《儿童权利公约》在第 24 条和第 25 条中也对此做出了规定。

对儿童生命权的讨论很多都涉及堕胎问题。关于胎儿到底是不是公约所保护的客体，这在制定公约的讨论中也是一个意见分歧的焦点。有些国家包括中国的代表认为，未出生的胎儿还不能算作完全意义上的人，公约所保护的是自出生到 18 岁的儿童。有的代表认为，《儿童权利公约》不应该排除保护胎儿的权利，建议公约的正式文本不应忽视对未出生儿童的保护这个重要问题。从欧洲人权委员会的判例法中可以清楚地了解到，在受精初期，没有绝对的生命权。根据医学和社会标准，在某种范围内实施堕胎是允许的。① 与堕胎问题相关的还有怀孕妇女及新生儿的保健问题，如果母亲营养不良或患有疾病，新生儿将面临健康和生存问题。国际社会鼓励怀孕妇女避免饮酒、用药和抽烟，以保证儿童有一个健康的开始。然而，关于胎儿究竟是否算真正的人这一问题的技术上的争论，是根本不可能有结果的。论者认为，堕胎的合理性与否不在于如何判断胎儿是否为人等技术层面的问题，而在于胎儿的道德地位，在于胎儿的生命权和母亲的生育权发生冲突时如何做出选择。一般来说，在孕妇有生命危险、孕期不正常、因强暴而受孕等情况下，堕胎是合法的。但是，并不能因此证明我们就应该允许堕胎，这只不过是人类在没有办法的情况下不得已的选择。这种无奈的选择不应当影响我们坦然承认这种行为侵犯了胎儿的生命权，更不应当因此而在立法上故意回避承认儿童生命权的价值。②

那么，儿童有不出生的权利吗？这不是一个考察堕胎道德性的问题，它所涉及的是父母的权利和责任，以及从功利角度考虑的胎儿的利益问题。无论如何，没有人会否定父母有生育的权利，问题是，是否存在"错误的出生"这种情况。这似乎又陷入了父母的权利与责任和胎儿权利的两难困境中，在这时候谈论父母－儿童的关系总觉得似是而非、模棱两可。在这个问题中，父母的自主权和它的有限性的连接点又在哪呢？密尔（John Stuart Mill）在他的《论自由》中谈道：

> 大家都还没有认识到，一个人只愿把孩子生育出来而没有不仅能喂养他的身体并且能把他的心灵教练好的相当预计，这对于那个不幸的后代以及整个的社会来说都是一种道德上的犯罪。大家也还没有认识到，如果做父母的不尽这项义务，国家就应当实行监督，务使这项义务尽可能在父母的负担之下得到履行。③

---

① 参见 Gudmundur Alfredsson and Asbjørn Eide, *Universal Declaration of Human Rights: A Common Standard of Achievement* (Martinus Nijhoff Publishers, 1999), p. 91。
② 参见赵雪纲《功利主义人权观批判》，载徐显明主编《人权研究》（第二卷），山东人民出版社，2002，第96—135页。
③ 〔英〕约翰·密尔：《论自由》，程崇华译，商务印书馆，1962，第114—115页。

　　这里，密尔提到了父母和社会对将要出生儿童的责任。这就形成了对父母自治的限制，同时也暗示了因父母无法承担责任而导致的"错误的出生"，密尔甚至把这种情形称为"道德上的犯罪"。那么，对于这种"错误的出生"又当何为？这就是国家和社会可以有所作为的空间。当代哲学家费因伯格（Joel Feinberg）把密尔从功利角度判断儿童出生价值的观点拉回到道义的判断标准，认为即使儿童出生在一种使其生命继续延续成为问题的状态中，父母的行为也是"似乎有理的道德诉求"。费尔伯格与密尔殊途同归，认为如果使儿童实现其基本利益的条件在其出生之前就被毁坏，那么，还让他出生，就构成对儿童权利的侵害。① 然而，遗憾的是，这种"犯罪"和"侵害"从来就没有停止过。除了不断发生的弃婴和杀婴之外，还有多少儿童遭遇贫困、疾病等精神和肉体的折磨和摧残呢？但是，我们能因此而去指责那些贫困、残疾的父母，告诉他们做错了，告诉他们没有生育的权利吗？繁衍后代是人类的天性，根据罗尔斯的正义原则，人人都有繁衍后代的权利，人人也都有出生的权利。问题是，产生贫穷、疾病的根本原因到底是什么呢？

　　关于出生权，费因伯格还提出"反事实"的状况，就是所谓的"境况好的不出生"。这种说法可以通过"境况好的死亡"得到阐释，如果生命对于一个有判断力的人来说不再是有利的或美好的，而是恐怖的，那么，其对死亡的选择就是"境况好的死亡"。② 不出生不是征求孩子或父母愿不愿意出生或想不想要孩子，而在于个体对生命和生存的理解。如果生命只意味着产出一个能呼吸的个体，或者生存只意味着为延续生命而不停地觅食，那么，对生存权的讨论就是多余的。如果能够证实生命是恐怖的，那么就没有人愿意把自己的后代带到这个恐怖的世界上来，尽管这基本上只是一种假设。那些在出生前就测试出带有严重残疾的儿童，对他们来说生命意味着什么？一个没有经历过生活的婴幼儿做出好坏的判断是不可能的，但可以通过其代理人的选择完成这种判断。无论如何，生命的延续和中断应是一个自然过程，任何人为的中断或延续在道义上都是值得争

① 参见 M. Freeman, *The Moral Status of Children*: *Essays on the Rights of the Child*（Martinus Nijhoff Publishers, 1997）, p. 167。

② M. Freeman, *The Moral Status of Children*: *Essays on the Rights of the Child*（Martinus Nijhoff Publishers, 1997）, pp. 167 - 170.

论的。

儿童的生命安全不仅局限于废除死刑、堕胎等问题，还涉及广泛意义上的儿童生态环境的安全。其中儿童免遭虐待以及其他形式的暴力、各种形式的剥削等内容留待"受保护权"部分详述，此处则简单阐述意外事故对儿童生命安全的影响。儿童意外伤害已成为当今最严重的社会、经济、医疗问题之一。意外伤害指突发事件对儿童健康和生命造成的损害，包括窒息、溺水、车祸、中毒、烧伤、烫伤等。儿童意外伤害已经引起国际社会和各国的普遍重视，有些国家成立了预防儿童意外伤害的组织，如美国的"全美儿童安全组织"，该组织在预防儿童遭遇意外伤害方面做出了贡献。[①]

2. 父母责任与儿童的人格尊严

《儿童权利公约》第 18 条明确规定，"父母双方对儿童的养育和发展负有共同责任的原则得到确认。父母或视具体情况而定的法定监护人对儿童的养育和发展负有首要责任。儿童的最大利益将是他们主要关心的事"。监护人的首要责任、家庭环境的重要意义贯穿整个儿童期，需要注意的问题如下。(1) 在现代监护制度确认的监护人对儿童的保护和照料中，儿童的权利和父母的权利是手牵手的关系，将确认儿童权利的条款解释为对抗父母的权利是错误的。而且，排在第一位的永远是血亲父母，美国发生的贺梅抚养权案确立了血亲关系优先原则。[②] (2) 父母的责任和义务是指父母双方对儿童的养育和发展负有的共同责任，核心是为了儿童的最大利益。其涉及内容广泛，如衣食住行、人身安全、提供教育、宗教信仰、管理财产、诉讼代理等等。(3) 父母有责任提供良好的家庭环境，要充满幸福、亲情和谅解的气氛。反对对儿童在身体、精神、心理方面的家庭暴力。(4) 对儿童隐私权的尊重和保护。(5) 关注儿童不同阶段的接受能力。儿童整个童年时代的不同阶段的发展都应当得到适当的尊重和促进。(6) 国家有协助父母履行监护责任的义务，当父母无法履行保护和照料子女的责任时，国家和社会采取替代照料，比如父母无行为能力、对儿童施加暴力等情况。

---

① 参见《保护儿童远离意外伤害》，《重庆晚报》2005 年 5 月 26 日。
② 参见本书第七章关于儿童收养的相关注释内容。

　　《儿童权利公约》在提升儿童的道德地位的同时确立了儿童的法律地位，要求对儿童的人格尊严给予尊重。《儿童权利公约》第16条第1款规定："儿童的隐私、家庭、住宅或通信不受任意或非法干涉，其荣誉和名誉不受非法攻击。"该条规定对儿童隐私、家庭、住宅或通信自由予以特别保护，这就使儿童获得了一种积极维护个人人格尊严权利的保障。本条还明确规定儿童的"家庭、住宅"不受任意或非法干涉，也就承认了儿童的"家庭隐私"和"家庭自治"的权利受国家的保护。同时，其还规定保护儿童的荣誉和名誉不受侵害，这些权利和儿童的个人利益是息息相关的。儿童隐私权是儿童人格尊严的重要方面，现实生活中，儿童的隐私受到多方面的侵扰，例如，儿童的私人通信权利从来就没得到过真正的保护。在有些地方，儿童的私生活受到窥视。美国号称对公民自由权利的保护是最全面的，但与《儿童权利公约》的规定相比，儿童的基本自由权仍然没有得到充分的保护，比如通信自由。儿童的通信自由不受非法干预是儿童隐私权和表达自由的自然延续。隐私权还包括该公约其他条款明确规定的权利，包括私人日记、信件、生理方面的疾病，以及曾受到过的侮辱、经受过的痛苦、生活习惯、生活方式、儿童的身份、健康状况等等。此外，隐私权还包括一些公约中没有规定的权利，如美国宪法保护的涉及对生育和堕胎的选择权利。美国在1976年以后，经过若干判例已经将本属于成年人的对堕胎的选择权，确认为不必经过父母同意的成熟儿童的一项权利。

（二）获得合法身份的权利

　　人的身份是因身份关系所生的权利，是一个人的存在获得承认的根基，也是一个人参与社会生活的基础。人也因身份而形成一定的家庭关系、社会关系、法律关系。一个人只有由生物学身份过渡到法律身份并拥有确定其承担特定权利和义务的法律人格，才能和社会产生亲近和互动，所以，在任何社会中，人的身份对人的成长都是非常重要的。尽管国际人权条约未对"身份"做过限定，但是有相当的内容涉及身份权，如法律上承认儿童的家庭关系、姓名和国籍，以及与儿童的种族、性别和宗教有关的要素。儿童的身份权较成人的身份权有所不同。从法理上来看，"身份权与其身份有不可分离之关系，为与身份相始终之权利，故身份权原则上为归属一身的专属权，身份权之行使，以由行为人之自由意思决定为必要，原则上他人不得代为行使"。① 但是，在国际儿童权利法中，因行为主体的儿童年龄尚小，其身份权常由其父母或其他监护人代为行使。

1. 条文释义

《儿童权利公约》不仅首次通过国家反对非法干预和剥夺儿童身份这样的规定，确认了对儿童身份权的保护，还彰显了儿童出生登记的重要意义。公约第8条第1款规定："缔约国承担尊重儿童维护其身份包括法律所承认的国籍、姓名及家庭关系而不受非法干扰的权利。"维护儿童的身份条款，包括儿童的姓名、国籍以及家庭关系是《儿童权利公约》的主要成就。之所以要确认儿童的身份权，盖因在历次重大事件特别是战争中，儿童大量失踪或死亡，或被父母以及国际偷渡组织贩运出国，有的下落不明。确定儿童的身份对死者和生者都具有特别重要的意义。公约第8条所列举的一些涉及儿童身份的基本要素还不够全面，其他的基本要素还包括诸如性别、年龄、民族等。该条第2款规定，"如有儿童被非法剥夺其身份方面的部分或全部要素，缔约国应提供适当协助和保护，以便迅速重新确立其身份"，这里的"非法"应包括违反国内法和国际法规定两个方面。根据公约的表述，这里所谓的"身份"实际上应当理解为民事法律关系中的人身权，包括人格权和身份权两大类。这里主要关注人格权当中的姓名权和获得国籍的权利。同时，因儿童合法身份的获得和主张相应的权利需要以出生登记作为前提，此处将首先讨论儿童出生登记问题。

2. 出生登记

公约第7条第1款规定："儿童出生后应立即登记，并有自出生起获得姓名的权利，有获得国籍的权利，以及尽可能知道谁是其父母并受其父母照料的权利。"《公民权利和政治权利国际公约》第24条也对儿童出生后立即登记做出了明确规定。出生登记是保护儿童身份最有效的方法之一，《儿童权利公约》第7条明确了出生登记的基础性作用。正如有论者指出的，将出生登记看作儿童的基本权利是国际社会所倡导的理念，此其一。其二，出生登记是儿童实现一系列权利的基础保障。其三，出生登记是国家对新生儿法律身份的认可。其四，出生登记应当作为政府提供服务

---

① 史尚宽：《亲属法论》，中国政法大学出版社，2000，第34—35页。

的一项基本责任。其五，国家应当建立和完善出生登记法律体系，为出生登记建构良好的法制环境。① 1958 年我国颁布《户口登记条例》之后，我国新生儿户口登记逐渐走上了法制化的轨道，确立了新生儿出生登记制度，规定"婴儿出生后一个月内，由户主、亲属、扶养人或者邻居向婴儿常住地户口机关申报出生登记"，弃婴由收养人或者育婴机关申报登记。该条例对儿童意义重大：第一，登记是国家对儿童法律身份的承认，同时确认儿童的亲生父母是谁，而知道亲生父母是儿童知情权的主要方面；第二，登记是儿童权利保障的基础，将直接影响儿童福利、医疗保健及接受教育等多种权益的实现；第三，出生登记也是国家制定有效人口政策的基本要素以及资源分配和利用的基础。但是，由于这么多年社会经济发展以及人口政策等发生了极大的变化，现实中，儿童出生登记制度暴露出一些问题，比如，出生登记管理机构设置不合理，表现在管理的层级多、管理部门多、在管理部门的职权划分以及管理体系的运行模式上都存在不科学等问题，这些都影响到我国新生儿获得便捷的出生登记服务。

3. 获得姓名和国籍的权利

儿童的姓名权是最基本的权利，姓名是家庭和社会区分儿童身份的首要参考要素。儿童姓名标志着儿童获得了特定的身份，姓名权本身也包含了儿童的人格利益和财产利益，这项权利对于非婚生儿童尤其重要。这项权利在《儿童权利宣言》和《公民权利和政治权利国际公约》当中都有所体现。《儿童权利公约》第 7 条和第 8 条都确认了儿童获得姓名和国籍的权利。根据《美洲人权公约》，每个儿童都有权得到一个或其父母双方的姓，② 姓氏的传承可以增强人的归属感和责任感，以及对其生活原初环境的认同感，因此，这对儿童的健康成长是有利的。公约第 7 条和第 8 条同时还确认了儿童出生后应当立即登记并获得一个国籍的权利，国家有义务确保儿童此项权利的实现，注意避免儿童无国籍之情形发生。1975 年生效的《减少无国籍状态公约》体现了如何协调儿童国籍决定于其父母国籍的惯例，以及儿童国籍决定于其出生地的惯例。规定儿童在其出生时就应获

---

① 参见李树苗等《中国儿童出生登记：探索与实践》，社会科学文献出版社，2008，第48—50 页。

② 参见 Geraldine van Bueren, *The International Law on the Rights of the Child* (Martinus Nijhoff Publishers, 1995), p. 117。

得一个姓名和国籍以及知道生父母的权利，主要目的是避免使儿童成为无国籍人，并尽量确保儿童的心理稳定，这对儿童身体和精神的发展同样重要。我国的国籍法反对双重国籍和无国籍情形。我国对于国籍的原始取得方法采用了双系血统主义为主、出生地为辅的原则，并辅之以申请原则。即只要儿童出生时父母双方或一方有中国国籍，则儿童可以获得中国国籍；父母无国籍或国籍不明，定居在中国，本人出生在中国则具有中国国籍。这样就严格避免了无国籍和双重国籍的情况发生。

4. 儿童有权知悉生父母为谁

现实中常常发生非法剥夺身份权的行为，就国际视角看，该行为多涉及难民儿童或武装冲突中的儿童。那么，如果改变儿童身份是合法的，面对收养的情形又该如何处置呢？这里也同样涉及父母的知情权问题。有些国家如美国对其原登记地有"秘密收养"的例外，即被收养的儿童没有权利知道他的生父母为谁。虽然"知道生父母的权利"不能适用于任何场合，但其中心问题是儿童被收养后，能否因为其自然血亲关系否定拟制血亲，以及由此产生的权利义务关系。拟制血亲的成立是出于亲生父母的同意，有时还要征询儿童本人的意见；而自然血亲是因为出生的事实而成立的、以血缘为纽带的关系，无须征得谁的同意。无疑，在过去的几十年，人们对收养的认识已经更进了一步，即收养不仅是为了无子女的成人，更是为了收养儿童自身的利益。但是，被收养儿童作为一个特殊群体，仍然受到某种特定方式的歧视。大多数接受被收养儿童的国家仍然得不到关于儿童自然血亲关系的信息，尽管国际和区域人权法已经做了很多努力以降低对被收养儿童这一特殊群体的歧视，特别是对非婚生儿童。否定获得儿童收养记录的理由是，这样做能够使儿童被当作养父母自己的孩子来抚养，不仅没有来自生父母的干扰，也没有这个孩子"不是他们自己所生"的提醒。但是，秘密收养的要求并没有得到普遍的接受。实际上，否定获得收养记录不仅限制了儿童道德选择的权利，还对儿童未来的生活构成了潜在的威胁，比如当儿童得了某种疾病需要来自亲生父母援助的时候。但是，在维护儿童知悉亲生父母权利的同时，它和生父母的隐私权又发生了冲突，特别是当这个儿童是非婚生的时候。因此，尽管在《儿童权利公约》的讨论中有代表建议加入收养记录的问题，公约还是持保守的态度，没有涉及收养记录的问题。

5. 儿童身份地位在中国的情况

中国关于儿童身份地位的规定涉及国籍法、婚姻法、居民身份证法等。2003 年我国颁布《居民身份证法》，其第 3 条规定："居民身份证登记的项目包括：姓名、性别、民族、出生日期、常住户口所在地住址、公民身份号码、本人相片、证件的有效期和签发机关。"这样，对于 16 周岁以下又没有申请办理居民身份证的儿童，通过户籍登记落实其身份地位，登记的项目大致与居民身份证的项目相同，这就可以通过户籍制度和身份证制度的双轨制确定儿童的身份，了解儿童的身份信息，儿童也可以通过户籍登记了解其父母的信息。2014 年国务院印发《关于进一步推进户籍制度改革的意见》，拟建立城乡统一的户口登记制度。这意味着以"农业"和"非农业"区分户口性质的城乡二元户籍制度将成为历史，也将便于解决农村儿童户口登记问题。就我国情况而言，没有合法身份的后果大致包括：（1）无法获得国籍和公民身份，不能获得法律地位和法律的保护；（2）农村儿童可能分不到土地和宅基地，不能享受扶贫项目；（3）城市儿童无法领取最低生活保障补助及其他优惠；（4）无法顺利入学；（5）无法获得免费预防保健服务及参加各种保险；（6）影响成年后各项权益的获得，如就业、参军、出国及结婚等；（7）没有登记的儿童常常被称为"小黑户"，这一歧视性的称呼以及与其他儿童在享有权益方面的差异，给这些儿童的心理发育带来了不可忽视的负面影响。

（三）高标准的健康权

世界卫生组织章程从广义上，把健康看作身体、精神和社会福利的状况。儿童权利委员会也是从较宽泛的角度理解健康权的，将儿童健康权诠释为一种包容性权利，不仅指预防、健康促进、治疗、康复和姑息治疗服务，也指儿童有权尽可能充分地成长和发展，有权享有一定的生活条件，使其健康水平在实施了各类健康方案之后达到最高标准。[1]《世界卫生组织法》将健康视为一种体格、精神与社会之完全健康的状态，而不仅仅是疾病和羸弱的消除。《儿童权利公约》第 24 条明文提到初级保健，强调必须在卫生方面消除、排斥、缩小社会差距。因此，健康不再只是消灭疾病这

---

[1]　参见儿童权利委员会《关于〈儿童权利公约〉的〈第 15 号一般性意见：关于儿童享有可达到的最高标准健康的权利问题〉》，2013。

种单一的事情，健康权的实现涉及儿童权利很多方面的问题，如非歧视、尊重儿童、安全的生活环境、保健服务等。① 健康权的实现还涉及很多经济和社会因素，促使人们可以享有健康生活的条件，包括各种健康的基本决定因素，如食物、营养、住房、安全饮水、适当的卫生条件、安全而有益健康的工作条件和有益健康的环境。② 随着社会发展，很多新的影响因素还会产生，比如艾滋病毒、非典、精神卫生保健（抑郁症）、新生儿和青少年的死亡率，还包括一些结构性决定因素，如全球经济和金融形势、贫困、失业、移徙和人口流离、战争和内乱、歧视和边缘化、文化习俗、新技术开发（疫苗和药物、网络成瘾）等。因此，儿童的健康权是儿童生存和发展不可或缺的一项基本权利，为落实此项权利，需要了解公约所确立的基本原则对落实此项权利的指导意义，需要对《儿童权利公约》第24条和第25条的内容准确把握，以及知晓为实现此项权利国家以及其他组织应当承担哪些义务和责任。

1. 儿童健康权与公约基本原则的关系

儿童的生命历程是儿童能力不断发展和增强的过程，童年是从出生到婴幼儿、从学龄前到青少年的一个不断成长的时期，要了解童年期间的健康问题对儿童有何影响，必须了解人的生命历程以及在此过程中儿童各项权利的同等重要意义。儿童各项权利具有不可分割性和相互依存性，基本原则指导儿童及其监护人尽量发展其心智和体格方面的能力、个性和才能。落实健康权也是享有公约中所有其他权利所必不可少的条件。根据儿童权利委员会《第14号一般性意见》，儿童健康权与公约基本原则之间的联系体现在以下几方面。第一，为实现儿童健康权，国家有义务确保儿童健康不因受歧视而遭到破坏。歧视是造成脆弱性的重要因素。除公约第2条列举的各项歧视因素之外，歧视理由还包括性取向、性别认同和健康状况，例如艾滋病病毒状况和精神健康等。此外，还需关注女童和男童不同的健康需求以及以性别为转移的社会规范和价值观的影响，还有传统和习俗中基于性别的损害儿童健康的惯例。特别需要强调的是处境不利和服务

---

① 参见儿童权利委员会《第4号一般性意见：在〈儿童权利公约〉框架内青少年的健康和发展》，2003。
② 参见《经济、社会和文化权利国际公约》执行过程中出现的实质性问题《第14号一般性意见：享有能达到的最高健康标准的权利》第12条。

不足地区儿童健康问题，国家应尽力做到在与健康相关的法律、规章、政策、方案和服务当中实现公平。第二，要将儿童的最大利益放在一切涉及儿童健康和发展的法律、政策、措施（资源配置等）制定和执行的中心位置。儿童的最大利益应该能够影响有关法律政策的制定和执行以及指导治疗方法的取舍，在家长和卫生工作者意见相左时发挥作用，规范有碍儿童生存和发展的物质和社会环境的各种行动。儿童的最大利益必须作为对儿童提供、暂停或结束治疗的依据。比如，只有在尊重儿童权利的情况下才能采取适当措施处理艾滋病问题。儿童权利委员会关于受艾滋病影响儿童的《第 4 号一般性意见》强调儿童能够获得健康问题方面的适当信息是其最大利益，必须特别关注某几类儿童，包括有社会心理问题的儿童。而考虑到残疾儿童的最大利益，其护理最好安排在家里，社区次之，国家有义务给予协助和支持。第三，为最大限度地实现儿童生命、生存和发展权，落实儿童的健康权需要考虑到若干决定因素，包括年龄、性别、学业、经济状况、生态环境、结构性决定因素等。特别需要强调的是，母亲的健康以及其他照料者的作用是儿童健康、营养和发育中的关键因素，母亲怀孕前后、产后的健康状况以及喂养方法不佳可能导致婴儿残疾甚至死亡，父母及其他家庭成员的健康行为也会对儿童的健康产生重大影响。第四，儿童健康权的实现也须尊重其发表意见的权利，包括其对提供的卫生服务方面的看法。此外，还应加强儿童的能力以逐渐提高他们对自己的健康和发展所负责任的水平。

2. 公约第 24 条和第 25 条释义

公约关于保健服务的权利也是其主要成就之一。它明确涉及儿童的基本保健问题，并首次在具有拘束力的文件中提出国家有义务采取措施，以废除对儿童健康有害的传统习俗，诸如女性的割礼和优待男童等做法。

公约第 24 条第 1 款规定，"缔约国确认儿童有权享有可达到的最高标准的健康，并享有医疗和康复设施；缔约国应努力确保没有任何儿童被剥夺获得这种保健服务的权利"。其中"可达到的最高标准的健康"的提法考虑到儿童的健康是其他一切活动的先决条件，国家有义务对每个儿童提供平等享有可能达到的最高标准的健康的机会。"并享有医疗和康复设施"表明儿童有权获得在预防、促进、治疗、康复方面的优质卫生服务，其中初级服务的提供必须保质保量，并限制在儿童及其家庭的能力能够达到的范围之内。综合初级卫生保健方案应该立足社区，同时开展预防性护理、具体疾病的治疗和营养干预等。"缔约国应努力确保没有任何儿童被剥夺获得这种保健服务的权利。"国家必须确保所有儿童都能够得到卫生及其他相关服务，其中要特别注意服务不足的地区和人群。这要求建立综合性初级保健系统、适当的法律框架，关注儿童健康的根本决定因素，查明并消除阻碍儿童获得卫生服务的各种障碍（财力、体制和文化）。保健系统不仅应该提供保健支持，还应给儿童提供在保健方面受到不公对待的情况下申诉的渠道。

第 24 条第 2 款规定的标准比《经济、社会和文化权利国际公约》确立的健康权实现的步骤要丰富得多，比如将预防疾病和意外伤害作为实现儿童健康权的基础。根据世界卫生组织统计，意外事故是儿童特别是婴幼儿死亡的主要原因，很多事故都是可以预防的。此外，公约还把降低婴儿和儿童死亡率的国家义务和固有的生命权相联系，使这项国家义务具有了一些神圣感。国家、国际社会和非政府组织都应当重视降低婴幼儿死亡率，并把它作为衡量经济、社会和环境状况的一项重要指标。"降低婴幼儿死亡率"是一项国家义务，应减少普遍重视不足的青少年发病率和死亡率。对婴幼儿死亡率、青少年发病率和死亡率的干预涉及：死胎、早产并发症、出生窒息、出生体重过低、母婴传染艾滋病毒及其他性传播感染、新生儿感染、营养不良等。儿童权利委员会在《第 15 号一般性意见》中，建议在生殖、孕产妇、新生儿和儿童健康方面提供一条龙护理①措施。"确保向所有儿童提供必要的医疗援助和保健，侧重发展初级保健。"卫生系统既包括一般的正规医院、社区医院，还包括学校的卫生服务等。除了提供医疗服务之外，还应重视包括政策和信息、供资机制、医疗和保健队伍、设施、药品和技术传送、学校卫生服务等。此外，特别需要关注青少年精神健康问题，如抑郁症、焦虑、各种暴力或剥削造成的心理创伤、强迫症行为（网络和技术的过度使用或成瘾）、自杀等，这就要求有正规渠道提供关于精神健康和心理障碍的咨询、治疗和康复。"消除疾病和营养不良现象，包括在初级保健范围内利用现有可得的技术和提供充足的营养

---

① 一条龙护理是指对性健康和生殖健康的干预应当遵循从怀孕前、妊娠期间、分娩到整个产后期连续不断的全面措施，这既是一种行动也是一种理念。

食品和清洁饮水，要考虑到环境污染的危险和风险"，包括提供充足的营养食品和清洁饮水。充足食品权在《经济、社会和文化权利国际公约》当中也有所涉及。一些国家政府面对多少比例的土地用于自身食物供应、多少用于出口这类经济政策的调整问题，这些政策调整得不好，将会造成大量人口的食品供应问题，首当其冲的受害者无疑是儿童。从理论上来说，全球性的饥饿是全球食品供应问题，有人建议世界过剩的食品资源应当被看作共同的人类财产，应当统筹用于满足世界范围的饥饿和贫困。充足营养食品权对于儿童尤其重要，特别是贫困家庭的儿童。其实，充足的营养和清洁饮水还只是健康的最低标准。此外，营养和清洁饮水问题还涉及环境污染问题，贫穷、营养不良等状况加剧了儿童对环境污染危害的易感性，这些危害又可转而进一步加剧贫穷和恶化环境的状况，因此，自然环境状况也应作为衡量儿童健康的指标之一。所以，这一内容涉及几个方面。一是利用现有公共资源提供普遍服务，比如，预防儿童常见病的疫苗接种、儿童成长和发育监测、为女童进行人乳头状瘤病毒疫苗接种、为孕妇注射破伤风类毒素、微量营养素补充等。二是提供足够的营养食品，消除营养不良现象。比如确保胎儿和婴儿的健康发育、母乳喂养、学校供餐等。三是提供清洁饮用水，安全清洁的饮用水和公共卫生是充分享有生命权及所有其他人权的关键。四是环境污染问题，采取措施处理地方环境污染及其对儿童健康构成的危险和风险。"确保母亲得到适当的产前和产后保健"可预防产妇死亡和患病对妇女和儿童的健康权构成严重威胁，要求国家确保孕妇产前和产后的保健措施。"开展预防保健、对父母的指导以及计划生育教育和服务。"预防保健所面临的主要健康挑战包括各种疾病及其他对健康的挑战，诸如意外事故、暴力、有害物质的使用以及心理和精神健康问题。预防保健应该针对传染和非传染性疾病，应该结合运用生物医疗、行为和结构干预措施，在生命早期即开始预防，比如母婴阻断。另外，国家和社会有就儿童保健问题对父母进行指导的义务，因为父母是幼小儿童早期诊断和初级保健的最重要来源，是防止诸如有害物质的使用和不完全性行为等青少年高危行为的最重要保护者。此外，父母还有促进儿童健康发育，保护儿童免遭意外事故、伤害和暴力的伤害，减轻危险行为负面影响的关键作用。儿童的社会化过程对其理解和适应其成长的环境十分关键，国家应当采取措施支持父母增强养育能力，包括提供养育技能、家庭辅导，尤其要支持面临儿童健康挑战的家庭。还须帮助所有夫妻和个人能够在性和生殖问题上自主负责任地做出有计划地生育。

第 25 条要求国家确认在有关当局为照料、保护或治疗儿童身心健康的目的下受到安置的儿童，有权对给予的治疗以及与所受安置有关的所有其他情况进行定期审查。

3. 国家及其他组织为实现儿童健康权承担的义务和责任

《儿童权利公约》提出的是最高的儿童健康标准，也是国际社会的理想目标，这个目标不仅包括身体的健康，还包括精神的健康。为了实现儿童最高标准的健康，国家有义务根据《儿童权利公约》第 24 条的框架考虑儿童健康优先权，发展本国资源及各项卫生事业，消除有害儿童健康的传统习俗，积极与国际社会合作，解决本国经济和财政不足的问题。当然，国家是实现儿童健康权的首要主体，但主体还应包括家庭和社会组织以及个人。

国家对儿童健康权负有尊重、保护和落实的义务。国家对儿童人权的义务包括三个方面：尊重自由和应享权利，保护自由和应享权利免遭第三方或社会或环境的威胁，创造条件或直接采取措施落实权利。对于儿童健康权，无论发展水平如何，国家均应当立即采取有效措施全面实现。国家应首先履行的核心义务包括：审查修订法律和政策；确保优质初级卫生服务，包括预防、健康的增进、保健和治疗服务以及基本药物等实现全覆盖；对儿童健康的根本决定因素提出适当的对策；制定、贯彻、监测和评价与儿童健康权有关的政策和制订有预算的行动计划。此外，尚需逐步履行第 24 条确立的所有义务，即使在经济危机和紧急情况下，也应采取可持续的方式进行儿童健康和相关的政策、方案和服务的规划、拟订、融资和执行工作。①

非国家行为体的责任。首先需要明确的是，父母及其他照顾者应该根据儿童不断发展的能力培育、保护和支持儿童健康地成长和发展。其次，非国家服务提供方及其他非国家行为体，包括所有从事健康增进和卫生服务工作的主体，特别是私营部门，包括医药和卫生技术行业以及大众媒体和卫生服务提供商，必须在其计划方案和服务的设计、执行和评价工作中纳入和适用公约的所有相关规定，以及儿童权利委员会《第 15 号一般性

---

① 儿童权利委员会为落实这些国家义务拟定了具体的步骤，参见其《第 15 号一般性意见》的有关内容。

意见》所述的存在性、可及性、可接受性和品质的各项标准。比如,工商企业应查明、防治和减轻它们在业务活动中对儿童健康可能造成的负面影响,同时确保遵守有关童工最低年龄、《母乳代用品国际销售守则》的规定,遵守限制能量密度高、微量营养素缺乏的食物和咖啡因或其他物质浓度高、可能危害儿童的饮食的规定,并遵守不向儿童推销和销售烟草、酒精和其他毒性物质的规定。制药公司须遵守相关准则和标准,其他如医疗保险公司、媒体、事业科研机构,有责任遵守《儿童权利公约》和其他相关人权保护的规则和规定,谨记儿童的最大利益高于一切,包括一般社会或科学进步事业的利益。

4. 中国儿童健康权的实现

我国在这几十年经济高速发展之后,城乡儿童的总体健康状况不断提高,儿童的医疗健康受到全社会的普遍重视,包括出生缺陷干预与围生期保健、母婴保健与妇幼保健、免疫接种与儿童健康、食品营养与体质发育服务等,但与《儿童权利公约》确立的高标准健康相比,情况依然不容乐观,儿童健康面临的主要问题如下。第一,政府及从业人员对儿童健康保障问题的重视不够,健康的平等获得性成为严重问题。由于贫富差距的加大,城乡儿童健康的距离也在加大,比如就儿童营养状况来看,根据《2013 年中国居民营养与慢性病状况调查报告》数据,"2013 年中国城乡 6岁以下儿童贫血患病率"分别为城市 10.6%、农村 12.4%、贫困农村16.6%;"2013 年中国城乡 6 岁以下儿童生长迟缓率"分别为城市 4.2%、农村 11.3%、贫困农村 19.0%。因此,不断提高儿童保健水平并确保保健服务的公平获得是亟须解决的问题。第二,儿童食品、药品的生产、运输和销售各个环节依然存在严重问题,不具有营养价值的各种食品、饮料充斥在儿童每日的饮食当中,而与儿童相关的药品也频频出现问题,比如小儿接种疫苗不合格而导致儿童产生不良反应,甚至器官损伤。第三,与儿童健康有关的儿童福利输送还很薄弱,妇幼保健的城乡差别显著,特别是处于困境当中的儿童健康保障问题面临挑战。比如,农村儿童可以参加的新农合以及城镇儿童的医疗保险制度的保障水平依然不足,对大病儿童基本是杯水车薪,这可能会导致不必要的疾病、残疾甚至死亡。第四,经济的发展也给人们带来生存和发展的巨大压力,青少年的心理压力越来越大。大学生甚至中学生因为不能承受各种各样的压力而自杀或犯罪的事件不时见诸报端，因为精神压抑而造成心理扭曲、行为异常的儿童越来越多，儿童的精神和心理健康令人担忧。第五，生活水平的提高并没有带来相应的健康观念，除了传统习俗当中一些有害儿童健康的习俗之外，还产生了一些有损儿童健康的饮食习惯和生活习惯，比如，将没有营养的儿童零食当主食喂养儿童，儿童长时间上网等。

（四）适当生活水准的权利

《儿童权利公约》第 26 条和第 27 条与儿童享有适当生活水准权都有相关性，第 26 条规定了儿童的福利保障问题，第 27 条确定了儿童的适当生活水准权。儿童福利保障是儿童实现适当生活水准的保障，特别是对困境儿童而言。我国的儿童福利问题笔者已经在《儿童福利论》一书中有过详细的讨论，这里主要就公约内容做简单阐释，更多地聚焦于公约第 27 条的生活水准问题。生活水准是一个宽泛的概念，国际公约并未对适当生活水准做出限定。适当生活水准除了充足的食品、衣着、住房和健康方面外，该公约第 27 条还确认儿童享有足以促进其生理、心理、精神、道德和社会发展的生活水平。该公约把儿童的生活水平和儿童的社会、道德的发展相联系，以前的条约是没有的，这样一来，儿童的生活水准就构成了儿童生存权利的基本要素。

适当生活水准明显和父母及个人的经济权利的实现有关，经济权利明显地表现为财产权。财产权具有双重功能：一是适当的生活水准权利实现的基础；二是独立和自由的基础。传统意义上的财产权不可能在平等的基础上为所有人所享有，必须有至少另外两种权利作为补充：工作权和社会保障权。前者提供确保适当生活水准的收入，后者补充或替代因财产匮乏或就业不充分而导致的收入不足，从而保证适当的生活水准。许多西方国家不同意规定与这些权利相关的义务，因为经济和社会权利要由国家提供帮助，这将使国家承担过多的费用，导致财政负担过重和国家机构膨胀。实际上，这只能表明他们对这些权利的性质和国家义务的理解过于狭隘。个人是一切经济和社会发展的主体，人人都对社会发展负有不可推卸的责任，这种责任本身就可以从另一个侧面确保人的愿望得到自由和充分的实现。①

---

① 参见 G. Alfredsson and A. Eide，*The Universal Declaration of Human Rights：A Common Standard of Achievement*（Martinus Nijhoff Publishers，1999），pp. 533 – 534。

《儿童权利公约》第 26 条规定:

　　缔约国应确认每个儿童有权受益于社会保障、包括社会保险,并应根据其国内法律采取必要措施充分实现这一权利。

　　提供福利时应酌情考虑儿童及负有抚养儿童义务的人的经济情况和环境,以及与儿童提出或代其提出的福利申请有关的其他方面因素。

该条涉及儿童社会福利的实现问题,但本条意义不明的地方在于,对于社会保障这种实在的权利,并没有明文规定确保每个儿童都享有社会保障,而只是把它看作保护儿童促进其享有充分生活水准的权利中的一个方面。关于对儿童的社会福利保障,大部分国家给予了充分的注意,特别是西方福利国家。例如,美国针对老幼残的最大的社会保障项目是《老年、孤儿和残疾人保险》(*The Old Age, Survivors, and Disability Insurance*)方案,一般也把该方案看作一种社会保险。这个方案使很多儿童享受到社会保险,它比其他的社会保险给予的援助数额要多。然而,遗憾的是,由于人口统计学的变化和方案规则的转变,从这个方案中受益的儿童却越来越少了。到 1987 年,向儿童投入的资金从原来的 15% 下降到了 5%。从 1988 年开始,新的联邦福利改革法——《家庭援助法案》出台,为家庭的教育、培训和就业提供额外的联邦救助。[①]

　　国际人权法历来承认社会应当为儿童的生存和发展提供基本的保障,从 1924 年的《儿童权利宣言》到 1959 年的《儿童权利宣言》都载明了国际社会对儿童的生存和发展负有不可推卸的责任。《儿童权利公约》又向前迈进了一步,它要求成员国至少在其能力和条件范围内,确保儿童获得他们所需要的物质和精神发展保障。该公约第 26 条和第 27 条涉及诸如食品、衣物、住房等儿童所需的基本物质生存保障,这些基本的物质保障与儿童的生存和健康发展息息相关。公约敦促社会各界充分考虑并积极承担起确保儿童享有充分的生活水准权的责任,在这些方面,儿童的父母承担

①　参见 Cohen and Davidson, *Children's Rights in America: UN Convention on the Rights of the Child Compared with US Law* (American Bar Association, 1990), pp. 205-206。

首要责任。同时，儿童也有资格享有各种社会福利待遇。当包括社会保险在内的社会保障不足以满足儿童基本生活水准需要时，国家有责任通过福利供给的方式帮助儿童实现其基本权利。其实，即便是在发达的工业国家，比如美国，儿童的生活状况也并不令人满意。有 1/5 的美国儿童达不到支持其身体、精神、心理、道德和社会发展要求的生活水准。美国儿童贫困率高于瑞典、瑞士、挪威、德国、加拿大、英国和澳大利亚，是西方工业社会最高的，由于劳动市场和公共援助结构不合理导致的儿童贫困几乎接近成人贫困率的两倍。① 针对全球性的儿童生活水准偏低问题，2002 年联合国大会决议——《适合儿童生长的世界》决心打破世代相传的营养不良与健康不良的循环，使所有儿童都能够安全而健康地起步，决心向所有社区提供有效、平等、持续的初级保健制度，提供足够的用水和卫生服务，并推动儿童和青少年采取健康的生活方式。决议还就健康的生活方式达成了 7 项目标和指标，为实现这些目标和指标，决议根据国家法律、宗教和道德价值以及各国的文化背景，制定了具体的执行战略和行动方案。②

何谓健康的生活方式，国际文件中没有一个统一的定义，但从一些规定可以归纳出健康生活方式的内容，达到适当的生活水准应当被看作健康生活方式的基础。《儿童权利公约》第 27 条第 1 款规定：

> 缔约国确认每个儿童均有权享有足以促进其生理、心理、精神、道德和社会发展的生活水平。

该条款涉及儿童的生活水准问题，可以把本条所确定的生活水准看作国际社会所提倡的健康的生活方式。生活水准也是一个发展的概念，基本的衣食住行还不足够。《儿童权利公约》所指的适当的生活水准，除此之外，还有基本的教育和参加基本的文化娱乐生活，这样，才能"足以促进其生理、心理、精神、道德和社会发展"。联合国文件《适合儿童生长的世界》所提倡的健康生活方式也包括对儿童的生理、心理、社会和精神健康的保

---

① 参见 Cohen and Davidson, *Children's Rights in America*: *UN Convention on the Rights of the Child Compared with US Law* (American Bar Association, 1990), pp. 197 – 198。

② 参见联合国大会第 27 届特别会议决议《适合儿童生长的世界》，A/S – 27/2/Add. 1（Part Ⅱ），2002。

护。值得注意的是，这个决议还将消除国家间差距、儿童平等以及环境保护等作为健康生活方式的指标。在我们看来，国际社会为儿童的生活水准提出了一个较高的标准。

儿童生活水准当中一个简单的衡量指标是：贫困。儿童的贫困是一个全球性问题，消除儿童的贫困，促进儿童发展是全世界共同的重大课题。贫困是与儿童健康状况紧密相连的，这就需要消灭贫困，全面地改善儿童的生活状况。就我国来说，几十年来儿童贫困的状况虽然有所改善，但由于我国儿童人口基数大，陷入贫困的儿童仍然很多，可以说，我们通常所说的困境儿童基本上都是贫困儿童。根据第六次人口普查数据相加，我国18周岁以下儿童为2.79亿人，其中约1/3为困境儿童，[1]这些儿童的生活水准都很低，就孤儿来说，国家给的补助每月不过二三百元。生活水准不同，贫困的标准亦不同，贫困的标准根据具体的国情不同而有差别。在美国，家庭收入低于联邦政府制定的"贫困线"即为贫困。家庭规模越大，贫困线越高，贫困线的调整反映每年生活费用的变化。1988年一个三口之家的贫困线费用是9435美元/年，四口之家是12092美元/年。20世纪90年代初期，美国有12万儿童生活在贫困线以下的家庭中，他们的生活水准并未得到充分的提高，[2]但美国官方的贫困线并不能完全充分地反映儿童的贫困程度。随着经济和社会的发展，这种衡量贫困的方法显然是落后了。那么，如何看待儿童的贫困呢？不管怎样，一个家庭的收入至少要在官方的贫困线以上，因为根据公约的要求，儿童需要有一个适当的生活水准，不仅能满足其基本生存的需要，还要维持其精神、道德和社会发展的需要。

《儿童权利公约》第27条第2款规定：

> 父母或其他负责照顾儿童的人负有在其能力和经济条件许可范围内确保儿童发展所需生活条件的首要责任。

---

① 困境儿童一般包括残疾儿童、患有大病儿童、孤儿、弃儿、流浪儿童、事实无人照顾儿童、留守儿童、流动儿童、少年犯等，其数量只是一个大约数，因为其中可能有交叉，比如流浪儿童有可能又是残疾儿童，或可能还统计不全。

② 参见 Cohen and Davidson, *Children's Rights in America*: *UN Convention on the Rights of the Child Compared with US Law* (American Bar Association, 1990), p. 198。

本条明确了父母在满足儿童获得适当生活水准需要中负有首要责任，同时国家也有帮助父母履行照顾儿童责任的义务。国家对父母的支持也是为了使其更好地履行养育子女的责任，因此，不管这个儿童是婚生的还是非婚生的，是亲生的还是收养的，是生活在单亲家庭还是生活在双亲家庭，只要国家对贫困儿童的援助能落实到孩子身上，有效地满足儿童适当生活水准的需求就有希望。

《儿童权利公约》第 27 条第 3 款规定：

> 缔约国按照本国条件并在其能力范围内，应采取适当措施帮助父母或其他负责照顾儿童的人实现此项权利，并在需要时提供物质援助和支助方案，特别是在营养、衣着和住房方面。

《儿童权利公约》提出国家必须制定生活费和就业规划，以帮助低收入工作及体格健全的父母满足儿童成长所需的基本的物质需要。父母的低收入或半失业状态使成千上万的儿童陷入贫困。对 20 世纪 80 年代中期贫困家庭的研究显示，大概有 2/3 的贫困儿童并不是因父母的残疾或年老导致的，很多贫困儿童的父母虽然有全日制或半日制的工作，但他们的收入仍然无法维持全家人的生活。这就迫使国家改变财政信贷等经济政策，转变工资、税收结构以提高低收入家庭的生活水平。另外，还可以通过提高儿童津贴的方式，使这些家庭脱离贫困，有 6/7 的工业国家按月或按周根据孩子的数量给家庭发放津贴。在欧洲，这样的津贴占中等收入家庭的 5%—10%，单亲妈妈往往还会收到额外的补贴。当父母一方或双方的供养或社会保险不足时，国家必须确保儿童获得足够的食品、衣物、住所以及其他基本的需要。半个世纪以来，西方国家通过调整财政、金融、税收等经济政策，通过各种社会保障、保险和福利法案，使成千上万的儿童脱离贫困。历史已经证明，国家有能力消灭贫困，只要它愿意这样做。

二　受保护权

受保护权的内容基本上相当于狭义的"儿童保护"范围，涉及对遭受忽视、虐待以及各种形式暴力和剥削伤害的儿童保护。儿童保护对其生活环境的安全性在法律上提出要求。生活环境的健康安全是儿童生存和发展权利实现的重要保障，包括防止对儿童的任何形式的虐待和忽视，保护儿童免遭经济、精神、药品、色情、贩运等的伤害和剥削。安全的生存环境包括家庭环境和社会环境的安全。家庭环境的安全主要指保护儿童免遭家庭成员的任何形式的虐待、忽视和剥削；社会环境的安全指保护儿童免遭经济、精神、药品、色情、贩卖以及其他有损儿童福利的一切形式的伤害和剥削。安全的生存环境权作为儿童权利的重要方面，要求缔约国为身心受到伤害的儿童提供充分的治疗，特别是保护他们的权利免受剥夺和残忍的侵犯。这就涉及国家的社会服务体系的性质、规模和效率，还涉及在民事和刑事案件中少年作证的问题。这里拟从保护儿童免遭监护人虐待和忽视、免遭暴力侵害、免遭一切形式的剥削以及受害儿童的康复与重返社会四个方面，考察儿童的家庭环境和社会环境安全问题。

（一）免遭监护人虐待和忽视

父母的责任首先在于提供一个健康安全的家庭环境，禁止对儿童的虐待和忽视。家庭环境中对儿童的虐待、忽视和剥削是儿童、父母和国家间的关系中最为尖锐的问题。对儿童的虐待包括精神的和身体方面的，还包括性虐待。对儿童的虐待和忽视是一个世界性的问题，自 20 世纪 60 年代开始，西方国家逐渐认识到对儿童虐待和忽视这一现象的普遍存在，并开始重视防止虐待和忽视儿童的问题，许多国家逐步建立了处理和防止儿童被虐待与忽视的专门组织和机构。1977 年，国际防止虐待与忽视儿童协会成立，标志着这一问题受到包括发展中国家在内的世界范围的普遍关注。20 世纪 80 年代以后，越来越多的发展中国家也开始关注这一现象，并采取了相应的对策。1999 年，我国首届"预防虐待与忽视儿童研讨会"召开；同时，在陕西省成立了"东亚防止虐待与忽视儿童专业委员会"，这是我国第一个有关虐待与忽视儿童的非政府组织。欧洲、美洲、亚洲等许多国家，还包括我国台湾地区在内，先后制定了有关儿童福利的规定，将儿童的虐待和忽视问题纳入法制轨道加以解决。

国际文件对儿童虐待和剥削问题给予了应有的重视，如《经济、社会和文化权利国际公约》确认了国家有责任给负责照顾和教育未独立的儿童的家庭以尽可能广泛的保护和协助。《儿童权利公约》第 5 条（父母对儿童不同阶段接受能力给予指导）、第 9 条（与父母分离须符合儿童最大利益）、第 18 条（父母共同的监护责任）、第 19 条（家庭当中对儿童的暴力）和第 27 条（父母承担首要照料责任）等多个条款涉及父母对儿童的养育责任，保护儿童免遭各种形式侵害。但遗憾的是，在家庭当中，儿童的监护人或其他一起生活的成员往往成为对儿童虐待、忽视甚至性侵犯的施暴者。

　　"虐待"的定义，在很大程度上取决于文化的因素，同样的举动，在不同的国家、不同的文化背景，甚至是不同的时代，都有不同的诠释。的确，只有在改变了对文化的感知和见解之后，才能认识到虐待儿童是一种社会疾患。人们的价值观在迅速变化着，仅仅在几十年前，打孩子还被看作父母教训子女的方式，现在就有可能受到指控，至少要受到邻居们的鄙视、批判目光和道义谴责。虐待儿童作为一个社会问题，它的历史使人们认识到虐待是一项罪过的过程，也是辨别受伤害的技术能力不断提高的过程，更是整个社会准备建设性地解决问题的进程。① 从心理学的角度看，当一个小孩因为周遭的人故意、长期、重复地向其做一些举动，造成其自尊心受损，都可以称为虐待。所谓的精神虐待是指危害或妨碍儿童情绪或智力发展，对儿童自尊心造成损害的长期重复行为或态度，如拒绝、批评、隔离或恫吓，最常见的形式是辱骂或贬低儿童的人格，使孩子变得情绪低落和感到羞辱的心理和情感虐待。人们提起虐待孩子时，往往会认为对身体的侵犯才算虐待，而忽视了精神上的虐待。研究显示，精神虐待的危害甚于肉体上的虐待，因为情绪和心理的虐待是隐性的，不像肉体虐待这么容易证明，对孩子会造成很深的精神创伤，而一个自尊心从小就受到损害的人，可能会出现很多心理与行为上的障碍，诸如自我否定、缺乏爱心、焦虑等心理疾病，难以适应社会，甚至走上犯罪的道路。性虐待不仅包括乱伦还包括可能伤害到儿童健康的性发展的家庭内部成员间的性表露。所有这些行为都是《儿童权利公约》所禁止的，这些禁止行为不仅限于父母，而且扩展到所有对儿童有照料义务的人。

　　值得注意的是，《儿童权利公约》第 19 条超越了虐待的狭隘含义，明

① 参见〔美〕罗斯·S. 肯普、C. 亨利·肯普《虐待儿童》，凌红等译，辽海出版社，2000，第 3—6 页。

确了对儿童的暴力包括任何形式的身心摧残。这或许是针对某些国家法律承认对儿童的体罚或实践中体罚现象过于泛滥而制定的。关于体罚是否属于对儿童的肉体虐待，因文化不同而有所差异。像奥地利、丹麦、挪威、芬兰、瑞典和塞浦路斯等国均将体罚看作侵犯儿童身体完整和侵犯儿童权利的虐待行为，瑞典和挪威分别于 1979 年和 1980 年规定禁止对儿童的体罚。尽管英国 1933 年的《儿童和青年人法案》就强调要排除体罚，但其他的英国法律，对于父母使用"适当的惩罚"则持宽容的态度。1985 年欧洲理事会部长委员会的一项建议要求成员国审查立法是否确实禁止了对儿童的肉体惩罚，这无疑是对容忍体罚规定的一次检视。

家庭中的"儿童忽视"问题本身就是一个容易被忽略的问题。忽视指未能满足儿童的生理和心理需要，未能保护儿童不遭受危险，负责照料儿童者在有办法、知识和途径向相关部门获得医疗、出生登记或其他服务时没有做到。由于文化、习俗的不同，不同国家对于忽视的定义也不尽相同。普遍观点认为，儿童忽视问题是父母或主要照看者持续性地没有为儿童（0—18 岁）提供其所必需的、与年龄相适宜的照料、教育、监督等，导致儿童的身心健康和正常成长受到伤害的现象，包括对儿童的身体、情感、心理、教育、安全、医疗和社会等方面的忽视。身体忽视是指照看者没有为儿童提供必要的生活需要，如住所、服饰、食品、睡眠等，具体包括：抛弃儿童、不照顾儿童、未为儿童提供基本的营养需要、把儿童逐出家门或不允许回家、没有适当地监督儿童、没有提供安全的生活环境等。心理或情感忽视是指照看者没有满足儿童对爱、接纳、关注、尊重、自我实现等心理或情感的需要，具体包括：常当着儿童的面吵架或实施家庭暴力；鼓励或纵容儿童吸烟、酗酒、攻击等不良行为；发现儿童情感或行为偏差（如自杀、严重抑郁等）时不求助心理学家或拒绝提供专家建议的服务；等。教育忽视是指照看者因故意或疏忽导致儿童的教育需要被剥夺或没有被满足，具体包括：到了法定年龄却不让儿童入学，允许或无视儿童长时间逃学，不为儿童做适当的教育安排，等。医疗忽视是指照看者有经济能力却不为儿童提供适宜的健康照料，具体包括：没有提供儿童所需的医疗保障；牙齿健康不佳；视力受损却未矫治；没有及时注射疫苗或注射记录不全；等。忽视会对儿童的生理、心理和精神造成严重的隐性影响，妨碍儿童的健康成长和正常的社会交往等能力，导致儿童发育过程中不良的社会或情感反应，造成儿童体格与心理、行为的失常或变态。

精神、心理虐待与忽视是儿童虐待与忽视的各种形式中最常见的形式，可以对儿童造成广泛、深远的不良影响，且往往在心理和精神上产生不可治愈的创伤，留下难以弥补的伤痕。这些影响导致的结果包括：学习能力降低，难以建立和维持满意的人际关系，在正常的环境（场合）下出现异常的行为和情感，时常被消极的情绪和不幸的感觉所缠绕，有出现诸多躯体症状的倾向，个别孩子离家出走、厌恶学习、滥用毒品甚至自残或自杀。研究人员发现，受到忽视的儿童，比仅受到虐待的儿童更易发生心理、行为或情感异常。在儿童生命早期的忽视对儿童未来的发育具有更为严重的危害，可以导致其人生观、价值观、世界观畸形发展。

《儿童权利公约》第 19 条第 2 款从消极的方面规定了父母的责任。该条规定预防儿童受到来自照料方的虐待和忽视也是《儿童权利公约》的突出贡献之一，对儿童的虐待和忽视首次在具有拘束力的文件中被加以规定。虐待、忽视儿童是很多国家都遇到的严重问题，如在美国，联邦政府和各州都在考虑采取适当措施，以防止对儿童的虐待和忽视。我国法律也有一些关于禁止虐待儿童的规定。在英国法中，无论是刑事还是民事方面的法律都明确禁止虐待和忽视。父母虐待和忽视儿童要受到指控，有时因情况紧急，还要采取紧急保护措施。对儿童的紧急保护性措施包括紧急保护令、儿童评估令、照顾令和监管令。如果儿童遭受"重大伤害"或可能遭受重大伤害，政府就会发布照顾令或监管令。人们发现，帮助受虐儿童获取证据的那些先进技术的应用均未获得满意的结果。民事法庭为保护无辜父母增加了证据标准，使虐待儿童的证明更加困难。具体的事件似乎都表明了一个事实，儿童的权利和父母的权利在很多情况下是有冲突的，这种冲突从一个侧面反映出其背后的社会原因。

但是，为了儿童的最大利益，在处理父母虐待、忽视和剥削儿童的事件中，父母的保护应该被排除在司法程序之外。《儿童权利公约》也对这种情况予以肯定，那些帮助人的从业者，如社会工作者、律师、医生等应该懂得如何把握儿童利益和父母利益之间的界限，应特别注意在这种情况下，父母利益和儿童利益的不平衡。虐待、忽视和剥削儿童的事件一旦发生，国家就有责任采取适当的措施确保儿童的身心康复以及社会复归。

国家在履行保护儿童免遭虐待和忽视的义务过程中应当注意两个

问题。

一是儿童抚育中的歧视问题。这首先反映在家庭抚育中的性别、亲缘关系歧视，这在有着男权或父权至上传统的国家尤其明显。比如，在中国，女童在各种生存和发展资源的获取中总是处于劣势。另外，在家庭中，拟制血亲的子女也易受到继父母和养父母的不公平对待。其次是援助中的出生歧视，国家在社会援助过程中，常常把那些包括私生子女在内的非婚生子女和养子女排除在外，特别是在实行人口控制政策的国家，如中国，非婚生子女以及超生子女非但得不到国家的帮助，还会在诸如户籍登记、入学等很多方面受到重重阻碍，甚至领受经济制裁。这在中国农村地区曾经非常严重，有的家庭因为超生孩子，不仅被罚款，甚至被没收了房屋和土地。这样，不仅这个孩子的生活毫无保障，连全家的生活也无以为计。2013 年《中共中央关于全面深化改革若干重大问题的决定》宣布，"启动实施一方是独生子女的夫妇可生育两个孩子的政策"，同时酝酿全面放开二胎政策。此外，继承法领域也不承认私生子女，除非这个孩子得到亲生父母的合法追认。比如，美国就把非婚生子女作为继承领域的一个例外，一些州不允许私生子继承没留遗嘱的遗产。私生子和婚生子在财产继承方面是不平等的，这种不平等得到了法律的认可。

二是对单亲家庭儿童援助义务的履行问题。《儿童权利公约》已经明确规定，父母双方在抚育子女方面具有同等的义务，但是，对于单亲家庭的儿童来说，他们常常得不到父母双方的照料。例如在美国，有 25% 的儿童为非婚生子女，30% 的儿童生活在离婚或分居家庭，有一半儿童生活在以女性为主的家庭中。这些家庭常常陷入贫困状态，这些儿童需要得到另外一方父亲或母亲的支持。因此，美国法律强调对单亲家庭中另一方父亲或母亲支持的义务。从 20 世纪 50 年代开始，美国就通过一系列法律援助单亲家庭儿童，但是收效甚微。同时也因为非婚生儿童增多，美国最高法院决定在法律上重新定位非婚生子女。体现在：加强国家立法确立非婚生儿童的法律权利；设立社会实施机构，援助接受福利的家庭和要求援助的家庭；加强实施机制，如为大量援助资金设立统一的监护人等。但是，这些规定离现实是有差距的，在实施的过程中也出现了一些问题，表现在：大多数离婚、分居和单身母亲在养育孩子的过程中从未收到过来自父亲一方的经济上的帮助，只有一部分母亲得到来自社会的援助；不超过 1/4 的非婚生子女得到儿童亲权的裁定，而其他非婚生儿童的继承权则得不到合法的保障；政府给儿童的援助资金是有限的，因此，不能从根本上扭转儿童贫困的局面。①

(二) 免遭暴力侵害

暴力侵害将给儿童带来毁灭性影响，使儿童的生存和"生理、心理、精神、道德和社会发展"受到暴力的严重不利影响。暴力侵害儿童和虐待儿童行为的短期和长期不利于儿童健康的后果得到广泛承认，包括：身体、生理、认知、行为等方面的后果。有证据表明，接触暴力会使儿童增加进一步受害和累积暴力经历的风险，包括以后的亲密伴侣暴力。对于儿童暴力问题采取高压政策，对儿童暴力施以更大的暴力惩罚性策略，此类政策的形成往往是由于公众对安全的关切以及大众媒体对这些问题的大量报道，但这种严惩措施无法解决少年暴力犯罪的根源问题。针对儿童的暴力会带来巨大和无法接受的人力、社会和经济代价。直接代价可包括医疗、法律和社会福利服务和替代照料。间接代价包括对儿童的持久伤害、低质量的生活、教育中断，以及其他更严重的暴力行为，比如绑架。相反，一个消除了暴力、充满尊重和扶持性的儿童养育环境会有利于儿童个体人格的发育，有助于为社会培养负责和积极的公民。研究表明，未曾受过暴力并以健康方式成长起来的儿童出现暴力行为的可能性较低。

国际社会的共识是，任何针对儿童的暴力，无论多么轻微都是不可原谅的，任何暴力都是可预防的。遭受暴力侵害的儿童仍然是权利主体，而非主要是"被害人"，他们的人格尊严和身心健康以及特殊需求应当得到承认、尊重和保护。在处理儿童遭受暴力侵害的案件中，须秉承法治原则，对儿童赋权和儿童参与应当成为各种照料和保护儿童政策的核心。暴力现象极为广泛，除了家庭，学校、照看机构、拘留所、司法机构等都有可能发生对儿童的暴力侵害，甚至构成酷刑或致死。下面根据儿童权利委员会《第 13 号一般性意见：儿童免遭一切形式暴力侵害的权利》（2011）和《第 8 号一般性意见：儿童受保护免遭体罚和其他残忍或不人道形式惩罚的权利》（2006）对《儿童权利公约》第 19 条的理解及国家防止对儿童

① 参见 Cohen and Davidson, *Children's Rights in America: UN Convention on the Rights of the Child Compared with US Law* (American Bar Association, 1990), pp. 202 – 204。

的暴力所应尽的义务做简单梳理。

1. 暴力的定义及法律分析

《儿童权利公约》第19条第1款明确了暴力是指"任何形式的身心摧残、伤害或凌辱，忽视或照料不周，虐待或剥削，包括性侵犯"。

（1）"任何形式暴力"意指，无论轻重和方式，都不是暴力合法化的依据。在对暴力进行定义时，需要基于儿童权利的视角，国家有义务确立有关儿童福利、健康和发展的国家标准，以保护儿童免遭任何形式的暴力伤害。暴力不仅来自成年人，儿童之间也可能发生暴力。儿童之间的暴力，常见的是儿童团伙对其他儿童的欺凌，手段包括人身、心理和性暴力。这种同伴欺凌，施暴者和受害者双方都会付出惨重的代价。在针对儿童的暴力中，需要注意的是，暴力往往具有性别的成分。例如，在家庭中女孩可能比男孩遭受更多性暴力，而男孩则更有可能遭遇刑事司法系统中的暴力。除了上文已经论及的虐待和忽视，暴力形式包括但不限于以下形式。①精神暴力。其往往被描述为心理虐待、精神凌辱、辱骂、情感凌辱或忽视，比如各种对儿童的长期损害性接触，对儿童表示厌恶，嫌弃儿童没有用，恐吓和威胁、孤立、侮辱，接触家庭暴力，心理欺凌和欺负（包括网络欺凌以及媒体中的暴力：黄色小报、暴力渲染、网络色情等），等。②人身暴力。其包括致命和非致命性人身暴力。人身暴力包括体罚和所有其他形式的酷刑，残忍、不人道或有辱人格的待遇或处罚。残疾儿童可能遭受特殊形式的人身暴力，如强迫绝育、故意致残等。体罚是旨在造成某种程度疼痛或不适的处罚。大多数涉及用手或工具打儿童，也可能涉及踢、晃、强迫儿童保持难受姿势等。酷刑及有辱人格的待遇或处罚一般是警察、执法官员及对儿童拥有权力者为了逼供或者对儿童进行处罚而实施的暴力。涉及的儿童可能包括违法儿童、流浪儿童等。③性侵犯和剥削。性侵犯和剥削包括引诱或胁迫儿童从事任何非法或具有心理伤害性的性活动，比如商业性剥削、色情音像制品、儿童卖淫等。④有害习俗。如某种残忍或有辱人格的体罚、女性割礼、有辱人格的成年礼、"报复性"暴力行为、"巫术"等。

（2）关于"照料"。由于儿童有一个能力发展和逐渐自主的过程，因此需要他人的"照料"。"照料者"一般包括"父母、法定监护人或其他任何负责照料儿童的人"。父母不仅包括生父母、寄养和收养父母、继父母，还包括大家庭和老师、保姆，以及从事看护工作的机构工作人员，如在保健、少年司法和收留及寄宿照料机构负有责任的成人。国家是孤儿事实上的照料者。照料环境是指儿童在其主要照料者（如家长或监护人）或"临时"照料者（如老师）的监护下，短期、长期、多次或一次性待过的场所。比如，住宅、学校、幼儿园、放学后照管中心、体育和娱乐场所等。在医疗、康复等照料设施中，在工作场所、司法机构或者难民临时定居点，儿童受专业工作者或国家工作人员的监护，后者必须遵守儿童的最大利益原则并维护其受保护权、发展权。

2. 儿童免遭暴力条款与公约其他条款的关系

儿童权利委员会指出，应当在《儿童权利公约》的大背景下解读第19条。除了该条款之外，《关于买卖儿童、儿童卖淫和儿童色情制品问题的任择议定书》和《关于儿童卷入武装冲突问题的任择议定书》也与第19条直接有关，但是，第19条是处理和消除各种形式的暴力的核心条款。除此之外，第19条的执行还必须置于第5条、第9条、第18条和第27条的背景下解读。在这样的背景下，首先，应当确定一项儿童权利方针。在儿童保护方法上不应再将儿童视为需要援助的"对象"，而应将其视为享有不容置疑的受保护权的持权者。其次，应当以不受歧视、儿童最大利益、最大限度生存与发展原则以及尊重儿童意见原则为指导。儿童还有权按其不同阶段的接受能力得到监护人的指导和指引。特别是不能以儿童的最大利益为由采取有损儿童人格尊严及人身安全的行为，如体罚或其他形式的残忍或有辱人格的惩罚。应当通过有效方式促进儿童最大利益的实现，比如防止暴力、推行正确的儿童养育理念和方法、投入充足资源、建构儿童保护支持综合系统等。同时，对于保护儿童免遭一切形式的暴力这一问题，不仅应考虑儿童的"生命"和"生存"权，还应考虑其"发展"权，这里的"发展"权应以儿童保护的总体目标为依据。暴力和剥削毫无疑问将有损儿童的生命权、生存权和发展权。在整个防止儿童遭受暴力侵害的过程中，儿童的参与能够发挥极大的促进作用。此外，反暴力条款与公约第4条适当措施条款和第5条儿童发展不同阶段条款也有一定的相关性。因为第19条所确立的保护儿童免遭一切形式暴力的权利属于公民基本权利和自由，因此，国家有义务直接、无条件地实施第4条的内容，特别需要关注其中的弱势儿童群体，必须最大限度地调动可用资源推动各项措施在保护儿童该项权利中发挥积极作用。第 5 条意在鼓励尊重照料者的责任、权利和职责，即视儿童不同阶段的接受能力提供适当的指导和引导，从而防止对儿童的暴力伤害。

3. 防止暴力侵害儿童的国家义务

消除暴力侵害儿童现象的发生和广泛蔓延是一项国家义务。通过防止各种形式的暴力行为，确保儿童的基本权利，尊重其人格尊严和身心健康，对于促进儿童所有权利的实现具有重要意义。国家承担注意和防止暴力或侵犯人权的义务，承担保护儿童受害者和证人的人权不受侵犯的义务，承担调查和惩处责任者的义务，承担为侵犯人权行为提供救济渠道的义务。在儿童受父母、法定监护人或其他任何负责照管儿童者的照料时，禁止、防止和处理对儿童的一切形式的暴力侵害是他们的首要责任。其在履行该责任时，应当以确保儿童的生存、尊严、福利、健康、发展、参与权利的整体视角为基础。

第 19 条第 2 款实际上确立了在防止对儿童暴力侵害中的国家义务。该条要求国家"应采取""适当的措施"，是对国家的强制性要求，因此，国家有严格义务采取措施充分落实儿童的这项权利。这些措施包括"一切适当的立法、行政、社会和教育措施"，对于这些措施都应当严格执行和监测。"适当"是指跨越政府各个部分的广泛的措施，必须予以使用并保证其切实有效，从而预防和应对一切形式的暴力。具体措施如下。①立法。包括国内各级立法以及推进批准国际公约的进程，执行法律以及撤销有违公约的保留等。还须审查和修订国内法律，制定一个全面的儿童权利政策；确保绝对禁止所有环境中一切形式的暴力侵害儿童行为，并对行为人进行处罚；确保受害儿童和证人得到保护；确保有效诉诸救济和赔偿；以对儿童友好的方式执行法律和司法程序，包括在儿童权利受侵犯时为其提供救济。②行政措施应反映国家有义务建立为保护儿童免受一切形式暴力侵害所必需的政策、方案及监测和监管体系，包括协调各种儿童保护策略和服务，儿童保护工作职责明确、公正问责，确保儿童保护资源的最佳利用并纳入各级政府预算，建立国家级反儿童暴力的数据系统，为建设独立的儿童人权机构提供支持等。③社会支持系统的建构中，观念、态度对儿童暴力有着不可忽视的影响，制订支持单个儿童、儿童家庭和其他照料者的社会方案，实现优化和积极的儿童养育方式，教育措施应致力于消除那些关于儿童暴力的不正确的态度、传统、风俗和习惯。④保护性措施，包括各种干预措施，尤其是预防性措施。为建立全面的儿童保护体系，需要根据各国社会文化传统和法律体系的特点制定全面、综合的措施，包括预防—查明—报告—转交—调查—治疗—后续行动—司法介入一套完整的预防处理机制。预防措施强调儿童保护必须从明令禁止一切形式的暴力开始，包括对所有利益攸关方及社会公众表明反对一切形式暴力的态度。对儿童来说，首先要建立儿童出生登记制度，便于他们利用各种服务和补救程序；帮助儿童认识自身的权利、发展社会技能，并制定适合其年龄的赋权策略；对儿童的照料者提供支持。在家庭和社区方面，要帮助父母和照料者了解、认同并实施良好的儿童抚养方式，提高照料儿童的能力；为在家中遭受暴力的成员及其子女提供庇护场所；等。还需要及时查明暴力风险因素，建立安全、公众了解、保密、可利用的支持机制，包括报告机制、24 小时免费热线等。为及时处理暴力侵害事件，应为接收报告的人员提供培训。随后，由经过培训的专业人员和管理者跨部门转交报告并对事件进行调查，同时要基于儿童权利及儿童特点展开工作。帮助受害儿童康复和重返社会的措施包括治疗、后续行动、司法介入，目的是保护涉案儿童以及其他相关儿童的最大利益并视具体情况选择干扰最小的干预手段。

4. 国际经验和中国法律的应对

针对儿童的暴力，国际上很多国家都采取了相应措施，积累了经验。就美国而言，其应对儿童家暴问题形成了一套较为成熟的机制。

（1）举报。州政府雇佣和培训有相关知识的人接待儿童被虐待和忽视的举报、调查并为儿童及其家庭提供服务。一般举报，即任何"有理由相信"或"有理由怀疑"儿童处于危险当中、被虐待和忽视或发生了对儿童的其他犯罪，都可以向警察或其他部门举报。强制报告，即医生、儿童工作者、教师和其他教育工作者、行政执法人员等有责任及时报告儿童暴力事件，否则可能承担法律责任。被举报人包括对儿童负有监护责任的人或组织，包括父母或其他家庭成员，以及托幼机构、学校、寄养家庭、保姆等，而由陌生人对儿童实施的虐待或忽视行为，则由父母决定是否向警察举报。

（2）调查。所有举报的案件必须经过调查，除非举报的事实明显是假的。不同类型的举报调查期限不同，比如，当收到性虐待举报或者儿童处于紧急的严重身体危险中的举报时，各州调查期限较短。

（3）调查期间对儿童的保护。在举报的儿童被虐待和忽视案件中，是否将儿童带离家庭由警察或其他具有专业知识的政府雇员决定。专门保护被虐待和忽视儿童的其他政府雇员被称为"案件工作者"，他们常常和警察一起对儿童被虐待和忽视的案件进行调查，特别是重大案件。

（4）为家庭提供的服务。教育父母和保障儿童在家中安全的服务被称作"预防服务"，而教育在寄养中的儿童父母的服务被称为"团圆服务"，包括育儿指导、持家技巧指导、心理卫生咨询、戒毒治疗等。

（5）儿童安置。一是儿童被临时安置在"寄养家庭"中。接受儿童的可以是亲戚或其他人，寄养父母将照顾孩子，直到他们的父母有足够的改进以使孩子能够安全地回家。但如果孩子的亲生父母没有改善，临时寄养家庭就成为孩子的永久家庭。二是庇护所和居住照顾。庇护所有点像临时的孤儿院，儿童一般在这样的庇护所待几天，也有可能待两周到三周。而一些针对有特殊问题的儿童（比如精神问题）的专门机构，这些机构、场所的照顾被称作集体或居住照顾，为这些儿童提供特殊的治疗。政府对庇护所和居住照顾会进行必要的监察和监督。

（6）家庭外安置儿童的个案管理。儿童被安置后，案件管理要求案件工作者细心照看，包括检查父母的行为，确保父母接受服务并且为孩子提供服务；包括检查孩子，确保他们在寄养家庭得到了好的照顾，包括好的教育和医疗照顾。

（7）行政和司法保护措施。一是"自愿的"（非司法的）寄养照顾安置，是指对儿童被虐待与忽视的调查以后，父母同意将他们的孩子送去寄养。该程序无须法院批准而由政府部门决定。二是州提起的法院诉讼。当政府把一个儿童被虐待和忽视的案子起诉到法院后，法院可以决定这个儿童是否继续处于寄养照顾中。法院将保留这个案子直到儿童回到家中并且被认为安全时，或者直到儿童被永久地安置在一个新的安全的家中。该诉讼是非刑事性质的，主要决定孩子住在哪、谁来照顾孩子和怎样永久安置孩子等问题。

（8）法院命令。证明父母虐待或忽视了儿童之后，法院有权向孩子的父母发布命令，比如，命令虐待一方搬出去住，命令有虐待行为的一方接受审查评估、接受治疗等。如果有责任的父母不接受命令，将极有可能失去孩子的监护权。此外，还有可能对有问题的父母通过罚款和短期监禁执行法院命令，比如"家庭毒品法院"。

（9）隐私权保护。儿童保护机构应该对儿童和家庭的信息保密，这是最基本的原则。[①]

我国儿童被虐待等暴力事件不断见诸报端，2014年最高人民法院、最高人民检察院、公安部和民政部发布了《关于依法处理监护人侵害未成年人权益行为若干问题的意见》，2015年出台《反家庭暴力法》，最高人民法院等四部委又发布《关于依法办理家庭暴力犯罪案件的意见》，这些法律文件向社会宣示家庭暴力在法律上是被禁止的，施暴者将会受到法律制裁。但为什么对待儿童的家庭暴力事件还是一再地发生呢？一方面，我们的社会整体价值观依然接受或容忍暴力文化的存在；另一方面，从机制建构上来说，还没有建立一个类似于儿童监察员那样的儿童保护机构，危机处理机制还很不健全，相关的专业化队伍尚待建立。而这些都是处理儿童被暴力侵害事件不可或缺而我们还很薄弱的方面。

（三）免遭一切形式的剥削

剥削儿童是普遍的现象，《经济、社会和文化权利国际公约》第10条明确规定，"儿童和少年应予保护免受经济和社会的剥削"。《儿童权利公约》从第32条到第36条对保护儿童免遭各种形式的剥削做了明确规定。

1. 对儿童的经济剥削

《儿童权利公约》第32条第1款规定："缔约国确认儿童有权受到保护，以免受经济剥削和从事任何可能妨碍或影响儿童教育或有害儿童健康或身体、心理、精神、道德或社会发展的工作。"该条第2款要求缔约国采取立法、行政、社会和教育措施实现此目的，尤其应对受雇的最低年龄、工作时间和条件，以及对违反行为的制裁措施加以规定。根据《SA8000：2001社会责任国际标准》[②]，童工是指低于15岁或国内法律规

[①] 参见〔美〕马克·哈丁《美国关于保护被虐待和忽视儿童的法律》，《人权》2008年第5期。

[②] SA8000标准是全球第一个可用于第三方认证的社会责任国际标准，旨在改善全球工人的工作状况，实现公平而体面的工作条件。SA8000标准是根据国际劳工组织（ILO）公约、联合国儿童权利公约及世界人权宣言制定而成的，主要内容包括童工、强迫劳动、安全卫生、结社自由和集体谈判权、歧视、惩罚性措施、工作时间、工资报酬及管理体系9个要素。SA8000标准是一个通用的标准，不仅适用于发展中国家，也适用于发达国家；不仅适用于各类工商企业，也适用于公共机构。另外，SA8000标准还可以代替公司或行业制定社会责任守则。

定的就业最低年龄而从事任何劳动的儿童，除非符合国际劳工组织建议条款第 146 号规定。① 未成年工是指任何超过 15 岁或国内法律规定的就业最低年龄但不满 18 岁的工人。

童工问题引起国际社会和许多国家和地区的重视。2002 年 10 月，16 个亚洲国家的代表在泰国北部城市清迈举行了讨论童佣问题的地区性会议，代表们一致同意禁止在家务劳动中雇佣 15 岁以下的儿童。2002 年国际劳工局发表的《为了一个没有童工的未来》报告显示，目前在全球范围内共有 2.46 亿年龄在 5—17 岁的儿童被迫参加工作，其中 1.7 亿人被迫从事具有危险性的工作。亚太地区集中了 60% 的童工，达到 1.27 亿人；非洲撒哈拉以南地区有童工 4800 万人，占 23%。此外，有约 840 万儿童被迫从事色情业、充当奴隶甚至童军等。每年有 2.2 万名童工死于工伤。童工现象是社会环境恶化的反映，战争、贫困、疾病是产生童工的根本原因。有数据显示，自 1990 年以来，仅艾滋病就至少使 1400 万 15 岁以下的儿童失去了亲人，很多儿童被迫沦为童工。贫穷是产生童工的另一个主要原因，迫使许多儿童过早地挑起生活重担。

国际社会和各国也都希望通过立法的形式扼制童工现象的泛滥。1973 年国际劳工组织通过的《准予就业最低年龄公约》，责成成员国执行旨在确保取消童工的政策，规定任何经济部门都不得雇佣低于 15 岁的儿童，对于有可能危害儿童健康、安全或道德的工作，其被雇佣的最低年龄为 18 岁。关于对童工的剥削问题，在一些国家的法律中也有规定，比如，美国的《公平劳动标准法案》设立专门条款对儿童劳动问题如最低工资做出了规定。1999 年国际劳工组织通过了《消除最有害的童工形式公约》，第 3 条规定的"最有害的童工形式"包括：①所有形式的奴隶制或是类似奴隶制的做法，如出售和贩卖儿童、债务劳役和奴役，以及强迫或强制劳动，包括强迫或强制招募儿童，用于武装冲突；②使用、招收或提供儿童卖淫、生产色情制品或进行色情表演；③使用、招收或提供儿童从事非法活动，特别是生产和非法买卖有关国际条约中确定的麻醉品；④其性质或是在其中从事工作的环境，可能损害儿童的健康、安全或道德的工作。该公

① 国际劳工组织建议条款第 146 号涉及最低年龄及建议的规定，旨在推广针对儿童及符合当地义务教育法所规定的必须完成义务教育的年龄或正在就学中的未成年工教育的政策和措施。

约要求国际劳工组织的所有成员必须消除最有害的童工形式，并要求成员国规定这类童工形式为犯罪行为。

我国《劳动法》、《未成年工特殊保护规定》、《禁止使用童工规定》等法律、法规、规章，对儿童受雇的最低年龄、工作时间、工作条件以及违反法律、法规关于雇佣未成年工规定的行为应承担的行政和法律责任做出了规定，还规定了对未成年工的使用和保护实行登记制度等。我国法律规定童工是指未满 16 周岁从事劳动的未成年人；未成年工是指年满 16 周岁，[①] 未满 18 周岁的劳动者。这和国际上认可的童工和未成年工的概念是一致的。禁止使用童工和对未成年工的特殊保护，是针对未成年工处于生长发育期的特点，为了保护儿童的身心健康以及接受义务教育的需要而提出的。因此，我国法律还规定父母或监护人不得允许未满 16 岁的子女做童工。[②]

2. 对儿童的色情剥削和性侵害

《儿童权利公约》第 34 条要求"缔约国承担保护儿童免遭一切形式的色情剥削和性侵犯之害"。同时，其敦促缔约国采取一切适当措施，防止引诱、强迫或利用儿童卖淫或从事其他非法的性行为，以及利用儿童进行淫秽表演和充当淫秽题材。关于何为儿童色情也是众说纷纭，各国因为法律、文化、习惯的不同，对儿童色情也有不同的定义，另外，对什么样的行为应当给予惩罚，法律规定也不相同。一般认为，对儿童的色情剥削包括两个方面，一是纯粹以经济为目的而利用儿童充当色情工具的情形，如雏妓、儿童色情图片；二是把儿童作为性"娱乐"对象，对儿童进行直接的性侵犯。但对于不以经济为目的而持有儿童色情图片的行为是否给予处罚，是一个有争议的问题。据长期研究儿童施虐者的专家考察，儿童色情癖不是自虐就是有虐待儿童的倾向，因此持有儿童色情图片的行为应该被禁止。我们也赞同，凡持有、储存、贩卖、散布、输出、输入、意图散布、意图描述儿童色情资料的任何一项行为，都应该是违法并加以处罚的行为。对儿童的色情剥削已经成为一个越来越严重的社会问题，很多国家都给予高度的重视。我国《预防未成年人犯罪法》规定，教唆、胁迫、引

---

① 参见 1994 年 7 月通过的《中华人民共和国劳动法》、1994 年 12 月劳动部颁布的《未成年工特殊保护的规定》、2002 年 9 月国务院颁布的《禁止使用童工的规定》。

② 参见《禁止使用童工规定》第 7 条、《宪法》第 49 条、《未成年人保护法》第 68 条。

诱未成年人实施淫乱或者色情、卖淫等严重不良行为，或者为未成年人实施严重不良行为提供条件，构成违反治安管理行为的，由公安机关依法予以治安处罚；构成犯罪的，依法追究刑事责任。

　　另外，联合国在《关于买卖儿童、儿童卖淫和儿童色情制品问题的任择议定书》中表示对儿童色情旅游、女童较易遭受性剥削等现象深切关注，认为"应采用一种全面的方法来消除引发性因素，其中包括发展不足、贫困、经济失衡、社会经济结构不公平、家庭瘫痪、缺乏教育、城乡移徙、性别歧视、不负责任的成人性行为、有害的传统习俗、武装冲突和贩卖儿童，从而有助于消除买卖儿童、儿童卖淫和儿童色情制品"。该议定书第 2 条还做了如下定义：买卖儿童系指任何人或群体将儿童转予另一人或群体以换取报酬或其他补偿的行为或交易；儿童卖淫系指在性活动中利用儿童以换取报酬或其他补偿；儿童色情制品系指以任何手段显示儿童进行真实或模拟的露骨性活动或主要为淫秽而显示儿童性器官的制品。第 3 条建议缔约国将以"对儿童进行性剥削"以及儿童卖淫和儿童色情制品为目的的儿童买卖行为规定为犯罪。联合国"买卖儿童、儿童卖淫和儿童色情制品问题"特别报告员认为，刑事司法系统关注对儿童的商业色情剥削问题特别重要。司法系统至少在两个层面可以成为儿童的有力支持者——防止虐待和剥削儿童，以及在其做出反应的过程中避免儿童受到二次伤害。

　　3. 对儿童的其他形式的剥削

　　其他形式的剥削主要涉及药品和毒品对儿童的伤害。《儿童权利公约》第 33 条要求"缔约国应采取一切适当措施，包括立法、行政、社会和教育措施，保护儿童不至非法使用有关国际条约中界定的麻醉药品和精神药物，并防止利用儿童从事非法生产和贩运此类药物"。该公约首次明确提及需要保护儿童免受毒品侵害以及防止利用儿童从事违禁品的生产和贩运。精神药品是指直接作用于中枢神经系统，使之兴奋或抑制，连续使用能产生依赖性的药品。麻醉药品是指连续使用后易产生生理依赖性、会成瘾的药品。这两类药品对人体和精神产生的危害是不言而喻的，因此，不管是对成年人还是儿童，各国都对这两类药品的生产、使用和销售实行严格的控制，违反国家规定生产、使用和销售这两类药品将受到国家的刑事制裁。全社会特别是在学校举行反毒品的教育和运动对帮助儿童远离毒品有良好的效果。例如，美国进行的"只说不"（Just Say No）运动，在全社会范围内引起人们对毒品害处的重视。我国立法、司法上对毒品的毒害较为重视，如《全国人民代表大会常务委员会关于禁毒的决定》规定，"利用、教唆少年走私、贩卖、运输、制造毒品的，从重处罚"，"引诱、教唆、欺骗或者强迫少年吸食、注射毒品的，从重处罚"。1997 年刑法也有同样的规定。《最高人民法院关于已满十四岁不满十六岁的人犯走私、贩卖、运输、制造毒品罪应当如何适用法律问题的批复》指出，在处理走私毒品的案件中，要根据具体情况区别对待，"对于被利用、教唆、胁迫、诱骗参加上述毒品犯罪活动的已满十四岁不满十六岁的人，一般可以不追究其刑事责任"。

4. 诱拐和贩运儿童

对儿童的拐卖和贩运问题一直受到国际社会的强烈关注，国际社会制定了多个国际文件试图消除这种残害儿童的丑恶行径，保障儿童生存环境的健康安全。拐卖和贩运儿童多为经济利益，构成对儿童的剥削，因此将贩运儿童问题放在此处讨论。当然，诱拐和贩运儿童也是一种对儿童的暴力犯罪，这在多项国际公约以及我国法律中都有规定。《儿童权利公约》及《关于买卖儿童、儿童卖淫和儿童色情制品问题的任择议定书》、《禁止贩卖人口及取缔意图营利使人卖淫公约》、《关于预防、禁止和惩罚贩卖人口特别是贩卖妇女和儿童行为的议定书》等国际文件，呼吁各国对贩卖儿童行为采取严厉的措施。《儿童权利公约》第 35 条要求缔约国采取一切措施，"防止为任何目的或以任何形式诱拐、买卖或贩运儿童"。买卖儿童议定书第 3 条敦促缔约国应确保本国刑法对买卖儿童行为和活动做出充分的规定，不论这些犯罪行为是在国内还是跨国实施的，也不论是个人还是组织实施。买卖儿童的罪行是指为对儿童进行性剥削、为牟利而转移儿童器官或使用儿童从事强迫劳动而以任何手段提供送交或接受儿童的行为，以及作为中介不正当地诱使其同意，以违反有关收养的国际法律文书的方式收养儿童的行为。2001 年第 55 届联大决议对越来越多的妇女和女童，特别是来自发展中国家和一些经济转型国家的妇女和女童被贩卖到发达国家的行为表示严重的关切，并指出，男孩也会受到贩卖人口活动之害。儿童可能会因为多种原因遭受买卖和贩运，如经济剥削、性剥削和虐待等。买卖儿童系指任何人或群体将儿童转予另一人或群体以换取报酬或其他补偿的行为或交易。"贩运"是以营利为目的的运输。办理了合法的收养手续，以收养为目的而运送儿童的，不属于儿童的贩运。但是，如果假借收养名义，实际以买卖为目的而运送儿童的，则属于买卖和贩运儿童。目前，跨国犯罪组织公然违反国内法律和国际标准，在国际上贩卖儿童以图牟利的活动日益增加。因此，国际社会呼吁，为了杜绝贩卖儿童的犯罪，应当进行全球性努力，包括国际合作和制定技术援助方案，这就要求所有来源国、过境国和目的地国政府做出政治承诺和提供积极的合作。我国《收养法》规定，"严禁买卖儿童或者借收养名义买卖儿童"，"借收养名义拐卖儿童的，依法追究刑事责任"。《刑法》也规定，"拐骗不满十四周岁的少年，脱离家庭或者监护人的，处五年以下有期徒刑或者拘役"。

（四）受害儿童的康复与重返社会

《儿童权利公约》第 39 条要求缔约国应采取一切适当措施，促使身心遭到各种暴力和剥削之害的儿童得以康复并重返社会，还强调这种"康复和重返社会应在一种能促进儿童的健康、自尊和尊严的环境中进行"。关于身心康复和重返社会的规定也是《儿童权利公约》的主要成就之一。

1. 遭受侵害的儿童的范围

（1）遭受任何形式的忽视、剥削或凌辱虐待及其他暴力和罪行侵害的儿童；（2）遭受酷刑或任何其他形式的残忍、不人道或有辱人格的待遇或处罚的儿童；（3）受武装冲突影响儿童、难民儿童和流浪儿童；（4）童工和被强迫劳动的儿童；（5）受家庭冲突、毒品滥用、买卖和贩运侵害的儿童；（6）在司法程序中受到负面影响的儿童。

2. 保护措施

包括基本生存帮助和服务：提供住房、咨询和信息、医疗服务、心理和物质帮助，提供就业、教育和培训机会，等。每一个方面都需要有具体的制度安排，比如，《儿童权利公约》体现了儿童心理健康保健发展和实施的六个方面。①心理健康保健的权利。尊重人的尊严就要求以一种能使他们像人那样自主生活的方式被对待。因此，社会提供的不仅是通过履行责任保障儿童在一定时期内的发展，而且是享有这些社会保障的权利，要求儿童的康复社会化并使其更易获得。②尊重自治和隐私。《儿童权利公约》阐明了儿童应当有"完整的和体面的生活"。蕴含于心理保健干预中的自由和隐私权对儿童来说是非常重要的。不仅儿童参与个人康复决策的权利应当受到尊重，而且心理保健服务也要求避免对儿童自由的不合理的限制和侵犯隐私而伤害儿童的个人尊严。公约显示了支持心理保健服务、尊重儿童尊严和公民权的道德责任。③支持家庭完整。《儿童权利公约》的起草人明显地对儿童和父母的利益之间可能发生冲突的观点持反对意见。尽管儿童的前途由自己决定，但是，在一个"家庭范围"内，儿童的利益和其他家庭成员的利益是一致的。公约提供了一个理想的模式，父母通过指导孩子行使权利的方式来分享决策。同时，遭受暴力侵害的儿童往往还伴随着家庭的支离破碎，对其家长进行心理疏导以尽快恢复正常家庭生活对受害儿童心理康复也有特别重要的意义。④基于社区的选择。《儿童权利公约》强调家庭环境对儿童发展的影响，所以，要求对为孩子治疗的需要不得不脱离家庭的情况予以定期审查，以确认是否需要继续脱离家庭治疗。⑤制度上对儿童的保护。包括保护设施和人员培训方面。⑥预防。儿童心理保健政策涉及非常广泛的范围，对儿童尊严的尊重必须和改革儿童健康定期检查制度一致，这既是一种道德需要，也是尊重儿童和家庭利益的需要。① 但是，受害的经历及随后遭遇歧视等各种伤害，使他们持续经受心理和精神的创伤，羞耻感和歧视妨碍他们继续社会化，伤害更持久、更难以康复。比如，受伤害之后的治疗和后续行动两个关键阶段，都需要周密的安排以及较长时间的观察。

3. 康复的步骤和难点

除了上面提到的一般性的支持和服务，受害儿童的康复尤其需要注意下面的步骤和难点问题。

（1）治疗。很多时候儿童更多地需要心理治疗。使遭受暴力的儿童"身心得以康复并重返社会"需要多种服务，"治疗"是其中之一，这种治疗必须"在一种能促进儿童的健康、自尊和尊严的环境中进行"。这方面必须注意的是：①倾听儿童的意见，并对其意见给予足够重视；②儿童的人身安全；③有关儿童是否需要立即安置；④可能使用的干预手段对儿童的长期福利、健康和发展有何可预见的影响。发现儿童遭受侵害后，可能需要为其提供医疗、精神康复、社会及法律服务和支持以及长期的后续服务。特别是如果施暴者为儿童时，还需为该儿童提供服务和治疗。因为对

---

① 参见 Cohen and Davidson, *Children's Rights in America*, pp. 243 - 249。

其他儿童表现出攻击性的儿童往往生活于缺乏关爱的家庭和社区环境，应将他们视为其抚养环境的受害者，是这种环境令他们充满失望、仇恨和攻击性。因此必须以教育手段为重，通过教育使其认同社会、提高能力、改善行为。同时，提高对这些儿童及其家庭的照料和支持水平。而那些有自我伤害行为的儿童，一般会有较严重的心理问题，或许是曾遭受他人的暴力行为所致。

（2）后续行动。受各种剥削和暴力侵害的儿童的康复和重返社会的后续行动对救助的效果十分重要。儿童权利委员会提出建议①，无论何时都必须明确以下方面：①从报告和转交案件起直到后续行动，要明确有关儿童及其家庭由谁负责；②任何一项行动的目的何在——这一点必须与儿童当事人和其他利益攸关方充分探讨；③实施的细节和最后期限，以及干预手段建议为期多久；④如何及何时对行动开展审查、监督和评估。各个干预阶段之间必须保持连续，实行案件管理程序是一种好方法。后续行动必须结合以下条款理解：第 39 条（康复及重返社会）、第 25 条（定期审查及安置）、第 6 条第 2 款（发展权）、第 29 条（教育的目的，其中体现了发展的方向和愿望），以及第 9 条第 3 款，应确保儿童与父母双方保持联系，除非这样有悖于儿童的最大利益。

（3）康复难点。对儿童身体上的伤害和剥削固然是最有害的也是最明显的，但对儿童的道德、精神和心理上的侵犯给儿童造成的伤害可能更持久，也更难以康复，所以，对儿童的心理和精神伤害的康复问题应当予以充分重视。当然，肉体的伤害和心理的伤害有时是很难截然分开的，对儿童的保护政策也很难把对儿童精神和心理的保护分离出来。其实，从一定程度上看，将儿童心理健康政策和作为整体的儿童政策相分离是非常武断的，原因如下。①各种儿童援助体系之间的界限越来越模糊。儿童权利委员会在其一般性意见中敦促各国采取专门措施，确保易遭虐待和忽视的儿童在生理、性和精神上的整体健康。② ②将保护儿童心理健康政策和儿童整体政策相分离会使服务类型单一化，有的服务要么只对儿童施以经济援

---

① 参见儿童权利委员会《关于〈儿童权利公约〉的〈第 13 号一般性意见：儿童免遭一切形式暴力侵害的权利〉》，2011。

② 参见儿童权利委员会《关于〈儿童权利公约〉的〈第 4 号一般性意见：青少年的健康和发展〉》，2003。

助，如资助儿童上学等，要么只针对其心理健康问题。其实，家庭服务应是基于儿童福利、少年司法保护、心理健康的一种混合的服务体系。③在影响儿童心理健康保健的范围内，所有的儿童政策都被看作包含于儿童心理健康保健中的。《儿童权利公约》关于儿童心理保健的规定具有"宪法性"的指导意义。儿童心理健康保健的运作方式反映出人们对于良好的心理状态对个人尊严和社会生活重要意义的认识。

三　发展权

从广义上来说，儿童的发展是指儿童成长为一个完全个体的过程。儿童的生活经验及其身心方面的不断成熟结合起来，使其逐渐成长为一个能够面对生活挑战的完整的人，这样，儿童就需要具备社会生活的基本技巧和社会交往的能力。他们应当懂得理解别人，这种理解的基础就是儿童自然发生的能力。发展也是儿童权利的基本方面，它不仅涉及身体成熟，还涉及精神、情感、认识、社会和文化方面。在《发展权利宣言》中，发展权包括对所有儿童的机会平等和分配的正义。

儿童发展权的内容包括儿童有权接受一切形式的教育，以及有权享有足以促进其身体、心理、精神、道德与社会发展的生活水平的权利。对儿童的发展权利也可做两方面的理解。首先，教育权指接受一切形式的教育的权利，尽管教育权通常被理解为文化权利，其实，教育权的内容涉及教育自由和学术自由等多个方面，它是当代人权法的基本组成部分。① 教育是促进人权发展的先决条件，② 它既包括接受正规教育，也包括接受非正规教育。就是说，它不仅包括免费的初等义务教育、中等教育和高等教育，还包括正规教育以外的有利于儿童的知识、身体、性格等方面健康发展的教育。③ 教育的目的通常因不同的历史、政治、文化、宗教和国情而

---

① 参见 A. Eide, "Cultural Rights as Individual Human Rights", in A. Eide et al., (eds.), *Economic, Social and Cultural Rights* (Martinus Nijhoff Publishers, 2001), pp. 289 – 290。

② 教育既包括公民和政治权利的内容，也包括经济、社会和文化权利的内容，如《儿童权利公约》、《世界人权宣言》以及人权两公约中的很多基本自由，这在1959年的儿童宣言和波兰的建议里是不曾有的，包括发表意见的自由、表达自由、思想自由、宗教自由、结社自由以及儿童个人的隐私权。

③ 参见《儿童权利公约》第13、17、28、31条。

有所区别，但是，根据有关国际公约的规定，教育应鼓励人的个性和尊严的充分发展，加强对人权和基本自由的尊重。[①] 我国宪法也规定，中国公民有受教育的权利和义务，国家培养青年、少年、儿童在品德、智力、体质等方面的全面发展。[②] 其次，每个儿童都有权享有足以促进其身体、心理、精神、道德与社会发展的生活水平的权利。儿童是有自我身份和尊严的个体，儿童首先是他或她自己生活中的主体，而不是被关心和保护的客体。国家有义务按照本国的条件状况和能力范围，采取适当措施帮助照顾儿童的监护人实现足以促进其身心、道德与社会发展的生活水平；儿童的父母和负责照顾儿童的人，负有在其经济许可的范围内，确保儿童发展所需生活条件的首要责任。[③]

儿童的发展是分阶段的，《儿童权利公约》对此给予了认可，该公约第5条规定，对儿童的指导和指引应"以符合儿童不同阶段接受能力的方式"进行。各国对儿童不同阶段接受能力的差异都给予了充分的重视。儿童认识能力的提高是渐进发展的，儿童认识的发展水平一方面在于儿童对所获得信息的处理和加工的速度和能力，另一方面在于儿童展示他们观点的方式。儿童发展的阶段性特别需要关注两个时期：幼儿时期和青春期。

根据儿童权利委员会在其《第7号一般性意见：在幼儿期落实儿童权利》（2005年）提供的定义，幼儿是指从新生儿、婴儿、学龄前儿童以及向正式入学过渡的8岁以下的儿童。幼儿期是实现儿童权利的一个关键时期。幼儿有着自己的关注点、兴趣和看法，以及生存和成长的特殊需求和发展特点。幼儿期是一个人在身体、智识、能力等方面发育成长和变化最快的阶段，其在情感上形成对养育人的强烈依恋并寻求得到抚育、指导和保护，在学习建立人际关系中学会协商、解决冲突以及承担责任，幼儿还从其生存环境和与周遭人的交往中学习知识，其成长经历因个体因素和生态环境因素而有所不同，因此，采取恰当的预防和干预战略可对幼儿的福利和前途产生积极影响。幼儿的生存和发展取决于其和少数关键人员所建立的密切关系，这些人往往是父母、大家庭成员和同伴，以及养育人和育

<hr>

① 参见《经济、社会和文化权利国际公约》第13条、《世界人权宣言》第26条、《儿童权利公约》第29条。
② 参见中国2004年修订的《宪法》，第46条。
③ 参见郝卫江《尊重儿童的权利》，天津教育出版社，1999，第35页。

儿专业人员。然而，这些关系亲密的人并非都能尽到养育之责，当监护人无法尽养育之责或能力欠缺时，就需要国家出面干预，最大限度地确保儿童的生存和发展，这就产生了国家义务。落实幼儿的生存权和发展权须从整体上加以考虑，包括落实健康权、社会保障权、适当生活水准权、享有卫生和安全环境的权利、受教育的权利以及娱乐权，还须尊重父母的责任，并提供协助和高质量服务。幼儿的能力发展要遵循扶持性原则，公约第5条借助"能力发展"概念来提及儿童逐步获取知识、能力和认识，包括逐步了解其权利，以及知道如何以最佳方式实现这些权利。尊重幼儿逐步发展的能力对于实现其权利至关重要，在婴儿到入学这一快速发展期，养育人须根据幼儿不同发展阶段的特点不断调整支持和指导的程度。幼儿能力发展是一个积极的扶持过程，而不应采取限制儿童自主权和自我表达的独断做法。国家需要以恰当方式协助父母、法定监护人和大家庭履行其养育子女的责任，包括协助父母提供儿童成长所需的生活条件，并确保儿童得到必要的保护和照料。

　　青春期是儿童发展的又一个关键期，这个阶段，儿童的身体和认知逐渐趋于成熟，开始向成年期过渡，同时也是一个相对脆弱的时期，来自外界的各种诱惑和压力可能使青春期的少年更容易染上健康风险行为，因此青春期少年的发展面临一些新的挑战，比如如何处理性冲动问题。如果来自外界的影响能与少年的发展形成良性互动，则有助于其顺利社会化和步入成年，否则，将对其发展带来不利影响，比如，因歧视而引起的各种暴力和剥削将给青春期少年的发展甚至以后的人生带来负面影响，这种影响甚至是毁灭性的。另外，青春期还是少年初步具备自主性但仍然不够完全的时期，他们的自由表达意见权利的实现对其发展具有根本意义。为实现此项权利，必须创造一个充满信任、相互沟通、能够倾听并提供良好指导的环境，从而有助于青少年平等地参与各项事务。因此，国家有义务采取一切措施，提供条件并创造机会，充分促进青少年的健康发展。①

　　总体上看，无论是幼儿期还是青春期的少年，其成长和发展过程中，一些关键性要素以及由这些因素发展而来的权利发挥着极为重要的作用。

---

① 参见儿童权利委员会《关于〈儿童权利公约〉的〈第4号一般性意见：青少年的健康和发展〉》，2003。

儿童在权利运作方面的习得能力是不断提高和变化的，这就是发展的基础，同时也是《儿童权利公约》所指的儿童应该被以一种和他们的接受能力相协调的方式对待的基本内涵。儿童运作权利能力的提高有一部分来自教育、自由和闲暇娱乐这样一些要素。人类创造了复杂的文化并通过各种方式把这些文化传承给后代，遗憾的是，很多时候人们没有给儿童提供理想的文化环境，特别是在经济高速发展的今天，文化被沙漠化了。很多儿童从未受过"学术文化"的熏陶，从未受到过阅读习惯的感染，他们接触的是无休止的网上漫游和电子游戏的拼杀。现代社会，学校也常常失去其作为增长学识、提高智识的圣坛的光辉，而成了过早卷入社会商业运作的工具。幸好《儿童权利公约》为促进儿童的发展提供了可遵循的国际标准，确认所有儿童都有权得到最高标准的健康、教育以及促进其发展潜能的文化生活，以满足其身心和社会发展、休息和娱乐的需要。下文将从儿童教育权的实现及教育目的、基本自由的保障以及休息和闲暇的权利三个方面探讨它们与儿童发展的促进关系。

（一）教育权的实现及教育目的

教育是个体和社会发展的关键。在接受能力方面，我们和其他的哺乳类动物并没有太大的差别，而只有人类把教育作为促进发展的一种方式。教育的基本方式有两种，家庭教育和包括学校教育在内的社会教育。在家庭中，"父母有责任抚育儿童，所以，父母不但有抚养权，也有教育权。父母管制子女的权力，正从这责任而来，目的在于培养幼儿的心智，教愚昧的幼儿成长，好慢慢得到成人的理性"。[1] 在私塾式教育销声匿迹后，孩子们对书本知识的学习和学习技巧的训练主要由学校教育完成，而且，随着私立学校和住校生的增多以及社会的飞速发展，家长们的工作压力越来越大，更多的父母没有闲暇时间教育子女，学校教育越来越成为培养儿童个性、增长儿童才智的主要方式。《儿童权利公约》第28条基本上是针对学校教育而制定的，那么，《儿童权利公约》被批准近30年来，对我们实现儿童教育权有多大的影响呢？至少，在教育领域中，公约能带来两方面的影响：第一，提高教育法的声望，使我们对教育法更加信赖也更加重

---

[1] 转引自塔科夫《为了自由——洛克的教育思想》，邓正文译，生活·读书·新知三联书店，2001，第8—9页。

视，从而对教育权的真正实现产生有益的影响；第二，能促使全民族共识的形成，就是大家都承担起教育儿童的责任，这种意识或许是转变不合理的教育制度的关键。

对儿童来说，教育是帮助其实现全部潜能的基础，儿童是教育的主要获益者，但是，有时人们却产生了教育到底是为了儿童还是为了父母的疑惑。特别是在所谓的"望子成龙"的环境中，似乎儿童接受教育是为了父母，因此，教育权比其他的权利更容易引起争论。在西方，根据父母的愿望让孩子接受教育还是必须到学校进行教育也是被经常讨论的话题。

首次规定儿童教育权的国际文件是 1959 年的《儿童权利宣言》。《经济、社会和文化权利国际公约》也敦促缔约国提供不同水平和类型的教育，根据本国的资源逐步实现免费义务教育并设定时间表。而《公民权利和政治权利国际公约》则要求缔约国允许父母根据其内心确信，立即实现儿童的宗教和道德教育。两个人权公约都把教育看作基本的、不可剥蚀的权利，《经济、社会和文化权利国际公约》第 13 号一般性意见第 1 条就告诉我们，受教育本身就是一项人权，也是实现其他人权不可或缺的手段。作为一项增长才能的权利，教育是一个基本工具。[①]《儿童权利公约》第28 条明确指出，"儿童有受教育的权利"。该条重点确立了缔约国在建立教育体系和确保教育准入方面的义务，还要求缔约国实现全面的免费义务小学教育、发展不同形式的中等教育、尽量普及高等教育，并对职业教育和降低辍学率等问题做了规定，同时，敦促缔约国尊重儿童的人格尊严，促进和鼓励有关教育事项的国际合作，并应特别考虑发展中国家的需要。《儿童权利公约》确认了初等教育、中等教育和高等教育，但是忽略了学前教育，对于一个专门规定儿童权利的公约，这种疏忽似乎是不该有的。联合国教科文组织曾试图通过修订的方式增加学前教育这一项，但是，由于学前教育将增加国家的财政支出，这就遭到一些国家的否决。所以，学前教育的价值仅在联合国教科文组织的建议中被作为不具约束力的参考意见而提出。2002 年联大决议《适合儿童生长的世界》已经注意到了儿童的学前教育问题，而且还把少女妈妈的教育以及提高教师包括幼儿教育工作

---

① 参见《经济、社会和文化权利国际公约》执行情况《第 13 号一般性意见：受教育的权利》，1999。

者的地位等方面作为战略目标，从中可以领略到国际社会对加强儿童教育的决心。

1. 教育的原则

（1）免费教育。国家有责任提供免费教育，至少是在初等教育阶段，并对中等教育逐步实现免费。《儿童权利公约》等多个国际文件都确认了国家实行免费教育的义务。《儿童权利公约》要求缔约国"实现全面的免费义务小学教育"，但没有给出一个国际标准。盖因世界各国和区域的差异太大，无法给定一个统一的免费义务教育的标准。免费既可以理解为免除收费，还可以从广义上理解为学校免费提供各种服务。

（2）义务教育。尽管教育权及于成人和儿童，但义务教育只适用于儿童，这也就意味着儿童的最大利益要求儿童不能拒绝接受一定水平以下的教育。然而，实际情况刚好相反，很多生活在发展中国家的儿童希望能够接受义务教育，但因为贫困、入学不够便利、传统观念反对女童受教育等的影响，很多想上学接受教育的儿童无法实现其愿望。经济、社会和文化权利委员会已经在其定期审查各缔约国报告时对义务教育问题，特别是对特定儿童群体的教育问题给予了关注，如女童、低收入家庭的儿童、乡村地区的儿童以及移民儿童等。免费教育和义务教育在国际法中是互换的，对于国家责任来说，其应当提供免费教育，而对于接受者来说应当是义务教育。教育的义务性质的观点来源于《世界人权宣言》，宣言规定教育义务性的目的是提高社会中个人的地位，这样，可以把教育的义务性看作保护受教育者个人的，同时也就意味着父母不能阻止子女接受教育。义务教育还受到社会利益的驱动，因为教育是社会发展最为重要的条件。

（3）教育机会平等。教育权的实现基于平等的机会。机会平等要求不得对任何人给予歧视待遇，这也是儿童权利保护应遵循的一项基本原则。教育中特别容易受到不公对待的儿童包括女童、残疾儿童、少数民族儿童以及乡村地区的儿童。教育机会均等涉及的方面既广又复杂，其中禁止教育领域的歧视是最重要的一个方面，很多国家的教育立法对此都做出了明确规定。比如，美国的法律很多都涉及教育领域禁止基于种族、肤色、族裔、性别和残疾的歧视的规定。《儿童权利公约》也敦促缔约国立即采取措施，防止并消灭教育领域的歧视，比如，确保学生平等入学，禁止在诸如学费、奖学金或其他形式的教育援助方面的差别对待，禁止公共援助项目对不同儿童群体进行差别对待，通过立法和行政方面的措施消灭实践中的歧视。教育机会不平等在我国也是一个极其敏感的话题，特别突出的是男女童之间以及城市之间的教育机会不平等问题。[①]

（4）学校纪律的人道性。这要求学校的行政管理方式符合儿童的人格尊严及涉及儿童权利的国际法规定。这项原则在《儿童权利公约》的第 2 项中有所体现，学校对其任何执行纪律的方式不仅不得采取残忍的、不人道的惩罚，还必须尊重儿童，要符合儿童的人格尊严，这一条意味着缔约国把体罚作为执行学校纪律方式的做法是违背《儿童权利公约》精神的。教育措施和儿童尊严相联系在以往的国际法中就有所体现，1962 年生效的《取缔教育歧视公约》第 1 条表明，取消或损害教育上的待遇不平等的歧视包括"对任何人或任何一群人加以违反人类尊严的条件"。

2. 教育的目的

关于教育的目标，《世界人权宣言》提出了四项目的：发展个性，加强对人权和基本自由的尊重，促进各国、各种族和宗教集团间的了解、容忍和友谊，促进联合国维护和平的各项活动。《经济、社会和文化权利国际公约》增加了两项，而《儿童权利公约》中教育目的的内容就更加丰富了。可以认为，《儿童权利公约》为教育的目的设定了基本框架，该公约第 29 条第 1 款宣称教育的目标应当是：

（a）最充分地发展儿童的个性、才智和身心能力；

（b）培养对人权和基本自由以及《联合国宪章》所载各项原则的尊重；

（c）培养对儿童的父母、儿童自身的文化认同、语言和价值观、儿童所居住国家的民族价值观、其原籍国以及不同于其本国的文明的尊重；

（d）培养儿童本着各国人民、族裔、民族和宗教群体以及原为土著居民的人之间谅解、和平、宽容、男女平等和友好的精神，在自由

[①] 参见吴愈晓《中国城市居民的教育机会不平等及其演变（1978—2008）》，《中国社会科学》2013 年第 3 期；李煜《制度变迁与教育不平等的产生机制——中国城市子女的教育获得（1966—2003）》，《中国社会科学》2006 年第 4 期；李春玲《"80 后"的教育经历与机会不平等》，《中国社会科学》2014 年第 4 期。

社会里过有责任感的生活；

　　（e）培养对自然环境的尊重。

　　儿童权利委员会《第 1 号一般性意见：教育目标》（2001 年）对教育目标条款的意义、法律含义以及国家义务做出了阐释，强调公约的"教育目标"条款具有深远的重要意义。首先，该条是公约整体最有价值的条款之一。教育目的是促进儿童全面发展的核心价值：每个儿童固有的人的尊严及其平等和不可剥夺的权利。其意义不仅在于促进教育进程，还在于其灌输的价值观促进了公约整体条款的实施。这些价值观贯穿于儿童整个学习过程，无论是家庭、学校还是社会当中，而学校的教学大纲、教育过程和教学方法都应当体现这些最基本的价值观。儿童不会因为走进了学校大门就失去了人权。例如，提供教育的方式必须尊重儿童的固有尊严。其次，该条为教育质量提出了基本目标，即培养儿童的个性、才智和能力，因此，教学计划和内容必须与儿童的现实状况和未来发展及能力培养相联系，教育方法应当因材施教。必须确保每个儿童学会基本的生存技能，不能在离开学校进入社会后还没有应付生活挑战的能力。再次，该条款坚持类似全息式的教育观念。教育的总体目标是尽可能扩大儿童全面和负责任地参加自由社会的能力和机会，鼓励和激发儿童的个性发展。另外，该条强调，教育应当传递一系列特定的道德价值观，包括以综合全面的方式开展和平、容忍及爱护自然环境的教育。这就帮助学校不仅着眼于文化知识，还将眼界扩展到社会整体的持续发展和国际国内乃至全球问题上。最后，该条款强调了人权的不可分割性，如果儿童不能树立这样一些基本的价值观，其权利的实现也将受到阻碍。对儿童的人权教育应当是一个全面、终生的过程，其起点就是在儿童的日常生活和经历中反映人权价值观。

　　第 29 条第 1 款所列目标全部与实现儿童的个人尊严和权利直接相关，并兼顾到儿童的特殊发展需要和发展能力，目的在于充分发展儿童的全部潜力、培养其对人权的尊重、增强其对不同族群特性的意识、促进社会化及对环境的尊重。该条不仅为受教育权增加了一个实质层面，反映了儿童的各项权利和固有尊严，还强调教育的必要性应以儿童为中心，教育是为了培养儿童的生存能力，增强儿童对人权的尊重以及对其他价值观的尊重和容让。这一目标的实现不仅要通过增强儿童的学习和理解能力达到，还需要通过增强儿童的自尊和自信来实现。这种"教育"远远超过了正规学校教育的范围，包含广泛的生活经验和漫长的学习过程，使儿童能够充分发展自己的个性、才智和能力，在社会中过有责任感的生活。对儿童的受教育权来说，机会平等固然重要，但内容设定也具有关键性，该条款所确立的价值观，对于每个儿童实现权利、应对未来挑战将发挥基础性作用。这些价值观作为教育的方向，对于儿童尊重和应对差异性具有指导意义，在增强儿童发挥独特作用的同时，可以弥合不同族群及价值观带来的差异性。该条款还强调了公约各条之间的互相关联性，其他条款包括一些一般性原则条款：非歧视、儿童最大利益、生存和发展权、表达意见原则。其中，就歧视问题与本条的关系来看，歧视有悖于儿童的尊严，不仅妨碍儿童平等接受教育的机会，还可能削弱儿童从教育中获益的能力。本条款中也存在因歧视而损害儿童受教育机会的问题，比如，在教学大纲中有可能存在的男女不平等的内容，或限制女童就学的某些安排，都可能会挫败女孩求学的积极性。这些歧视做法都直接违反了该条关于教育目的是最充分地培养儿童的个性、才智和身心能力的规定。除此之外，密切联系的条款还有但不限于父母的权利和责任（第 5 条和第 18 条）、言论自由（第 13 条）、思想自由（第 14 条）、知情权（第 17 条）、残疾儿童权利（第 23 条）、健康权（第 24 条）、受教育权（第 28 条）及少数人群体的儿童权利（第 30 条）等方面。

值得注意的是，这些目的没有先后顺序，每项目的都有着同等的重要性。这一目标条款强调了《儿童权利公约》各项规定之间必不可少的关联性质，该条款发展、加强、综合和充实了大量的其他规定，脱离这些规定孤立地看是无法正确理解教育的目标的。公约提供的只是一个大致的框架，具体的目的还需要各缔约国根据本国的情况加以补充。另外，儿童权利并不是脱离实际的抽象或孤立的价值观，而是存在于范围更广的道德框架之内。例如，该条强调必须尊重父母，需要在较大的道德、道义、精神、文化或社会框架内看待权利，以及必须考虑到多数的儿童权利并不是外部强加的，而是从特定社会的价值观中产生的。大多数教育专家和政府官员同意《儿童权利公约》第 29 条第 1 款（a）项关于教育的目的是"最充分地发展儿童的个性、才智和身心能力"，其他四项不过是向儿童传播某一方面的价值观。有人认为,《儿童权利公约》把这一项作为教育儿童的准则,而不是作为一种理想,其实,更应该把这一条款看作一项应承担的法律义务。[1] 这样的理解值得注意。通常来说,理想是远大的终极目标,很显然,个性、才智和身心能力的发展不能作为远大的终极目标,而是缔约国应当尽快实现的一个教育目的。洛克的"为了自由"倒可以作为教育的终极目标,他认为教育的根本就是自由。在洛克看来,儿童的个性、才智和身心能力的发展不过是获得自由的基础。[2]

3. 教育权的实现

据不完全统计,目前世界上有 1 亿儿童没有受到基础教育,其中多数为女童,特别是乡村女童。[3] 另有千百万名儿童在过于拥挤、不健康和设备很差的教室中上课。有 1/3 的儿童没有受过基本读写能力所需的最低限度的五年学校教育,[4] 这个数字的确惊人。教育是定国安邦的大业,对于减少贫困和童工以及促进民主、和平、宽容和发展至关重要,很多国家都非常重视教育,为儿童教育权的实现做了努力。比如,教育比较发达的美国,已经实现了普遍的、免费的初等和中等的义务教育,每个州都要求一定年龄段的孩子(根据义务教育条例通常是 7—16 岁的儿童)必须到初等和中等学校接受教育。

另外则是关于学校纪律的执行问题。当对儿童的体罚还没有被认定为违法的情况下,要求学校确保将执行纪律的"方式符合儿童的人格尊严"作为教育的一项原则,无疑是对教育权实现的有效保障。毫无疑问,体罚是"对身体的侵犯",并可能还带有"精神侵犯"、"伤害"、"虐待"、"残忍、不人道或有辱人格的对待"的特点。尽管在美国,绝大多数人都反对

---

[1] 参见 Cohen and Davidson, *Children's Rights in America: UN Convention on the Rights of the Child Compared with US Law* (American Bar Association, 1990), p. 176。

[2] 参见塔科夫《为了自由——洛克的教育思想》,邓正文译,生活·读书·新知三联书店,2001年,第 9 页。

[3] 论者研究发现,尽管农村女童受教育权的实现由伦理型转向了法制型,得到了一定程度的法律保障,但农村女童受教育权受损的现象仍不容忽视。参见孟宪范等《农村女童受教育权的保护》,《中国社会科学》1995 年第 5 期。即使农村孩子能随父母进入城市生活,其农村的身份使得他们依然无法享有平等的受教育权。参见高明华《教育不平等的身心机制及干预策略——以农民工子女为例》,《中国社会科学》2013 年第 4 期。

[4] 参见 A/RES/S-27/2。

学校中的体罚，但是，他们的意见还没有在联邦和大多数州的法律中得到体现。

　　我国自古以来就十分注重教育。到目前为止，已先后制定了《教育法》、《义务教育法》及其实施细则、小学生和中学生的德育纲要、小学生和中学生的日常行为规范等法律、法规和条例，这些立法与国际公约有着基本相同的价值取向，体现了《儿童权利公约》第 29 条表述的教育精神。例如《教育法》规定，教育的目的是要"培养德、智、体等方面全面发展……的接班人"，对受教育者"进行理想、道德、纪律、法制、国防和民族团结的教育"，教育不仅要"继承和弘扬中华民族优秀的历史文化传统"，还要"吸收人类文明发展的一切优秀成果"。《小学生德育纲要》规定，要教育学生"关心、爱护、尊重他人"，"爱护公共设施、文物古迹、爱护花草、树木，保护有益动物"。但法律在的实施过程中，还是会碰到一些难题，比如关于教育儿童对本民族语言文化的认同问题。我国《教育法》第 12 条规定，"汉语为基本的教学语言"，"学校及其他教育机构进行教学，应当推广使用全国通用的普通话和规范字"；同时，还规定"少数民族为主的学校及其他教育机构，可以使用本民族或当地民族通用的语言文字进行教学"。这些规定背后的目的在于通过一定范围的本民族语言文化的训练，增强儿童对自身的文化和价值观的自我认同，培养儿童对父母及本国文化的尊重，同时推广全国通用的普通话，使少数民族的儿童也能掌握汉语，以便将来能够广泛地融入社会生活，更全面地参与社会实践。我国是一个由 56 个民族组成的大家庭，汉族人口占绝大多数，为了加强民族的融合、理解和相互尊重，也应当让汉族的学生多了解其他民族的文化和价值观，并进而扩展到对其他国家的人民、族裔和宗教群体的文化和价值观的了解和尊重，培养学生"谅解、和平、宽容、男女平等和友好的精神，在自由社会里过有责任感的生活"。[①]

（二）基本自由的保障

　　自由是快乐的源泉。在人类发展到 21 世纪的今天，自由和尊严应当成为生存的基本要素。而对儿童的表达、思想、意识和信仰自由的肯定，对他们通信和隐私权的尊重，即是对儿童作为人的基本生存权的肯定和尊

---

　　① 《儿童权利公约》第 29 条。

重。《儿童权利公约》第 13 条、第 14 条、第 15 条和第 16 条集中对儿童的表达、思想和信仰自由以及结社和集会自由给予了确认，展现了一个自主和自由的社会氛围，是 20 世纪人权的进步和发展不可或缺的基本要素——"个体权利"的张扬。从更广泛的意义上说，这四项条款被誉为世界儿童的"民权"条款，这些条款为儿童个体权利的实现提供了一个基本的框架。不管是通过书面的还是口头的方式，还是通过艺术的或其他媒介的方式，儿童都可以通过表达自己的思想和观点来实现其选择权、自由权或任何个体的人权。在这四条规定中，第 13 条言论自由与儿童的参与权关系密切，所以在本书的"尊重儿童意见原则"和"参与权"部分都有所涉及，此不赘述；而第 16 条涉及的儿童通信自由，在前文讨论生存权时有所涉及，这里不再重复。因此，此处将侧重于讨论儿童的思想、信仰自由和结社自由。

1. 思想、意识和信仰自由

儿童的思想、意识和信仰自由同样代表着个人的"基本特性"，源自人的固有尊严和价值。然而，和表达自由一样，儿童的思想、意识和信仰自由通常只是"纸上谈兵"，很少被用于实际运作。国际法也从未对这些自由的行使设定年龄的界限。

儿童的思想和意识自由体现在很多国际人权文件中。《儿童权利公约》第 14 条规定："缔约国应尊重儿童享有思想、信仰和宗教自由的权利。"然而，更重要的是，该条第 2 款规定国家有义务"尊重父母并于适用时尊重法定监护人以下的权利和义务，以符合儿童不同阶段接受能力的方式指导儿童行使其权利"。这里，公约要求父母应当"因材施教"，根据其不同阶段的接受能力指导儿童行使权利。

儿童的信仰自由问题也是公约在讨论过程中争论的焦点之一。儿童维持或改变宗教信仰自由引出两个问题：一是儿童在什么阶段能够自己选择一种宗教；二是当儿童的监护人不同意儿童选择的信仰时，儿童应该如何处理。尽管立法确定了儿童的宗教信仰自由，但是对于信仰的选择，国际法都保持沉默。《儿童权利公约》第 14 条的制定参考了《公民权利和政治权利国际公约》第 18 条的规定：儿童拥有或接受信仰的自由。在儿童信仰选择权方面，不论国际标准如何确定，对立双方的意见终究不会达成妥协。当父母和儿童对信仰选择发生冲突的时候，国际条约总是偏向于父母一方。

《儿童权利公约》第30条还对少数人或原为土著居民的儿童享有自己的文化、信奉自己的宗教并举行宗教仪式、使用自己的语言的权利做了规定。这里所载权利的意义不仅在于它所表述的内容，而在于它把儿童看作一个完整的、有个性的、有能力参加社会实践的完全个体。值得注意的是，在很多国家，儿童跟随其父母的信仰被视作一种神圣的法条，儿童不可能做出自己的选择。在伊斯兰教的背景下，儿童没有选择其他宗教的自由，儿童跟随父亲的宗教信仰被看成儿童的最大利益，所以，在讨论公约的过程中，有的代表认为信仰自由只适用于成年人，对《儿童权利公约》把这种只适用于成年人的权利放入以儿童为对象的文件中的实际意义产生疑虑。这样，关于儿童对信仰的选择权就形成了两种对峙的局面，其中一方在总体上承认个人的信仰选择权，这在《欧洲人权公约》和《美洲人权公约》两个区域性人权公约及《公民权利和政治权利国际公约》中都有所体现。非伊斯兰国家基本接受信仰选择权对成人和儿童都是适用的这一观点。事实上，有一些国家在国内法中已经确立了信仰选择权，如瑞典儿童到16岁就可以选择自己的宗教信仰，芬兰儿童则是15岁。另一方是一些天主教和伊斯兰国家不承认儿童宗教信仰的选择权，他们都对《儿童权利公约》第14条提出了保留。

关于宗教教育，《公民权利和政治权利国际公约》承认儿童有根据父母的信仰和内心确信接受宗教教育的权利。但在很多时候，这种方式是不公平的，因为父母不会平等地对待所有的宗教，他们总有自己的信仰和偏好，倾向于通过灌输一种宗教而排斥另一些宗教，从而促使儿童和他们的父母走上同一条信仰之路。有时候这种引导甚至变成了强迫，特别是在只推行一种宗教或信仰的国家，这些地方通过一定的经济或行政安排，间接地支持一种宗教或特定的信仰。宗教教育的国际立法背后的意图在于建立父母的权利，以保护儿童免遭教育机构将一种强势的意识形态灌输给他们，这个意图对于还没有充分成熟的儿童是可行的，但对于足够成熟的儿童效果可能不那么理想，因为成熟一些的儿童应该能够判断各种利益间的冲突并取得平衡。

实际上，本条所设定的权利是二战以来迅速发展的宗教和信仰自由的体现。它一方面肯定了儿童拥有选择信奉某一特定宗教或根本就不信奉任何宗教的权利，另一方面，也传递给我们现实世界变得越来越多元化这样的信息。同时，本条也试图在保障儿童思想和信仰自由与维护国家和社会利益方面找到一个理想的平衡点。从国家利益的角度看，有时候国家肯定人们的宗教自由权远没有赋予其劳动法方面的权利带来的利益更有价值，这也是有的地方忽视宗教自由权的原因之一。例如，美国最高法院就通过 *Wisconsin v. Yoder* 一案，推翻了父母可以出席那些与其信仰相冲突的国立学校活动的规定。[①] 一些事例传递了这样的信息，即儿童权利有时被分为若干主次等级，一些权利的实现可以优先于另一些权利，这将导致所谓的"次级的权利"变得可有可无，成为尊重儿童权利的噱头。欧洲也有类似的情况，尽管《欧洲人权公约》确认了儿童的信仰自由权利，但是英国却在很多方面不支持儿童的这项自由。例如，禁止学生组织党派等规定，以及学校明确否定穆斯林学生周五祈祷的机会或坚持让基督教学生参加学校礼拜的规定，都与《儿童权利公约》的精神相悖。1988 年英国《教育改革法案》强迫儿童接受基于基督教特征的集体信仰，也是违背《儿童权利公约》第 29 条精神的，因为它几乎没有表达对少数民族儿童文化身份和价值的尊重。英国教育法赋予父母决定孩子选择何种宗教的权利，甚至要求学校针对一种特定的信仰设立特别课程，却没有同时赋予儿童同样的选择权，这都是违背《儿童权利公约》的。因此，本条第 2 款和第 3 款的规定，可能为父母和国家干预儿童的思想和信仰自由留下了空间。

宗教和信仰自由无论对成人还是儿童都是有限制的。《儿童权利公约》第 14 条第 3 款规定表明，个人宗教或信仰的自由应由法律规定并为保护公共安全、秩序、卫生、道德或他人之基本权利和自由必需的这类限制所约束。这项限制与《公民权利和政治权利国际公约》中对信仰自由限制的一个不同点在于它是以"保护公共安全"为目的，而不是出于"国家安全"的考虑。

2. 儿童的结社及和平集会的自由

《儿童权利公约》第 15 条规定，缔约国确认儿童享有结社自由及和平集会自由的权利。"对此项权利的行使不得加以限制，除非符合法律的规

---

① 参见 Cohen and Davidson, *Children's Rights in America: UN Convention on the Rights of the Child Compared with US Law* (American Bar Association, 1990), p. 140。

定并在民主社会中为国家安全、公共秩序、保护公共卫生或道德或保护他人的权利和自由所必需。"结社及和平集会自由对儿童来说是一项非常重要的权利，通过加入、组织、遵守组织内部规则等这样一些民主过程，儿童不仅可以有机会获得政治决策的经验，提高组织能力，还可以增强民主自由和遵纪守法的观念。但是，即使在那些号称民主自由程度比较高的国家，也很少对儿童适用这项自由权利。有意思的是，似乎中国在这方面却有着良好的发育土壤，我们的小学生有"少年先锋队"，并定期召开全国性的少代会；中学生、大学生有青年团，有全国性的定期召开的团代会。这些社团从性质上来说都是儿童青年自己的组织，他们可以通过自己的团体组织各种有益的活动，任何人非依法律规定不得加以干涉。

（三）休息和闲暇的权利

经验证明，如果不针对儿童特点做出安排，将阻碍儿童的健康成长。例如，"幻想"和"玩"在儿童的发展中起到非常重要的作用，如何安排娱乐和书本知识的学习对儿童的成长将产生重要的影响。《儿童权利公约》授权政府尽可能地支持和鼓励父母促进儿童的发展，这就意味着父母有责任建立有利于儿童在认知方面和情感方面发展的环境，意味着人们应该帮助并逐渐促使儿童通过更广泛的方式实现权利，包括儿童休息和闲暇的权利。

1. 休息闲暇对儿童的意义

《儿童权利公约》第31条的各项要素是相互联系、相辅相成的，这些要素结合在一起，构成为儿童独特和不断发展的天性提供保护的必要条件。满足这些要素对童年生活的质量、对儿童享有最佳发展的权利、对促进儿童的韧性和实现其他权利至关重要。首先，游戏和娱乐对儿童的健康和福祉至关重要，一种环境如果能够为儿童提供游戏和娱乐机会，就为其创造性提供了条件。儿童有机会通过自发游戏发展能力，有利于其想象力、自信、自我效能以及身体、社会、认知和情感的培养，能够促进其创造力、体力和技能的发展，还可以促进其观察力、沟通和理解能力。其次，参加文化和艺术活动不仅有利于帮助儿童形成对自身文化的理解，也有利于帮助他们理解其他文化，因为这种活动为他们提供了扩大视野和从其他文化和艺术传统中学习的机会，有利于其相互理解和欣赏文化的多样性。儿童融入文化生活还可使同伴交流内容变得更加丰富和生动有趣。另外，休息能够确保儿童拥有参与游戏和创造性活动所需的精力和动力。如果得不到充分的休息，儿童就缺乏进行有意义的参与或学习所需的精力、动力、体能和心智能力。剥夺儿童的休息权可能对儿童的身体和心智发展、健康和福祉造成无法挽回的影响。儿童还需要闲暇，即没有任何义务、娱乐活动或刺激物的时间和空间，他们可以选择按照自己的意愿，以活动或不活动的方式填补这些时间和空间。

2. 公约第 31 条释义

儿童权利委员会《第 17 号一般性意见：儿童享有休息和闲暇、从事游戏和娱乐活动、参加文化生活和艺术活动的权利》对该条的法律意义进行了解释，简要归纳如下。

《儿童权利公约》第 31 条规定：

（1）缔约国确认儿童有权享有休息和闲暇，从事与儿童年龄相宜的游戏和娱乐活动，以及自由参加文化生活和艺术活动。

（2）缔约国应尊重并促进儿童充分参加文化和艺术生活的权利，并应鼓励提供从事文化、艺术、娱乐和休闲活动的适当和均等的机会。

该条第 1 款确认休息和闲暇是儿童的权利，并对此类权利涉及的活动做出了说明。①休息权要求允许儿童能够从任何种类的工作、教育或消耗体力的活动中充分恢复过来，以确保他们的最佳健康状况和福祉。这一权利还要求为儿童提供充足睡眠的机会。在帮助儿童实现活动后恢复体力和充足睡眠的权利时，必须考虑儿童能力的变化及其发展需要。②闲暇指的是可用于游戏或娱乐的时间，其定义是自由时间，即不指定用途的时间，在这一时间中不进行正式教育、不工作、不承担家庭责任、不履行其他维持生计的职能或参加个人以外的其他人指导的活动。换言之，这是儿童按照自己的意愿自由处置的时间。③儿童的游戏指的是由儿童本身发起、控制和组织的任何行为、活动或程序。游戏的关键特征包括趣味性、不确定性、挑战性、灵活性和非生产性。这些因素结合在一起促进了游戏激发的快乐感，并为继续游戏提供动力。游戏是童年期快乐生活根本的和重要的方面，也是身体、社会、认知、情感和精神方面发展的一项关键因素。特别是幼儿期，游戏是其最独特的活动之一。通过游戏，不管是单独还是与其他人一起，儿童都能享受并刺激提高他们的能力。创造性游戏和探索性学习对幼儿期教育的重要性是得到普遍承认的。然而，由于客观条件的限制，儿童的游戏权往往受到阻碍。④娱乐是一个总括术语，用于描述形形色色的活动，其中包括参加音乐活动、艺术活动、手工活动、社区活动、俱乐部活动、体育运动、竞赛、徒步旅行和野营、培养爱好等。娱乐活动包括儿童自愿选择的活动或体验并从中获得满足，或者能够从中实现一些个人或社会价值。虽然许多娱乐活动可能是由成年人组织和管理的，但娱乐应当是一项自愿活动，强制儿童参加竞赛和体育运动或参加青年人组织都不属于娱乐。⑤与儿童的年龄相宜，第31条强调活动与儿童年龄相宜的重要性。就游戏和娱乐而言，在确定提供的时间、可用空间和环境的特性、激励的形式和多样性、必要的成人监管程度以及确保安全等问题时，必须考虑儿童的年龄。随着儿童逐渐长大，他们的需求和愿望会发生变化，从希望提供有游戏机会的场所转变为希望提供社交机会，以及与伙伴相处或独处的场所。他们还会逐渐探索更多需要承担风险和应对挑战的机会。这些体验符合青少年的发展需要，有利于他们找到认同和归属感。⑥文化生活和艺术活动。委员会赞同一种观点，即儿童及其团体正是通过文化生活和艺术活动来表达他们的特定身份及其赋予生存的意义，并在与影响其生活的外部力量碰撞之后建立他们的世界观。① 文化和艺术活动可在家、学校、街头和公共场所进行，还可通过舞蹈、手工、庆祝活动、仪式、戏剧、文学、音乐、电影、展览、数字平台和视频等方式实现。文化生活来自儿童所生活的环境，而非自上而下强加的结果，因此，国家担任提供便利者而非供应者的角色。⑦儿童自由参加文化生活和艺术活动的权利要求缔约国根据确保保护儿童和增进儿童最大利益的义务，尊重儿童获得选择和参与这类活动的权利，避免对其实施干涉。儿童决定行使或不行使这项权利是个人选择，因此，其决定应得到承认、尊重和保护。

第31条第2款明确了充分参加文化和艺术生活的权利具有三个相互联系并相辅相成的方面："接触" 要求为儿童提供体验文化和艺术生活

---

① 参见经济、社会和文化权利委员会《第21号一般性意见：人人有权参加文化生活》，2009。

及了解各种不同表达形式的机会；"参与"要求保证为儿童提供切实机会，使他们能够自由地表达、沟通、表现和参加创造性活动，从而促进其个性得到充分发展；"促进文化生活"包括儿童有权以文化和艺术的方式表达认识和情感，从而推动其所属社会的发展与转型。虽然鼓励提供适当机会的要求具体列举出文化、艺术、娱乐和休闲活动，但委员会根据《儿童权利公约》第 4 条对这一条所做的解释中也纳入了游戏。因此，缔约国必须确保为儿童的参与创造必要和适当的先决条件，并且必须为每个儿童享有第 31 条之下的权利提供均等的机会。这也就意味着，只有在制定了必要的立法、政策、预算、环境和服务框架的前提下，儿童才可能实现该项权利。

3. 第 31 条与公约其他条款的关系

第 31 条与《儿童权利公约》一般性原则之间的联系如下。

第 2 条（不歧视）。委员会强调，缔约国应采取一切适当措施，确保所有儿童有机会实现其在第 31 条之下的权利，不受任何种类的歧视，不因儿童或其父母或法定监护人而有任何差别。应尤其关注某些儿童群体的权利，其中包括女童、残疾儿童、在贫困或危险环境中生活的儿童、贫困儿童、惩教机构的儿童、医疗保健机构或收容机构的儿童、处于冲突或人道主义危机的儿童、农村社区的儿童、寻求庇护和难民儿童、街头儿童、游牧民族儿童、移徙或内部流离失所的儿童、土著儿童和少数民族儿童、童工、无父母的儿童以及面临极大学业压力的儿童。

第 3 条（儿童的最大利益）。委员会强调，依照定义，实现第 31 条之下的权利符合儿童的最大利益。所有的立法、政策和预算措施以及可能影响到第 31 条规定的权利、涉及环境或服务规定的措施都必须考虑儿童的最大利益。例如，这一条适用于涉及以下问题的规章：健康和安全、固体废弃物的处置和收集、居住和运输规划、城市面貌的设计和无障碍性、提供公园和其他绿地、确定学校作息时间、童工和教育立法、实施规划或制定有关互联网隐私权的法律等。

第 6 条（生命、存活与发展）。缔约国必须尽最大可能，确保儿童的生命、存活与发展。在这方面，委员会提请注意，必须认识到第 31 条对促进儿童发展和提高其能力发挥的积极价值。这一点也意味着用于落实第 31 条的措施应符合所有年龄儿童的发展需要。游戏对儿童的发展发挥核心作用，国家应帮助家长、看护人、政府工作人员和所有从事儿童工作的专业人员提高对这一问题的认识和理解。

第12条（发表意见权）。儿童有权对影响他们的一切事项发表意见，对儿童的意见应按照其年龄和成熟程度给予适当的看待。儿童在从事游戏和娱乐活动以及参加文化和艺术活动时有权选择和发挥自主性。委员会强调，必须为儿童提供促进制定法律、政策、战略和设计服务的机会，以确保其享有第31条之下的权利。例如，儿童在这方面的贡献可包括参与涉及以下问题的磋商：与游戏和娱乐相关的政策、影响受教育权、学校架构及课程设置的法律或与童工相关的保护性法律、建设公园和其他地方设施、城市规划和设计对儿童友好的社区与环境。此外，还可向儿童了解他们对学校和更广泛的社区提供的游戏或娱乐及文化活动等机会的反馈意见。

第31条除了与《儿童权利公约》一般性原则条款之间的联系，与其他相关权利之间也有紧密的关系。选择列举如下。

第15条：儿童有权选择朋友，也有权参加社会、文化、运动和其他形式的组织。结社自由是其在第31条之下享有权利的一个组成部分，因为儿童可一同创造各种形式的想象游戏。儿童需要与拥有不同能力、来自不同阶层、文化和年龄不同的伙伴相处，以便学习合作、容忍、分享和随机应变的能力。游戏和娱乐为结成友谊创造机会，能够在促进儿童的社会、道德和情感发展、塑造社区文化等方面发挥作用。

第17条：儿童有权获得可带来社会和文化收益、来自不同社区和国家以及国际来源的信息和资料。获得这类信息和资料对他们实现充分参与文化和艺术活动的权利至关重要。缔约国应确保通过不同媒体，尽可能地为儿童广泛提供与其自身文化和其他文化相关的信息和资料，使用他们理解的语言，包括手语和盲文，允许版权法给予特例，以便确保以其他形式提供印刷资料。同时必须认真保护和保留文化多样性，避免文化偏见。

第22条：难民儿童和寻求庇护儿童在实现第31条之下的权利方面面临严峻挑战，因为他们常常在经受自身的传统与文化错位的同时受到东道国文化的排斥。必须努力确保难民和寻求庇护儿童拥有与东道国儿童均等的机会，以享有第31条规定的权利。还必须认识到，难民儿童有权保留和实践自己的娱乐、文化和艺术传统。

第 23 条：必须向残疾儿童提供无障碍和包容性的环境与设施,①使他们能够享有第 31 条之下的权利。家庭、看护人和专业人员必须认识到具有包容性的游戏的价值，它既是残疾儿童的权利，也是其实现最优发展的手段。缔约国应努力为残疾儿童提供机会，使其平等和积极地参与游戏、娱乐和文化与艺术生活，方法包括提高成人和残疾儿童伙伴的认识，以及提供与其年龄相宜的支持或援助。

第 28 条和第 29 条：教育必须以能在最大程度上发展儿童的个性、才智和身心能力为导向。实现第 31 条所载权利对遵守第 29 条所载权利至关重要。儿童要发挥最大潜力，需要文化和艺术发展以及参加运动和竞赛的机会。委员会还强调，第 31 条之下的权利能够使儿童的教育发展获得积极收益，包容教育和具有包容性的游戏相辅相成，应在幼教（学前）以及在小学和中学阶段的每一天为这类教育和游戏提供便利。虽然游戏对所有年龄的儿童都很重要和必要，但在学前阶段尤其具有重要意义。研究表明，游戏是儿童学习的重要方式。

第 30 条：应鼓励来自族裔、宗教或语言少数群体的儿童享受和参与文化活动。缔约国应尊重来自少数群体的儿童及土著儿童的文化特性，确保给予他们均等的权利，使他们能够参加反映其自身的语言、宗教和文化的文化与艺术活动。

第 32 条：委员会注意到，在许多国家，一些儿童从事繁重的工作，这导致他们被剥夺了在第 31 条之下的权利。此外，有数百万名儿童在整个童年时代的大部分时间中与其家人一样担任家务劳动或其他工作，得不到充分的休息或教育。各国必须采取一切必要措施保护所有童工，使他们免受侵犯，享有其在第 31 条之下权利的待遇。

第 19 条、第 34 条、第 37 条、第 38 条和第 39 条：暴力、性剥削、以非法或任意手段剥夺自由以及强迫在武装冲突中服役等情况严重阻碍，甚至完全剥夺了儿童享有游戏、娱乐和参加文化生活与艺术活动的机会。受到其他儿童的欺负也可能成为其享有第 31 条之下权利的主要阻碍因素。缔约国只有采取一切必要措施，保护儿童免于遭受这类行为，才可能使儿童实现上述权利。国家有义务确保为遭受忽视、剥削、虐待或其

---

① 参见《残疾人权利公约》，第 7 条、第 9 条和第 30 条。

他暴力形式的儿童提供康复和重返社会方面的支持。儿童的经历，包括那些痛苦和使之受到伤害的经历可通过游戏或艺术表现形式传达。提供实现第 31 条之下权利的机会可作为一种重要方式，儿童可通过这种方式表达创伤或痛苦的人生经历，以理解其过去，并更好地应对未来。游戏和艺术表达能够使他们通过一种自然、自我引导和自我治疗的过程，传达和更好地理解自身的感受和想法，预防或解决精神问题，并学习管理人际关系和冲突的能力。

4. 缔约国的义务

国家有履行尊重、保护和落实第 31 条所载内容的义务，保证所有儿童都能够不受歧视地实现该条所载权利。

尊重的义务要求缔约国不可直接或间接干涉儿童享有第 31 条规定的权利。尊重的义务包括制定具体措施，旨在尊重儿童实现第 31 条之下的权利，包括：①为看护人提供指导、支持与便利；②转变公众不重视儿童娱乐的态度，使公众认识到游戏、娱乐、休息、闲暇及参与文化与艺术活动对促进他们享受童年、促进儿童的最佳发展以及建立积极的学习环境具有重要意义。

保护的义务要求缔约国采取步骤，防止第三方干涉儿童享有第 31 条之下的权利。缔约国有义务确保以下方面。①不歧视。须制定法律，保证每一名儿童都能够在不受任何理由歧视的情况下接触所有娱乐、文化与艺术环境，包括自然空间、公园、游戏场所、运动场馆、博物馆、影院、图书馆、剧院，以及文化活动、服务与项目。②对非国家行为者的监管。应制定法律、规章和准则，同时制定必要的预算分配和有效的监测与执行机制，以确保社会所有成员遵守第 31 条的规定，包括：未成年工的劳动保护、公共娱乐文化设施安全和无障碍标准、城乡协同发展、保护儿童免遭不良文化和娱乐产品和资料的伤害、禁止为儿童生产仿真战争游戏和玩具。③保护儿童免受伤害。必须针对在游戏、娱乐、运动、文化和艺术等方面从事儿童工作的所有专业人员，制定和执行有关儿童保护的政策、程序、职业道德规范、法规和标准。④网络安全。应采取措施，促进网络的接入并保障儿童的安全。

落实的义务要求缔约国采取必要的立法、行政、司法、预算、促进和其他措施，提供一切必要的服务、设施和机会，以促进儿童全面享有第 31

条规定的权利。不论是在国家还是地方层面的所有这类措施，包括规划、设计、制定、执行和监测等措施都应与儿童本身以及非政府组织和基于社区的组织合作制定。具体而言，应考虑以下问题：立法和规划、收集数据、国家与市镇政府的跨部门合作、预算、通用设计、城镇规划、学校环境和课程设置等。

此外，就中国的情况来看，休息权作为儿童权利的重要内容，其实现涉及有关法律的实施。比如，如果没有年龄的限制，少年可能会被大量雇佣，为了经济利益每天可能会工作很长时间而受到剥削。同样，即便《未成年人保护法》有关于儿童睡眠和娱乐的权利要求，但学生还是每天赶作业到深夜。因此，法律只是笼统地表明儿童有休息权是不够的。比如，国家提倡给中小学生减负，但是，如果诸如升学政策等一系列其他政策法律跟不上，学生就不可能真正减负。原因很简单，学校的功课压力小了，但是随之而来的升学的压力并没有减小。学生家长不得不让孩子另外上社会上办的各种各样的培训班、补习班，这样学生不但没有减负，反而受到校内功课和校外功课的双重压力。学习和升学的双重压力不仅抽走了孩子的快乐，升学和就业的压力还让家长越来越焦虑。在上不了好小学就上不了好中学，上不了好中学就上不了好大学，上不了好大学就找不到好工作的环环相扣的链条下，孩子被"抽打"着不断努力，连闲暇和睡眠都无法保证，快乐又从何而来呢？

四 参与权

儿童的参与权指儿童享有在家庭、学校、社会等场域就相关事务与他人互动的权利。参与是一个过程。有论者将儿童参与的场域分为六个层次，认为儿童应当作为社会的能动者参与到成人世界的许多决策中来，儿童参与应当体现在所有层次上，包括家庭、学校、社区，工作，国家和国际层面。[①] 儿童的参与是为了使其得到全面而健康的发展。可能有人认为，在大多数情况下，儿童的参与似乎是无足轻重的，而且有时还会和家长的意见发生矛

---

① 参见中华全国妇女联合会儿童工作部、英国救助儿童会中国项目编《儿童参与：东西方思维的交汇》，中国法制出版社，2004，第24—36页。

盾。那么，为什么还要尊重儿童的参与权呢？儿童参与权的确认不仅是对其人格的尊重，也是培养参与意识的前提。儿童的参与意识又是其健康发展的重要方面。参与意识是培养民主文化的基础，民主文化意味着人懂得为自己的观点辩论，同时也懂得听取并尊重别人的意见，以及接受在诸如竞选等民主活动中的失败。这种民主意识和实践开始得越早，民主文化就会建立得越好。学校是培养民主文化的摇篮，当以一种能够促进儿童的尊严感和价值感的方式对待儿童时，他们对人权和基本自由的尊重也就得到了加强。① 儿童参与权既是儿童的基本权利，也是他们的基本需要。尽管儿童的参与权由于年龄的限制受到国家的诸如选举法方面的限制，但是，《儿童权利公约》规定，每个儿童在有关他们的事务中，都有发表意见的权利。所以，参与是广义的，儿童的表达自由应该体现在家庭和社会生活的各个方面。保障儿童参与权的实现，首先，要对儿童发表意见的权利给予充分的尊重，儿童依从成人意志进行的被动性参与或象征性参与②都是对儿童参与权的不尊重。其次，参与的方式应当多种多样，包括行为、言论和思想，重要的一点是成年人不应该忽视儿童是家庭的成员、社会的一分子。最后，参与的程度应从以成人为主儿童参与逐渐过渡到以儿童为主成人帮助式的参与。

　　一些国际文件对参与权给予了必要的关注，《公民权利和政治权利国际公约》第25条规定，每个公民应有直接或通过自由选择的代表参与公共事务的权利和机会。第19条还规定，人人有自由发表意见的权利。该权利包括寻求、接受和传递各类信息和思想的自由。③ 这些规定是从"人人"的角度对参与权的肯定，但并不是从保障儿童参与权的特定视角所做的规定。传统的表达自由权都没有和儿童相联系。《儿童权利公约》虽然未对儿童对公共事务的参与做出规定，却强调了儿童在涉及自己的事务中有自由表达意见的权利，并强调在涉及儿童的事务中应以儿童的最大利益为基本的准则。该公约的规定对儿童的参与权具有重大的潜在影响。允许儿童参与决策就意味着成人权威和控制力量的部分丧失，有时候，拒绝或允许

① 参见 Birgitta Rubenson，*The Rights of the Child in Swedish Development Cooperation*，Swedish International Development Cooperation Agency，2002。

② 被动性参与指不明白参与的含义，象征性参与指没有选择权的参与。

③ 参见 Goran Melander and G. Alfredsson（eds.），*The Raoul Wallenberg Compilation of Human Rights Instruments*（Martinus Nijhoff Publishers，1997），p. 49。

儿童参与常常不是根据儿童的成熟度决定，而是根据是否能够避免儿童犯错误而定。如果根据是否会犯错误而定，恐怕也没有几个成人能够自由行使他们的表达自由了。

儿童参与权的实现不仅可以从参与路径的不同看出其参与的深度，还能够通过表达自由、获得有益信息等方式表现出来。《儿童权利公约》在第 12 条、第 13 条和第 31 条对儿童的表达自由等做出了明确规定。第 12 条规定儿童对涉及自身的一切事务有发表自己意见的权利，发表意见的权利在前文已经涉及，此处将从儿童参与路径或阶梯、表达自由及其限制、获取信息的权利考察儿童参与权的实现。

（一）儿童参与路径或阶梯

在儿童参与的理论研究中，就儿童参与路径与参与程度的强弱，曾形成过两种参与阶梯模式，这一成果为儿童工作实践者提供了参照的工具。[①]

一种参与阶梯是美国心理学教授罗杰·哈特（Roger Hart）的参与阶梯。该阶梯模型由其在 1992 年出版的《儿童参与：从象征主义到公民权》一书中首次提出。下面从弱到强依次如表 3 - 1 所示。

表 3 - 1　罗杰·哈特的儿童参与阶梯

参与程度	表现	例证
①操纵	儿童被操纵，儿童无法了解为什么这样做，也不能发表意见	
②装饰	儿童有机会参与，但不明白其意义	如节日花边
③表面文章	儿童只是象征性参与。被问到想法，但无人重视其意见	如形象工程
④共同决策	成人决定事项，儿童了解并决定是否参与	如组织学生参观
⑤成人咨询和告知儿童	儿童意见及儿童意见获得重视。成人设计事项，了解意义，征求意见，认真对待意见	如离婚中子女归属
⑥成人发起但与儿童一起决策	成人提出有关事项，让儿童在筹划和实施中参与，并与儿童一起做决定	如学校中的主题班会、家庭旅游
⑦儿童发起、儿童策划	儿童提出有关事项并由儿童自己做出决定	
⑧儿童发起，邀请成人一起决策	儿童自己提出有关事项，并以主体身份邀请成人一起讨论和做出决定	如有些儿童的生日聚会

[①]　参见史秋琴主编《儿童参与与公民意识》，上海文化出版社，2007，第 35—37 页。

另一种参与阶梯是由哈里·希尔（Harry Shier）于 1998 年提出的儿童参与阶梯。该阶梯有 5 个阶梯，参与程度由弱到强分别如表 3 - 2 所示。

表 3 - 2 哈里·希尔的儿童参与阶梯

参与程度	表现
①儿童被倾听	儿童表达意见时受到关心
②儿童表达意见受到支持	成人态度积极地寻求儿童表达
③儿童意见受到重视	对儿童意见根据其年龄和成熟度给予了恰当看待
④儿童参与决策过程	从咨询向积极参与过渡，儿童融入决策过程
⑤儿童在决策中分享权利和责任	与上个阶梯存在程度上的不同

儿童参与阶梯或参与路径不是说儿童参与过程必须要从弱到强顺次进行，参与模式实际上可以从任何一个阶梯展开行动。需要强调的是，参与过程特别要关注儿童能力的渐进发展，儿童能力发展是一个自主能力逐渐提高的过程，在这个过程中，儿童慢慢摆脱对他人和群体的依附，逐渐社会化并独立面对生活。因此，关于儿童参与的自治权，也有权利能力和行为能力的分别，作为一项权利，任何儿童无论年龄、生活状况如何都享有参与的权利，但其行为能力则有强弱之分，幼儿期比青春期的少年对成年人有更多的依赖性，这也是法律规定行为能力的依据。

（二）儿童表达自由及其限制

儿童表达自由是宪法规定的权利，也是其参与社会生活的基本方式之一。儿童表达自由的实现需要特别的帮助，《儿童权利公约》强调，在一些领域如果不予儿童表达自由，就将损害儿童的最大利益，比如，对儿童在学校中的意见表达就应给予特别的关注。在英国，通过 *Belgian Linguistic* 判例，申诉人就提出，表达自由权应当包括语言自由，其中包括选择一种语言进行教学的自由。[①] 再如，对于处于青春期的少年来说，他们有自己的性观念和性道德。在学校的教育中，怎样听取和引导少年人树立正确的性道德和性观念也是一个重要的问题。像英国一些学校，曾经利用议事规

---

① 参见 Geraldine van Bueren，*The International Law on the Rights of the Child*（Martinus Nijhoff Publishers，1995），p. 139。

则限制性教育和关于同性恋的教育，也是和《儿童权利公约》的规定相悖的。毫无疑问，儿童有根据自己的观点发表自己的意见并展示自己想法的权利。正如哈德曼所言："应当用儿童自己的道义观看待儿童，而不只把他们当作成人说教的容器。"[1]

《儿童权利公约》第13条第1款规定：

> 儿童应有自由发表言论的权利；此项权利应包括通过口头、书面或印刷、艺术形式或儿童所选择的任何其他媒介，寻求、接受和传递各种信心和思想的自由，而不论国界。

表达自由有着非常宽泛的含义，它不仅包括通过口头、书面或印刷的方式发表言论的自由，还包括通过艺术的或者其他儿童选择的载体进行表达的自由，还包括寻求和接受各种信息和思想并传播的自由。艺术或其他的载体形式包括用图像或数字等形式所表达的，从公共的媒体渠道到校报甚至是文化衫等展现个性特征的形式。

尽管儿童的表达自由受到国际公约和国家法律的保护，但是，表达自由的行使并不是绝对的，而是有一定限制的。当然，这种限制不应该对表达自由权本身造成损害。但是，有时候对儿童的表达自由也会发生一些不应有的限制，这些限制有可能影响儿童个性的发展，使儿童的表达自由被限定于一定的范围之内。例如，为保护公共健康，那些青年人表达个性的方式，如所谓的"奇装异服"、"奇形怪发"以及其他在成人看来不太整洁的修饰方式可能会受到限制。儿童的表达自由必须与尊重其他权利取得平衡。《儿童权利公约》从保护公共利益和公共道德的角度考虑，其第13条第2款指出，儿童在参与社会生活时要"尊重他人的权利和名誉"、"保护国家安全或公共秩序或公共卫生或道德"。通常情况下，这些限制条件既是为了他人和社会的利益，也是为了儿童自身考虑。比如，从道德和社会风纪考虑，其可能会限制青少年接触那些不健康的淫秽录音录像制品，这

---

① 转引自 Michael Freeman, *The Moral Status of Children: Essays on the Rights of the Child* (Martinus Nijhoff Publishers, 1997), p. 3。

种限制明显地是从保护儿童的利益出发的，也是公约第 13 条所体现的精神。对儿童表达自由的这些限制和儿童的参与权并不矛盾，任何人参与社会、和他人交往都要讲规则，尊重他人的同时也就是尊重自己。只有懂规则讲规则，生存的环境才能安全有序。这也是儿童发展必不可少的条件，懂得尊重他人、遵守纪律也是儿童发展必备的修德。

表达自由不仅涉及思想和信息，还涉及资料的获取。但是，在很多情况下，获取资料的自由不适宜于儿童，因此，《儿童权利公约》第 13 条（e）鼓励缔约国对儿童获取资料制定准则，为的是保护儿童不受可能损害其福祉的信息和资料之害。在制定这样的准则时，缔约国应当记取对儿童发展承担的基本责任。《儿童权利公约》强调缔约国确认大众传媒的重要作用，并应确保儿童能够从国家和国际各种渠道获得信息和资料。这就意味着国家有责任和义务保障儿童通过多种渠道表达意见，同时保护儿童免受对儿童身心健康和社会福祉有害的信息和资料的侵害，如色情、暴力以及对儿童的有害宣传。因此，儿童参与社会生活的广度和深度都是有限的，有些活动对成人来说是合法的，但对于儿童就是不合法的，这与儿童身心发育程度密切相关。国家和社会尤其应对儿童参与的限制性规定予以高度重视，既不能妨碍儿童的正当的社会参与，又不能放任不管。对儿童获取色情资料以及发表关于色情内容的言论的限制，收看收听电视广播节目的限制，禁止儿童到一些娱乐性场所如网吧等，这些规定不是妨碍儿童的参与权，而是为儿童的健康和安全考虑。这还涉及对生产、销售这些产品的行业的管理，如电影业、音像制造业的管理。

（三）儿童获取信息的权利

儿童获取健康的信息和资料的自由一直都没有得到国际社会的普遍重视，直到《儿童权利公约》才有所体现。该公约第 17 条规定，缔约国"应确保儿童能够从多种的国家和国际来源获得信息和资料，尤其是旨在促进其社会、精神和道德福祉和身心健康的信息和资料"。本公约同时敦促缔约国鼓励大众传播媒介散播有益于儿童的信息和资料；鼓励在编制、交流和散播这类信息和资料方面进行国际合作；鼓励儿童读物的著作和普及；鼓励大众传播媒介特别注意属于少数群体或土著居民的儿童在语言方面的需要；鼓励保护儿童不受可能损害其福祉的信息和资料之害。

　　获得健康丰富的信息和资料，是保障儿童受教育权得以实现的一个重要渠道，特别是在信息大爆炸时代，引导帮助儿童获得有益的资源更是家长和学校的一项重要职责。此外，被收养儿童也有获得关于他自身身份的信息的权利，这项权利对于那些长期生活在孤儿院或类似机构中的孤儿尤为重要。

第四章　儿童权利实施机制

国际法的发展一直都注重国家间的关系，然而，近半个世纪以来，国际社会已经认识到，个人的发展才是国际法律制度追求的最终利益，这也是国际法发展最显著的变化之一。追求个体利益的发展势必要对国家权力进行限制。为了保护和尊重个人的基本需要，必须把个人的需要转变为权利。这种转变将通过把道德和政治承诺的重点放在实现这种需要上，并赋予个体特定的国际法律地位来完成。但是，在国际法范围内，个人的资格、能力及其所依赖的团体在个体权利的保护和实现等方面是有差异的，在很多情况下，个人不能够直接启动诉讼程序以保护自身的利益，不得不依靠间接的手段捍卫自己的权利。

与儿童权利保护有关的国际保护机制主要涉及以《联合国宪章》为基础建立的机制和以国际人权条约为基础建立的机制。这些机制有的是综合性的，例如联合国人权理事会，其主要职能包括但不限于对儿童权利的保护；有的是专门性的，例如根据《儿童权利公约》建立的联合国儿童权利委员会。此外，还有一些保护儿童权利的国际非政府组织，它们在儿童权利保护方面发挥着举足轻重的作用。（1）依联合国宪章建立的与儿童权利保护有关的机制主要包括联合国人权理事会和联合国儿童基金会（UNICEF）。前者定期审查人权发展的总体状况，包括儿童权利状况；后者成立于1946年，当时的目的是临时解救二战后欧洲面临饥荒灾难的儿童，1953年之后发展为永久机构。联合国儿童基金会在世界190多个国家和地区设有办事处，通过提供服务和组织物质资源提供帮助。（2）条约所涉及的条约监督机构。至2013年为止，联合国大会就通过的9个核心国际人权条约建立了专家委员会以监督条约执行情况。一些条约还通过任择议定书的形式，对条约机构监督缔约国的程序做出补充规定。① 2005 年通过的联合国人权事务高级专员启动了"加强进程"，以便"对缔约国法定条约义务的履行情况进行由专家牵头的可预测、非政治化、非歧视性的定期独立审查"，② 这也在某种程度上加强了对《儿童权利公约》执行情况的监督，但在总体上，从这些机构的职能来看，儿童权利委员会还是最弱的一个，因为除了缔约国报告机制外，其他机构具有对国家和个人针对本国的来文制度，而儿童权利委员会尽管于 2011 年 12 月通过了《儿童权利公约关于设定来文程序的任择议定书》，但到目前为止尚未生效。（3）与儿童权利保护有关的非政府组织在儿童保护的能力建设以及促进儿童权利主流化等方面做出了突出贡献，具体情况将在下文加以说明。

　　人权保护机制就其内部机制而言涉及机构的组成、组织程序、运作方式和方法；就其外部设置而言涉及与其他相关机构之间的关系、协调与合作等事项。随着国际法的发展，其形成了五种促进和保护人权的机制：（1）个人或通过他们所属的组织提出权利受到侵犯的控告程序；（2）专家报告制度，包括对侵权事件的实地调查；（3）践履国际人权法而采取措施的国别报告接收机构；（4）为促进国内法保护达到国际标准而提供的技术咨询服务；（5）援助措施的报告接收机构。

　　个人的诉讼机制当然是侵权救济最便捷的方法，但是，个人诉讼制度也有其难以克服的问题。其缺陷之一就是诉讼时间的拖延，特别是当申诉方为儿童时，由于儿童的理解力不同于成人，诉讼期间会拖沓得更加严重。国际人权监督机制中，拖延是普遍现象，因为在所有的申诉中，当事人要在用尽国内救济之后才能寻求国际帮助，区域和国际人权诉讼机制只有裁判权，等待国际或区域人权法裁定的期间又是在国内诉讼时效之外的期间，这样，诉讼期间的拖沓就难免了。国家间的控告机制更多适用于持

---

① 这些条约包括：《公民权利和政治权利国际公约》、《经济、社会和文化权利国际公约》、《消除一切形式种族歧视国际公约》、《消除对妇女一切形式歧视公约》、《禁止酷刑和其他残忍、不人道或有辱人格的待遇或处罚公约》、《儿童权利公约》、《保护所有移徙工人及其家庭成员权利国际公约》、《残疾人权利公约》和《保护所有人免遭强迫失踪国际公约》。具体内容参见柳华文《联合国核心人权公约与机制》，湖南大学出版社，2016；戴瑞君《联合国人权条约机构体系的加强进程——联合国人权保护机制的最新发展》，《环球法律评论》2013 年第 6 期。

② 参见《联合国人权事务高级专员报告：加强联合国人权条约机构系统》，UN Doc. A /66 / 860（2012）。

续的大规模侵犯，不能指望它在保护儿童权利方面发挥重要作用，《儿童权利公约》也没有体现这样的机制，所以，让国家为了保护受到侵犯的儿童而发动国家间的诉讼机制的可能性很小。事实调查和专家报告制度有可能启动国际性和区域性的行动并成为救济的直接方法。以上这些机制，特别是所涉及的技术咨询性机制，更多地适用于政府间和非政府间的儿童权利保护。另外，国别报告机制也是救济的方式之一，这种机制通过成员国向儿童权利委员会提交的定期报告来完成，是最弱的实施机制。[①]

因为儿童的脆弱性，对儿童的侵害有时是潜在的，并不能够为人们所及时发现和认识，这样也就为一些侵犯儿童权利的人找到了辩解的借口。儿童权利受侵犯的复杂性对国际公约的实施提出了挑战，实际上，国际法是不能自行实施的，特别是直接与各国能够获取的资源相关联的社会、经济和文化标准的实施，更需要靠各成员国的确认和努力。《儿童权利公约》的实施也是如此。儿童权利保障的实施机制已经证明，在侵权行为发生当中或之后采取必要措施的确能够减少侵权行为的再次发生，但是，这些毕竟都是事后的救济手段。技术性措施和援助手段的目的就在于预防这种情形的发生。国际儿童保护领域更应当寻求的是有效的预防机制。在预防机制下，应当对专门的儿童权利保护机制以及与儿童保护相关的措施进行严格的评估，比如，可以对影响儿童生活的重大事件或对这些重大事件具有促进作用的保护措施进行评估，还可以对实施儿童权利的不利因素进行评估。

儿童权利实施机制是整个儿童权利保护机制中重要而不可缺少的环节。国际儿童权利保护机制是儿童保护领域中为各国所接受的具有拘束力的诸多准则和决策的程序体系。国际机制的决策程序大体上分为强制性程序（enforcement）、执行性程序（implementation）和促进性程序（promotioinal）三种。强制性程序指具有拘束力的国际决策和对各国遵守国际准则所实行的强制国际监督。执行性程序指各国通过国际交往协调国家政策的活动。促进性程序指国际信息交流和为促进或帮助各国执行国际标准所做的各种努力。这种决策程序实际上就是通常所说的实施机制。就儿童权

---

① 参见 Geraldine van Bueren，*The International Law on the Rights of the Child*（Martinus Nijhoff Publishers，1995），pp. 378 – 379。

利实施机制而言，其除联合国儿童权利委员会和区域性人权机制，还包括非政府的民间专门机构。在国际人权公约范围内，大多数国际人权条约实施机制都没有为审查委员会就审查缔约国的条约执行情况以及委员会获取相关信息做出程序上的规定，委员会审查履约情况的根据只是成员国提交的报告，当然非政府组织的"影子报告"可以作为一个了解信息和提供资料的重要渠道。毕竟，如果没有确实可信的资料和信息，审查委员会就不能准确地评估缔约国的报告。为了弥补这个缺陷，经济、社会和文化权利国际公约审查委员会和反酷刑公约委员会拟定了自己的程序规则，允许委员会接受从非政府组织以及其他专门机构得到的外来信息。其他的公约审查委员会也在逐步建立这一程序规则。

一　《儿童权利公约》的实施机制①

在讨论《儿童权利公约》实施机制之前，有必要对国际法和国内法的关系做一个简单的交代。《儿童权利公约》中权利实现的救济机制的首选是向国内法院投诉。儿童的诉讼能否被接受有赖于国内法中国际条约的地位。国家通过加入、签署和批准程序接受国际条约的约束。签署虽然不能使一个国家成为成员国，但是至少设定了抑制国家破坏公约宗旨和目的应负担的责任。一般来说，在国家成为成员国之前，要对涉及公约内容要求的国内立法进行审查，并通过这种方法促进未来国家义务的履行。在批准或加入条约之前，按照公约要求进行国内法的修改或转换并不是一个国家的强制性义务，但是，国家应该在批准或加入条约之后的一个合理的期间内遵守条约的规定，如《儿童权利公约》最长的合理期间是两年，两年期满，国家应当按规定向儿童权利委员会递交关于公约实施情况的报告。

将具体的权利和国家的履约义务与具体措施相结合的规定方式也是《儿童权利公约》的特点之一。该公约的实施机制是为实现公约内容和目的而建立的一系列监督和实施措施，尽管有时候履行公约义务看起来带有某种责难或惩罚意味，这一特点系基于一个前提条件，即缔约国都表示尊重儿童权利，而在有些时候他们却很难做到尊重，公约实施机制的责难性

---

① 本部分的背景资料参考了 Geraldine van Bueren 一书中的相关章节，一并说明。

就是为弥补国内法对儿童权利不尊重的状况而设定，这种责难性为的是使公约的实施更加顺利。

《儿童权利公约》实施机制涉及第 4 条、第 41—45 条的内容，还包括该公约的两个议定书，即《关于儿童卷入武装冲突问题的任择议定书》和《关于买卖儿童、儿童卖淫和儿童色情制品问题的任择议定书》。值得注意的是，《儿童权利公约》并没有像人权两公约那样将公约中的权利分为缔约国应承担的"立即实施"和"逐步实施"的义务，而是要求成员国采取一切适当措施，包括行政和立法措施履行公约所载权利。或许，可以理解为要求缔约国立即履行公约所载各项权利的义务。其实，根据现代人权理论和实践，经济、社会和文化权利委员会指出，执行条约义务的不同只是相对的。[①]《儿童权利公约》未表明按步骤实施公约内容的权利，并不意味着其无视各国的具体情况和差异。正如该公约第 41 条所说明的，公约为更有利于儿童权利的实现提出了一个权利实施的更高标准。《儿童权利公约》所载权利的实现主要取决于两方面的因素：一是国家的政治理念是否愿意承担此项义务；二是国家的经济资源是否能够承担此项义务。由于有的国家的政治理念排斥将经济、社会和文化权利作为法定权利，而将之视为社会福利，这就在主观上制约了此类权利的保障和实现；还有一些国家在一定时期内经济资源、物质力量有限，这就使该国承担保障经济、社会和文化权利的职责面临着物质基础的制约。[②] 但是，无论如何，《儿童权利公约》所秉持的儿童最大利益、非歧视、尊重儿童以及最大生存和发展原则的基本精神都是不可克减的，即便是在战争状态下。

（一）儿童权利委员会

儿童权利委员会是根据《儿童权利公约》建立的监督机制，是解释公约的最高权威。《儿童权利公约》第 43 条规定，为审查缔约国在履行或承担公约义务方面取得的进展，设立儿童权利委员会，并就委员会的组成及职责做出了具体规定。从该条规定中可以看出，它对委员会委员的资格没有诸如性别、年龄的限制，尽管有一个性别的平等分配问题，但目前看大

---

① 参见 R. Hanski and M. Suksi（eds.）, *An Introduction to the International Protection of Human Rights*（Institute for Human Rights, Abo Akademi University, 1999）, pp. 86 – 87.

② 参见郝铁川《权利实现的差序格局》，《中国社会科学》2002 年第 5 期。

部分都是女性。其就儿童有没有参与审议报告的可能性的问题也有过讨论，但从理论上来说，儿童发表意见的权利和参与权是公约所确认的，尽管儿童参与报告评审工作或许不能够理解报告所需的全部信息，但或许能够提供有效的不同的理解公约的视角。

儿童权利委员会通过审议缔约国报告及其议定书，以及就一些专门问题做出一般性意见和建议而发挥监督作用。委员会负责审查缔约国执行公约实质性条款的情况，提出指导性建议，进行监督。委员会把相当多的时间用于与缔约国进行对话和讨论，这些讨论大多涉及暴力、虐待和忽视方面的情况，还讨论了公力机构中的少年待遇、感化机制的发展及少年犯重返社会问题。委员会为了监督和实施《儿童权利公约》，积极寻求和其他相关组织的合作，如与国际劳工组织的合作，制定了《消除最有害的童工形式公约》。

1. 缔约国报告

儿童权利委员会每两年通过经济及社会理事会向大会报告其活动情况。根据《儿童权利公约》第43—45条的规定，委员会负责审查缔约国执行公约情况的报告，审查各国取得的进展，审查遇到的可能影响其履行公约规定义务的困难。委员会还注重各国的法律、程序和做法是否符合公约的各项规定。国别报告是成员国接受联合国监督的方式之一，也是成员国履约的一项重要义务。国别报告是缔约国必须向委员会提交的定期报告，说明该国为实施《儿童权利公约》所采取的措施，这些措施通常包括技术咨询和援助方面。就儿童权利而言，成员国的报告应该表明本国在尊重、保护和实现儿童权利，使其免受歧视方面所采取的立法和其他措施，社会、国家采取了怎样的措施帮助家庭担负起保护儿童并促进其人格发展的责任。《儿童权利公约》的报告制度在该公约第44条中有详细规定。根据第44条，缔约国有义务向委员会提交关于它们为实现本公约确认的权利所采取的措施，以及国内儿童在享有这些权利方面的进展情况的报告。缔约国的首次报告在本公约对有关缔约国生效后两年内提交，此后每五年提交一次，缔约国若已向委员会提交全面的初次报告，就无须在其以后的报告中重复原先已提供的基本资料。根据本条提交的报告应该明确可能影响公约义务履行程度的任何因素和困难，以及表明需要的技术咨询和援助。缔约国报告应首先在国内广泛征询意见并附有充分的资料，以便委员会全面了解本公约在该国的实施情况。

儿童权利委员会要求缔约国为执行公约义务所采取的措施包括：为履行公约义务而与国内法律和政策相协调所采取的措施；中央政府和地方层面上对公约实施已经采取的监督机制和计划中将要采取的措施；通过适当而积极的方式对儿童和成人宣传《儿童权利公约》的措施；以及为履行报告义务在国内广泛征询公众意见所采取的措施。《儿童权利公约》的实施程序要求缔约国必须遵守该公约第 2 条载明的非歧视原则，国家有义务"尊重和确认"公约载明的所有儿童权利。为实现该公约第 2 条强调的"尊重和确认"每个儿童的权利，缔约国必须根据公约第 4 条的要求，采取"一切适当的立法、行政和其他措施"以满足履行公约的需要。何为"适当的措施"，应当根据各国的具体情况而定。但是，各国所采取的适当措施应当得到委员会的监督和检查，对于实施的步骤和达到的水平都应当有一个大致的标准，比如，关于全面义务教育的实现，应当对何时立法，在多大范围内实施以及何时最终实现全面的义务教育有一个时间表。当然，适当的立法措施并不是要求国内立法完全和公约的规定一致，而是要求其不违背公约的基本精神。《儿童权利公约》还强调履行义务中的国际合作，包括技术援助以及为实现儿童利益而在国家之间的资源交流。委员会还特别关注在儿童权利领域开展宣传、提高认识、进行教育和培训方面的工作。

儿童权利委员会审议报告制度中存在的问题如下。一是报告审议期过长。因为《儿童权利公约》是目前批准国家最多的国际性人权公约，要求委员会在一个相对短的期间审议大量的国别报告实属不易。甚至当一个国家提交报告后，人权中心要为委员会的审议要花大约三个月的时间做准备。二是过长的报告期间削弱了继续就公约原则实施进行研究的基础，而只是假定在这么长的期间内，公约原则继续得到国家实践的证实。当然，这并不妨碍委员会同意缔约国采取新的监督方案，只要这种方案不违背公约的基本精神，比如，在中期报告期间派代表到发生严重或紧急状况的缔约国。《儿童权利公约》并没有包括对现存实施机制的改进内容。该公约第 42 条承认儿童权利的有效传播不仅在于使儿童和成人知晓公约的原则和规定，还在于使缔约国采取"适当的积极措施"，如让儿童和成人共同参与报告审议过程无疑是一种儿童进入国家决策过程的方式和渠道。

　　为便于各国就相关的问题收集并提供资料，委员会把相关条款集中在一起，将《儿童权利公约》分成若干类别，例如，关于儿童定义的资料，委员会要求成员国提供不同年龄段，以及为不同目的而设定的法定最低年龄。关于履行公约一般原则的资料，委员会要求缔约国提供在履约过程中司法和行政的以及所采取的其他措施的条件和困难，涉及非歧视、最大利益、最大限度生存和发展以及尊重儿童意见等方面。委员会还将所有的与公民权有关的条款集中在一起收集资料，包括姓名和国籍、维护身份、获得信息、表达自由、思想意识信仰自由、结社及和平集会，以及保护隐私和免遭酷刑等方面的信息。为了达到报告的目的，委员会还将家庭环境和照料集中审查，要求缔约国提供关于家长指导、家长责任、与父母分离、家庭重聚、儿童康复、儿童被迫脱离家庭环境、收养、非法转移儿童并不使其返回、虐待和忽视，包括生理和心理的康复以及社会重返机制的定期审查。另一组分类是关于基本健康和福利，要求成员国提供这个领域的基本制度性建设，特别是涉及儿童生存和发展、残疾儿童以及照管儿童的服务和设施的监督策略和机制，还包括教育、闲暇和文化活动，提请缔约国注重发展儿童的休息和娱乐政策。还有一组是关于特殊状况下儿童的保护和照料，包括难民儿童和武装冲突中的儿童，被卷入司法程序以及受到剥削的儿童。这些分类并不是简单的拼凑，每一类权利之间都有一定的相关性，比如，如果缔约国不能执行教育权的全部方面，也就不能执行童工的最低年龄的限制。

　　委员会关于统计资料的设计对一些发展中国家来说无疑是一个沉重的负担。这些统计资料包括对相关情况的年度分析和分类，具体有无家可归儿童、进入保护性监护的被虐待和忽视儿童、抚养照顾的儿童、机构内观护的儿童、国内收养儿童、国家间收养程序以及因此而离开本土的儿童的资料等。这些信息要求按性别、民族、国内背景、乡村或城市环境提供。这种分类数据的分析对确认每项权利实施的核心问题的确会有帮助，但是，要想满足大部分儿童的权利需求，还应做更为广泛的研究和细致的分析，比如对文化、经济、习俗等因素的分析。

　　2. 一般性意见

　　一般性意见是由《儿童权利公约》实施机构做出的针对缔约国报告中的问题提出的意见和建议。《儿童权利公约》的实施机构是儿童权利委员会。自 2001 年首次就《儿童权利公约》第 29 条第 1 款提出关于教育目标的《第 1 号一般性意见》开始，截至 2017 年儿童权利委员会已经编写了 23 项一般性意见，其他 22 项一般性意见内容包括：独立的国家人权机构在增进和保护儿童权利方面的作用、艾滋病毒/艾滋病与儿童权利、青少年的健康和发展、执行《儿童权利公约》第 4 条、第 42 条和第 46 条的一般性措施、远离原籍国无人陪伴和无父母陪伴的儿童待遇、在幼儿期落实儿童权利、儿童受保护免遭体罚和其他残忍或不人道形式惩罚的权利、残疾儿童的权利、少年司法中的儿童权利、土著儿童及其在《儿童权利公约》下的权利、儿童表达意见的权利、儿童免遭一切形式暴力侵害的权利、儿童将他或她的最大利益列为一种首要考虑的权利、儿童享有可达到的最高标准健康的权利、商业部门对儿童权利的影响方面国家义务、儿童享有休息和闲暇的权利、儿童从事游戏和娱乐活动的权利、参加文化生活和艺术活动的权利、消除有害做法、实现儿童权利的公共预算编制、在青少年期落实儿童权利、街头流浪儿童、国际移徙背景下儿童权利保护的一般原则、国际移徙背景下缔约国义务特别是过境国和目的地国。

3. 儿童权利委员会其他方面的工作

监测工作是委员会工作的一部分，例如，委员会监督公约有关少年司法主要条款（第 37 条、第 39 条和第 40 条）的执行情况，贯彻适用各项标准促进公约执行的工作，促进克服执行公约中遇到的困难。委员会在审查各国的情况时，认识到人权和少年司法的互补性，因此，在监督《儿童权利公约》的执行时，委员会促进适用有关少年司法的各项文书。尽管《儿童权利公约》因为缺乏控告机制而使实施机制存在明显不足，报告制度也没有就这一方面做更多的工作，但是，通过定期提供报告的制度，儿童权利委员会在理论上能够定期对公约权利的实施进行监督，这样一种运作机制成为针对特定目标制定相关政策的基础。通过提交报告，缔约国也能够及时发现并共同寻求解决的方案。国家报告提供了有价值的、可供比较的资料，尽管就不同经济和文化发展状况的国家之间进行比较的方法并不十分科学，但至少可以掌握全球儿童保护的发展状况。监测各缔约国在执行公约中取得的进展，使各缔约国能够定期审查其法律和政策，注重采取进一步行动改善儿童状况。

儿童权利委员会认识到，只有所有合作伙伴采取全面和协调一致的行动才能确保采取有利于儿童的行动。委员会强调确保有效协商、交流和合作的重要性，向各缔约国提出建议，确保各缔约国充分遵守《儿童权利公约》的规定。委员会还可邀请联合国各专门机构、联合国儿童基金会以及它认为合适的机构就本公约在属于它们各自职责领域内的实施问题提供专家意见。除了这些专门机构在技术咨询和援助方面的作用，委员会鼓励相关的联合国机构出席他们的会议，以便提高其对相关问题的深入认识，以及为特定国家儿童可能遭受的潜在危险提供专家预警系统。专门机构的介入还需要各方做好具体统计数据的准备工作。委员会最后提出的意见往往反映讨论的主要问题，指出在国家层面需要采取具体后续行动的问题。委员会经常建议缔约国寻求技术援助以发展履行儿童权利的能力。比如，委员会建立了少年司法技术咨询和援助协调小组，以便在活动中通过技术援助，提高、加强和协调联合国系统在少年司法等领域采取的行动。协调小组成员包括儿童基金会、药物管制和预防犯罪厅国际预防犯罪中心、联合国国际药物管制规划署、联合国开发计划署（开发计划署）、联合国人权事务高级专员办公室、儿童权利委员会、其他有关联合国实体和有关非政府组织。儿童权利委员会可通过协调小组将需要咨询服务和技术援助的国家报告以及委员会的意见转送联合国有关机构。根据《儿童权利公约》第45条，委员会在其认为适当时向各专门机构、联合国儿童基金会和其他有关机构转交缔约国要求或说明需要技术咨询或援助的报告，以及委员会就此类要求或说明提出的意见和建议。这项措施内容包括咨询服务、技术和财政援助、信息交流等，还为准备报告的相关人士提供区域性的培训课程和各种专题讨论，这些项目有的由联合国相关机构提供，有的由非政府组织提供。所有这些都能够帮助儿童保护状况出现问题的缔约国解决困难，审查其履行公约义务情况。尽管索马里已经于2015年批准了《儿童权利公约》而成为第196个缔约国，但根据其国内发展情况，这项措施对于像索马里这样的缔约国来说，仍然具有鼓舞作用。

（二）政府间组织和非政府组织的贡献

1946年12月11日设立的联合国儿童基金会最初只是一个临时性组织，它仅在联合国大会决议的框架下有决策权。作为联合国四个专门机构之一的联合国儿童基金会，通过联合国经社理事会向大会提交报告。联合国儿童基金会和其他联合国专门机构有资格接受他们职权范围内的报告。

联合国儿童基金会在儿童权利领域的工作以《儿童权利公约》所体现的原则和标准为指导。联合国儿童基金会题为《审查儿童基金会关于保护儿童的政策和战略》的文件（E/ICEF/1996/14），概述了它对严重侵犯儿童权利的情形做出的反应。联合国儿童基金会强调了在联合国发展援助框架下为具体国家的工作提供坚实的人权基础的重要性。根据《儿童权利公约》第 45 条，联合国儿童基金会经授权在儿童权利委员会审议缔约国的报告期间参与委员会的工作，向儿童权利委员会提供资料和执行公约方面的专家建议，向委员会提交关于公约执行情况的报告，以及审议委员会关于向缔约国提供技术咨询或援助的要求或建议。

自 1946 年以来，联合国儿童基金会与 190 多个国家和地区的政府、当地社区及其他合作者协同工作，通过向儿童提供医疗保健、营养、教育、安全用水、卫生设施等，保护儿童权利。其重点在于制定和实施低成本的、以社区为基础的各种方案，并鼓励人们积极参与。尽管联合国儿童基金会自认为是世界儿童保护顶尖的机构，但它的活动范围更多地涉及儿童的经济、社会和文化权利，特别是儿童健康和营养方面的问题，而极少涉及儿童的公民和政治方面的问题。几十年来，儿基会还有一个突出的作用是它通过组织 1990 年 "世界儿童国家首脑会议" 提升了《儿童权利公约》的政治地位，使公约的实施得到了政府间合作的机会。那次国家首脑会议通过了《儿童生存、保护和发展宣言》以及一个 20 世纪 90 年代实施宣言的《行动计划》，这些文件的作用在于其政治意义而非法律方面的意义。行动计划的目标虽然不可能全部实现，但可以作为一项措施，通过这项措施委员会能够量定缔约国在实施《儿童权利公约》方面的进展情况。实际上，国内的实施方案才是确认高峰会履行承诺的主要体现。这些方案是 "一个进程而不是一个文件"，涉及国内政策和海外援助。但遗憾的是，这两个文件在儿童保护的某些方面，如参与权方面仍处于较低级的水平。

非政府组织在《儿童权利公约》的实施中发挥了积极的作用。根据《联合国宪章》第 71 条，经济和社会理事会确立了非政府组织的咨商地位。该理事会在第 1296 项决议中将非政府组织分为三类：第一类非政府组织的议案覆盖经社理事会工作范围的大部分；第二类非政府组织只在涉及该理事会的少部分区域工作；第三类非政府组织仅是偶尔才发挥一些作用。非政府组织在儿童权利领域发挥的作用长期以来已经得到认可，很多涉及儿童问题的文件都承认了非政府组织的作用，但是，大部分非政府组织的工作仅涉及经济、政治和文化权利领域而把公民权利遗留了下来，只有少部分非政府组织涉及儿童的公民权问题。国际范围内的非政府组织包括国际救助儿童联盟、捍卫儿童国际、反奴役国际、国际天主教儿童局等。救助联盟工作范围涉及儿童卫生、教育、少年司法、难民儿童和武装冲突中受害儿童的救助方案，确定国内和国际水准上的保护标准。于1979年国际儿童年大会上成立的"捍卫儿童国际"也是一个全球性组织，与救助联盟不同的是，它的工作范围涉及对儿童公民权的保护。捍卫儿童国际曾经在起草《儿童权利公约》和联合国保护剥夺自由少年规则过程中作为非政府组织的秘书处发挥作用。非政府组织中最早的人权机构是1839年建立的反奴役制国际，它成功地把世界的目光引向了对童工的剥削和儿童奴役。非政府组织不只是一个监视者，而且是一种援助，它们给联合国提供的信息对缔约国提供的报告是一个有力的验证。另外，非政府组织还为联合国提供所需的帮助包括技术援助，以促进缔约国对条约义务的履行。

除此以外，非政府组织还在《儿童权利公约》精神的传播方面发挥了重要作用，促成了该公约对第42条国家承担积极义务的确认，敦促缔约国以积极手段使成人和儿童都能普遍知晓公约的原则和规定。严格说来，这一条款只是公约的补充条款，之所以在公约中加以强调是因为这是首次特别和明确承认有必要让儿童本人知晓其所拥有的权利。本条的旨趣在于通过公约进一步的指引，逐渐转变这个世界对儿童的态度。

（三）与公约实施相关的问题——保留

《维也纳条约法公约》第2条将"保留"定义为："一国于签署、批准、接受、赞同或加入条约时所作之片面声明，不论措辞或名称为何，其目的在屏除或更改条约中若干规定对该国适用时之法律效果。"保留是履行公约义务的最大限制因素。一般来说，任何保留都是和公约宗旨及目标不相融的，是不被允许的。尽管缔约国在批准和加入时提出的保留不应该降低人权保护的标准，但是，有些国家因为宗教或国内法的原因而提出保留。国家不受公约某条款的约束，就有可能降低缔约国内儿童权利保护的水平。《儿童权利公约》第51条第2款提出："不得提出内容与本公约目标和宗旨相抵触的保留。"人权委员会一再强调，缔约国提出的保留要与缔约国应当履行的公约义务相协调。儿童委员会已经呼吁各个国家在做出保留时，对保留的相容性进行审查，并要求相关的监督机制把对保留的审查列入议事日程。儿童权利委员会在其关于一般执行措施的报告准则中，首先请缔约国说明其是否认为有必要保持以前做出的保留，或者是否有意向撤销保留。委员会确保充分和无条件尊重儿童人权的目标，只有在缔约国撤销其保留的情况下，才有可能真正实现。委员会在审议报告过程中，自始至终都建议缔约国重新审查并撤销保留。如果缔约国在重新审查之后仍然决定保持其保留，委员会则会要求该国在下一次定期报告中予以充分说明。委员会提请缔约国注意世界人权会议鼓励重新审查和撤销保留。

当然，有的国家认为，与其拒绝保留而将某些国家拒于公约的大门之外，还不如接受保留而将更多的国家纳入《儿童权利公约》的调整范围。在双边条约中，对条约的保留和异议只是对双方履约发生影响，而不会影响到其他国家，但是，对《儿童权利公约》这样的多边国际性条约来说，情况要复杂得多，涉及范围也更广，而不仅仅只涉及公约本身。尽管公约机制并不限制保留，但是否对公约所有条款的保留都能被接受是持审慎态度的，对于一些体现公约基本价值观和精神的条款，如《儿童权利公约》第 3 条、第 37 条的保留就是值得考虑的。对保留的最终接受和异议是受国际法一般规则以及特定公约本身制约的。《儿童权利公约》仿效《维也纳条约法公约》，提出保留的同时要提供没有"与公约的宗旨和目标相抵触"的说明。即使一项保留没有受到其他缔约国和联合国秘书长的反对而被接受，对于持异议的委员会来说，公约保管人也无须在其职能范围内否定委员会的判断力。这个问题虽然超出了《儿童权利公约》的范围，但是提出了一个问题，那就是我们是否过分地强调各参与者坚持各自标准的价值了。

（四）加强国际儿童权利实施的其他措施

关于使个体权利具体化并便于进入司法程序的任择议定书，2000 年 5 月，联合国大会通过了《儿童权利公约》的两个议定书：一是《关于儿童卷入武装冲突问题的任择议定书》；二是《关于买卖儿童、儿童卖淫和儿童色情制品问题的任择议定书》。议定书对《儿童权利公约》中的某些内容做了修改和加强。议定书不仅促进了儿童保护性程序机制，还对实质性标准做了进一步的提升。2012 年《〈儿童权利公约〉关于设定来文程序的任择议定书》开放签署，目前尚未生效。控告机制的长处在于它比报告制度提供了更直接、有效和更快速的救助。已经生效的两个议定书都对公约有关内容的实施做了规定，例如，关于武装冲突议定书的第6条、第7条、第8条，特别是《关于买卖儿童、儿童卖淫和儿童色情制品问题的任择议定书》，对所涉罪行的管辖权、罪犯引渡、司法协助、证据、执行、司法保护、个体控告权、国际合作等问题做了详细的规定。该议定书第9条第4款规定，"缔约国应当确保本议定书所属罪行的所有受害儿童均有权提起适当程序，在无歧视的情况下要求应负法律责任者做出损害赔偿"。议定书这些规定既是一个实施机制的范式，也是长期以来国际社会特别是非政府组织争取的成果。

　　没有一个联合国机构能独立完成防止破坏公约并保护大范围的国际儿童权利的义务，这种状况可追溯到联合国儿童基金会的形成历史。最初，联合国儿童基金会只作为一个临时性机构而存在，它对儿童的援助和保护很大程度上依赖于政府的良好愿望。20世纪90年代中期，联合国人权高专成立时就推断，如果这个制度是成功的，有望建立一个联合国儿童高专作为实施机构，这个机构的工作不仅与人权高专有合作，还与儿基会、儿童权利委员会合作，并在一个大的范围内高度关注早期违反儿童权利的行为，作为联合国的一个先期预警机制。儿童权利委员会尽管有紧急行动方案，但也缺乏一定的灵活性。儿童高专作为一个永久性机构，可以受理个人的案件，这个功能类似于难民问题高专。

　　当然，《儿童权利公约》的实施保障还有联合国宪章机制以及其他联合国机构，例如人权委员会、防止歧视和保护少数人权利委员会等机构。此外，还包括区域性的儿童权利实施机构，例如非洲统一组织、欧洲理事会、美洲国家组织等。

二　国内实施机制

　　在人权原则已经成为全球化背景下的价值体系的今天，不仅要强调人人有权具有同等的尊严，人人有权免于饥饿，人人有权拥有生存的机会，能真正地在相互尊重的基础上一道生活，还要在法律上保障国际标准的实施，主要是权利的司法保障机制。生存的权利和发展的权利都是具体的法律权利，应以司法权为直接的承担对象，也就是说，具体权利的自然归宿是司法救济。但因各国国情和权利观念上的差异，国际标准的实施不论对发达国家还是发展中国家都是一个严峻的挑战。儿童权利保护的国内实施同样涉及两方面的内容：一是在条约下国家履行公约的义务；二是在这些具体的义务下，国内应该采取的具体措施。[①]

这里需要强调的是，在国家履约义务和采取措施方面，儿童权利委员会特别强调建立一个独立的儿童权利保护机构的重要意义。委员会在其《第 2 号一般性意见：独立的国家人权机构对保护和增进儿童权利的作用》中对独立的儿童权利机构的任务、权力、作用、职责以及具体设立的事项包括儿童权利受到侵犯的补救措施等做出了详细阐释，指出独立的国家人权机构是促进和确保执行《儿童权利公约》的重要机制，建议建立国家人权机构和类似于儿童监察专员那样的独立机构，这类机构对保护儿童权利的实现有着特殊的重要性。因为儿童处于成长期，他们的人权特别容易遭到侵犯，他们的意见仍然很少得到考虑，大多数儿童没有投票权，在决定政府对人权问题做出反应的政治进程中不能发挥有意义的作用，同时，在利用司法制度保护他们的权利或者就侵犯他们权利的行为进行补救时面临严重的问题。委员会认为，这种机构均应能够独立有效地监督、增进和保护儿童权利。对儿童权利的增进和保护必须被"纳入主流"，各国现有的所有人权机构必须为此密切合作。

（一）缔约国履行《儿童权利公约》的义务

履约义务首先涉及的问题是国际法与国内法的关系。《维也纳条约法公约》第 27 条规定，"条约的缔约国不得援引其国内法中的规定作为不履行条约的理由"。也就是说，当国际法与国内法发生冲突时，实行国际法优先的原则。《世界人权宣言》第 8 条规定，"任何人当宪法或法律所赋予它的基本权利遭受侵害时，有权由合格的国家法庭对这种侵害行为做出有效的补救"，这就说明缔约国有义务发展国内的司法救济机制。《儿童权利公约》第 41 条规定，"本公约的任何规定不应影响更有利于实现儿童权利且可能载于下述文件中的任何规定：（a）缔约国的法律；或（b）对该国

[①] 参见葛明珍《〈经济、社会和文化权利国际公约〉及其实施》，中国社会科学出版社，2003，第 132 页。

有效的国际法"。在履行《儿童权利公约》义务时，应实行儿童利益优先原则，也可以说，在履行与儿童权利相关的国际义务时，当这种国际义务与国内法相冲突时，儿童利益是解决冲突的法则。国际法优先履行、用尽国内司法救济和儿童利益优先考虑原则可以被看作履行《儿童权利公约》义务时，解决国际法和国内法关系的基本原则。

　　履约义务还会涉及国际标准的国内实施问题。在国际条约与国内法的关系问题上，理论和实践两方面都存在不同的观点。归结为一点，也就是国际条约与国内法孰轻孰重，以及国内司法可否直接适用条约，即自动执行问题。在理解公约和国内法的关系时，可以把公约看作国内法的一部分，但是，只有将其转化为国内法才具有可操作性。① 国际条约只对其缔约国具有拘束力，除非该国对某些条款做出了保留。国际标准的国内实施通常采取三种方式。（1）直接适用方式。具有法律效力的国际标准在国内法律制度中直接适用，相关利益人可以在法院直接援引国际法条文进行诉讼。在这种情况下，穷尽国内救济规则具有优先性，国际程序仅作为有效的国内救济的补充。（2）纳入方式。将国际法直接纳入国内法律体系，这一般通过宪法确立国际人权法具有高于国内法律效力的方式实现。很多国家通过宪法性条款确定国际条约在国内法中的地位。如果条约已经得到了国家最高首脑或国内立法机关的批准，条约本身就成了国内法的一部分。这样的承认使其在国内法中的地位较高，其他的立法必须和条约法保持一致。还有的国家干脆声言国际条约是国内法整体的一部分，比如，在德国，可以在国内法院就国际条约的内容进行控诉，唯一的条件是控诉所依据的条款必须被国内法官充分知晓并且该条款的意义能够获得明确解释。（3）转换方式。通过修改和补充现有国内法，将国际标准转化为国内法，通过和国内法结合的方式或直接以国内法的形式使国际标准得以实施。有的国家在宪法中规定了国际法转换为国内法的程序，如荷兰。这样，如果一个儿童想就国际条约中的某条款主张自己的权利，他就可以依靠国内法而不是国际法实现自己的愿望。目前，第三种纳入国内法的方法被认为是比较有效的方法。实际的情况是，任何国际组织或国际法庭的裁决都不能

---

　　① 参见徐宏《〈儿童权利公约〉有关问题》；中国关心下一代工作委员会编《〈儿童权利公约〉通讯》1999 年第 2 期。

约束国内法院，除非与国内法律系统有合作关系。尽管国际法所确认的个人权利和责任能够在国内法院直接实施，实施程度和方式却一般由每个国家的国内法院确定。但是，一个国家不能声称它的国内法条款是衡量侵犯国际法的权威条款。

在《儿童权利公约》的起草过程中，非政府组织曾提议建立一个工作组支援国内的实施机制，但因为涉及的问题太多，没有得到很多国家的支持。况且对一些国家来说，国内的监督机制本身就和公约之间有着密切的联系，例如，瑞典监察专员制度的功能之一就是监督法律的实施。监察专员可能会作为瑞典代表出席委员会会议，这种监督的功能是对控告和侵权做出回应，以有利于影响立法、政策和实践，审查政府和独立组织的运作，还可以被作为沟通儿童和决策者的渠道。世界上第一个建立儿童监察专员的国家是挪威。挪威监察专员有权确保关于保护儿童利益的立法得到遵守，提交目的在于增加对儿童保护的建议，解决或预防社会和儿童间的冲突，确保为儿童权利实施的各个方面提供充分的信息。对监察专员也有一些限制，他们被禁止处理已经诉至法院的案件，也没有资格处理家庭冲突的案件，他们可以在诉讼中作为专家证人，但直到案件最后裁定之前，监察专员都被禁止表达关于案件的意见。他们实施法律的主要措施是通过宣传相关的规定使公众知晓，从而转变公众对儿童的看法。

履行公约还涉及对《儿童权利公约》中所设定的国家义务的理解。国家一旦批准了《儿童权利公约》，就承担起执行公约的义务。执行是一个过程，缔约国应当采取行动确保实现该公约所规定的各项权利。尽管履行公约义务的是国家，但要落实执行公约的这一责任，实现儿童的人权，却需要社会各阶层也包括儿童本人的参与。最根本的一点是，应确保所有国内法与国际公约保持一致，使公约的各项原则和规定能够直接适用和得到适当的执行。儿童权利委员会强调，就《儿童权利公约》而言，各国的作用就是履行其对每一个儿童所承担的法律义务。落实儿童人权，绝不是一项慈善工作，不是对儿童施恩。《儿童权利公约》第4条、第42条和第44条第6项可以看作公约对国家履约义务的总体要求，履行公约义务的一般执行措施，公约其他条款还包括对具体权利设定的具体履行要求。第4条规定：

缔约国应采取一切适当的立法、行政和其他措施，以实现本公约所确认的权利。关于经济、社会及文化权利，缔约国应根据其现有资源所允许的最大限度并视需要在国际合作范围内采取此类措施。

该条规定了国家承担一般法律义务的性质，充分理解这一条款对公约义务的履行具有特别重要的意义。本条首先强调缔约国应当"采取一切适当的立法、行政和其他措施"，以实现本公约确认的权利。"其他措施"应当理解为司法、社会和教育等措施，本公约其他条款也强调了缔约国采取这些措施的必要性。我们还注意到，该条对具体权利实施方式的规定是有些微差别的，本条说明的是缔约国的全面执行义务，但第二句也暗示了公民权利、政治权利与经济、社会和文化权利之间仍有所区别。第4条第二句反映了一种对现实的认同，即资源或财政和其他资源不足，有可能妨碍国家充分执行经济、社会和文化权利，为此采用"逐步实现"此种权利的概念，各国必须能够表明它们业已"根据其现有资源所允许的最大限度"执行了公约规定，并视需要开展了国际合作。在第24条关于最高标准健康权的实施中，公约要求缔约国"逐步充分实现本条所确认的权利"，并应特别考虑发展中国家的需要。在第28条关于教育权的实现方面，公约要求缔约国"在机会均等的基础上逐步实现此项权利"。其余的条款均要求缔约国履行"采取一切适当措施"实施公约的义务。或许可以认为，除最高标准健康权和教育权缔约国可以分步骤逐步实施以外，对于其余各项权利，缔约国承担"立即实施"的义务。这种区别其实只是公约实施形式上的不同，并没有实质上的意义。因为，"逐步实现"并不是不实现，事实上，包括发展中国家在内的公约制定者显然认识到了各国履约能力的差异，公约规定的缔约国"逐渐履行的义务"就是反映了当今世界现实和困难的一种弹性设计。

另外，《儿童权利公约》第42条也是基本的实施条款，要求缔约国采取积极手段，使成人和儿童普遍知晓公约原则和规定。这是对履约义务实施中教育措施的肯定。鉴于大多数社会都不把儿童视为权利的享有者，因此，儿童知晓自己的权利就显得极其重要。为此，儿童权利委员会建议：第一，各国应制定一项向全社会传播《儿童权利公约》知识的全面战略；第二，强调所有国家均应在学校课程中加入有关公约和一般人权方面的知识；第三，在对所有儿童工作者的初期培训和在职培训中，纳入有关公约的知识；第四，发挥媒体在宣传公约及了解和认识公约方面的重要作用。第 44 条第 6 项要求缔约国向本国公众提供报告。这可以看作公约要求缔约国为完成履约义务而采取的国内监督措施。《儿童权利公约》是否能够得到很好的实施最终取决于各国政府为履行其国际法律义务的态度以及所采取的措施。缔约国应"用一切适当方法，尤其包括用立法方法，逐渐达到本公约中所承认的权利的充分实现"。缔约国在采取必要的措施履行公约义务时，还应当平等对待各项权利的实现，不能因为有些权利可以"逐步实施"就不予重视，对缔约国来说，公约设定的所有权利都应当是同等重要的，不应在实施当中厚此薄彼。正因为考虑到某些国家实施公约义务的困难，《儿童权利公约》在第 4 条才规定，关于经济、社会和文化权利的实现，要求缔约国"应根据其现有资源所允许的最大限度并视需要在国际合作范围内采取此类措施"，提出了在履约中加强国际合作的重要性，这是国际社会为帮助各缔约国履行公约义务所呈现的良好姿态。

（二）我国履行《儿童权利公约》的具体措施

如多数国家一样，中国儿童权利实施机制也包括公力和私力的实施机制。前者包括政府系统以及国家的司法、行政系统的实施机制；后者包括社会的非政府组织的民间机制。前者如国务院妇女儿童工作委员会，后者如各种儿童救济包括律师服务机构。中国对条约义务的履行同样要首先解决国际条约的中国化问题。中国签署和加入的保护儿童的国际人权公约，还没有在法律制度上真正被纳入本国的法律体系。① 但也有学者认为，从国际法的角度看，根据"条约必须信守"的原则，已经批准的《儿童权利公约》应被视为我国法律的一部分，无论是在普法教育还是在执法中，都应做此理解。另外，由于公约的一些条款仅规定一种原则性义务，本身不具有可操作性，只有转化为国内法，才能具体执行。因此，需要修改或补充国内法，将《儿童权利公约》中的规定转化为国内法律规定，以促进儿童权利的保护和实现。在今后进一步制定、完善和实施有关保护儿童权利

---

① 正如龚刃韧教授指出的，"在中国法院直接适用国际人权条约，还缺乏中国立法或法律上的根据"。参见龚刃韧《关于国际人权公约在中国的适用问题》，《公法》第 1 卷，法律出版社，1999，第 292 页。

的国内法的时候，一方面要切实从中国的实际出发，另一方面还要考虑它们和《儿童权利公约》的一致性问题。①

1. 立法措施

我国把国内法和国际法相衔接，使其作为在立法和司法方面保护儿童权利所应遵循的一项基本原则，这就为国际公约的各项原则和权利在中国的具体实施和运用提供了现实可行性。在很多情况下，立法对权利的实现具有特别重要的意义，有些时候是必不可少的措施。如果没有可靠的立法作为基础，权利的主张就失去了根据。我国宪法、行政法等在履约方面应当有所作为。有关国家机关应当清理立法文件，依照我国政府承诺的义务进行修改、废除和增减更新。我国建立健全儿童权利保护机制紧要的第一步应当是做到有法可依，其中包括实体法上的确认和程序法上的支持两方面。首先，我想也是最重要的，是应该在宪法中确认，至少宪法应对《儿童权利公约》的一些原则和精神有所体现，例如儿童保护的最大利益、非歧视、尊重儿童意见、最大限度保障儿童生存和发展权原则等。其次，在民法、亲属法、收养法、少年法、教育法等部门法中确认公约所载的权利内容，以切实地保护儿童权利。根据国际和各国司法实践经验，实体法中的规定不宜采取——列举注意事项的规范方法。例如，很多个案的审理也证明，法规所列举的保护儿童最大利益应参照的诸项因素，并没有为正确审判提供足够的规范。按照中国的传统做法，即在实体法中仅做原则性的规定，而在实施细则或司法解释中再做具体规定的做法是现实可行的。但如果只有原则性的规定而没有实施细则，法律不具有可操作性，对法治也是十分有害的。

2. 司法救济措施

和立法措施一样，司法补救对于权利的实现同样是不可或缺的。除立法措施外，一切适当的措施还应包括为权利的实现提供司法救济。如果以实现《儿童权利公约》所确认的各项权利为目标的政策已经以立法形式确立，那么，此类法律是否使得权利具有可操作性以及这些权利又在何种程度上可以诉诸司法，就是权利实现的另一重要基础。程序法上的支持是建

---

① 参见徐宏《〈儿童权利公约〉有关问题》；中国关心下一代工作委员会编《〈儿童权利公约〉通讯》1999 年第 2 期。

立健全儿童权利保护机制，使实体法得以顺利实施的关键。没有救济的权利是虚无的权利，相应配套的程序法规范具有十分重要的意义。儿童权利委员会也认为，对儿童权利的救济至关重要，国内法必须就其应享权利做出充分详尽的规定，使违背公约行为的补救得以有效执行。因此，在刑事和民事等各类诉讼程序中，应注重考虑儿童的身心特点和儿童的特殊需要，采取适当的保护措施，遵循特别保护原则，比如儿童最大利益原则、少年刑事案件的不公开审理制度、离婚案件中注重保护儿童的利益等。儿童权利委员会在其一般性意见中还强调，由于儿童身份具有特殊性和依赖性，他们很难寻求补救办法来纠正对其权利的侵犯。因此，各国必须特别注意确保为儿童及其代表提供有效的、对儿童问题敏感的程序。这些程序应当包括提供方便儿童的信息、咨询、辩护，包括对自我辩护的支持，以及使用独立申诉程序和向法院申诉的机会，并获得必要的法律和其他援助。如果法院认定其权利受到侵犯，就应当给予适当补偿，包括赔偿。

此外，还应明确哪些权利具有可诉性，哪些权利是可以自动执行的。前者指那些应当先由法院确定权利义务关系而后才可以适用的规范，后者指不用法院做进一步解释就可以直接执行的规范。在我国法律制度中，《儿童权利公约》中的很多权利都具有可诉性，特别是公民权利中的侵犯人身方面的权利，如抚养权、子女探视权、伤害赔偿等。儿童关于经济、社会和文化方面的权利诉讼相对较少，但也有一些，如继承权等。然而，实现儿童的经济、社会和文化权利对保护儿童与实现儿童公民政治权利具有同等重要的意义，应当加强经济、社会和文化权利的救济机制。儿童权利委员会强调指出，经济、社会和文化权利以及公民权利和政治权利必须被视为可予审理的权利。其实，经济、社会和文化权利是我国政府一直比较强调而且重视的权利。联合国一再强调这两类权利是不可分割、相互依赖的，任何人为地将其中一部分权利置于法院管辖之外的做法，都将严重削弱法院保护儿童权利的能力。法院对法律的解释也应当尽可能符合国家履行国际公约的义务，尽可能平等地保障《儿童权利公约》所载权利得到最大限度的实现，而不应对任何权利做歧视性的解释，或忽略、轻视某些权利的实现。

3. 行政的和其他措施

儿童权利委员会认为，要有效地执行公约，就必须在整个政府内部，即不同级别政府之间和政府与民间社会之间，尤其包括儿童之间进行跨部门合作。许多政府部门或准政府机构都会对儿童状况有所影响。委员会还指出，对公约的执行情况必须进行严格监测，这应当纳入各级政府的工作程序。根据审议国别报告的经验，委员会认为履行公约义务所采取的行政和其他措施包括如下一些方面：①制定以公约为基础的全面国家战略；②协调儿童权利落实工作；③权力下放和授权；④私有化；⑤监测执行情况——儿童影响评估和评价的需要；⑥数据收集及分析和编制指标；⑦使儿童问题在预算中占有显著位置；⑧培训和能力建设；⑨社会合作和国际合作；⑩独立的人权机构。①

《儿童权利公约》的履约措施无论是立法、司法和行政措施，还是经济、教育和社会措施，只要是民主的、尊重人权的，就不影响其在保护儿童权利方面发挥积极作用。我国在儿童权利实施所采取的行政和其他措施方面，基本上达到了儿童权利委员会的要求，这些措施包括下列几个方面。

（1）制定儿童发展的战略决策及其落实。1992年，参照世界儿童问题首脑会议提出的全球目标和《儿童权利公约》，我国从国情出发，发布了《九十年代中国儿童发展规划纲要》。这是我国第一个以儿童为主体、促进儿童发展的国家行动计划。2011年国务院发布第三个《中国儿童发展纲要（2011—2020年）》，以"坚持儿童优先原则，保障儿童生存、发展、受保护和参与的权利，缩小儿童发展的城乡区域差距，提升儿童福利水平，提高儿童整体素质，促进儿童健康、全面发展"为指导思想，并在儿童健康、教育、福利、社会环境和法律保护五个领域提出了儿童发展的主要目标和策略、措施。这些措施包括国家宏观政策、法律保障政策和社会服务，其中还对如何组织实施和监测评估做了具体规定。

（2）行政机关和人权机构实施公约的作用。对于权利的有效救济除司法补救外，在很多情况下，行政救济就可以解决问题。既然已经批准了《儿童权利公约》，就应当合理地期望行政机关在对涉及儿童事务的问题进行决策时，能够考虑公约的要求。行政机关应当按照符合公约义务的法律规定，采取行政措施，将国家的义务落实到具体的权利实现当中。这种行

① 参见儿童权利委员会《第5号一般性意见：执行〈儿童权利公约〉的一般措施》。

政救济应该是可以获得的、及时而有效的，而且也是低成本的。多数情况下，行政和教育措施由政府行政部门和机构实施，甚至是国内人权机构实施，例如，澳大利亚和加拿大就建立了地方性的政府机构以保障儿童权利的实施。其儿童权益局就是一个法定的儿童权利组织，但其授权只限于南澳大利亚。加拿大也有类似的组织，在魁北克省的"青年保护委员会"的工作任务之一是确保已经被纳入保护机制的儿童权利得以实现。该委员会有权对可疑的侵害儿童事件进行调查，以及收集证据、查阅文件等。国内人权促进和保护机构应当被看作缔约国采取重要措施的途径之一。这些机构一般由政府建立，很大程度上与国内的行政和立法机构相对独立，更能全面考虑适用有关国际人权标准并承担促进和保护人权的各项活动的任务。我国国家级的儿童权利保护机构有国务院妇女儿童工作委员会、全国人大内务司法委员会青少年专门小组等。这些机构在协调和推动政府有关部门执行妇女儿童的各项法律法规和政策措施、发展妇女儿童事业方面发挥了重要作用。

我国政府和人权保护机构在国际公约的国内实施以及本国法律的适用方面做了大量工作，其中，各类儿童权利保护组织也发挥了积极的不可忽视的作用。当然，因观念、资源等条件所限，中国与《儿童权利公约》所设定的目标还有距离，例如关于儿童卫生保健、环境污染对儿童健康的损害、儿童用品市场存在的对儿童健康的损害等。正如经济、社会和文化权利委员会所强调的，即使在明显缺乏可得资源的情况下，缔约国仍有义务努力争取保证在这种条件下尽可能广泛地享有有关的权利。未实现经济、社会和文化权利的义务以及制定促进权利的战略和方案的义务绝不能因为资源的局限而有任何减损。

（3）国际合作。对很多像中国这样的发展中国家而言，进行广泛的国际合作不失为履行国际义务的一项有效措施。正如经济、社会和文化权利委员会所强调的，如果没有能进行合作的缔约国制定的一项给予国际援助和合作的积极方案，全面实现经济、社会和文化权利在许多国家就将成为不可能实现的愿望。在儿童权利保护领域，尤其能显示出进行广泛的国际合作的重要性和必要性。《儿童权利公约》第23条建议："缔约国应本着国际合作精神，在预防保健以及残疾儿童的医疗、心理治疗和功能治疗领域促进交换适当资料，包括散播和获得有关康复教育方法和职业服务方面的资料，以使缔约国能够在这些领域提高其能力和技术并扩大其经验。在这方面，应特别考虑发展中国家的需要。"《儿童权利公约》第 34 条和第 35 条强调在防止儿童色情、拐卖、买卖或贩运领域，采取"一切适当的国家、双边和多边措施"的重要和必要性。

很多论者都对实施公约义务提过很好的建议，笔者考虑补充以下几点思路。①根据我国已批准的国际公约，对已出台的有关儿童的法律法规进行必要的补充和完善，如增加规定尊重儿童尊严和人格的条款。②加强儿童权利保护的监督机制，保障关于儿童保护的各项法律和政策的执行，如可以参照国外的人权监察专员（ombudsman）制度。③根据《儿童权利公约》第 29 条加强人权教育，使中国儿童有机会在尊重人的尊严与平等权利的氛围中成长；把人权教育作为一项基本的义务，在中小学课程中列入人权教育的内容，新闻媒体发挥其应有的功能，传播人权话语。④净化儿童成长环境，增强国家、社会各部门和媒体、家庭对儿童保护的责任，如校园及其周边环境的净化，严禁生产经营单位制造、生产、销售不利于儿童身心健康的产品，增强国家、社会和家庭对儿童权利保护的意识以及儿童的自我保护意识。⑤开展广泛的国际合作和交流，争取国际社会针对特别困难儿童的合作和帮助，如贫困儿童、艾滋病儿童、残疾儿童、难民儿童、少年涉罪等。⑥加强对儿童权利问题的研究，特别是对更贴近儿童、反映儿童特需的实证分析和理论研究。

分　论

特殊状态下儿童的权利保护

第五章　特殊状态下儿童权利保护概述

　　"特殊状态"不是一个国际法律用语。这里所谓的特殊状态指非常状态，即处于收养过程、残疾或重症状态、失依状态、流动或留守状态、难民和战争状态、刑事司法过程中，这些状态有别于儿童成长的一般环境，故而此处称为"特殊状态"。在特殊状态下的儿童，很多都有流动的特点，比如难民儿童、受武装冲突影响的儿童、被拐卖儿童、流浪儿童、收养儿童、移徙家庭儿童、进城务工工人子女等。这其中，难民儿童和武装冲突中的儿童的流动更具被动性，而且往往跨国，他们较长时间不能返回家园，身份确认、生命和生存保障等是他们急需的。收养儿童尽管也在一定时间内处于不确定当中，但是这是在国家严格管控之下儿童身份的变更和流动，也有其特殊性需单独阐释。流浪儿童大多脱离家庭照料，有的甚至失去父母、无人照料，因此将其放在失依儿童一节中论述更贴切。被拐卖儿童是犯罪的受害者，属于特别需要紧急救助的儿童，被拐卖儿童往往与各种剥削和儿童色情相关联，因此，将其放在儿童受保护权一章中加以说明。在特殊状态中的儿童，往往都有着某些方面的特殊需求。根据马斯洛的需求理论，人的需求主要有五个层次：生理需求、安全需求、感情和归属需求、被尊重的需求、自我实现的需求。而特殊状态下的儿童因为种种原因，这些基本需求大多无法得到很好的满足，其生存和发展条件有别于普通儿童，因此，他们除了享有一般儿童的权利之外，其中的一些权利或福利对他们来说尤为急需，应当加以特别关照。收养过程中的儿童、难民和战争状态下的儿童以及刑事司法过程中的儿童所反映的问题在国际儿童权利保护中较为突出，拟单独立章讨论；流动儿童和留守儿童问题更多体现中国儿童保护的特殊性，其中反映的问题在我国儿童保护中显得尤为突

出，也拟单独立章加以分析；而残疾儿童、重症儿童、失依儿童福利保障
的特殊需求以及我国对这些儿童的保护问题，笔者在《儿童福利论》一书
中已经有过详细的论述，故此处仅从国际儿童权利保护视角在"概述"一
章中做简要阐述。

一　残疾儿童

残疾儿童是一类特需儿童。根据联合国人权和残疾人特别报告员的报
告，残疾人长期被边缘化，他们把自己强行嵌入每一种文化、种族和年龄
群体。残疾儿童更是处于双重弱势的境地，他们既是儿童又是残疾人。根
据 2006 年儿童权利委员会《第 9 号一般性意见：残疾儿童的权利》，全世
界估计有 5 亿至 6.5 亿残疾人，约占世界人口的 10%，其中 1.5 亿是儿
童。亚洲残疾儿童的数量最高，有大约 2/3 的残疾儿童生活在亚洲，更多
的是生活在难以获得各种服务的乡村。国际人权法一直探寻防止因侵犯人
权而直接或间接导致的残疾，并确保一旦残疾出现，各个国家能够提供所
需要的服务。对残疾儿童的首次关照出现在 1959 年《儿童权利宣言》当
中，其原则五指出，"身心或所处社会地位不正常的儿童，应根据其特殊
情况的需要给予特别的治疗、教育和照料"。宣言这一条所保护的儿童范
围非常广泛，不仅包括身体有残疾和精神有障碍的儿童，还包括社会地位
特殊的儿童，诸如难民儿童、武装冲突中的儿童、受到各种形式剥削的儿
童等。

关于残疾儿童的定义还有残障儿童的表述，尚无通说。联合国 2006 年
通过的《残疾人权利公约》指出，残疾人包括肢体、精神、智力或感官有
长期损伤的人，这些损伤与各种障碍相互作用，可能阻碍残疾人在平等的
基础上充分和切实地参与社会。这是联合国历史上第一部全面保护残疾人
权利的国际法律文件。我国《残疾人保障法》规定，残疾人是指在心理、
生理、人体结构上，某种组织、功能丧失或者不正常，全部或者部分丧失
以正常方式从事某种活动能力的人。残疾人包括视力残疾、听力残疾、言
语残疾、肢体残疾、智力残疾、精神残疾、多重残疾的人。法律文件中所
说的残疾人既包括身体的残疾又包括心理精神的障碍。所以，这里也采取
"残疾儿童"来表述这类儿童群体。

（一）致残原因和预防

讨论儿童残疾问题必得涉及致残原因，儿童残疾说明成人社会未尽到保护儿童的责任，因为尽管导致残疾的原因很多，但很多都是可以预防、可以避免的，例如战争、疾病和贫困，但往往因为缺乏对儿童出现早期症状的及时干预而导致残疾。即便是有些先天的残疾，也不是不可以避免的，比如因父母严重不良嗜好而导致出生的儿童残疾的情况。后天致残的原因包括战争、意外伤害、医疗条件恶劣、极度营养不良等。武装冲突导致的伤残人数最多，大部分是妇女和儿童。意外伤害也是儿童特别是幼儿残疾的一个主要原因。在中国，意外伤害已经上升为儿童死亡和伤残的主要原因。意外伤害的导因有交通事故、家用电器、农药、儿童活动场所设施、烫伤烧伤、从高处坠落、宠物咬伤、溺水等。事实证明，如果医疗条件状况良好，一些伤害和疾病可能不会导致残疾，即便发展中国家也是如此，如果这些疾病或极度营养不良的问题能够在早期被发现并得到适当的治疗，将不会发展成为永久性的残疾。

早期发现不仅对预防具有意义，对残疾治疗康复也具有重要价值。早期发现需要卫生专业人员、父母、教师以及从事儿童工作的专业人员保持高度的警觉性，以便尽早发现可能致残的迹象，及时诊断和治疗。因此，在保健服务体系中应当建立早期发现和早期干预系统，包括出生登记以及追踪观察有残疾隐患的家庭和儿童。这些保健服务的提供要做到足够便捷，这就需要家庭与学校之间建立紧密的联系，确保一旦发现问题能尽快启动这一服务系统进行干预，包括治疗和康复，并尽可能快速、免费为患儿提供必要设施。

既然残疾的发生由多种原因造成，预防措施也需具有针对性，比如对容易造成残疾的遗传性疾病，采取婚前、孕前检查普及相关知识以及禁止近亲结婚等措施。传染性疾病也是主要的残疾原因，可以通过加强和严格实施免疫接种方案预防残疾发生。营养不良不仅影响儿童发展，也可能导致残疾（缺乏维生素 A 致盲），可以通过加强儿童出生前、生产中和出生后的保健服务，并对父母以及照料儿童的人普及儿童保健和营养知识等做法达到预防残疾的目的。有关后天的致残，还需特别注意意外事故的发生，家长掌握安全知识和技能至关重要，学校和社会也需普及安全方面的知识技能和法律。此外，还有生活方式带来的问题，如怀孕期间酗酒、吸毒等也可能造成婴儿残疾，可以通过对公共卫生知识的普及，禁止孕妇酗酒和吸毒，远离有毒有害物质等，从而达到预防目的。此外，核辐射、武装冲突也是造成儿童残疾的主要原因，国家应当出台政策法律，防止儿童受核辐射及武装冲突的影响，确保受到影响的儿童有机会获得适当的保健和康复服务。

（二）残疾儿童的特殊需求和保护

常见的情况是，儿童残疾被发现的时候，往往为时已晚，失去了有效的治疗和康复机会，那么，在对残疾儿童的特殊需求进行了解的基础上，构建一个保护残疾儿童的有效机制，对他们的生存和发展就尤为重要。

1. 残疾儿童的特殊需求

（1）基本生存的需求。对于很多残疾人来说，残疾使他们的生活质量受到限制，但他们活下去的愿望却异常强烈。因此，基本的生存需求对残疾儿童来说就有了特别意义。为满足残疾儿童基本的生存需求，起码需要提供适当水准的生活照料。从生存需求的内容来看，残疾儿童的生存需求首先涉及生命权，因为在很多文化习俗当中，残疾儿童的生命价值受到贬损甚至被视为"不详"之兆，因而更容易受到伤害，因此，首先需要确保残疾儿童生命和存活权利的实现。残疾儿童的基本生存需求还涉及健康、心理卫生、福利保障等方面，有些内容在儿童权利内容一章中多有涉及，此处仅从特殊照料视角考察残疾儿童的生存需求问题。生存需求涉及衣食住行的条件，与父母的经济权利紧密相连，而对一个残疾儿童的照料和康复足以使富裕家庭陷入贫困。贫困有其两面性，既是造成残疾的原因又是残疾带来的后果，因此要特别关注贫困残疾儿童的生存问题，国家有义务将对残疾儿童的福利保障纳入财政计划，不断改善其生活条件，确保贫困残疾儿童参加社保和减贫方案。从残疾儿童照料的主体来看，其涉及家庭、学校、机构等。家庭照料需求是残疾儿童生存需求中最紧迫而持续的需求，家庭环境对残疾儿童的成长无疑也是最佳的。因此，对于残疾儿童特别照料需求的满足，还需要设计并实施对残疾儿童家庭支持计划，对负责照料残疾儿童的人提供经济的和技术的援助，确保残疾儿童不受歧视地享有《儿童权利公约》所载的各项权利。这些具体的特别照料和援助大致包括：以现有资源为限，免费提供；援助的目的在于确保残疾儿童获得教育、培训、保健和康复服务、就业准备和娱乐机会；提高残疾儿童及其照料人预防和治疗残疾的能力和技能。当然，值得进一步关注的是，残疾儿童常常带来额外的负担和花费，特别容易被忽视和冷漠对待，甚至在精神和身体上受到暴力和性虐待，而家庭和机构环境的相对封闭性又加重了这些持续的暴力行为。残疾儿童遭受虐待的可能性要比一般儿童高出数倍，这就要求国家将对残疾儿童提供支助作为一项义务，包括护理和康复知识的普及、心理疏解、不同形式的临时护理等。此外，残疾儿童的基本生存需求还体现在公共设施的便利性方面，这应当是残疾人适当生活水准权的自然延伸。但现实中，公共设施不适合残疾人使用是一个突出问题，进而造成残疾儿童失去保健、教育等各项服务的机会，这也是残疾儿童被排斥和边缘化的主要因素之一。

（2）平等对待的需求。残疾儿童因身体或精神方面的残疾而在权利实现方面碰到更多的障碍，这些障碍很多时候是深藏于社会、文化、观念等方面的歧视所致。歧视可见于残疾儿童生存和发展的各个方面，比如社会和文化方面的偏见、负面态度造成残疾儿童被边缘化，威胁其生存与发展；提供服务方面的歧视使他们没有机会获得优质的保健服务和教育，得不到工作机会，难以进一步社会化；文体生活方面有时候貌似特别重视残疾儿童而专门为他们举办一些活动，但是如果这种情况被惯常化，则可能会导致残疾儿童被边缘化，加大他们的疏离感和孤立感。另外，对残疾儿童的暴力则是偏见和歧视的极端表现，比如校园中对残疾儿童的欺凌。残疾儿童之所以更容易遭遇各种形式的暴力，主要是因为基于身体和精神的残障，这些残障使得他们独立生活的能力变弱，不仅会受到社会歧视甚至受到亲友的嫌弃，增加其被虐待的可能性，而这当中，父母或照料残疾儿童的人因承受压力或紧张，更可能有虐待行为。因此，国际社会特别强调防止对残疾儿童的歧视，要求缔约国：采取立法、救助、宣传、教育等措施，防止和消除对残疾儿童事实上的歧视，帮助其融入社会。

（3）康复的需求。《儿童权利公约》确定了基本保健的重要意义，强调"康复和重返社会应在一种能促进儿童的健康、自尊和尊严的环境中进行"。残疾儿童的康复艰难而持久，除了残疾儿童及其家庭的坚持之外，往往需要国家和社会的支持，在这种支持当中特别要避免对残疾儿童造成歧视，因此，对残疾儿童的康复和保健服务最好设立在普通的公共卫生系统中，提供尽可能免费的现代化设施和服务。在提供康复和保健服务中，基于社区而建立的康复和援助计划对残疾儿童及其家庭显得尤为重要，作为国家整个保健体系的基层设置——社区保健不仅便捷，而且在增强健康意识和自信心、帮助残疾儿童康复和重返社会以及与高一级的康复服务部门合作等方面都将发挥重要作用，特别是对残疾儿童及其家庭的心理、精神和技术方面的援助。这就要求相应的从事残疾儿童保健工作的人员达到高标准的技术专业水平。此外，残疾儿童经常带有多种健康问题，需要跨专业诊疗，也需要社区保健部门的协调，以确保提供最有效的诊疗和保健服务。

（4）发展和受教育权。残疾儿童的特殊需求绝不仅仅局限于基本生存方面，他们的发展需求是生存的必然延伸，而残疾儿童要获得个性、才智和身心能力的发展，平等地获得受教育的机会是一项重要指标，这也是1993年联合国通过的《残疾人机会均等标准规则》当中的重要内容。融合式教育被认为是残疾儿童实现教育权的最理想模式，这种教育模式的目的是针对不同学生的学习条件和需求的多样性而提供高质量的教育，有其独特的价值观、原则和做法。比如，根据残疾儿童面临的挑战和需求不同，采取正规教育和特殊教育相结合的方式，帮助轻度残疾的儿童随班就读，减少单独的特殊教育学校的负面效应，这会对学校教师提出很高要求。由于残疾儿童对发展的需求各不相同，父母、教师和其他专业人员需要掌握能够有效促进残疾儿童发展的方法和技能，比如最适合其潜力发挥的交流方式、语言、问题解决的方法。在这个过程中，不仅要听取残疾儿童的意见，还需要准确观察并以最适当的方式满足残疾儿童的发展需求，提供支持，尽可能早地帮助残疾儿童进行职业发展教育和规划，促进其根据不同情况和发展潜能选择人生目标。

2. 残疾儿童保护

就国际法律保护而言，《儿童权利公约》是第一个将残疾儿童权利和需求作为单独条款规定的人权条约。该公约确立了残疾儿童作为权利主体的重要意义，保障有利于残疾儿童"促进自立"并提供其"积极参与社会"的生活条件，明确规定残疾儿童有获得特殊照料的权利，强调尽可能为促进其实现个人发展而提供多种服务。

《儿童权利公约》第23条第1款明确了残疾儿童保护的原则性内容：在确保其尊严、促进其自立、有利于其积极参与社会生活的条件下使其享有充实而体面的生活。将确保残疾儿童实现各项权利作为国家义务，其核心是使残疾儿童有权融入社会，例如，教育和卫生领域应当以最大限度地帮助残疾儿童融入社会为目标。鉴于残疾儿童的特殊需要，考虑到儿童的父母或其他照料人的经济情况，应尽可能免费提供援助，"援助的目的应是确保残疾儿童能有效地获得和接受教育、培训、保健服务、康复服务、就业准备和娱乐机会，其方式应有助于该儿童尽可能充分地参与社会，实现个人发展，包括其文化和精神方面的发展"。本条还就与残疾儿童"在预防保健以及残疾儿童的医疗、心理治疗和功能治疗领域"有关的康复教育方法、职业服务、资料信息等方面的国际交流做了规定。同时，该条还表达了强烈的平等意识，要求国家确保所有残疾儿童不受任何形式的歧视，特别是在儿童的教育、雇用、娱乐等方面机会的平等。当然，正如儿童权利委员会在其第 9 号一般性意见当中所强调的，残疾儿童的保护不限于《儿童权利公约》第 23 条的内容，还应当结合该公约的其他条款进行一体保护。比如下列一些条款所载内容在残疾儿童保护方面都具有重要意义。①

（1）基本原则条款（第 2 条、第 3 条、第 6 条、第 12 条）所列载的内容，包括儿童最大利益、非歧视、参与以及确保儿童最大生存和发展方面的内容。《儿童权利公约》第 2 条防止歧视条款确定了残疾和人权保护之间的密切关系。基于残疾的歧视问题一直以来都是国际社会关注的重要议题，联合国《经济、社会和文化权利国际公约》的《第 5 号一般性意见：残疾人》也指出，"残疾的歧视造成的影响在教育、就业、住房、交通、文化生活、进入公共场所和享受公共服务等方面尤为严重"。1993 联合国通过的《残疾人机会均等标准规则》指出，对残疾儿童的歧视包括：排斥、严重歧视、杀害。残疾儿童是最弱势的、容易受到歧视的儿童群体之一，在某些情况下还存在歧视重叠的严重状况，比如贫困残疾儿童，会因为"贫困"、"残疾"、"儿童"的脆弱性叠加而遭受多重歧视，因此，需要在非歧视条款中明确提及"残疾"问题。儿童最大利益原则是残疾儿童保护立法、政策制定（包括财政政策）以及采取保护措施的基本考虑。

---

① 参见联合国儿童权利委员会《关于〈儿童权利公约〉的〈第 9 号一般性意见：残疾儿童的权利〉》，2006。

该原则对残疾儿童提供服务的机构和组织也具有重要意义，各类服务、设施、措施等不仅应当符合标准和规范，还应当以儿的安全、保护和照料作为首要考虑。最大限度保障儿童生命、生存和发展权条款，表明对残疾儿童而言，人所固有的生命、生存和发展权利尤其值得重视。尊重儿童意见的原则条款强调，在影响残疾儿童的所有事务中倾听他们的意见，并根据儿童发展阶段和能力不同给予尊重的重要意义。

（2）公民基本权利和自由条款（第 7 条、第 8 条、第 13 条、第 17 条、第 37 条）。姓名权、隐私权、各种自由以及不受非人道待遇或处罚等条款，对残疾儿童的权利实现具有重要价值，比如残疾儿童出生登记问题。未进行出生登记儿童当中残疾儿童的比率一直很高，这将给残疾儿童带来一系列的后果：缺乏公民身份，没有机会获得社会和保健服务，也没有受教育的机会，更可能遭遇被忽视、虐待甚至死亡的危险。再如，信息和通信手段能帮助残疾儿童独立生活，帮助他们了解致残原因、康复等内容，帮助其适应残疾生活，在知情同意的基础上对康复问题发表看法，并充分参与家庭和社会生活。

（3）家庭环境和替代照料条款（第 5 条、第 9—11 条、第 18—21 条、第 25 条、第 27 条、第 39 条）。毫无疑问，家庭依然是照料和养育残疾儿童的最佳环境，然而，残疾的发生对残疾儿童本人和家庭均是一个严峻的考验，特别是发生严重残疾的儿童家庭。如何缓解和平衡父母利益与残疾儿童权利之间的紧张关系是一个棘手的议题。机构照料不是照料残疾儿童的最佳方式，除了标准低、环境差之外，照料机构主要缺乏人伦亲情，而没有伦理关怀的环境对儿童成长不利，更何况，一些照料机构还存在对残疾儿童身心虐待、忽视和冷漠等情形。因此，机构安置应当被作为残疾儿童照料的最后选择。尽管如此，因为残疾儿童遭遇遗弃的概率大，且很难找到寄养或收养家庭，机构照料仍然是严重残疾儿童照料的一种主要方式。但机构照料的弊端已经引起国际社会的强烈关注，儿童权利委员会特别要求缔约国采取下列措施，防止残疾儿童受到虐待和暴力侵害：对残疾儿童照料者进行培训，支持受到侵犯的残疾儿童的家人提出申诉，教育系统需将学校内对残疾儿童的欺凌纳入主流考核指标，照料机构需配备专业人士并定期接受监督和评估，建立专门受理儿童受侵害案件的申诉机制，重视残疾儿童受害者的康复和重新融入社会等。

（4）基本健康和福利（第6条、第18条、第23—24条、第26—27条）。残疾儿童的健康面临多方面的挑战，比如更容易受到歧视。歧视不仅造成残疾儿童的心理伤害，还包括许多机会和资源供给的丧失所带来的不利后果：一方面是信息和资源的缺乏导致残疾儿童享受不到应有的待遇；另一方面是缺乏满足残疾儿童具体需求的保健方案。对残疾儿童来说，全面的健康政策显得尤为重要，包括对残疾的早发现早干预，残疾康复和保健（包括生理治疗和心理康复），以及便捷地获得康复资源和器械的供给等。

（5）教育和玩（第28—29条、第31条）。孩子们一起玩耍，不仅能获得知识和技能，还是培养合作和民主精神的途径。这一点对残疾儿童来说不同的意义在于，"一起玩耍"所带来的心理满足可以增强他们的融入感和自信心。教育则有所不同，学校教育更多的是师生之间的互动，关键是残疾儿童能否在不受歧视的基础上，享有平等的受教育权，以及在整个受教育过程当中所感受到的尊严感和价值感。比如，融合式教育模式就可以增强残疾儿童的平等感，同学之间的互动也可以提高残疾儿童的自信和自尊。就加强残疾儿童的能力建设来说，幼年时期是一个关键期，残疾的早发现早干预对于帮助儿童充分发挥潜力至关重要，甚至可以减少导致儿童终身残疾的概率。另外，为了鼓励残疾儿童接受更高等级的教育，采取以儿童为中心的个性化教学方案，提高教育技能、技巧和方法的科学性等，对于增强其融入社会的能力建设方面都具有重要意义。

（6）特别保护措施（第22条、第32—40条）。除了对受到各种暴力侵害和各种形式剥削的儿童给予特别保护之外，对少年司法系统中的残疾儿童，要确保其享有《儿童权利公约》相关条款的权利，除了少年司法条款的内容之外，他们还受其他相关条款的保护，例如保健和教育领域的规定和保障。此外，残疾儿童尤其易受各种形式的经济剥削，包括最恶劣形式的童工、贩毒和乞讨，这些残疾儿童更加需要得到特别保护，比如，在街头谋生的残疾儿童需要得到基本生存的照料，以保护其免于各种危险，包括经济剥削和性剥削。此外，还有被利用来乞讨而被故意致残的儿童，我国已经将这种行为规定为犯罪行为予以严厉打击。

3. 我国对残疾儿童的保护

为了使残疾儿童早日康复并融入社会，我国与国际红十字会等组织合作，资助了范围广泛的预防和康复项目，包括减少先天性缺陷、治疗白内障和听力障碍等。我国《残疾人保障法》（1990年）、《残疾人教育条例》（1994年）、《未成年人保护法》，对残疾人的康复、教育、劳动就业、文化生活、福利、教育、残疾幼儿的早期发现和治疗等问题做了规定。2016年，国务院发布《"十三五"加快残疾人小康进程规划纲要》（2016—2020年），其中对残疾儿童的特别规划如下。①残疾儿童康复救助制度的建立。其由中国残联、民政部、财政部、国家卫生计生委、教育部负责实施，目标是要逐步实现0—6岁的视力、听力、言语、智力、肢体残疾儿童和孤独症儿童免费得到手术、辅助器具适配和康复训练等服务。②残疾儿童教育项目。逐步提高残疾儿童学前教育普及水平，使适龄的听力、视力、智力残疾儿童接受义务教育比例达到95%，完成义务教育且有意愿的残疾学生都能接受适宜的中等职业教育。③残疾人中等职业教育和高中阶段教育示范项目。依托现有特殊教育和职业教育资源，每个省份集中力量办好至少一所面向全省份招生的残疾人中等职业学校、一所盲生高中、一所聋生高中；改善残疾人中等职业学校办学条件，加强实训基地建设，提高教育教学质量。④贫困残疾儿童的教育。其由教育部、民政部、财政部等负责实施，为家庭经济困难的残疾儿童提供包括义务教育、高中阶段教育在内的12年免费教育。继续改善特殊教育学校办学条件，完善特教教师收入分配激励机制，提高特殊教育教学质量和水平。

二　重症儿童——从受艾滋病影响的儿童视角

　　这里仍沿用"重症儿童"的表述，[①] 其他还有如"大病儿童"的提法，都不是专业术语，纯粹为研究方便所用。重症儿童包括患有先天性重大疾病、传染病或后天原因导致的重大疾病的儿童，比如患先天性心脏病、重症肌无力、急性肝炎、艾滋病、各种恶性肿瘤、自闭症的儿童等。这些儿童不仅身心受到病痛的摧残，还容易受到各种歧视和排斥，他们的

---

　　① 王雪梅著《儿童福利论》（社会科学文献出版社，2014）专门有一章讨论了"残障及重症儿童福利保障制度"问题。

生存和发展需求因为身体和精神的双重痛苦而不同于其他儿童，急需得到国家和社会的支持和关爱，但有关他们的福利保障救助制度还很不完善，有必要加以讨论。

数据显示，我国因疾病死亡的农村儿童中，有 50.5% 未得到充分治疗。在贫困地区，儿童罹患重疾死亡率高达 54%，比城市儿童高出约 9 倍。[①] 重症儿童不仅要忍受疾病的折磨，还要克服由此带来的因病致贫等困境以及来自各方的歧视，生活状况和质量堪忧。目前，儿童容易罹患的大病有几十种，其中仅有几种得到了国家和各类慈善组织的关注。2017 年，国家全面推进了 8 类大病保障，包括儿童白血病、儿童先天性心脏病。白血病是儿童癌症中发病率最高的一种，如果在确诊后能尽早获得正规治疗，患儿可以好转甚至痊愈。然而我国每年新增的白血病患者 75% 来自农村，患儿家庭对高昂治疗费用的承受能力决定了患儿是否能够接受及时的治疗。中国红十字基金会小天使基金对儿童白血病给予了一定救助，儿童也都被纳入新农合以及城镇医疗保险制度，但支付水平还比较低，如果儿童遭遇大病，对贫困的农村家庭来说，医疗保障政策覆盖范围之外的自费缺口依然巨大。例如新农合总封顶线是 1 万—4 万元，而白血病的医疗花费至少为 15 万元，这对于贫困的白血病患儿家庭是无法解决的问题。

从 2010 年即被优先实施的儿童重大疾病医疗保障试点进一步获得政策支持，将重大疾病保障种类从两个疾病种类扩展至 20 个重大疾病种类，并提高了 20 种重大疾病的医疗保障水平。2015 年国务院转发《关于进一步完善医疗救助制度全面开展重特大疾病医疗救助工作意见的通知》，要求社会力量参与重特大疾病医疗救助的衔接机制，落实有关财税优惠、费用减免等政策，支持引导社会力量通过捐赠资金、物资积极参与医疗救助特别是重特大疾病医疗救助，形成对政府救助的有效补充。随后，中国儿童大病救助联盟成立，该联盟以政府主导为前提、社会组织为补充共同发挥作用。其由中国红十字基金会等 8 家成员牵头，立志于提供一个可供行业内部交流和服务的平台，以配合政府做好儿童大病救助工作，推动政府与慈善组织在儿童大病救助领域的合作，有望解决我国儿童大病救助结构

---

① 参见《我国贫困儿童患重病死亡率高达 54%》，资料来源于 2012 年 9 月 12 日"新浪财经"网，http://finance.sina.com.cn/china/20120903/153513031262.shtml，最后访问日期：2017 年 12 月 25 日。

失衡、资源分布不均、信息不对称、专业人才缺乏以及慈善组织各自为营、行业影响力不高等问题。联盟总体救助规模覆盖八大儿童疾病。

自 20 世纪 80 年代初发现艾滋病以来，其对人类的影响程度超过任何一种疾病。儿童受到艾滋病的影响最为严重，儿童受到的影响不仅规模大，而且影响时间长、程度大。在儿童大病当中，艾滋病感染者是得到全世界关注的目前还无法治愈的疾病，且通过一些渠道具有传染性，但儿童却实实在在是受害者。受艾滋病影响的儿童既包括被艾滋病毒感染及患有艾滋病的儿童，也包括父母双方和一方感染艾滋病或死亡，而造成子女抚养缺失家庭中的儿童。基于受艾滋病影响的儿童有这样一些特点，加之笔者在《儿童福利论》一书中已经从自闭症儿童视角就重症儿童的生存状况、家庭社会支持系统以及相关的福利保障制度的建构问题有过比较详细的讨论，故而，此处仅从国际人权保护的视角，以受艾滋病影响的儿童为例，做简单阐释。

（一）受艾滋病影响的儿童的生存状况

从联合国儿童权利委员会关于《儿童权利公约》的《第 3 号一般性意见：艾滋病毒/艾滋病与儿童权利》中可以看出，"受艾滋病影响的儿童"包括：感染了艾滋病的儿童、父母双方死于艾滋病的致孤儿童或一方死亡的单亲家庭儿童、与感染艾滋病的患者共同生活的儿童。

艾滋病问题是全世界的问题。艾滋病对儿童造成的影响超出了人们的预期，联合国关于艾滋病的一般性意见也显示，[①] 艾滋病毒的流行的确改变了儿童生活的世界，数百万儿童受到感染并死亡。此流行病对幼儿造成严重影响，特别是受艾滋病影响的贫困儿童，他们因生活困难而成为受害者并被边缘化。最初人们没有意识到此流行病能对儿童构成如此大的威胁，不幸的是，人们后来发现儿童处于该问题的中心。联合国发现令人震惊的趋势：在世界很多区域，新感染者大部分是 15 岁至 24 岁的年轻人，有时甚至更年轻。妇女包括幼女的感染人数也日益增多。很多情况下，妇女不知道已被感染而可能无意间传染给她们的子女，因此，在一些国家，婴儿和儿童的死亡率上升。所有儿童都可能因其特殊的生活状况而受到伤

[①]　参见联合国儿童权利委员会《关于〈儿童权利公约〉的〈第 3 号一般性意见：艾滋病毒/艾滋病与儿童权利〉》，2003。

害，特别是儿童自身是艾滋病毒感染者或受到此流行病的影响，失去家人照料。因此，儿童最容易被感染或受到影响。真正控制艾滋病对儿童造成的影响，需要所有国家共同努力。我国受艾滋病影响的儿童普遍生活在贫困地区、贫穷家庭，他们在生存、健康、营养、教育、社会保障、发展等方面面临诸多问题和困难，①儿童的生存和发展受到全面影响。

艾滋病给受影响的儿童带来的是全面的灾难，他们对基本生活保障、替代性养护、义务教育与基本医疗以及社会参与和心理精神的需求远远超出了所处地区的承载能力，需要政府和社会组织的参与，以适当方式救助受艾滋病影响的儿童。我国受艾滋病影响的儿童主要生活在贫困的农村地区，尽管卖血和吸毒导致艾滋病传染的两种主要途径对家庭经济的影响似乎有所区别，但结果却是一样地导致了家庭物质耗尽。2003 年以来，国家对艾滋病感染者实行"四免一关怀"政策②，集中安置失去双亲的孤儿，或安排其他家庭长辈抚养。对于艾滋病致孤儿童的救助安置，我国在实践当中也摸索出一些具体的做法，包括河南模式、云南模式、湖北均川模式、广东模式等。③ 这些模式对受艾滋病影响儿童的救助发挥了一定的作用。另外，就国家层面来说，孤儿在义务教育阶段也享受农村贫困儿童的"两免一补"（免书本费和学杂费，补助寄宿生活费）政策。生活补助的标准各地不一，通常是每个月 30—50 元，虽然救助力度不大，但在执行中仍然存在各种问题。而与此同时，社会力量又缺乏进入艾滋病感染地区的组织渠道，只能在局部地区开展对受艾滋病影响儿童的救助。外界援助力度不大的主要原因在于中国乡村社会组织和西方式的"公民社会"基于不同

---

① 参见尚晓援等《关爱受艾滋病影响的儿童——中国四地区的个案研究》，《青年研究》2008 年第 1 期。

② 四免包括对未参加医保的艾滋病人实行免费抗病毒药物治疗、免费咨询和艾滋病病毒抗体初筛检测，对已感染艾滋病病毒的孕妇免费提供母婴阻断药物和婴儿检测试剂，为艾滋病遗孤提供心理康复和免费义务教育。一关怀是指对艾滋病病毒感染者和患者提供救助关怀。

③ 河南模式强调以家庭寄养和集中供养为主要方式，云南模式强调以社会救助为主，湖北均川模式强调以家族抚养为主，广东模式强调以亲属和社会收养为主。另外，四川省凉山州还根据其独特的家支文化，针对还在世的艾滋病致孤儿童以及他们的家支成员，通过各种培训的方式传授生活、生产的技艺，比如农业技术良种改善、民族手工技艺等，帮助他们致富自救，形成了颇具特色的艾滋病致孤儿童救助模式。

的发展渠道、组织原则和成长环境。^① 就对受艾滋病影响家庭的救助来说，一般将生产自救列为救助方式的第一位，其在各地区形成的救助模式中多有体现，这也从一个侧面说明，对受艾滋病影响儿童的救助不仅仅是救助儿童，还有家庭甚至社区。对于艾滋病致孤儿童的救助，有论者建议应当将其纳入我国的孤儿救助体系，以避免进行艾滋病鉴定的负面效果。^②

（二）受艾滋病影响的儿童的特殊需求

1. 家庭支持的需求

感染艾滋病对家庭而言就是灾难，这种灾难不仅来源于对保健投入更多财力，还在于人们对该流行病的一种恐惧心理。在此方面，正如《儿童权利公约》第17条所承认的，大众传播媒介在确保儿童获得信息和资料方面的作用至关重要，可提供适当的信息并减少耻辱及歧视。缔约国应支持和定期监督及评估艾滋病病毒/艾滋病的宣传运动，确保有效地提供信息和减少愚昧、耻辱及歧视，解决对艾滋病病毒的恐惧和错误认识及其在儿童和青少年中的传播。家庭照料是儿童的基本权利，给儿童带来安全感和心理支持。家庭是儿童生存和发展的最基本环境。艾滋病带来的家庭经济的贫困导致儿童的基本生存和发展需求受到威胁，疾病、社会排斥等对儿童及家庭、社区环境的破坏，儿童的身心发展受到物质匮乏、照料缺失、失学、心理冲击和社会排斥等多方面的影响。受艾滋病影响的儿童的自卑与压抑因父母是否在世受到极大影响，只要父母在，孩子往往比较懂事上进，而成为孤儿后，儿童往往会变得消极和自闭。对于艾滋病致孤儿童，选择适当的养护方式是对儿童亲情需求的补救，家庭寄养包括扩张家庭和非亲属关系的家庭寄养，在一些艾滋病多发区成为一种主要的艾滋病致孤儿童养护方式。但养护费用却超出了大部分寄养家庭的承担能力，需要政府承担相应的费用。另外，还有一种方式是收养，收养为艾滋病致孤儿童获得了稳定的长久家庭关爱，是比较理想的孤儿养护方式。

2. 安全需求

安全需求包括人身安全和心理安全。艾滋病在给受艾滋病影响儿童的

① 参见尚晓援等《关爱受艾滋病影响的儿童——中国四地区的个案研究》，《青年研究》2008年第1期。
② 参见尚晓援等《关爱受艾滋病影响的儿童——中国四地区的个案研究》，《青年研究》2008年第1期。

家庭带来打击的同时，也导致儿童安全感的丧失和心理发展受阻。受艾滋病影响的儿童往往因父母的生病和死亡而面临暴力威胁和被贩卖等危险。另外还有心理和精神压力问题。受艾滋病影响的儿童面对疾病、家人离世、失学，还受到社会排斥、暴力威胁等，这给他们造成巨大的心理压力和精神创伤，忧虑、压抑、恐惧、无望成为心理常态。政治、经济、社会、文化和其他因素导致受艾滋病影响的儿童可能得不到足够的照料，面临感染艾滋病病毒的风险。最容易感染艾滋病病毒/艾滋病的儿童是生活在难民营和国内流离失所者营地的儿童、被拘留的儿童、被收容的儿童、生活极端贫困的儿童、生活在武装冲突中的儿童、儿童兵、遭受经济和性剥削的儿童、残疾儿童、移徙儿童、少数民族儿童、土著儿童以及街头儿童。因此，国家有义务帮助这些特别脆弱的儿童增强其避免被感染的能力，确保学校成为不使儿童感染艾滋病病毒可能性增加的安全场所。特别要保护儿童不被引诱或强迫儿童进行任何非法的性活动。

3. 免遭歧视的需求

歧视严重影响受艾滋病影响的儿童的生活，他们被剥夺获得信息、教育、健康、社会照料服务或者社区生活的权利，甚至被家庭、社区遗弃，歧视也导致不易获得照料和服务的儿童更容易被感染。特别是基于艾滋病的歧视对女孩造成的影响通常比男孩更严重。针对《儿童权利公约》第2条所确立的非歧视条款中所列举的"其他身份"，儿童权利委员会指出，"其他身份"包括儿童或其父母的艾滋病病毒/艾滋病状况，因此，国家的法律、政策、战略和做法应解决导致此流行病的影响扩大的所有形式的歧视问题。此外还有对隐私保密的需求。儿童权利委员会在其一般性意见中指出，应使儿童获得自愿、保密的艾滋病病毒辅导和检查服务，并适当关注儿童的发展能力，这对保护儿童权利和健康至关重要。此种服务能够降低儿童感染和传染艾滋病病毒的风险，使他们获得专门针对艾滋病病毒感染者的照顾、治疗和援助，更好地规划未来。与《儿童权利公约》第24条健康权和第16条隐私权保护相联系，国家有义务对艾滋病病毒检查结果保密，包括保健和社会福利机构。关于儿童感染艾滋病病毒状况的信息，未经儿童许可不应该透露给第三方，包括父母在内。

4. 教育和发展需求

儿童权利委员会在其一般性意见中指出，教育在向儿童提供艾滋病病毒/艾滋病的相关和适当信息方面发挥着关键的作用，有助于提高人们对此流行病的认识和理解，防止人们对艾滋病病毒/艾滋病受害者采取消极的态度。教育能够提高儿童保护自身免于感染艾滋病病毒的能力。[①] 有鉴于此，国家有义务确保所有儿童受到免费九年义务教育，特别是在许多艾滋病病毒流行地区，受艾滋病影响的儿童，特别是女孩，在继续上学方面面临严重的困难。比如，在受艾滋病影响的我国家庭中，儿童受教育权很难保障，特别在艾滋病高发地区，教师缺乏，儿童因此而辍学。因此，国家需要做出紧急安排，确保符合水平的教师资源，充分保障生活在流行病地区的儿童接受教育。

5. 医疗保障需求

卫生医疗资源获得的公平性从宏观制度视角看，是长期实行的城乡二元分立的社会结构所致，短期内很难有根本改变。除此之外，还有各省份之间发展的不平衡。重症儿童的卫生医疗保障与各地方的经济水平直接相关，但儿童权利的实现、儿童福利的保障在一国之内不应由于这种地区之间的差异而受到不同对待，这涉及儿童权利保障的伦理问题，也涉及儿童权利实现的平等性原则。经济水平无疑会影响一个地区的儿童卫生医疗服务水平，根据卫生部公布的数字，农村因病死亡的儿童中，有一半都没有得到过治疗，或者仅仅在医院的门诊部治疗过。[②] 因此，针对重症儿童的医疗卫生问题，应当建立全国统一的大病医疗保障制度，实现对重症儿童医疗资源获得的平等保障。儿童应当拥有高标准的健康权，其中也包括卫生保障的权利。医疗卫生服务差的地方无疑将使该地区儿童的健康状况恶化，后果是降低了他们的社会化程度和收入水平，拉大贫富差距和社会不公平程度。儿童权利委员会关于《儿童权利公约》的《第 3 号一般性意见》显示，阻碍艾滋病有效预防和照料服务提供的因素主要包括文化、社会结构、资金等方面。国家有义务做出安排，确保儿童在不歧视基础上可持续地和平等地获得与艾滋病病毒相关的全面治疗和照料，包括必要的与艾滋病病毒相关的药物、货物和服务。普遍认为，全面治疗和照料应包括抗逆转录病

---

① 参见儿童权利委员会关于《儿童权利公约》的《第 1 号一般性意见：教育的目的》（2001）和《第 3 号一般性意见：艾滋病病毒/艾滋病与儿童权利》（2003）。

② 参见杨永梅《公平视角下的全国儿童大病医疗保障制度研究》，《学术交流》2009 年第 11 期。

毒药物和其他药物，艾滋病诊断技术和照料技术，防止机会性传染和其他疾病，良好的营养、社会、精神和心理支持，以及以家庭、社区为基础的照料。

（三）对受艾滋病影响的儿童保护

1. 正确认识患病儿童

艾滋病感染涉及很多方面的问题，但艾滋病与儿童问题主要应当从医学和健康方面认识。《儿童权利公约》所确立的健康权应当是认识受艾滋病影响儿童问题的中心议题，但从现实情况看，艾滋病问题对儿童产生了深广的影响，几乎涉及儿童生存与发展权利的所有方面，因此，公约所确立的最大利益原则、非歧视原则、尊重儿童意见原则、最大限度生存和发展原则，在受艾滋病影响儿童的所有权利的实现上应当具有同等重要的意义，比如在保健预防和就医治疗的健康权实现方面，在就学等发展权实现当中。解决受艾滋病影响儿童的问题，只有结合公约其他条款共同认识，才能实现对这些儿童的权利保障。首先，关于儿童的最大利益原则，对儿童最大利益的考量应当被纳入受艾滋病影响儿童的疾病预防、照料和治疗的政策和方案，但是，这些政策却往往是为成年人制定的，没有将儿童作为相关政策和行动的首要考虑，这就要求国家把儿童置于对此流行病做出回应的中心位置，采取有利于儿童权利实现和需求的战略。其次，关于最大限度生存和发展原则。毫无疑问，儿童拥有生命不被任意剥夺和从经济和社会政策发展受益的权利，国家有义务对儿童特点、行为和生活方式给予认真对待。女孩经常受到早婚和强迫结婚等有害传统的影响，这些做法通常妨碍她们获得教育和信息，也使她们成为艾滋病的易感人群，所以，在确保平等地获得信息、生活技能和预防措施解决性行为问题方面，需要制定有效可行的预防计划。最后，尊重儿童参与权原则。儿童有权利根据其能力大小就艾滋病对生活的影响发表意见，参与制定相关的政策和方案。当儿童积极参与需求评估、制定解决方案、对战略施加影响并实施，而不是被视为受决策影响的对象时，干预才会产生最有利于儿童的效果。这就要求国家和社会积极促进儿童作为同侪教育者参加学校内外的活动，使其在社区和国家层面充分参与艾滋病病毒政策和方案的制定、执行、审查等。在此过程中，需要根据儿童能力的发展，鼓励儿童表达意见并听取其意见，按照其年龄和成熟程度给予适当考虑。受艾滋病影响的儿童作为同侪教育者适当地参加分享经历的活动，对有效地预防艾滋病及减少耻辱和歧视至关重要，国家有义务确保儿童在获得咨询后自愿地参与，确保他们得到社会援助和法律保护，在参与活动期间及其后正常地生活。《儿童权利公约》的四项一般原则为减少流行病给儿童生活带来的消极影响提供了有力的框架，以此为基础涉及的综合方案，才能解决与预防、治疗和照料受艾滋病影响儿童的根本问题。

2. 儿童获得信息权利的实现

《儿童权利公约》第 6 条、第 9 条、第 17 条、第 24 条、第 27 条、第 33 条等条款，针对艾滋病这种流行病，认为儿童在某些方面的权利受到特别的严重挑战。儿童权利委员会认为，尤其需要采取措施，旨在促进其社会、精神和道德福祉及身心健康的信息和资料的权利，这些权利包括：预防保健、性教育和服务的权利；隐私和健康保障的权利；获得父母照料的权利；保护儿童免遭各种剥削和虐待的权利；享有福利保障的权利；获得教育的权利；免遭诱拐、买卖或贩运、酷刑或其他残忍、不人道或有辱人格的待遇或处罚的权利；身心康复并重返社会的权利；等。其与艾滋病有关的预防、照料、治疗和援助等方面是相互促进的，只有了解相关信息和知识，才能提高认识，有利于预防和治疗。国家有义务帮助儿童通过正式渠道和非正式渠道充分获得关于艾滋病病毒／艾滋病的预防和照料方面的信息，并根据儿童理解力和不同年龄层次，普及青春期知识、性知识、健康知识教育，保护儿童免受艾滋病病毒的感染。儿童获得相关信息和知识的目的是提高相应的能力，这就需要家庭、学校和社会提供"生活技能"的教育，包括就性行为和健康生活方式进行沟通的技能，这也是针对不同儿童群体传达关于预防艾滋病的不同而有益的方法。在此过程中，还需特别注意不同身份地位、残疾或其他歧视因素导致的差异，可能影响儿童获得相关信息和知识。

3. 确保提供相关健康服务

儿童权利委员会发现，青春期的儿童以及青年人所需要的健康服务，具有方便获得、友好、保密性、非歧视等特点，特别是针对艾滋病有关的健康服务更应如此。因此，国家有义务确保这类健康服务系统雇佣训练有素的人员，在向儿童提供与艾滋病病毒有关的信息，使其进行自愿咨询和化验，了解儿童感染艾滋病病毒的状况，提供保密的性健康和生殖健康服务、免费或费用低廉的计划生育方法和服务、所需的与艾滋病病毒相关的照料和治疗，包括预防和治疗与艾滋病相关的健康问题时，充分尊重儿童的隐私权和遵守非歧视原则。联合国也敦促缔约国确保向生活在其境内的所有儿童提供可能的最大程度的服务，充分考虑儿童的性别差异、年龄及其生活的社会、经济、文化和政治环境。① 特别要强调的是，要避免对儿童在任何情况下进行强制性的艾滋病病毒检查，任何情况下的此类检查或服务，均应确保根据儿童不同阶段的理解能力，获得儿童或其监护人的知情同意。

4. 受艾滋病影响儿童的安全保障

受艾滋病影响儿童的安全问题除了上文提及的免遭各种虐待、剥削、贩卖以及被不当行为感染艾滋病病毒等人身安全和健康保护之外，还需特别关注母婴感染问题，这是大部分婴幼儿感染艾滋病病毒的原因。婴幼儿可以在怀孕、生产以及通过母乳喂养时感染艾滋病病毒。我国作为《儿童权利公约》的批准国，应当执行联合国的在婴幼儿中预防艾滋病病毒感染的战略。这些战略包括：（1）在即将成为父母者中间进行艾滋病病毒感染的基础预防；（2）防止感染艾滋病病毒的妇女非计划怀孕；（3）防止感染上艾滋病病毒的妇女向婴儿传染艾滋病病毒；（4）向感染艾滋病病毒的妇女及其婴儿和家庭提供照料、治疗和资助，包括婴儿喂养方法选择方面的咨询。② 另外，儿童权利委员会还强调，杜绝在受艾滋病影响儿童及其监护人不知道风险和益处的情况下，将儿童作为治疗艾滋病试验研究的对象。与《儿童权利公约》第32条、第34条、第35条、第36条对儿童权利的规定相符合，为减少儿童感染艾滋病病毒/艾滋病的危险性，缔约国有义务保护儿童免受一切形式的经济剥削和性剥削，包括确保其免于落入卖淫网络，保护儿童免于从事任何可能影响或阻碍其教育、健康、身体、心理、精神、道德或社会发展的工作。另外，各种形式的暴力和虐待可能使儿童感染艾滋病病毒的风险加大，儿童也可能由于感染上艾滋病病毒/艾滋病或受到其影响而遭受暴力。另外，使用包括酒精和毒品在内的药物，可降低儿童对性行为进行控制的能力，可致使其感染艾滋病病毒的危险性增加。使用未经消毒的工具进行注射的做法，进一步加大了艾滋病病

① 参见儿童权利委员会《第3号一般性意见：艾滋病病毒/艾滋病与儿童权利》，2003。
② 参见儿童权利委员会《第3号一般性意见：艾滋病病毒/艾滋病与儿童权利》，2003。

毒传染的风险。依照《儿童权利公约》第 24 条和第 33 条规定的儿童权利，缔约国有义务确保执行旨在减少导致儿童使用药物的计划以及向滥用药物的儿童提供治疗和援助的计划。

5. 对艾滋病致孤儿童的保护

艾滋病致孤儿童因受到艾滋病的影响，其权利特别容易受到忽视和侵犯，特别是受到歧视，无法获得正常的教育、健康和社会服务，加剧其遭受歧视和社会孤立。因此，儿童权利委员会在其《第 3 号一般性意见》中特别强调了国家向受艾滋病影响的儿童包括艾滋病致孤儿童提供法律、经济和社会保护的必要性，确保他们获得教育、遗产、住房、健康和社会服务。确定艾滋病致孤儿童的身份，这一点之所以重要，是因为艾滋病致孤儿童受到疾病影响、失去亲人，伴随耻辱、歧视的多重打击，国家尤其有义务确保这些儿童的继承权、财产权的实现以及健康和其他社会服务的获得，减少儿童被虐待和剥削可能性。特别是因疾病或死亡与家庭分离的儿童，这涉及对其法律身份的承认，因此，出生登记对艾滋病致孤儿童也有特别重要的意义。对于艾滋病致孤儿童的照料，得到周围社区支持的扩展式家庭可能是使其受创伤最小的方式，但如果这种方式不可得，应考虑尽可能地提供家庭式的替代照料，包括寄养和收养照料。机构照料可临时发挥作用，并且作为最后的手段，同时得到国家的特别保护和援助，帮助他们顺利地社会化。

三　失依儿童

失依儿童不是一个法律概念，而是为了学术研究的需要，对那些失去父母照顾或者事实上处于无人照料处境的儿童的统称。关于失依儿童的福利保障问题，笔者已经在《儿童福利论》一书中做了比较全面的论述，其中对失依儿童福利社会化发展及制度理论以及养护模式及其转型问题有过详细的研究，此不赘述。下文拟从国际儿童权利保护视角对失依儿童的概念、基本状况和特殊需求做进一步讨论。

（一）失依儿童的概念和基本状况

1. 概念

失依儿童的共同特征是无法从家庭获得身体、心理、精神和社会发展的满足。失依儿童或因父母亡故，或是由于法律原因不能与自己的父母共同生活，抑或其他各种原因无法得到成年人的亲自照顾，只能由社会或机构支持才能维持其基本生活。这些儿童包括：孤儿、弃儿、流浪儿童、艾滋病致孤儿童、无人照顾的服刑人员子女等。对这些儿童通过机构照顾（临时和长期的）、寄养照顾或收养服务等照顾方式提供的替代性照顾服务，称为失依儿童养护。机构养护的弊端早已为人们所认识，因此，儿童权利委员会建议优先考虑亲属领养和家庭寄养（或收养）的方式，当这些措施均无法实现时，最后才考虑机构养护的办法。失依儿童在精神情感、基本照料、教育和医疗、环境安全等方面的需求都有异于一般儿童，国家、社会、学校等主体有责任采取积极措施，保护他们免遭各种剥削和暴力侵害，最大限度地促进其健康发展。

关于孤儿的定义，国内和国外法律都没有一个统一的界定。在我国的法律和行政管理中，孤儿有不同的含义。[①] 孤儿不仅是一种社会身份还是一种法律身份，涉及一系列法律政策的制定和实施，以及其权利的实现。比如孤儿的财产继承权，国外立法包括《意大利民法典》、《日本民法典》都对孤儿的财产权给予了肯定，并采取孤儿财产强制登记制度、"拟制代理人"制度等加以保护。根据我国已经批准的国际公约和国内法律，对孤儿的界定需要考虑如下几点。（1）为符合联合国《儿童权利公约》和我国《未成年人保护法》对儿童的界定，孤儿的年龄应当限定在不满18岁。（2）把父母双亡（包括宣告死亡和宣告失踪）作为认定孤儿的实质要件。（3）对于父母还健在，却处于事实上的无人抚养状态的儿童，可以做如下处理：故意不履行抚养义务的，可依法责令其履行义务；父母对儿童有忽视、虐待以及其他暴力行为，并不履行抚养义务的，依法剥夺其监护人资格，其子女按照"孤儿"对待；父母确属没有能力抚养，或属于艾滋病家庭、父母在服刑等这样的特殊情况，可以按照《收养法》中的"父母有特殊困难无力抚养"的情形处理，也可以考虑按照"孤儿"对待；出于让孩子获得移民身份等目的而正式放弃监护权，并不可撤销的，此儿童也可作为"孤儿"看待。

关于流浪儿童有两种观点。一是认为流浪儿童是犯罪后备军，从犯罪

① 参见《收养法》；民政部《全国孤残儿童信息系统用户使用说明》。

控制的角度入手展开工作。我国在 2003 年以前对流浪儿童就持此种态度和看法。二是从儿童权利和福利保障的角度入手，认为流浪儿童是急需得到关爱的危困人群，流浪的原因是其权利遭受了侵害。由于流浪儿童现象的复杂性，对流浪儿童的定义也存在颇多争议。对流浪儿童的称谓非常多，如流浪漂泊儿童、迁移流动儿童、无家可归儿童、童工、被拐卖儿童、乞讨儿童等。这些概念都是从流浪儿童的某一方面的特征来定义的，很难穷尽。但在对流浪儿童的救助与保护的实践过程中，按照流浪儿童与家庭的关系进行分类在国际上还是比较统一的。目前国际上通行的是两分法。[①] (1) 仍然与家庭保持关系的街头儿童（children on the street）。这种情况最典型的是白天在街头工作晚上回家的儿童，但也有一部分是有家难回的儿童。(2) 完全与家庭失去联系的街头儿童（children of street）。在街头流浪儿童中，有些是有家庭的，但相当一部分比例是属于战乱、饥荒或艾滋病造成的孤儿，或者被父母遗弃，或为逃离肉体、性或精神虐待而流落街头的儿童。[②] 不管是哪类儿童，他们的活动空间一定是在街头。基于上述原因，如果本文没有特别的说明，流浪儿童指完全脱离家庭和监护人连续超过 24 小时生活在街头，且无可靠生活保障的 18 周岁以下的儿童。

2. 基本状况

据民政部印发的《2016 年社会服务发展统计公报》，截至 2016 年底，全国共有孤儿 46.1 万人，其中集中供养孤儿有 8.8 万人，社会散居孤儿 37.3 万人。孤儿数量有逐年下降的趋势，这从一个侧面体现了国家在孤儿救助方面投入的力度，在收养孤儿这方面出台了更多有利的相关政策。具体的孤儿救助问题，国家规定可以享受补贴的是父母双亡的孩子。但父母一方健在或者有法定监护人，却因种种原因确实无人抚养的孩子享受不到国家每年给予孤儿的生活补贴。即便对于那些应当在国家救助范围内的孤儿，资金短缺以及缺少长效机制，再加上制度性障碍，使得一些孤儿特别是"弃儿"由于身份的特殊性（户籍问题）也得不到应有的保障，既被排除在低保制度之外，又得不到专项孤残儿童救助。很大一部分孤残儿童主

① 参见姚建平《儿童福利的三个世界》，《青少年犯罪问题》2008 年第 1 期。
② 参见联合国儿童基金会编《〈儿童权利公约〉执行手册》，全国妇联、儿基会中国办事处翻译，2006，第 116—117 页。

要是"弃儿",不得不沿街流浪乞讨,借以维持生活。这使得孤残儿童救助问题和部分流浪乞讨人员救助问题交叠重合在一起,解决起来更加复杂。2006 年,民政部、国家发展改革委、财政部等 15 个部委联合印发《关于加强孤儿救助工作的意见》,将城市福利机构集中供养的孤儿、弃婴与农村散居孤儿统一纳入孤儿保障的制度之中,这是对孤儿生活救助和服务保障的第一个综合性福利制度安排。《关于加强孤儿救助工作的意见》要求各相关部门采取寄养、收养、集中安置等形式做好孤儿工作。财政部门应当将孤儿救助所需资金纳入城乡社会救助和社会福利事业发展资金需求;各级发展改革部门要做好孤儿救助规划,力争到 2010 年,基本达到每个地级市都拥有一所具有养护、医疗康复、教育能力的儿童福利机构;教育部门应当对处于义务教育阶段的孤儿免收学杂费,免费提供教科书并补助寄宿生生活费。这些规划后来没有完全实现,其主要原因在于,国家对于孤儿救助从制度安排上涉及民政、财政、卫生、教育、劳动和社会保障、司法、建设等 15 个管理部门,但是,对各个部门又没有明确的职责分工,也缺乏相应的问责机制,这种充满弹性的制度安排很难落实。2010年,民政部和财政部发布的《关于发放孤儿基本生活费的通知》(民发〔2010〕161 号),成为我国第一部孤儿福利津贴发放的法律政策依据。该通知对发放孤儿生活费的意义、发放的对象范围、发放标准和资金保障、发放程序和监督等事项都做出了明确指示。"中央财政 2010 年安排 25 亿元专项补助资金,对东、中、西部地区孤儿分别按照月人均 180 元、270 元、360 元的标准予以补助。以后年度按民政部审核的上年孤儿人数及孤儿基本养育需求,逐年测算安排中央财政补助金额。各地财政部门要统筹安排中央补助和地方资金,建立孤儿基本生活最低养育标准自然增长机制。孤儿基本生活费保障资金实行专项管理,专账核算,专款专用,严禁挤占挪用。"但是,实践中,仍然有孤儿不能享受到福利津贴的情况,这也是国外发放现金福利津贴的教训,因此,西方国家越来越倾向于以提供福利服务的方式解决儿童福利问题,比如免费教育、免费医疗服务、免费学校午餐、免费社工心理咨询等,让儿童实际上享有社会进步带来的好处。

在孤儿救助当中,下列两类儿童引起了特别的注意。一是农村孤儿,他们作为儿童救助的特殊群体,一直缺乏有效的制度设计与政策支持。2004 年,民政部和教育部提出救助农村特困儿童,对于农村"五保"供养的儿童，属于城市"三无"（无劳动能力、无生活来源、无法定抚养人或抚养人无能力抚养）对象，属于最低生活保障和特困户的儿童，以及当地政府规定的其他需要教育救助的儿童提供救助。对于"五保"和"三无"对象，实行义务教育阶段"两免一补"的政策，高中阶段提供必要的学习和生活补助。但事实上，这些目标措施都未完全落实，农村孤儿比城市孤儿获得救助的机会少得多。"五保"制度为农村孤儿解决了最低生活保障问题，维护了其基本生存权，但这种制度性救助水平太低，在执行的过程中有时还不能完全落实到位。农村地区的孤儿救助还停留在社会救助的初级阶段，尚未向现代儿童福利制度转型。因此，在孤儿救助方面，迫切需要遵循《儿童权利公约》所确立的各项原则，明确儿童不仅是救助对象还是拥有权利的主体，调整对农村孤儿救助的各项政策，构建农村孤儿救助新体系。二是艾滋病致孤儿童，他们是孤儿中的特殊群体。他们的主要问题是生活照顾、身心健康以及与其他困境儿童群体之间的平等对待问题。艾滋病致孤儿童因为生活在艾滋病的阴影下，仍然受着贫困、歧视与羞辱的折磨。2000年以来，艾滋病预防、治疗和关怀问题成为公共政策、社会政策与福利政策议程核心议题之一，其中对艾滋病致孤儿童的生活照顾和身心健康成为突出的社会问题，很多地方根据当地的具体情况，创造了艾滋病致孤儿童的生活照顾与社会保护模式，比如河南模式、广东模式等。但是，由于艾滋病预防控制问题的严峻性和艾滋病致孤儿童生活照顾问题的特殊性、紧迫性，对艾滋病致孤儿童的生活照顾与社会保护制度成为困境儿童福利政策中的"特殊政策"。

如上文所述，流浪儿童中有一部分是失去父母的孤儿，而有一部分是因为各种原因而脱离家庭的儿童，他们在街上流浪，生活无着落，主要靠捡垃圾、乞讨、做廉价小工、卖花、卖艺等方式维持生活。由于生存环境恶劣，他们连最基本的生存权都难以保障。流浪途中，很多人沾染了各种各样的不良习惯，有的还实施违法犯罪行为。从总体上看，流浪儿童的违法犯罪基本上属于为满足基本生活需要而实施的"穷犯罪"，是因为正常发展受阻，是生活所迫。据民政部推算，全国流浪儿童大约有100万人。[①]大部分流浪儿童之所以流落街头，是因为遭遇家庭暴力，或是家庭监护缺

---

① 参见鞠青主编《中国流浪儿童研究报告》，人民出版社，2008，第4页。

失，或是出外打工无着落。但也有一小部分人并没有被剥夺家庭环境，其一般是因为经济困难而流落街头的，有的还定期回家。所以，对流浪儿童采取的救助措施并不是都需要移交给永久性的替代照料机构，而应当根据不同情况区别对待。总之，应当视儿童与家庭和社区保持联系的需求，以及儿童独立和自我依赖程度而定。

3. 孤儿的养护方式

就我国情况看，孤儿的养护方式，早期是以机构教养为主，常见的形态是以集体教养的育幼院所，提供失依儿童日常生活照顾、医疗照顾与社会工作的服务。其后随着照顾理念的发展，机构养护转变为"小家庭式"的照顾方式。另一种以完整家庭为基础的照顾教养开始试用，包含有安置时间限制的寄养照顾，以及永久安置的收养服务。目前只有少部分孤儿确实无法找到寄养和收养家庭，在福利机构中养护，绝大多数孤儿都实行社会寄养或亲属领养的方式。由亲属抚养的儿童一类是和祖父母辈生活在一起，另一类是被寄养在其他亲属家中。但前者很难发挥教育照料失依儿童的作用，而后者多会引起家庭矛盾，对孩子成长不利。即便如此，孤儿的亲属大多都不愿意把孩子送到福利机构，其认可的抚养方式是自己抚养和"儿童村"，亲属愿意送出去的多为残疾儿童。[①]

（二）失依儿童的特殊需求

《儿童权利公约》指出，暂时或永久失去家庭或脱离家庭环境的儿童，有权得到特别保护和协助。儿童权利委员会强调国家有义务采取措施解决失依儿童的实际问题，特别是帮助其寻求家庭养护或者提供条件鼓励流浪儿童以及服刑人员子女回到家庭和社区生活，在此期间，还需注意失依儿童的培养教育具有连续性以及其民族、文化背景，尤其不能把流浪儿童当作罪犯看待。

我国对孤儿的照顾养护越来越关照到儿童的权利，但对流浪儿童的养护尚未寻求到特别有效而实际的方法，研究表明，有超过一半的流浪儿童得到过社会的物质援助，但有48.1%的流浪儿童最希望得到的帮助是学习知识和本领。[②]大部分儿童被救助过三次以上，而且是被动救助，有一半

---

① 参见尚晓援《中国弱势儿童群体保护制度》，社会科学文献出版社，2008，第187页。
② 参见尚晓援《中国弱势儿童群体保护制度》，社会科学文献出版社，2008，第33页。

流浪儿童不喜欢救助站。我们在救助流浪儿童方面做了不少工作，但是缺少相关的理论的、社会心理的研究以及针对流浪儿童的实证研究，采取救助中心方式的救助效果并不理想，这种方式的救助并不是或不完全是流浪儿童所需要的。但是，基于他们在流浪这一特殊生存状态，如何满足流浪儿童的实际需求尚需进一步研究探索。

从孤儿和流浪儿童整体上看，他们所处的特殊困境使他们无法与其他儿童一样平等地享有权利，失去与原家庭和社会环境的联系，因此为了他们的生存和发展，更急需解决其在某些方面的需求，这些急需包括基本生活保障、教育、医疗、心理支持等。

1. 基本尊严和情感需求

根据《儿童权利公约》第 2 条非歧视原则，儿童"不得因社会出身、财产、出生或其他身份而加以歧视"，国家有义务确保任何儿童均不受任何形式的歧视，这其中的"其他身份"就包括街头流浪儿童。歧视和流浪互为因果，歧视可能是直接的也可能是间接的。直接歧视包括以不相称的政策方法解决孤儿和流浪儿童问题，采用镇压措施防止其乞讨、流浪、离家出走行为，还包括诸如警察忽视街头流浪儿童报告的盗窃或暴力行为、少年司法制度中的歧视性待遇、孤儿在学校受到的羞辱和欺凌等。间接歧视包括将失依儿童排除在基本服务之外的政策等。受歧视的儿童更容易受到暴力侵害、虐待、剥削，以及包括艾滋病病毒在内的性传播感染，使他们的健康和发育面临更大的风险。国家需积极担负起消除一切对儿童的歧视的义务，采取积极措施，比如完善法律政策，消除系统性歧视，通过宣传和教育措施使用准确的数据和证据转变公众对失依儿童的歧视和消极态度。另外，失依儿童失去父母关爱，精神和心理受到极大的打击，再加上受到周围人的歧视、冷落，甚至虐待、打骂，更可能形成自卑、冷漠、缺少爱的个性，因此，他们不仅需要物质上的帮助，更需要情感上、心理上的关心。特别是在成为孤儿去街头流浪的早期，其心理需求可能超过物质需求。对于孤儿精神和心理的关怀除了教育之外，还要关注其心理的发育、尊严的获得、对于家的感受、社会的适应等。

2. 基本生存和发展需求

进行出生登记是确定其身份的前提，缺乏身份证明，对于保护失依儿童在教育、医疗等社会服务以及财产继承等方面的权利将产生不利的影响。国家应确保提供免费、便捷、简单、快速的出生登记。很多时候流浪儿童没有确切的地址，这给身份登记造成困难，需要采取灵活的措施，比如通过网络登记的电子身份，个人信息可以跟随流浪儿童迁移，也有利于其获得基本服务和司法系统的保护。合法身份是失依儿童生存和发展的基础，因为失依儿童的生存条件具有相当的危险性，他们不仅无法享受有尊严的生活，甚至生命也受到极大的威胁，比如被当作犯罪嫌疑人抓捕甚至被杀，成为犯罪的目标。还有其他形式的危险：被招揽做童工、交通事故、滥用药物、商业性剥削和不安全的性行为以及得不到足够的营养、医疗保健和庇护所导致的死亡。另外，长期的贫困也危及其生存和健康，损害其基本的生活质量。儿童享有适足生活水准权是父母责任的重要内容，提供适当的生活水准也是国家责任，包括安全的住所、食物和免费、方便的医疗保健和教育，国家在这些方面支持父母和照料者，以防止儿童流落街头。"适当"的稳定住所对流浪儿童有特别意义，因为他们常常成为被强迫迁离的对象，而强迫迁离可能使儿童的生活更不稳定，迫使他们露宿街头，使他们的权利更容易遭到侵犯。儿童的发展包括身体、心智、精神、道德、心理和社会发展。沿街流浪极大地限制了失依儿童的生存和发展需求。我国对流浪儿童从强制遣返到社会救助是一个良好的开端，但救助服务站存在封闭僵化以及仅限于物质帮助等弊端，不利于被救助儿童的社会化。① 因此，有必要从促进儿童全面发展的视角，采取更有利于其发展和自立的救助模式。

3. 家庭环境和替代照料的需求

《儿童权利公约》第9条关于父母责任的条款，明确了儿童权利保护的两个原则：一是儿童不应与其父母分离，除非符合他的最大利益；二是基于该理由使儿童分离的所有程序是公正的。父母履行照顾儿童的责任是减少失依儿童最有效的措施。公约的父母责任条款对儿童实现所有权利都有基础性意义，孤儿和流浪儿童现象的发生都可以追根溯源到父母责任的缺失。比如，在极端贫困的情况下父母可能会遗弃孩子，或孩子在受到暴力的情况下可能会逃离家庭，再或者碰到天灾人祸父母可能会与孩子失去联系而使孩子成为流浪儿童。再如父母一方或双方被判入狱，孩子成为事

---

① 参见薛在兴《整合式发展型流浪儿童保护新模式》，《社会政策研究》2017年第2期。

实上无人照料的孤儿。儿童权利委员会对解决此种情况有三点建议：（1）让婴幼儿在监狱与母亲在一起；（2）对儿童的母亲采取更有帮助的制裁方式，以利于其与孩子在一起；（3）采取寄养家庭等替代照料措施。[①]前两点的可行性值得怀疑。毫无疑问，失依儿童"有权"享有特别保护和援助，当父母无法满足儿童照料需求时，国家有义务满足儿童这一道义上的照料需求，包括提供生活、医疗、教育等援助，以及社会保障等支持。对于孤儿和流浪儿童，国家成为他们事实上的照料者，但这并不意味着他们不渴望有家庭生活，因此国家有义务在帮助那些父母尚在的流浪儿童建立家庭联系之外，确保对暂时或长期被剥夺家庭环境的儿童给予替代性照料。替代性照料有临时性的也有长期性的，有机构内照料也有诸如寄养和领养以及类家庭式照料，还有收养形式的永久家庭安置。但那种剥夺自由的将儿童送入封闭式拘留中心的做法不是保护而是惩罚。不尊重儿童特点的干预措施一般很难奏效，安置失败后他们往往又回到街头流浪。因此，儿童权利委员会提出，"应当将收容制度作为最后手段，除非必要，否则不将儿童安置在替代性照料机构，并确保在提供替代性照料情况下，提供符合儿童权利和儿童最大利益的恰当条件"。[②] 当儿童处于国家照料之下时，包括待在福利机构、被寄养、参加流浪儿童计划等，应当保持儿童与其父母的联系。有研究表明，如果在国家照料的最初几个月不保持与父母的联系，儿童与父母团聚的希望会更小。

4. 教育和医疗的需求

多数农村养护孤儿的家庭在支付教育、医疗费用以及资源获得等方面碰到严峻的挑战，就此而言，尽管机构养护有种种弊端，但是大多数儿童福利院都设置在城市，附近学校的教育水平较偏远的乡村更好，因此，实践中也发生过有孤儿在接受亲属养护到上初中的年龄，为了得到更好的教育又反过来要求进入福利院生活的情况。就流浪儿童的教育问题，经调查，我国流浪儿童未完成义务教育的占九成[③]。流浪儿童的教育问题也得到了联合国的高度关注，儿童权利委员会在其《第21号一般性意见》中

① 参见联合国儿童基金会编《〈儿童权利公约〉执行手册》，全国妇联、联合国儿童基金会中国办事处翻译，2006，第116—117页。
② 儿童权利委员会《第21号一般性意见：街头流浪儿童》，2017。
③ 参见鞠青主编《中国流浪儿童研究报告》，人民出版社，2008，第18页。

建议，缔约国应提供条件使流浪儿童继续上学、接受优质教育的权利得到充分保护。具体教育方案如补习流动学校、职业培训，或将其纳入正规教育系统等。我国在解决流浪儿童教育问题方面做出了有益探索，摸索出了一些具体的解决模式，比如郑州模式、北京模式、上海模式、广东模式、长沙模式、成都模式、新疆模式，[①]这些模式为解决流浪儿童教育问题开拓了新思路。就孤儿和流浪儿童就医问题，2016 年国务院发布了《关于加强困境儿童保障工作的意见》，将因家庭监护缺失导致人身安全受到威胁或侵害的儿童看作困境儿童，指出应对于纳入特困人员救助供养范围的儿童参加城乡居民基本医疗保险给予全额资助。另外，应加强城乡居民基本医疗保险、大病保险、医疗救助、疾病应急救助和慈善救助的有效衔接，实施好基本公共卫生服务项目，形成困境儿童医疗保障合力。这个《意见》为孤儿和流浪儿童的医疗保健费用的解决提供了政策支持，特别是对患有大病的失依儿童具有重大意义。

5. 基本自由的需求

普通公民所享有的基本自由权对流浪儿童也是适用的，包括在公共场所活动的权利，这一点对流浪儿童有特别意义。因为对于流浪儿童来说，在街头聚集是其生活的一部分，只要不威胁公共秩序，其对公共场所的利用应当得到尊重。《儿童权利公约》第 15 条明确了儿童拥有此项自由，并明确"对此项权利的行使不得加以限制，除非符合法律所规定并在民主社会中为国家安全、公共秩序、保护公共卫生或道德或保护他人的权利和自由所必需"。这意味着没有合法根据地对街头流浪儿童的骚扰、暴力、围捕、驱赶等措施，是对流浪儿童此项自由权利的侵犯。但国家有义务通过

---

① 郑州模式是一种与国际接轨的做法，郑州市儿童救助中心与联合国儿童基金会合作，通过全天候街头救助点、设立于社区的"类家庭"救助之家等方式，解决流浪儿童救助问题；北京模式是通过与专业院校合作的方式，关注救助的专业性，探索流浪儿童发展的救助新模式；上海模式融入了工读教育，帮助流浪儿童回归校园；广东模式将儿童救助保护中心打造成"类学校"的教育和生活环境，既能集中救助又可兼顾学习；长沙模式实验了"大房子工程"，为 7—15 岁的孤儿和无家可归的流浪儿童提供一套住所，进行简单的劳动技能培训和文化课学习，有特殊需求的安排于附近社区学校就读，开展开放式救助，但由于资金问题，2005 年已经停止运作；成都模式采取多方协同配合，尝试建立全方位救助保护体系，比如对有病的流浪儿童实行免费医疗救助；新疆模式针对流浪儿童违法犯罪问题，建立地区特色的救助矫治工作模式。参见鞠青主编《中国流浪儿童研究报告》，人民出版社，2008，第 93—106 页。

教育和发展生活技能等方式，帮助流浪儿童回归家庭或返回学校。

6. 安全需求

流浪儿童特别易于成为暴力、虐待、各种剥削、毒品和药物滥用的目标，街头环境可加剧其身体和心理健康的脆弱性，导致药物滥用率高、艾滋病病毒和其他性传播感染、怀孕、暴力、自杀，以及不受管制药物的自我乱用和面临传染疾病、污染和交通事故。因此，国家有义务采取积极的、持续性的措施，开展全面和免费的保健教育和服务，包括街头儿童所需要的性健康和生殖健康教育和服务，预防和治疗药物滥用及其康复服务，心理创伤治疗和精神保健服务。还需要特别注意保护街头儿童避免卷入毒品交易。《儿童权利公约》第 19 条和第 39 条对关于保护儿童免遭一切形式的暴力做出了明确规定，儿童权利委员会的《第 13 号一般性意见》对禁止对儿童使用的一切形式的暴力做出了具体解释。《〈儿童权利公约〉关于买卖儿童、儿童卖淫和儿童色情制品问题的任择议定书》与流浪儿童特别易遭受性暴力和性剥削问题特别相关，应当由受过训练、了解街头流浪儿童具体情况的专业人员拟定具体对策。《儿童权利公约》第 32 条的规定、《准予就业最低年龄公约》和《消除最有害的童工形式公约》构成了对街头流浪儿童免受经济剥削和最有害形式的童工劳动的法律保护。打击童工现象还涉及对儿童家庭提供支助、使其接受学校教育、给儿童提供适足的生活水准。流浪儿童还可能成为少年刑事犯罪的嫌疑对象，从而被判刑入狱。这一做法与现代少年司法制度的重点在于教育和矫治的宗旨相悖，少年司法应当是促进自新而非惩罚，对流浪儿童同样如此。另外，流浪儿童还容易成为武装力量的招募对象，为此，联合国《〈儿童权利公约〉关于儿童卷入武装冲突问题的任择议定书》反对儿童被征召入伍，国家有义务采取预防和干预措施，保护儿童不被卷入武装冲突当中。

（三）失依儿童的保护

儿童失去家庭照料的原因很多，有国家发展的体制结构原因、社会原因、家庭原因等。比如，出于经济地位、种族和性别的不平等现象是出现街头流浪儿童和他们遭到排斥的结构性的考虑，包括贫困、社会保护不足、社会动荡、饥荒、流行疾病、自然灾害或强迫驱逐等，还包括家庭或照料者的暴力（虐待、剥削和忽视）、失去双亲、被遗弃、反抗有害习俗等。

　　《儿童权利公约》没有明确提到孤儿或流浪儿童，但他们都有着该公约所确定的大部分儿童权利被践踏的遭遇，所以公约所载的条款都适用于失依儿童。对失依儿童的帮扶有不同的方法，包括基于儿童权利保护的方法，将儿童看作权利主体。还有以"拯救者"的姿态采取的福利方法，将儿童看作受害者，替儿童做出决定而忽视其本人的意见。更有甚者将街头儿童视为不良少年或罪犯而采取打压的方法。显而易见，儿童是权利的主体，福利方法虽然可行，但需摆正姿态听取儿童的意见，而将街头儿童视为不良少年显然不利于儿童最大利益的实现，是不可取的。

　　除了突发性的天灾人祸导致父母双亡而产生孤儿的情况，强调父母责任和加强对家庭的支持是防止出现弃儿、流浪儿童、艾滋病致孤儿童的现象的前提。这就需要国家采取措施，消除对处于危困境况家庭的结构性压力。比如消除结构性贫困，建立经济和社会安全网，扩大家庭支助方案扭转贫困导致的儿童流落街头的条件，具体还可以细化到传授专业的家庭育儿方法和技能等。同时，《儿童权利公约》所确立的最大利益原则始终是解决儿童相关问题的首要考虑，因为失依儿童特别容易受到伤害，所以，国家和社会有义务从失依儿童的最大利益出发，以实现其身体、心理和道德方面的整体健全完整，并增进做人的尊严。正如儿童权利委员会在其《第21号一般性意见》中所指出的，"处于某一具体弱势境况儿童的最大利益，与所有处于同样弱势境况儿童的最大利益并不相同。主管当局和决策者必须考虑到每个儿童的脆弱性类别和程度不同，因为，每个儿童都是独特的，所以每一种情况必须按儿童的独特性评估"。所以，应当根据失依儿童的生活状况和能力特点考虑和解决他们的特殊需求问题。当然，在解决失依儿童的具体需求问题时，同样有必要听取儿童以及相关人士的意见，而不能仅仅把他们看作决策影响的对象，并视儿童不同阶段的接受能力进行指导和引导，提供有关信息。信息包括处理侵权行为的投诉机制、如何防止暴力侵害和事故、性健康和生殖健康、健康的生活方式、安全和得当的社会行为和性行为，以及滥用酒精、烟草、毒品和其他有害药物的负面影响等。

　　在基于儿童权利保护的方法中，保护过程和最终结果对失依儿童来说同等重要。要确保儿童作为权利持有者，尊重其尊严、生命、生存、福利、健康、发展、参与和不受歧视的权利。联合国儿童基金会建议采取的方法包括：第一，推动《儿童权利公约》以及其他国际人权文件所确立的儿童权利的实现；第二，执行国际人权文件确立的儿童权利标准和原则，指导国家采取的行动、政策和方案，特别是《儿童权利公约》保护儿童的四项基本原则，所采取的措施特别关照儿童不同阶段的接受能力；第三，增强儿童作为权利主体而主张权利和承担相应义务的能力。[1]

失依儿童特别是流浪儿童的遭遇往往使其对他人缺乏信任感，因此，对他们采取的救助措施需要从儿童的利益视角考虑，尊重他们的自主权，增强其能力和决策力，并赋权使他们成为社会经济、政治和文化的行为体。这样做既是一项道德和法律义务，也是促进其发展和自立的长期解决方案和最可持续的办法。为此，国家需采取长期的战略措施，并为孤儿和流浪儿童制定必要的预算拨款。具体采取的措施可以考虑以下方面。[2]

（1）法律、政策措施。国家应当采取跨部门的合作，解决孤儿和流浪儿童的生存和发展问题，包括财政的、教育的措施。应立即着手消除直接或间接歧视街头流浪儿童或其家庭的规定；废除任何允许或支持在街头或公共场所围捕或任意驱离儿童及其家庭的规定；在适当情况下废除下列对街头流浪儿童的定罪和不成比例的影响，如乞讨、违反宵禁、游荡、流浪和离家出走；废除对儿童因遭受商业性剥削和所谓的道德罪，如婚外性行为的定罪。国家需要制定专门法律、政策规范失依儿童问题。国家应通过提供资金，认证和规范民间社会力量为街头流浪儿童提供个性化专业服务。

（2）国家责任和义务。应从根源上解决失依儿童问题，特别是那些结构性的不平等和家庭暴力造成的儿童离家流浪问题。同时应停止一切对街头流浪儿童的驱离行为，加强对失依儿童的保护，包括法律政策和服务提供的措施，针对具体情况采取预防、早期干预、街头宣传、求助热线、救助中心、临时寄宿照料、寄养等办法。这些措施还需考虑他们成年之后的

---

[1]　参见联合国儿童基金会编《儿童权利教育工具包：使儿童权利扎根于幼儿、小学和中学教育》2014，日内瓦第21页。可查阅 https://www.unicef.org/crc/files/UNICEF CRE Toolkit FINALweb version170414，最后访问日期：2018年8月10日。另参见儿童基金会《第13号一般性意见：儿童免遭一切形式暴力侵害的权利》，2011。

[2]　参见儿童权利委员会《第21号一般性意见：街头流浪儿童》，2017。

出路，比如提供免费的就业培训等。同时，还应提供服务方便失依儿童获得各种有关的信息，包括相关法律政策、免费培训、就业等信息。法律、政策和服务的有效实施，有赖于透明和执行得力的明确监测和问责机制。各国应支持街头流浪儿童的参与，包括社会问责机制；应建立促进和监测《儿童权利公约》执行情况的国家独立人权机构，例如儿童权利监察员，必须便于街头流浪儿童向其求助。另外还需强调，资源不足不是国家不履行义务的借口，国家应采取积极措施，解决贫困和收入不平等现象的结构性原因，维护家庭稳定，减少儿童流落街头的可能性。这些措施包括：采用税收和支出政策，减少经济不平等现象；扩大公平工资就业和其他创收机会；推行有利于穷人的政策，促进农村和城市的发展；在已知移徙程度较高的地区加强以儿童为中心的减贫方案；提供充分的社会保障和社会保护，等等。①

（3）专业化服务。应促进所有从事与孤儿、流浪儿童相关工作的从业者（包括政策制定者、执法人员以及司法、教育、卫生、社会工作等方面的人士）了解儿童权利保护的各项法律政策以及失依儿童的状况，国家应提供在职或入职培训，特别是对直接与这些儿童打交道的社会工作者、警察、民政部门相关工作人员等，就儿童权利保护的方法、社会心理支持和赋予儿童权能进行专业培训。应采取行动，确保街头流浪儿童能够获得卫生和教育、司法、文化、体育和信息等基本服务。确保儿童保护系统能够提供街头专门服务，聘用经过培训并充分了解当地街头情况的社会工作者，帮助儿童重新与家庭、当地社区和更广泛的社会服务建立联系。在整体战略中，预防、早期干预和以街头为基础的援助服务是相辅相成的要素，并可提供一种持续的照料。成功的举措有赖于详细了解当地情况和对儿童的个性化援助。国家应鼓励和支持地方一级政府基于儿童权利方法的专项干预，这类干预措施应当在国家的支持下通过国家儿童保护制度，由地方政府加以协调。

（4）司法救济。作为侵犯人权行为的受害者或幸存者的街头流浪儿童，他们有权得到有效的法律和其他补救办法，包括法律代理。这包括由

---

① 参见儿童权利委员会《第21号一般性意见：街头流浪儿童》，2017。

儿童本人或由成年人代理，使用个人申诉机制，以及地方和国家层面的司法和非司法补救机制，包括独立的人权机构。当用尽国内补救办法时，可求助于适当的国际人权机制，包括由《儿童权利公约》任择议定书设立的来文程序。赔偿措施可包括恢复原状、补偿、康复、偿还和保证不再发生侵权行为。①

_____

① 参见儿童权利委员会《第 21 号一般性意见：街头流浪儿童》，2017。

第六章　流动儿童和留守儿童权利保护

20 世纪 80 年代开始，随着我国工业化、城镇化改革浪潮的推进，生活艰辛的农民大量进入城市寻找新的发展机会。在农民迁移流动的过程中，农村家庭结构也经历了变化过程，特别受到这种变化影响的是流动农民的子女，我们根据与父母生活的状态把这些孩子分为流动儿童和留守儿童。跟随父母离开户籍地到其他地方的儿童称为流动儿童，而父母一方或双方外出，被留在户籍地的儿童称为留守儿童。这两类儿童并非固定不变，他们实质上是一个整体，[①] 是不完全形态人口迁移的结果。留守儿童可能会跟随父母外出而成为流动儿童，而流动儿童也可能离开父母返回家乡成为留守儿童，两者之间有着相互转变的关系。因此，本章对流动儿童和留守儿童的相关问题一并讨论。

目前全国的流动儿童和留守儿童近一亿人，他们的生存和发展面临一系列问题，成为社会乃至国家政府关注的突出问题。流动和留守儿童问题在 20 世纪 90 年代初就被提了出来，但至今并没有得到根本性解决，其原因之一就是过分看重进城农民工的频繁流动性。而实际情况是，大多数打工者具有相对固定性，通常流动到某个适宜的城市会停留比较长的时间，甚至有扎根的愿望，而相关的制度和政策设计对这一特点关注不够。农民工的下一代则更多被打上了流入城市的烙印，有超过一半的流动儿童的成长经历或大部分生命历程都在流入地城市度过，[②] "老家" 对他们来说不过是 "户籍地" 而已。此外，从流动人口的总体发展趋势上看，正所谓 "人

---

① 参见谭深《中国农村留守儿童研究述评》，《中国社会科学》2011 年第 1 期。
② 参见段成荣《我国流动和留守儿童的几个基本问题》，《中国农业大学学报》（社会科学版）2015 年第 1 期。

往高处走"，更多的可能是留守儿童跟随父母迁移到城市而转化为流动儿童，因此，需要对儿童福利保障制度做重新的思考和设计。2014 年国务院通过的《关于进一步推进户籍制度改革的意见》明确了"要优先解决好进城时间长、就业能力强、可以适应城镇和市场竞争环境的人，使他们及其家庭在城镇扎根落户"。但是，流动儿童扎根落户牵扯太多问题，还会起到某种"蝴蝶效应"。根据第六次全国人口普查数据，从 2005 年到 2010 年的五年间，留守儿童增长了 4%，流动儿童增加了 44%，说明更多的留守儿童在向流动儿童转化。从留守儿童权利保护的角度看，这是一种好的趋势，但近亿流动儿童和留守儿童再加上他们的父母，两亿多人的城镇化无论如何都不是短期内能解决的。目前，这种人口流动家庭化问题已经显现，比如，解决流动儿童和留守儿童问题中面临的家庭发展等问题，① 其中牵扯到的一系列问题考验着决策者的智慧。

众所周知，儿童是不能等待的，流动儿童和留守儿童的最大利益首先要求在相关的政策制定、福利服务供给、社会管理中优先考虑他们的生存和发展方面的特殊需求。这些需求的满足涉及父母责任、儿童家庭完整、适当生活水准、教育权等方面，《儿童权利公约》所确立的基本原则和基本权利为流动儿童和留守儿童的保护和相关问题的解决提供了国际法上的最低标准。除了该公约确立的四项基本原则之外，留守儿童和流动儿童的保护与公约的其他条款也密切相关，比如，第 5 条、第 18 条的父母责任，第 7 条的儿童有获得父母照料的权利，第 9 条的与父母分离不得违背儿童意愿，第 20 条的脱离家庭环境和替代照料，第 24 条的健康权，第 27 条的适当生活水准，第 28 条的教育权，第 35 条的防止拐卖，等等。因此，《儿童权利公约》的成员国在思考和解决流动儿童和留守儿童问题时，有义务确保儿童享有公约各项权利的实现。

一　流动儿童

流动儿童没有一个确切的定义，研究者和实务工作者根据不同需要对流

---

① 有论者提出将"支持家庭发展"纳入基本国策。参见徐晓新、张秀兰《将家庭视角纳入公共政策——基于流动儿童义务教育政策演进的分析》，《中国社会科学》2016 年第 6 期。

动儿童的范围进行界定。与流动儿童概念相似的有随迁子女、移徙家庭儿童、进城务工农民工子女、流动人口子女。随迁子女概念具有明显的政策性和时代感,早期适用于党政干部、退伍军人或特殊人才,他们在进行流动时,政府给予的特别政策允许他们携带家属一起迁移。一同随父母迁居的儿童即为随迁子女,其含义与流动儿童尚有差别。移徙家庭儿童和进城务工农民工子女更接近本书所说的流动儿童,而前者有定向定期流动的特点,后者非定期定向而更有可能成为流动目的地的新成员。国务院在《关于做好农民进城务工就业管理和服务工作的通知》中将进城务工就业的子女称为"农民工子女",即"进城务工就业农民子女",指随着社会政治经济的快速发展,跟随农业户籍的父母或其他监护人一起流入务工经商所在地,居住半年以上还未取得城市户口的子女。流动人口子女与流动人口相对应,根据《2010年第六次全国人口普查主要数据公报(第1号)》对人口流动的定义,流动人口是指居住地与户口登记地所在的乡镇街道不一致且离开户口登记地半年以上(不包括市辖区内人户分离)的人口。但这个定义仅仅为了便于人口普查,对流动人口大多是农村流入城市的现象关注不足。综上,本书所谓的流动儿童是指离开户籍所在地,跟随父母一方或双方流动到某处或多处寻找稳定生计,居住半年以上尚未取得流入地户籍的儿童。

(一)基本状况和面临问题

近30年来,我国经济和社会结构发生巨大变化,流动人口举家迁移成为一大社会现象。《中国流动人口发展报告2017》显示,2016年我国流动人口总量为2.45亿(超过总人口的六分之一)。由此带来了我国城乡社会由二元结构向城、乡人口和流动人口"三分天下"的人口格局和三元化特征的社会利益格局转变。根据2012年全国妇联对全国流动儿童进行的调研,全国18岁以下流动儿童有3581万,且有逐年增长的趋势,其中农业户籍的占80.35%,据此,全国的农村流动儿童达2877万人,主要集中在中东部发达地区,多数流动儿童属于长期流动,平均流动时间为3.74年。特别是有些省、市流动儿童占比较高,比如上海、宁夏、新疆的流动儿童占比都超过四成。①

---

① 参见王中会等《流动儿童城市适应及影响因素——过去20年的研究概述》,《北京师范大学学报》(社会科学版)2016年第2期。

《论语·子路》有云:"名不正,则言不顺;言不顺,则事不成。"流动儿童因没有流入地身份而面临一系列难题,比如教育公平、社会融入、心理健康等问题。其中特别明显的是流动儿童的教育问题,国家对此给予了极大关注,但因其涉及非常复杂的社会结构、经济和社会发展等问题,效果并不理想。早在1998年,国家教委和公安部就联合发布了《流动儿童就学暂行办法》,国家开始重视解决流动儿童教育问题。2001年国务院发布《关于基础教育改革与发展的决定》,提出"以流入地区政府管理为主,以全日制公办中小学为主",解决流动儿童接受义务教育问题。2003年国务院发布《关于做好农民进城务工就业管理和服务工作的通知》和《关于进一步做好进城务工就业农民工子女义务教育工作的意见》,推动农民工子弟学校合法化。2004年国家取消农民工子女借读费。2006年《国务院关于解决农民工问题的若干意见》首次将流动人口子女义务教育作为公共服务的内容而提出。同年修改的《义务教育法》(第12条)为流动儿童在流入地实现教育权提供了法律保障。2008年《国务院关于做好免除城市义务教育阶段学生学杂费工作的通知》进一步明确了地方政府在流动儿童接受义务教育方面的责任。2010年《国家中长期教育改革和发展规划纲要(2010—2020年)》强调了流动儿童的教育公平问题。《中国儿童发展纲要(2011—2020年)》针对流动儿童特别提出:建立和完善流动儿童服务机制,积极稳妥地推进户籍制度和社会保障制度改革,逐步将人口流动纳入当地经济社会发展规划;建立16周岁以下流动儿童登记制度,为流动儿童享有教育、医疗保健等公共服务提供基础;整合社区资源,以社区为依托,建立面向流动人口家庭的管理和服务网络。总体上看,流动儿童教育权实现的难题在于教育资源均衡和受教育机会平等问题,即应实现"同城同待遇"。尽管国家为解决流动儿童教育问题从1998年以来发布了一系列法律和政策文件,但是由于一些客观存在的问题,流动儿童依然无法享受当地的教育资源。比如,在入学方面,尽管大部分义务教育阶段的适龄流动儿童都有机会入读公立学校,但公立学校的各种入学条件[①]和费用成

---

① 申请借读的流动儿童父母需要具备原居住地无人监护证明、城市务工证、城市暂住证、户口本证明、实际居住所证明(所谓"五证")才能取得与流入地儿童同等的教育资格,而"五证齐全"是极少数家庭才能达到的条件。参见杨敏、赵梓汝《城市流动儿童的教育公平问题研究—— 基于社会资源合理配置的社会学思考》,《学术论坛》2016年第2期。

为一部分流动儿童入学的障碍，他们不得已选择农民工子弟学校就读。因为没有流入地的正式"学籍"，会影响学校的考评和其未来的升学。特别是学前教育和后义务教育阶段的教育问题亟待解决。接受完义务教育选择继续在居住地读高中和考大学的流动儿童面临许多困难。[①] 教育的不公平导致阶层固化，影响个体发展从而无法满足现代化发展的需求，进而阻碍社会经济发展和影响社会稳定。

（二）特殊需求

1. 被尊重的需求和维护自尊

被歧视是困境儿童最常碰到的问题，因此其希望受到尊重的愿望十分强烈，流动儿童的情况并非都如此。研究发现，[②] 在流动儿童内部存在"处境不利 – 压力 – 适应不良"和"处境不利 – 心理弹性 – 适应良好"两种不同类型的个人应对模式。可见，流动儿童的个体特质在社会融合中发挥关键作用。个体特质中，自尊水平和认知能力对解决问题采取的方式以及各种信息反馈是否积极产生重要影响。也就是说，流动儿童的心理健康程度并不都是低于城市儿童的，这种负面标签是对流动儿童的歧视。因此，需要帮助流动儿童树立自尊和自信心，使其在自我发展的方向上顺利社会化。流动儿童毕竟生活阅历简单，没有很强烈的城乡身份意识，其生活方式、价值观、社会心理等方面还在发展和社会化当中，如果能得到积极向上的引导，树立自我实现的信心，他们将会以未来社会建设者的姿态面对各种挑战。可见，流动儿童问题既是城乡二元分立带来的政策和资源不公平的现实问题，也是一个流动儿童与现实互动而实现自我的动态过程。[③] 前者对流动儿童的平等融入尤为重要，制度排斥、经济排斥和文化排斥必然影响教育公平，这都需要尽早消除城乡隔离，实现城乡一体化发展，促进流动儿童与当地儿童平等交往。

2. 融入需求

流动儿童的受教育权层面的问题逐步化解，但其社会融入和社会化问题却凸显出来。流动儿童面临对新的社会环境的融入和社会化本身的双重

---

① 参见全国妇联课题组《全国农村留守儿童、城乡流动儿童状况研究报告》，《中国妇运》2013 年第 6 期。

② 参见何玲《流动儿童社会融合现状与辨析》，《中国青年研究》2013 年第 7 期。

③ 参见何玲《流动儿童社会融合现状与辨析》，《中国青年研究》2013 年第 7 期。

适应，除了上文提到的社会制度因素和儿童个体心理因素影响其社会融入之外，流动儿童具体的生存环境问题对其社会融入有特别重要的意义。具体环境主要是社区和学校，因为这是流动儿童除了家庭之外的基本生活范围。儿童的社会化是除本人之外的家庭、学校、社会等主体共同作用的结果，而社区和学校则是流动儿童融入社会的重要路径。社区融入是指流动儿童以社区为依托，在学校、家庭、政府等社会化主体的支持下，构建社区网络，融入城市社会，实现良性社会化的融入过程。[①] 研究显示，在融合状况上，流动儿童内部整合较好，但与其居住社区之间整合得不是很好；公立学校的流动儿童在城市的适应状况基本良好，但随着年龄的增长，他们对于来自社会的排斥有强烈的体验，心理健康受到一定的影响。有 22.7% 的流动儿童感觉难以与本地生交朋友。[②] 与一般儿童相比，因家庭、社会、学校支持水平和支持力度的差异，流动儿童的学校适应力和社会适应力明显低于当地儿童，流动儿童的社会身份认同程度在其中发挥了重要作用。在儿童时期，自我价值的核心组成部分特别需要同辈群体的接纳与认同，并通过这样的方式形成稳定的自尊感与较强的自信心。[③]

3. 教育需求

根据儿童最大利益原则，儿童教育权是不可剥夺的人权。流动儿童的教育需求突出表现在教育的公平问题上。流动儿童的教育需求是多元的，因此流入地政府应该采取不同策略、分担不同责任以回应流动儿童多元化的教育需求。这种需求的多元性既表现为教育的机会平等，又表现在具体的教学管理和教育规划当中，还表现在对流动儿童的学前教育、义务教育、高中教育和高等教育的公平分配上。就义务教育阶段流动儿童教育问

---

① 参见张大维等《封闭化与街角化：流动儿童现状及其社区融入研究——基于 W 市 H 社区的调查》，《社会主义研究》2012 年第 2 期。

② 参见唐有财《流动儿童的城市融入——基于北京、广州、成都三城市的调查》，《青年研究》2009 年第 1 期；周皓、章宁《流动儿童与社会的整合》，《中国人口科学》2003 年第 3 期；郭良春、姚远、杨变云《公立学校流动儿童少年城市适应性研究——北京市 JF 中学的个案调查》，《中国青年研究》2005 年第 9 期；张大维、谢洪波、余彧《封闭化与街角化：流动儿童现状及其社区融入研究——基于 W 市 H 社区的调查》，《社会主义研究》2012 年第 2 期；范元伟《流动儿童与本地学生相互融合研究》，《当代青年研究》2008 年第 6 期。

③ 参见王中会、周晓娟《流动儿童城市适应及其社会认同的追踪研究》，《中国特殊教育》2014 年第 1 期。

题，国家出台了很多法律政策，对就学、费用缴纳等做出了规定。但现有的义务教育采取"以县为主、地方负责、分级管理"的模式，流入地政府、公办学校、打工子弟学校、流动儿童及其家庭都有各自的利益需求，这些需求之间往往发生冲突，带来一些难以解决的实际问题。比如，公立学校入学限制的松动使得七成以上的流动儿童得以就学于公立学校，但公共教育资源的分配不均使得流动儿童集中就学的公立学校与其他学校仍然存在很大差距，流动儿童的教育事实上被边缘化了。随着流动儿童数量的增加，幼儿教育和异地高考问题也凸显出来。由于目前的高考尚需在户籍地参加，为了抓住高等教育这个唯一向上流动的机会，一些流动儿童到高中阶段不得不返回原籍备考，从流动儿童变成了留守儿童。但在现实的种种打击之下，他们又缺乏成就的动力，而更可能成为阶级再生产的渠道而重复上一辈的生活，这很可能导致农民工群体改变命运的希望破灭。然而，在贫富差距较大的社会，如果缺乏社会阶层流动的渠道，失去了某种均衡性，无望的下层就会积怨深厚，可能影响社会稳定，使得社会整体丧失效率和活力。因此，流动儿童能否通过教育实现正常的社会流动，不仅关系到这一群体自身的命运，也关系着中国社会能否再造生机以及建设和谐社会理想的实现。[①]

4. 健康需求

流动儿童的健康需求主要表现在卫生保健和心理健康方面。一方面，对儿童进行体质健康状况检查和计划免疫是国家保障儿童健康的基本途径和重要义务，这一点对年龄尚小的学龄前儿童尤其重要。流动儿童的健康水平明显低于本地儿童，具体表现在营养供应不足、卫生保健意识薄弱和健康教育落后。就预防接种来说，流动儿童很多时候未能与本地儿童享受相同水平的卫生保健服务，面临更大的健康风险，流动儿童的接种率水平明显偏低，存在严重的"三低一高"现象，即四苗覆盖率低、建册率低、认识低和相关传染病高。这有家长的原因，也与防疫管理模式落后、儿童卫生保健网络滞后等因素有关。另一个方面，流动儿童的心理状况研究侧重于心理健康和人格特征等方面。流动儿童的孤独感和社交焦虑方面的问题较为突出，体现为自卑和胆怯等一些表象，他们的内心体验到更多的孤

---

① 参见卢晖临等《流动儿童的教育与阶级再生产》，《山东社会科学》2015 年第 3 期。

独感和较低的幸福感，抵御逆境、抗击压力的能力（抗逆力）偏低，这与其周围的歧视和缺乏社会支持有关。[①] 与善于流动的游牧民族不同，家庭流动破坏了流动儿童的社会支持体系，一方面造成传统社会关系的断裂，另一方面也会造成新的社会关系建立的困难。中国情境下的流动儿童面临着社会经济地位和家庭流动方面的"双重劣势"，以及单纯提升个体抗逆力不足以改变其精神健康不良的事实。[②]

（三）改善流动儿童现状的对策

受城乡分割的二元社会结构体制的限制，农村户籍的存在成为流动儿童转变身份的一道屏障，这种身份的固化带来入学机会、就学途径、医疗保健等方面的问题，同时也带来流动儿童社会融入的困境。针对流动儿童的现状及其特殊需求，需要以《儿童权利公约》确立的最大利益原则以及促进儿童最大生存和发展权为基础，对流动儿童受社会排斥问题以及教育权实现、社会融入、健康等问题进行整体考虑。

第一，制度上消除城乡差别，改革户籍制度。造成流动儿童现象的根本原因在于历史形成的我国城乡二元分立的制度结构。2014 年国务院颁布了《关于进一步推进户籍制度改革的意见》，规定了城乡统一的户口登记制度，这对我国传统的城乡分治的二元户籍制度是一个冲击，也是户籍制度改革被提上日程的一个重要信号。但是户籍制度的改革不是朝夕问题，在与户籍制度相捆绑的社会福利制度还没有得到明确推进之前，户籍依然是流动儿童获得平等机会的主要障碍。因此，流动儿童问题的解决也具有长期性和复杂性，但儿童不能等待，因时变革具有紧迫性。在大的格局短期内尚无法根本改变的情势下，可以从具体的措施入手，解决流动儿童面临的实际问题，比如借鉴国外的一些做法，削弱身份的认同。如在美国，非美籍儿童在社会融入过程中面临的主要问题有种族偏见、法律地位差异、语言障碍、家境贫穷、心理压力等。为帮助流动儿童融入社会，美国采取了基于社区的社会支持网络，开展基于亲子合作的早期教育并提供基于校园的心理健康服务。

[①] 参见何玲《流动儿童的抗逆力与自尊、社会支持、自我效能感的关系研究》，《首都师范大学学报》（社会科学版）2015 年第 3 期。

[②] 参见刘玉兰《流动儿童精神健康状况分析》，《人口学刊》2012 年第 3 期。

第二，社区支持服务网络建设。良好的社区环境对流动儿童的社会化和社区融入意义重大，表现如下。（1）为流动儿童提供优质的社区支持。（2）推进社区与学校、家庭的合作，形成流动儿童社区支持网络。（3）建设开放的、便捷的、专业化的社区服务。（4）鼓励流动儿童积极参与社区公共文化活动，为社会化做准备。流动儿童自我认同感不高，友好型社区支持网络的建构，可以满足流动儿童接触其熟悉的小社会圈子的需求，社区的支持也能够帮助其积极人格的培养，提高其自信心和对自我的认同。

第三，教育权的实现是儿童发展的基石。流动儿童的义务教育问题得到国家的高度重视，但对幼儿照顾服务和学前教育，以及高中教育和高考问题仍然需要给予关注。在流动儿童的规模还将继续保持增长趋势的情况下，有限的教育资源很难满足大规模流动儿童的教育需求，流动儿童必然成为城市发展和建设的一部分，应当被纳入城市教育总体规划。这就要求我们首先掌握现有的流动儿童状况，以及对流动儿童不断增加的趋势有一个前瞻性的预测，以便实现资源的有效配置。对托幼服务、学前教育、义务教育和中等高等教育要做通盘考虑，这关系到数量众多的流动儿童和流动家庭的发展，也关系到近期社会的稳定和社会的长远发展。[①]

二　留守儿童

留守儿童是与人口流动相伴相生的问题，在 2016 年《国务院关于加强农村留守儿童关爱保护工作的意见》中，留守儿童是指父母双方外出务工或一方外出务工另一方无监护能力，不满 16 周岁的未成年人。广义的留守儿童指父母中至少有一方外出，且年龄在 18 周岁以下的儿童，包括城镇户籍留守儿童和农村户籍留守儿童。当前文献资料、国家政策文件中涉及的留守儿童，大多指的是狭义的农村户籍留守儿童。

有论者认为，留守儿童现象经过多重建构之后，其内涵呈现复杂性[②]：（1）作为生活中儿童个体存在的留守儿童；（2）作为一种社会现象的留守

---

①　参见段成荣等《我国流动儿童生存和发展：问题与对策——基于 2010 年第六次全国人口普查数据的分析》，《南方人口》2013 年第 4 期。

②　参见卢德平、商洋《略论留守儿童关怀的性质与方向》，《中国农业大学学报》（社会科学版）2016 年第 4 期。

儿童群体而存在；（3）对于留守儿童这一社会现象形成的公共意识，而这种公众意识是多视角的也是界限模糊的；（4）基于上述三个方面对留守儿童的认识而形成的社会支持行动体系。这四个方面原本构成一个相对完整的逻辑链，但在实际过程中，四个方面往往存在逻辑上的断裂，从而导致以下问题。第一，留守儿童个体生存状态的私密性不断成长和发展，这就使社会建构的公众意识和支持体系存在滞后性，同时对留守儿童真实状况的理解有偏差，导致采取的行动措施越来越偏离留守儿童的实际需求。第二，对留守儿童真实状况认识的偏离最终导致社会支持系统与留守儿童现实发生脱节，造成对留守儿童的支持假象。第三，这些偏离和假象最终形成消极影响和积极影响并存的局面，其消极方面包括对留守儿童目标人群在某些方面支持不足，在某些方面支持过度，在某些方面支持错位。

（一）基本状况及存在问题

由于城乡分割的户籍管理制度和与之相关的教育、医疗、社会保障等机制限制，加上外来务工人员工作不稳定、收入水平低等因素，他们不得不把子女留在农村，从而形成了一个特殊而又庞大的弱势群体——农村留守儿童。根据 2012 年全国妇联对全国留守儿童和流动儿童进行的调研，留守儿童数量超过 6000 万，总体规模在扩大，占全国儿童的 21.88%。农村留守儿童高度集中在中西部地区劳务输出大的省份，分布很不均衡。调查显示，农村留守学龄儿童的义务教育总体状况良好，部分中西部省份留守儿童未按规定接受义务教育的情况需引起重视，母亲外出的留守儿童未按规定接受义务教育的比例最高。近 1/3 的农村留守儿童与祖父母一起居住，46.74% 的农村留守儿童的父母都外出，父母都外出与其他人一起居住的留守儿童占 10.7%。3.37% 的农村留守儿童单独居住，高达 205.7 万人。祖父母隔代照料面临诸多挑战。

农村留守儿童问题是城镇化不彻底所导致的衍生性问题，随着传统产业发展和农民工政策放开，特别是举家流动人口的增加，农村留守儿童的数量有所下降。这一现象还与近年来我国城镇化进程加快，城乡行政区划调整有关，部分农村留守儿童的身份不复存在。随着流入地未来对于流动人口的公共服务、保障和福利的逐步提升，对随迁子女教育、随迁家属权益保障相关政策的有序推进，会有越来越多的孩子可以和父母一起生活在城市。与此同时，流出地政府依托的扶贫攻坚、返乡创业等优惠政策的落实，也会使得一些具备条件的外出流动父母返乡就业，使他们的子女不再留守。显然，总体上，农村留守儿童的数量呈现下降趋势，但城镇留守儿童的规模却有逐渐扩大的趋势。

从国家法律政策层面看，其对留守儿童特别是农村留守儿童的保护力度不断增强。2006 年出台的《国务院关于解决农民工问题的若干意见》要求"输出地政府要解决好农民工托留在农村子女的教育问题"，农村留守儿童问题开始被纳入政策层面。随后教育部《关于教育系统贯彻落实〈国务院关于解决农民工问题的若干意见〉的实施意见》提出建立农村"留守儿童"教育和监护体系。2007 年中组部等七部门发布《关于贯彻落实中央指示精神积极开展关爱农村留守流动儿童工作的通知》，强调加强留守儿童的教育管理工作、户籍管理与权益保护、救助保障机制、医疗保健服务等工作。2010 年，《国家中长期教育改革和发展规划纲要（2010—2020年)》提出建立健全政府主导、社会共同参与的农村留守儿童关爱和服务体系。2011 年《中国儿童发展纲要（2011—2020 年)》提出健全农村留守儿童服务机制，加强对留守儿童心理、情感和行为的指导，提高留守儿童家长的监护意识和责任。同年，全国妇联、中央综治办、国家发改委、教育部发布《关于开展全国农村留守流动儿童关爱服务体系试点工作的通知》，积极推动留守儿童关爱服务体系的完善与深化。2012 年《国务院关于深入推进义务教育均衡发展的意见》提出把关爱留守学生工作纳入社会管理创新体系之中，构建学校、家庭和社会各界广泛参与的关爱网络，创新关爱模式。2013 年教育部等五部门颁布的《关于加强义务教育阶段农村留守儿童关爱和教育工作的意见》具体贯彻和落实国务院的相关文件内容。同年，教育部等四部门在《关于做好预防少年儿童遭受性侵工作的意见》中提出"特别要关注留守儿童家庭"，"将预防性侵犯教育纳入女童尤其是农村留守流动女童家庭教育指导服务重点内容"。2015 年"留守儿童"问题被写入了国家"十三五"规划，国家明确提出在推动人口城镇化的进程中，让更多的孩子不用再做留守儿童。2016 年发布的《国务院关于加强农村留守儿童关爱保护工作的意见》是中央政府第一次发布全面关爱农村留守儿童问题的政策文件。该意见对做好农村留守儿童工作的意义、总体要求、关爱服务体系、救助保护机制、从源头上逐步减少儿童留守现象、强化农村留守儿童关爱保护工作保障措施方面做出了整体部署，提出"强化家庭监护主体责任，加大关爱保护力度，逐步减少儿童留守现象，确保农村留守儿童安全、健康、受教育等权益得到有效保障"，确立了"家庭尽责、政府主导、全民关爱、标本兼治"的总原则。同时，对相关法律规定进行了细化落实，比如，针对《未成年人保护法》，规定"父母因外出务工或者其他原因不能履行对未成年人监护职责的，应当委托有监护能力的其他成年人代为监护"。对现实中隔辈监护现象比较多的情况，该意见规定，父母外出务工时，应当对未成年子女通过以下三种方式予以安置：①携带未成年子女共同生活；②父母一方留家照料；③暂不具备条件的应当委托有监护能力的亲属或其他成年人代为监护。《预防未成年人犯罪法》要求的"不得让不满16周岁的儿童脱离监护单独居住生活"的规定，确立了对农村留守儿童的国家监护制度。结合《关于依法处理监护人侵害未成年人权益行为若干问题的意见》，国家监护责任的主体和内容大致包括如下几个方面。①规定了相关人员和单位的强制报告义务。②突出了公安部门在留守儿童监护干预方面的重要职责：一是接受留守儿童权利受侵害的报告；二是对于单独居住生活的留守儿童，公安机关要积极主动联系其父母，责令其父母立即返回或确定受委托监护人，并对其父母进行训诫；三是开展对儿童的临时安置；四是属于失踪儿童的，要按照儿童失踪快速查找机制及时开展调查。③确认了乡镇人民政府（街道办事处）接到公安通报后的评估帮扶职责。④对于符合撤销监护资格的案件，在无人提出申请的情况下，民政部门应及时提起。可以说，从政策层面看，我国对农村留守儿童的保护已经形成了一个从宏观到微观的政策执行体系。就法律层面来说，已经批准的《儿童权利公约》以及我国的《未成年人保护法》、《义务教育法》等法律法规对农村留守儿童的权利保护具有根本的指导意义。

关于留守儿童问题的调研分析有很多，大体情况与全国妇联调研结果相当，但也有一些方面调研结果与其并不一致，有的还出现相反的结果。①

---

① 参见全国妇联课题组《全国农村留守儿童、城乡流动儿童状况研究报告》，《中国妇运》2013年第6期；邬志辉、李静美《农村留守儿童生存现状调查报告》，《中国农业大学学报》（社会科学版）2015年第1期；段成荣等《21世纪以来我国农村留守儿童变动趋势研究》，《中国青年研究》2017年第6期；程志超、张涛《农村留守儿童权益保护政策研究》，《东岳论丛》2016年第2期；冯帮、邓心仪《近五年农村留守儿童问题研究述评》，《基础教育研究》2016年第7期。

有一些方面大家能达成共识，调研结果也基本一致。①身体发育较普通儿童迟缓。父母对子女监护责任的缺失以及代理监护的低效不仅导致农村留守儿童生活习惯较差，日常饮食也得不到较好的照顾，还使得他们的安全防范意识也较弱，从而造成农村留守儿童的生活状况普遍不理想。②日常生活照料和教育的监管方面缺失。身体健康和人身安全是维持生存和发展所必需的两个基本条件。大量实证研究表明，农村留守儿童的营养指标显著低于非留守儿童。监管缺失也让农村留守儿童的安全出现隐患。调查显示，农村留守儿童遭受非正常伤害的比例最高，其次则是意外死亡。③留守儿童内部情况出现分化，分为母亲外出留守儿童、低龄留守儿童以及处于更加弱势地位的儿童。这种分化将留守儿童又分为三类：父母双方外出、父亲外出和母亲外出的儿童。还有论者从留守儿童由谁照料的角度将其分为祖父母隔辈照料、母亲单独照料、父亲单独照料和孩子独居四种情况。研究显示，留守儿童集中在中西部大省，父母双方外出的高达 43.36%，三分之一的农村留守儿童跟祖父母居住，有超过五分之一的农村留守儿童没有跟成年人一起居住，处于监护缺失的状态。母亲外出留守儿童的健康状况略差。母亲外出会造成亲情缺失和无法满足儿童对亲情的需求，还影响其社会交往能力、自信心和学业。留守儿童与哪些家庭成员居住在一起对留守儿童在成长过程中的心理和教育有着十分重要的影响。与祖父母留守、与母亲留守、与母亲和祖父母留守三种居住类型，一直是我国农村留守儿童的主要居住类型。将 2015 年对农村留守儿童的调研与之前比对，发现与母亲单独留守的以及与祖父母一起隔代留守的儿童比例下降很明显，照料农村留守儿童的祖辈在人口和经济社会特征上存在较大差异。而与父亲和祖父母一起留守以及与其他亲属一起居住的儿童比例则呈增加的趋势。不同年龄段的儿童，对家庭的依赖和情感的需求状况也有所不同。通过分析 2015 年农村留守儿童分年龄的居住类型，我们发现，留守儿童与母亲单独留守的比例大致是其与父亲留守的两倍。孩子年幼时需要更多的关爱，却因父母打工忙而被搁置，当青春期来临，过往的经历加上叛逆心理，即使父母回到身边，家庭教育也大打折扣。应该说，这样的家庭教育和居住安排，无论是观念还是效果上都是不科学的，特别是对于 0—6 岁的留守儿童来说，这是极其违背家庭教育规律的。④低龄化趋势。农村留守儿童的年龄结构有低龄化的趋势，父母在儿童早期的智力开发、人格培育和社会化过程中扮演着重要的角色，这一角色的缺位会给儿童的长期发展带来不利影响。

还有一些方面的调研和分析结果存在差异。①心理和情感问题。有论者认为这两者没有显著差异。农村留守儿童的心理问题比较突出，主要包括情绪问题、学业心理问题和人际关系问题三个方面。情感支持的弱化导致农村留守儿童心理问题突出。不管是家庭还是教师，其对于农村留守儿童的情感支持都比较微薄，这直接造成农村留守儿童的安全感、幸福感、公正感等心理因素水平的下降，从而造成心理问题的产生。情感支持的强弱直接影响农村留守儿童心理健康水平。留守儿童与非留守儿童在孤独感和友谊质量方面无明显差别，决定因素可能如下：一是留守儿童与在外打工的父母的沟通频率与沟通满意度，沟通良好及满意度较高的儿童能够感受到父母对自己的关爱，这在一定程度上弥补了亲子分离的不利影响。二是与留守儿童一起居住的临时监护人和孩子的关系如果相处良好，也能降低其孤独感。三是社会支持系统和同伴关系的好坏也起到一定作用。所以，对其孤独感和友谊质量发生的影响是综合性的，可能并非"留守"本身决定的。① ②学习方面的问题，农村留守儿童的受教育状况总体来说有了很大的改善，但仍存在一些问题。其一，低龄儿童未接受义务教育的比例偏高，小学阶段就辍学和终止学业的情况更加不容忽视，其对这些留守儿童的身心健康和未来的发展极为不利。其二，15—17岁的大龄留守儿童在校比例仍需提高。其三，留守儿童中还有一部分未上过学，比例一直在增加，虽然比例不高，却是全国比例的近5倍，应当引起高度重视。教育作为个人社会化和人力资本投资的最基本方式，在个人和社会的发展中起着决定性的作用。农村留守儿童的受教育问题严峻，主要包括缺失受教育的机会、受教育过程不平等以及受教育结果不理想三个方面，具体表现为辍学率高、教师差别对待、学习成绩较差，且具有不良的学习习惯和厌学倾向。③大龄留守儿童的性别比一旦失衡，将带来农村人口再生产等一系列问题，对此主要存在两种相反的认识。有论者推测，随着年龄的增加，一些男性流动儿童会返乡寻找就业机会或准备升学，因此大龄留守儿童中

---

① 参见赵莲等《不同监护状况留守儿童的孤独感和友谊质量研究》，《中国临床心理学杂志》2013年第2期。

男性居多；也有人推测，进城务工的父母更多会将男孩带在身边，而将女孩留在农村，因此，留守儿童中女孩偏多。但无论如何，有一点是需要特别把握的，就是留守儿童不是"问题儿童"，他们是弱势儿童，是处于困境当中的儿童，他们的权利保护和福利保障需要得到特别的关注。这就使得对留守儿童问题和问题解决需要更加细化的研究，以寻求最佳处理方案。

尽管社会对留守儿童关注的热度不断升级，国家层面也在不断努力，留守儿童面临的亲情缺失、生活帮扶、教育和安全等问题逐步得到改善，但这些问题并没有从根本上得到解决，仍然面临很多亟待解决的问题。第一，农村留守儿童问题从表面上看是具体实际困难造成的，比如经济方面，但从本质上讲是儿童权利主体意识欠缺的结果，其间还夹杂着重男轻女等传统观念的因素。就观念意识层面看，留守儿童与其他困境儿童的观念因素有着相似性。由于权利主体意识的欠缺，留守儿童被看作帮扶的对象，而不是应当享有权利的主体。第二，就留守儿童问题频繁地发布文件，而且掺杂在其他相关文件当中，虽然能够强化人们对留守儿童的重视，但也容易带来某些负面的效应。一是政策文件之间缺乏有效的衔接，一个问题被分散在多个政策中规定，削弱了它的执行力度。当然，2016年就农村留守儿童保护工作专门出台了一个意见并做出了整体部署，但留守儿童除了农村的还有城镇的。有研究显示，农村留守儿童数量正在减少，而城镇留守儿童数量有上升的趋势，过不了多久关于城镇留守儿童是否又要出份文件呢？这也显示出政策出台缺乏一定的前瞻性。二是在强调农村留守儿童保护的时候，频繁的政策出台以及对留守儿童问题的讨论造成了对农村留守儿童的压力和污名化，有的留守儿童就不愿意承认自己的"留守身份"，认为留守儿童是有问题的儿童。这也提醒人们在困境儿童的保护中，要注意树立正确儿童权利主体理念，注重困境儿童的心理成长问题。留守儿童问题不仅仅是简单的救助关爱问题，还涉及儿童心理健康、安全维护、社会发展、评估检测等方面，包括政策的实施等都需要有专业的知识和方法，因此，这些问题需要从权利保护的视角、专业的视角考虑。第三，对一些具体问题的认识不够充分。比如，对留守儿童的差异性认识不足，这可能也是一些调研结果出现不同结论的原因。这就要求对不同留守状态儿童采取不同的措施，而不是采取"一刀切"的做法。第四，留守儿童问题也凸显出政策性问题，城乡差别显而易见，城市建设中需要大量劳动力，致富的机会多，与农业劳动的收入差距明显，必然造成大量农业劳动力放弃农业而进城寻找机会。

（二）留守儿童的特殊需求及保护

尽管留守儿童内部因各种情况不同会有不同的需求，需要给予不同的帮助。但就留守儿童群体而言，依然会有一些方面成为他们共同的需求，而这些需求无法满足将影响留守儿童的身心发育和健康成长，因此，对这些共同需求仍然需要给予足够的关注。正如上面已经做过的梳理，对于留守儿童的状况及其特殊需求，或许不同的研究者有不同的研究结果和结论，下面就留守儿童的特殊需求做一归纳。

1. 情感需求与心理健康

儿童时期是一个人身体发育、性格养成和知识积累的关键时期，也是个人社会化的主要时期。儿童健康成长的最大需求就是和父母在一起，与父母团聚是人的天然属性，留守儿童因为父母单方或双方常年外出，与父母在一起生活的愿望更加强烈。研究发现，孤独感、抑郁感和同伴关系是儿童社会适应的重要指标。青少年时期体验到的这种孤独和抑郁与被遗弃感相联系，使儿童找不到社会归属感。留守儿童在情感方面缺乏父母家人的滋润，自尊心和自信心下降，严重威胁到个体的心理健康。留守所导致的亲子分离现象对儿童行为适应及情绪发展存在不利影响，特别是婴幼儿时期与父母分离，会给儿童带来被抛弃的感觉，将对儿童的行为和情绪发展造成消极影响。这种消极影响长期存在，将给儿童带来一系列情绪和行为问题，比如抑郁焦虑、社交障碍、攻击行为等，甚至导致自杀。要特别关注那些事实上无人照料的孩子，这种境遇使孩子有强烈的被抛弃感，会更加让其觉得生无可恋，如毕节自杀儿童。① 因此，即便需要将孩子留在农村，除了做出妥善安排之外，保证高频率、长时间、多话题的亲子沟通

---

① 2015 年 6 月 9 日晚，贵州省毕节市七星关区田坎乡茨竹村四名留守儿童服敌敌畏中毒死亡。四名留守儿童系同一家庭的四兄妹，老大 13 岁，最小的才 5 岁。自杀前，13 岁的哥哥留下遗书称"死亡是我多年的梦想"。为什么一个年仅 13 岁的孩子会对生活如此绝望？调查了解到，老大生前遭遇过家庭暴力，母亲离家出走多年，父亲常年在外打工，除了每月寄来几百元的生活费，几乎没什么联系。四名儿童生前相依为命，无其他成年人照顾。参见 ht-tp://www.xinhuanet.com/2015－06/11/c_127906281.htm，最后访问时间：2018 年 2 月 1 日。

对于留守儿童尤其重要。① 关于留守儿童的心理和情感健康问题的实证研究对如何满足农村留守儿童的心理健康需求亦具有借鉴价值。② 除此之外，需要对留守儿童开展心理健康教育和咨询服务，积极预防和干预其心理障碍的发生。干预策略中应积极考虑社会支持以及自尊的中介作用。需要支持父母对儿童的持续关爱，缓解分离造成的负面影响。孩子们之间分享留守经历也可以缓解分离带来的情感创痛。

2. 安全需求

有论者调研显示，如果在维护留守儿童人身安全和增加家庭经济收入之间做一个选择的话，广大农民会迫于周边环境"无奈"选择后者，增加经济收入。他们误以为经济条件与孩子的美好未来直接相关，还认为孩子和祖辈们在一起，不会有什么安全问题。③ 实际上，缺乏长辈照料的儿童遭受各种安全问题的概率会增加，而祖辈照顾孩子也力不从心，防范危险和保护孩子的力量薄弱，无法保护留守儿童的生存安全。农村留守儿童的安全问题主要如下。（1）意外伤害。由于得不到正确的指导和监督，安全意识弱，留守儿童极容易发生溺水、触电、火灾等意外事件。（2）被拐卖的风险增加。比如，留守儿童大都生活在欠发达地区，随着学校布局的调整，偏远地区的乡村小学大量撤销，在很多农村，孩子上学要走很远的路，如果没有大人陪伴，其安全令人担忧。公安部门统计数据显示，被拐卖儿童群体中，居第一位的是流动儿童，其次是留守儿童。（3）身体伤害甚至性侵害。留守女童因为没有父母的保护，自身缺乏防范意识，更可能受到性侵害。（4）情感孤独导致自杀。留守儿童因长期得不到父母的关爱，心理情感失调而不能及时排解，除了产生自卑、好斗等情绪之外，还可能导致抑郁自杀。有调查显示，相对于城市儿童，农村儿童的意外死亡率居高

---

① 参见凌辉等《分离年龄和留守时间对留守儿童行为和情绪问题的影响》，《中国临床心理学杂志》2012年第5期。
② 参见王玮等《农村留守儿童心理健康状况及其影响因素研究》，《现代预防医学》2014年第6期；吉园依等《四川省农村留守儿童抑郁症状及其与自尊及社会支持的关系研究》，《现代预防医学》2017年第2期；苏志强等《社会经济地位与留守儿童社会适应的关系：歧视知觉的中介作用》，《心理发展与教育》2015年第2期；任强、唐启明《我国留守儿童的情感健康研究》，《北京大学教育评论》2017年第2期。
③ 参见程明、戚中美《农村留守儿童人身安全问题的原因分析——以T乡的调查为个案》，《现代交际》2015年第9期。

不下，其中以留守儿童居多。① 有研究者通过对留守儿童的风险分级进行研究，认为通过甄别不同的风险等级并进行干预，有助于增强风险防范意识，采取针对性措施，从而化解或消除风险。对风险进行分级干预，不仅能提高干预主体的自主性，还能为风险预警机制提供基本干预模式，从而建构留守儿童分级干预机制，以满足留守儿童个性化和时效性风险预警和干预服务需求。②

3. 健康需求

父母外出务工对留守儿童的健康产生的整体影响存在不确定性，总体上影响不明显，正面的和负面的都有。正面的如父母外出务工可能获得更高的收入，对儿童的生存和发展的各个方面增加投入，产生正面效果；负面的如父母外出，家庭结构发生变化，留守儿童缺乏监护从而对其身体和心理健康产生副作用。③ 多项调研结果显示④，母亲外出短期内对留守儿童会产生消极影响，表现在营养健康、卫生习惯、家庭教育等方面，特别是对学龄前儿童，但长期外出对年长一些的孩子影响则不十分明显。父亲外出对儿童健康的影响不大，可能是因为父亲原本对孩子的照料就少，而外出挣钱还能给孩子树立竞争性形象以及更全面的素质和能力的正面形象。但就儿童的心理健康来说，父母外出会对留守儿童的心理健康产生较大影响。因此，特别是对于低年龄段的留守儿童来说，需要想尽各种办法让其与母亲一起生活，要么提高农村女性回乡就业的机会，要么提供条件帮助年轻女性把年幼的孩子带在身边以便照料。

4. 基本生活照料需求

有研究指出，46.74%的农村留守儿童父母都外出，这些孩子要么自己单独居住，要么和祖辈生活在一起，或者与其他人一起居住。祖父母是留守儿童父母外出后的主要照料者。32.67%的留守儿童父母都外出，由祖父

---

① 参见黎昌珍、张崚弘《从社会救助到社会保护：基于权益保障的农村留守儿童福利需求》，《中共合肥市委党校学报》2016年第6期。

② 参见曹艳春、戴建兵《基于多维风险指数的农村留守儿童风险预警和分级干预机制研究》，《东北大学学报》（社会科学版）2016年第5期。

③ 参见孙文凯、王乙杰《父母外出务工对留守儿童健康的影响——基于微观面板数据的再考察》，《经济学》（季刊）2016年第3期。

④ 参见李钟帅、苏群《父母外出务工与留守儿童健康——来自中国农村的证据》，《人口与经济》2014年第3期。

母隔代照料，祖父母的照顾在留守儿童年龄越小的时候越重要。但分析也显示，大部分祖父母在照料孙子孙女的同时，还肩负生活的重担，比如照料曾祖父母、务农劳动等。[①] 这种情况下，隔辈照顾的祖父母原本生活负担就重，对留守儿童的生活、健康和学习的关照必然不能周全。

（三）留守儿童保护对策

留守儿童凸显了我国法律政策和体制上的问题，对公平和发展提出了前所未有的挑战。就体制而言，要打破城乡二元体制，就要对户籍、住房、教育资源等方面进行优化，在父母进城务工的同时，孩子也能随父母一起进城。[②] 当然，留守儿童问题的解决必然需要建构一个包含相关制度保障、家庭责任、社会支持的完整体系，最理想的是从根源上消除留守儿童现象。但是，留守儿童问题说到底是城乡二元结构导致的二元户籍制度，以及城镇化不彻底和工业化发展的结果。在户籍制度和城镇化改革的进程中，造成儿童留守的根源不可能在短时间内消除，2016 年《国务院关于加强农村留守儿童关爱保护工作的意见》做了比较全面的整体部署，为现有体制下解决留守儿童问题提供了比较可行的方案，但仍有一些方面需要特别关注。

第一，树立儿童权利主体理念。从权利视角来说，儿童不仅是被关爱的对象，还是一个独立的能动主体，并不因为年幼而影响其社会性本质和权利的主体性，全社会都必须尊重儿童发展的能动性、主动性，尊重每一个儿童的独特性。[③] 同时，儿童的自主性又有着不完全性，在权利实现方面，儿童处于弱势地位。因此，对留守儿童这样处于困境当中儿童的保护，是对其能力不足的弥补，目的在于促进其全面发展。

第二，法律实施问题。《国务院关于加强农村留守儿童关爱保护工作的意见》可以看作《儿童权利公约》和我国的《未成年人保护法》一些规定的具体化，比如父母对养育子女的首要责任原理。但是，如何进一步

---

① 参见段成荣等《我国农村留守儿童生存和发展基本状况——基于第六次人口普查数据的分析》，《人口学刊》2013 年第 3 期。

② 参见段成荣《我国流动和留守儿童的几个基本问题》，《中国农业大学学报》（社会科学版）2015 年第 1 期。

③ 参见陆士桢《建构我国留守儿童生存发展保障体系》，《青少年研究与实践》2015 年第 1 期。

落实意见中的这些部署，这就涉及法律实施和责任落实的问题。众所周知，法律的生命力在于其能够得到有效执行，否则就是死法。因此，如何确保将这些纸上的法律变为行动中的法律，是依法治国的重要方面。比如，该意见确立了家庭尽责原则，并强调要从源头上减少留守儿童现象，采取要么子女跟随父母进城，要么父母回乡就业的方法。但是，就法律实施而言，有了这样的设计还是不够的，还需要把责任落实到具体的部门，这同时又涉及政策执行不力的后果由谁承担，怎样承担的问题。如果没有这样一套的落实程序，很难保证这个规范性文件不落空。

第三，专业化问题。专业化在落实儿童福利政策方面具有特别的重要性。国务院关于农村留守儿童的意见所设计的关爱服务措施的落实，不仅需要公权力介入执行，还需要具有专业技能的人士具体实施，因为其间涉及的心理、医学、社会学、教育学、法学等问题具有很强的专业性。可以说，没有专业人士的参与，与儿童有关的法律政策就不可能落实到位。

第四，城镇留守儿童问题。2015 年全国留守儿童中城镇留守儿童的比例已经达到 20%。[1] 当前关于留守儿童的政策主要针对农村留守儿童问题，而城镇留守儿童问题则受到不应有的冷落。城镇留守儿童尽管不存在农村户籍带来的各种障碍，但其根本问题是一致的，说到底都是父母未尽到养育子女责任的结果。儿童不仅具有得到父母关爱的法定权利，也有获得完整家庭的权利，对城镇留守儿童的忽视正说明人们对儿童作为权利主体意识的淡漠。

第五，儿童福利制度体系建构。不仅仅限于留守儿童，包括流动儿童、孤儿等保护政策都是一个接一个地发布，但这些儿童的具体状况并没有彻底改善，究其原因是缺乏对儿童福利制度做一个体系性的建构。作为一个有机整体，儿童福利保障体系不仅需要搭建制度化、政策化的制度构架，特别是立法和司法制度、独立的儿童保护机制、儿童及其家庭救助等制度，还需要与现代化的社会工作、多元化的社会服务网络、公共福利的支持以及危机处理机制相配合。其终极目的是谋求儿童的全面发展。

---

[1]　参见段成荣等《21 世纪以来我国农村留守儿童变动趋势研究》，《中国青年研究》2017 年第 6 期。

第七章　收养儿童的权利保护

一　收养①的一般问题

对收养的概念人们有不同的认识，有研究者从制度建构视角看待收养问题，认为收养是指在收养人和被收养人之间建立一种新的家庭或者家族关系的社会制度。据此，被收养人与收养父母之间形成拟制的血亲关系，而部分或全部地终止与原出生家庭的关系。② 有论者将收养看作一种亲属关系的形成，还有论者认为收养是一种行为，这些观点都从不同侧面对收养进行了解读，本书认为收养既是一种法律行为，也是一项制度。收养也称收养关系，是在彼此没有亲缘关系的父母和儿童之间，设定拟制的父母子女关系的法律过程，也指帮助孤儿、被遗弃儿童以及生父母有特殊困难无力抚养的儿童与收养人之间建立新的拟制父母子女关系的制度安排。收养以使当事人间发生与亲子间同样的亲属关系为目的，即养子女和养父母之间取得与婚生子女相同的地位。因此，收养是解决儿童问题的一种方式，儿童是收养关系和收养制度的中心。

收养关系的成立意味着在收养人和被收养人之间建立起权利义务关系，既涉及伦理、文化，又涉及权利和责任。因此，各国法律对收养程序、收养条件、收养原则等都有所规定，国际收养涉及不同观念、文化、

---

① 收养有儿童收养、精神疾病养护等。如果没有特别说明，这里的收养均指儿童收养。

② 参见 E. A. Weinstein, "Adoption", in *Intemartional Eneyelo Pedia of the Soeial Seienee* (New-York, 1968), p. 97。

制度等冲突，收养关系更体现出一种复杂性。但无论是国内收养还是国际收养，从收养制度的发展和演变上看，儿童利益、收养人利益甚至国家利益始终是热烈讨论的话题，这些话题的聚焦点在于对价值和伦理的关怀。现代收养制度的建立，使儿童收养逐渐从为亲之收养发展到为子女利益之收养阶段，儿童利益最大化成为现代收养制度伦理和价值关怀的基本前提。

（一）收养中儿童的伦理和价值关怀

作为被收养人的儿童与收养人、国家福利机构之间的利益冲突是围绕为谁的利益问题展开的，现代收养制度确立了儿童最大利益的核心地位，被收养的儿童大多为失去父母照料的儿童或者父母无力承担抚养责任的儿童。儿童的天然弱势地位决定了他们需要得到成人的照料才能健康成长，因此，保护儿童权利、尊重儿童需求成为收养制度的道德基础，也因此，遵循儿童最大利益成为儿童收养制度的前提和原则。但是，在采取收养制度的国家，经常发生儿童被迫从亲生父母身边被带走的事件，比如，匈牙利就有儿童在出生前被安置收养的做法①。这在一些影视作品中也有所体现，比如电影《刮痧》中，在美国的中国父母用刮痧的方法给孩子治病，被美国人看作虐待儿童而强行把孩子从父母身边带走，这种做法反映了不同文化之间的冲突，也在一定程度上侵犯了儿童家庭完整的权利。因此，对儿童最大利益的"首要考虑"需要有法律上的根据，也要受到儿童意愿的限制。这就意味着收养的进行需要依法律程序进行，并需要独立的专业人士介入调查并提供报告。在收养过程中，儿童贩卖、儿童色情问题，由于性别偏见而针对女童的歧视，以及国家利益与儿童利益的冲突等问题，总会引起对收养伦理和价值的疑虑和再思考。2004 年开始，国际收养规模有所下降就体现了这样一种状况。

收养中的伦理关怀主要通过制度设计实现对儿童主体性的特殊关照、对儿童权益的考量加以体现。儿童的伦理关怀是价值实现的条件，儿童价值的实现也体现出其对儿童的伦理关怀，儿童的伦理和价值关照是一体两面的关系。儿童收养制度设计应体现人道、人权和仁爱关怀的理念，体现

---

① 参见联合国儿童基金会编《〈儿童权利公约〉执行手册》，全国妇联、儿基会中国办事处翻译，2006，第 248 页。

儿童中心、家庭维护和国家责任的关怀原则。儿童收养既表现为一种伦理关怀，更是对儿童作为人的权利的肯认。从伦理的角度对人的生存状况的关注，对人的尊严和符合人性的生活条件的肯定，也就是对儿童人权的关怀。收养的价值考量重点在于双方的情感慰藉以及儿童未来对社会的贡献。儿童失养是成人社会要承担的后果和责任，承担责任的最好方法是让儿童在家庭中健康成长。家庭养育对儿童的重要性以及儿童对家庭、安全感和家庭关系永久性需求的重要意义也体现在《儿童权利公约》的序言中。联合国提出"深信家庭作为社会的基本单元，作为家庭的所有成员、特别是儿童的成长和幸福的自然环境，应获得必要的保护和协助，以充分负起它在社会上的责任"，"确认为了充分而和谐地发展其个性，应让儿童在家庭环境里，在幸福、亲爱和谅解的气氛中成长"。因此，收养安置的目标是满足儿童对家庭的需求，以避免机构收养给儿童带来的伤害。

1. 收养儿童的伦理关怀

国际收养涉及社会、文化、法律、政治等方面，产生多种争论，无论如何，儿童不应该成为这种争论的牺牲品，而应该成为国际收养伦理问题的中心。进入 21 世纪之后，不同文化传统下价值观念的冲突与协调在国际收养领域受到关注，儿童收养的伦理问题关涉儿童基本人权的尊重和实现，以及相应的父母、社会和国家责任。欧盟收养委员会的《伦理规则》（Ethics Rules）对儿童收养中的主要伦理问题做出了规范，确定了儿童生父母、儿童、养父母及收养组织在收养当中应当遵行的准则。儿童收养伦理关怀受到功利主义、道义责任论和实用主义、后现代主义思潮和理论的影响，实用主义看到了儿童对未来社会发展的作用，强调儿童价值和父母、国家的责任，对收养制度的发展起到极大的促进作用。

首先，儿童因身心发展尚未成熟，在智识和能力上处于弱势。特别是收养中的儿童，其因被收养之后面临一系列的不确定因素，尤其需要对其在身体和心理上给予支持，以便帮助其克服成长的生态环境变化带来的不安全感，帮助其不断地适应家庭和社会环境，在未来社会过有责任感的生活。在收养关系中，有的收养者属于无子女而需要情感关怀的人，但是，不管什么情况下，收养都应当是为了有需求的儿童的利益，这是收养伦理和价值的核心。尤其是在国际收养中，不仅仅在于儿童系弱者需要特别予以关怀，还因为国际收养的儿童将要面对的是一个全新的环境，远离其熟悉的母国，文化和语言生疏，带来生活习惯的差异和内心的不安全感。

其次，对儿童人权的关照。儿童之所以具有若干项权利，是基于儿童也是人这个前提，儿童拥有人权基于一定的道德基础，即在道德上儿童是有权利的，无论其是孤儿、残疾儿童还是被收养的儿童。同时，儿童不仅在道德上享有权利，在法律上也应当是有权利的，这是道德权利在社会生活中的必然反映。儿童的法定权利具体体现在各类法律政策当中，因此，无论采取什么形式的收养，都要考虑儿童的立场和视角，都不能削弱或剥蚀被收养儿童所享有的基本人权。

最后，儿童的伦理关怀还体现在对儿童需求的满足，这是一种福利视角的关怀。被收养儿童是弱势群体，其在精神、心理、道德、社会等方面均有特殊需求，比如安全感的需求、对家庭环境的需求等。特别是在国际收养当中，还有对原属地民族、文化、语言的认同和关心的需求，因为新的收养关系的确立并不能改变儿童的人种、民族及其原属地的道德和文化等权利。被收养儿童是一个永久的身份，这会影响其一生，在收养过程中，需要征求儿童的意见，尊重儿童的意愿，选择不同的收养方式。在关照收养儿童的特殊需求以及征求儿童意见的时候，特别要考虑到儿童在不同发展阶段有不同的生理、心理、认知、能力等特点，需要针对不同阶段的特点加以引导和关爱。

2. 收养中儿童的价值关怀

儿童需求获得满足体现了儿童权利的实现，也是儿童价值和具体权利得以维护的基础。对儿童的价值关怀不仅体现在对其物质利益和精神利益的满足，还体现在道德和法律地位的确认和实施当中。现代儿童收养坚持的儿童最大利益、先国内后国外等原则，充分体现了其对儿童价值的关怀。与传统收养为父母利益目的不同的是，现代收养制度对儿童价值有了新的解说。这种价值从收养者角度看，是通过与收养儿童的父母子女关系的建立，获得一种情感交流的慰藉和扩大社会交往的满足，这是一种客观事实。但根据儿童最大利益原则，我们应当更多地从被收养儿童的角度考量。收养是对儿童作为人的认可，在健康家庭环境中成长的儿童，将来更容易社会化，对自身价值更加自信以及更富有责任感。从送养人的角度看，有调查表明，绝大部分的生父母不会为了金钱而与自己的骨肉分离，他们通常是出于对自己经济情况的绝望，并且希望通过送养能够保证孩子的福利与生存。[①] 尽管主动收养方式建立的基础看似为满足收养者对儿童的需要，但在现代收养制度之下，收养需要遵循儿童最大利益原则。纯粹为收养方利益的收养既是一种传统的收养观念，又因为极有可能导致侵害儿童利益的事件发生而应当受到遏制。

传统收养方式是建立在为家或为亲之收养基础之上的，儿童价值直接体现为对家族或养父母带来的经济或情感需求的满足，现代收养制度过渡到为儿童利益阶段。由于社会的发展，收养儿童的经济价值变得无足轻重，而为满足收养人情感需求的价值凸显出来，但是否能把这种状况理解为为亲之收养，可能需要具体分析。一方面，现代收养当中确立了为儿童最大利益的原则，收养当中的儿童最大利益体现在收养关系的确立需要儿童的参与共同实现，要根据儿童发展不同的年龄阶段，对儿童就收养问题征询意见，告知收养关系的确立对其成长所可能带来的影响等。对于一定年龄以下的婴幼儿的收养，收养制度确立的先国内后国外、收养家庭的生态环境要优于儿童原属地、家庭安置优先等准则，这也是儿童最大利益考量的体现。另一方面，收养人的情感满足和儿童的情感需求是相辅相成的关系。收养关系的建立为收养人带来情感满足是不争的事实，这体现了儿童价值的一个方面，同时要看到，收养人情感获得满足对被收养儿童的未来成长和发展亦有重要意义，收养关系双方的情感慰藉能够带来和谐、友爱、温馨的家庭氛围，促使养父母积极主动地培养儿童全面发展为一个自立的人，这也是家庭收养优先原则的依据。

当然，当儿童价值在收养中被极端化之后，相辅相成的利益平衡关系将被打破，这集中体现在收养儿童被贩卖以及收养的市场化模式当中。无论采取什么方式，将儿童经济价值极端化并演变为赚取经济利益的客体，无视儿童作为人的主体地位，都是对儿童的犯罪。买卖儿童已经被《儿童权利公约》及其《关于买卖儿童、儿童卖淫和儿童色情制品问题的任择议定书》以及国内法律规定为犯罪，国际法和国内法都在寻求积极措施以打击和消除买卖儿童等犯罪行为。儿童收养市场化是国际收养当中比较通行

---

① 参见 Madelyn Freundlich，"Adoption and Ethics"，*Child Welfare League of America*（2002），pp. 89 - 124。

的一种模式，几乎具备商品市场的所有特征。在市场模式的国际收养中，由于收养各方关系的复杂性，通过国际收养中心作为收养中介实现收养是得到国际社会认可的做法。但是，在国际收养市场支配模式下，儿童成了明码标价的客体，收养费用不是事后支付而是事先支付，而费用方面原本国际收养制定有统一标准，体现国际收养的公平和正义性，但因收养中介的作用，这种费用支付的自愿回报变成了"强制捐赠"。如果这种回报模式能在法律的框架下，在国家的监督下执行，也能够比较有效地防止买卖儿童的事件发生，然而，在市场模式下，获得高额利润成为收养关系建立的主要驱动力，儿童成为交易的标的物，无疑与收养应当为了儿童最大利益这一首要原则相违背，值得进一步反思。

　　随着收养从国内发展到国际，人们对儿童收养制度对儿童的保护以及收养的价值有了新的认识。但由于贩卖儿童等这类恶行的存在，人们对收养特别是国际收养中的儿童权利保护问题，以及国际收养对儿童和国家的影响都存在不同的看法。国际人权法将儿童获得亲生父母照料作为基本人权看待，特别强调，如果儿童不幸无法得到这样的照料，则要为其提供充分的照顾，尤其要保护儿童免受机构照料的不良影响。这一强调是基于福利机构照料的弊端逐渐被人们认识，与家庭养育的儿童相比，机构照料的儿童会出现更多的行为问题和心理问题，世界卫生组织更是建议儿童福利机构仅作为应急措施而存在。为了实现所有儿童都能获得家庭照料的理想，在国内无法满足家庭收养的情况下，国际社会包括《儿童权利公约》等文件都接受了国际收养的方式，包括一些看来传统文化非常独特，看似保守的国家，也接受了国际收养的方式，南非还在宪法中对国际收养予以了确认。

　　3. 儿童收养类型

　　收养绝不是一时的心血来潮或短暂的慈善行为，也不是为养儿防老做准备，而是为了被收养儿童的健康成长所做的持久付出和人性关怀。由于收养中不断出现的负面形象，比如拐卖儿童、收养贿赂等，人们开始从收养制度上进行反思，认识到收养中的这些问题与传统文化、观念意识、制度差异有着复杂的联系，需要对收养的伦理价值问题进行认真思考。儿童收养在发展和演变过程中，形成了不同类型的收养方式，这些方式均体现出不同时期、不同文化、不同环境下对儿童伦理和价值的不同考量。随着人们对收养认识的深入，有些类型慢慢消失，有些类型则被注入了新的内容。

（1）以收养是否依据法律规定的程序和要件成立而将其区分为法律收养和事实收养。法律收养也称为合法收养，是依照法律规定的实质要件和形式要件而成立的收养。缺乏法律的形式要件，未办理收养手续，但收养人和被收养儿童以父母子女关系长期共同生活，形成了事实上的父母子女关系的为事实收养。另外，在法律收养当中，根据收养是否符合法律规定的要件而产生法律效力为标准将其分为有效收养和无效收养。符合法律规定要件并产生法律效力的收养为有效收养；不符合法定要件没有法律效力的收养为无效收养。我国采取法律收养为主，有条件地承认事实收养的做法。对于事实收养我国采取了不同的对策。一个是在《收养法》发布之前成立的事实收养，只要不违背收养的基本原则和社会道德就予以认可，支持当事人补办法定手续。符合收养条件的在补办法定手续后承认其效力。国家只承认合法收养，但现实中常常发生事实收养的情况，而事实收养易于面对收养家庭物质、心理、社会等条件不足的情况，造成被收养儿童入学、入籍、医疗等实际问题难以解决。因此，对事实收养的另一个政策是对于不符合收养条件的不予承认，公证登记机关不予办理收养手续。

（2）根据被收养人是否解除与生父母之间的关系分为完全收养和简单收养。完全收养是指收养关系成立后，被收养人解除与其生父母之间的权利义务关系，养父母养子女间建立等同于血亲之间的父母子女关系。简单收养也称不完全收养，是指被收养人在与收养人建立父母子女关系的同时，与其生父母之间仍然保持父母子女关系。我国古代的"兼祧"就是属于简单收养。[①] 有的国家如法国采取完全收养和简单收养并存的方式，当事人可以自行选择。

（3）根据收养关系的建立是收养父母共同意愿还是单方意愿而建立分为共同收养和单独收养。我国主张当夫妻双方都健在的情况下，收养要体现双方共同意愿并共同完成收养行为，并由养父母共同抚养子女，此即为共同收养。无配偶、丧偶或离异，收养人为一人的为单独收养，无配偶收

---

① 指在中国封建宗法制度下，一个男子同时继承两家宗祧的习俗。兼祧人不脱离原来家庭的裔系，兼做所继承家庭的嗣子。参见《中国大百科全书·法学》，中国大百科全书出版社，1984，第537页。

养也称独身收养。

（4）根据收养关系的建立是收养人在世时发生还是根据其遗嘱在其去世之后才发生，分为生前收养和遗嘱收养。利用遗嘱方式建立收养关系侧重于继承和传宗接代，其实已经失去了收养以儿童利益最大化的意义，不利于儿童的健康成长，因此各国收养法一般采用生前收养。

（5）根据收养关系的建立是否为外人甚至被收养人知情分为秘密收养和公开收养。秘密和公开收养的考量体现了收养制度对儿童权利主体地位的不同态度。所谓秘密收养，是指收养行为处于一种秘密状态，被收养人并不知晓其被收养的事实。受多种因素影响，国际收养一度采取秘密收养方式，但随着儿童权利观念的确立，国际社会意识到，秘密收养不利于被收养儿童对本民族和族裔的身份和文化的认同，与《儿童权利公约》的精神相违背，有碍儿童的健康发展。但鉴于国际收养关系的复杂性，收养的公开度成为一个难以把握的关键问题。就国际收养经验来看，谨慎的公开收养方式，更有利于儿童的自我认同和健康成长。

（6）还有论者根据收养是为收养双方谁的意志以及文化上的远近，将国际收养分为主动收养和被动收养、远关系收养和近关系收养。[①] 这种观点认为国际收养中儿童的价值、福利和权利处于特殊的伦理状态，这些特殊性决定了国际收养的不同特点和类型。主动收养是为满足收养者需要而产生的收养，而被动收养是为了被收养者需要而产生的收养。但在笔者看来，前者与传统收养中的为亲之收养类似，而后者则与为子女利益之收养同义。在现代收养制度中，主动收养除了满足收养者需要之外，尚需同时体现自愿性以及为儿童最大利益之考量，因此，收养行为必定出于主动，而非被动。"被动收养"的说法无法体现这种自愿性，既然是"被动"，也不可能考虑子女利益，因此，"被动收养"是一种自相矛盾的说法。在国际收养中，的确存在由相关机构安排收养的被动收养时期，这可以追诉到两次世界大战时期，为了避免儿童免受战乱迫害，国际红十字会把大量战区儿童转移到英国、瑞士、荷兰等国家临时寄养，但是战争结束后，许多儿童因无法找到生父母就被寄养家庭收养下来，这就是国际收养的最初形式。然而，随着国际收养的发展，靠中介机构建立起来的收养关系屡屡发

---

① 参见尹新健《论儿童国际收养价值的伦理关怀》，《求索》2011 年第 12 期。

生诸如贩卖儿童等事件，这也是国际收养屡遭诟病的原因之一。此外，该论者还以收养双方在种族、族裔、文化、语言等因素上的联系将其分为远关系收养和近关系收养。这种划分在美国这种多民族国家更有意义，而在国际收养视域下，通常跨国收养以远关系收养居多，而国内收养则大多属于近关系收养。因此，近关系收养应当优先于远关系收养，这与"国内收养优先"原则具有相同的旨趣。

（二）收养原则

儿童收养当然适用《儿童权利公约》所适用的四项基本原则，即最大利益原则、非歧视原则、尊重儿童意见原则、最大生存和发展原则。其中，因为儿童最大利益原则含义具有不确定性，故需要在收养制度中给予具体化，同时，因儿童收养有其特殊性，还适用自愿性原则、先国内后国外原则、合法性原则、家庭永久置原则。不同的原则也是不同的儿童观在收养中的反映，《儿童权利公约》第21条对收养问题的规定就明显地体现了这样一些原则。

1. 收养关系中的儿童最大利益原则

1989年《儿童权利公约》第21条明确指出，凡承认和（或）许可收养制度的国家应确保以儿童的最大利益为首要考虑，这就奠定了儿童最大利益原则在收养制度中的指导性地位，那么，在收养制度中怎样确保儿童的最大利益呢？接下来，该条通过五款加以具体说明，包括收养的合法性，被收养儿童的知情同意，尽量安置儿童于家庭当中成长，儿童得不到原籍国适当安置的情况下才能考虑国际收养，并且，国际收养要能保证与儿童原籍国同等的生活保障和标准，采取一切措施杜绝假借收养而拐卖儿童的罪行。最后，该条还规定为实现收养当中儿童的最大利益这一目标，需要在收养双方的国家之间达成协议，并由国家机构出面协调收养事宜。

可见，儿童公约明确了在实行收养制度的国家，儿童的最大利益为最高的考虑原则，这是收养制度以及收养程序法设计的最低要求。其他任何权利，无论是出于经济、政治的考量还是收养人的权利都不应该优先于儿童权利，最大利益是儿童收养的首要原则。这里的"儿童"不仅仅指被收养的儿童，还包括收养家庭中原来有的儿童，如果他们达到一定的法定年龄，应当就收养问题征求他们的意见。另外，收养安置也可能存在歧视问题，这与《儿童权利公约》所确立的非歧视原则相违背。比如，大部分收养家庭倾向于收养健康的男孩，这就造成对残疾重病儿童以及女孩的歧视。但收养要基于自愿，因此，怎样促使这些孩子得到家庭照料的确是一个难题。因为收养关乎儿童的最大利益，联合国要求缔约国通过立法的形式确定儿童收养问题，在保障儿童利益的前提下，尊重儿童寄养或收养的习惯法。同时，收养还需在儿童知情的情况下，尊重儿童就收养问题发表意见的权利。有些国家在收养法或民法当中规定了征询儿童意见的最低年龄。我国《民法总则》规定，未满8周岁儿童为无民事行为能力人，也就意味着涉及8周岁以上儿童的事务需要征求其意见。儿童可以同意收养也可以拒绝收养，在父母尚在的情形下，儿童拒绝收养可以减少与其亲生父母关系上的负罪感，只要儿童拒绝被收养是真实的，即便再小年龄的儿童，其意愿也应当得到认真对待并予以尊重。联合国《关于在国际收养方面儿童保护与合作公约》（海牙收养公约）也强调了考虑儿童愿望和观点的原则，可见，在收养问题上，征求儿童意愿有着特别重要的意义。

《儿童权利公约》和海牙收养公约都强调收养当中应当尊重儿童的最大利益。如果从儿童最大利益考虑，亲生父母照料当然更能满足儿童生存和发展所需的生理、精神和情感的需求，这也是儿童福利机构照料所无法企及且长期受到诟病的重要方面。有的国际组织强调滥用国际收养的危害，倡议国内收养优先，维护原初家庭和亲属间看护，呼吁取消私人收养中介组织，建议国际收养仅作为国内收养的"辅助手段"。其根本问题其实是，在儿童收养中如何权衡儿童的最大利益问题。一些收养纠纷也充分体现出儿童最大利益的权衡问题，比如1999年发生在美国的贺梅抚养权争夺案。① 该案直到2007年才以"贺梅法案"的形式结束了持续8年的官司，并确立了血亲关系优先的原则。

---

① 基本案情：1999年2月23日在美国亚利桑那大学就读的华人贺绍强夫妇与白人贝克夫妇签订临时托养协议，暂时将仅3周的女儿贺梅托付给贝克夫妇，但是不久贝克夫妇就拒绝贺家探视贺梅。贝克夫妇认为贺绍强夫妇遗弃贺梅，要求儿童法庭剥夺贺氏夫妇的抚养权。2004年5月12日孟菲斯地方法庭做出判决，终止贺绍强夫妇对女儿贺梅的监护权，贺梅交由贝克夫妇抚养。2005年11月23日孟菲斯巡回法院维持地方法庭判决。2006年4月，贺绍强夫妇上诉至田纳西州最高法院，2007年1月23日州最高法院将贺梅的抚养权判给贺氏夫妇。就此案例，美国田纳西众议员候选人哈德威（G. A. Hardaway）提交"贺梅法案"（"ANNA MAE HE ACT"）的提案，在抚养权争议当中的血亲关系优先原则得以确立。

2. 合法性原则

儿童收养中的合法性原则可以从三个方面考察：一是是否订立了收养法，二是收养程序是否合法，三是收养之后采取的后续行动或措施是否有法律依据。《儿童权利公约》第21条第1款规定，确保只有经主管当局按照适用的法律和程序并根据所有有关可靠的资料，判定鉴于儿童有关父母、亲属和法定监护人方面的情况可允许收养，并且判定必要时有关人士已根据可能必要的辅导对收养表示知情的同意，方可批准儿童的收养。这一规定明确指出了收养合法性的主要方面：一是收养立法是合法收养的前提；二是收养要依法进行，这是收养是否有效的根据；三是体现了国家责任，收养必须合法是国家的责任，因此主管当局有义务对收养人、相关资料、收养程序等进行合法性审查。

尽管公约的这一条款没有就收养的后续行动做出规定，但由于在收养实践中长期存在诸如拐卖儿童等滥用收养的行为，这类犯罪行为一般通过所谓的收养中介（人贩子）实现，因此，为了杜绝这种犯罪行为，国际社会和各国都致力于通过法律等措施，防止和严惩打着收养的幌子买卖儿童的行为。有的国家还通过试养期、收养后跟踪服务和报告制度，推动合法收养关系的建立。

试养期是指收养人在向收养登记机关提交申请后，收养登记机关对收养申请进行书面审查。如初步确认收养人符合收养条件后，即可准予收养人和被收养人进入"试收养期"。在试养期间内，收养人和被收养人应连续性地共同生活；收养登记机关应登门走访，实地考察收养人是否具备收养条件。待"试收养期"届满时，如果收养人认真履行了抚养之责，且对收养子女不改初衷，收养登记机关可确认该收养人具备收养条件，应予办理收养登记。否则，可确认其不具备收养条件，不予办理收养登记。随着国际收养立法与司法实践的发展，人们发现在收养过程中更需要重视收养当事人内在的心理适应性。但在国际收养中，推广试养期的做法具有一定的难度，许多国家并没有采纳这一制度。采纳试养期的国家主要有英国、瑞士、加拿大和拉丁美洲国家，其中，多数国家的试养期为六个月到一年，也有少数国家的法律规定为两年的，如《瑞士民法典》。

3. 自愿性原则

收养自愿性原则是收养合法性以及双方建立良好关系的前提和基础。

收养自愿性不仅强调收养人要自愿付出，还关照被收养儿童的意愿，体现了儿童的权利主体地位。收养的自愿性和主动性源自收养双方的自由意志，唯其如此，才能实现儿童最大利益的目的。就收养方而言，自愿性体现在，收养行为并非仅仅为自身的情感满足，而主要是为了被收养儿童的利益，这种自愿的冲动是由于道德力量的支配而发生，其动机来自对儿童伦理价值的维护和关怀。就被收养儿童来看，自愿性的根据在于《儿童权利公约》第 12 条、第 21 条关于尊重儿童意见以及"知情"同意的规定，还涉及这种同意的真实性，强调国家在体现收养儿童自愿意志当中的作用。

4. 先国内后国外原则

该原则也称国内安置优先原则，只有当儿童无法在原籍国得到适当安置时，才考虑国际收养，即要求优先考虑让儿童保留在出生国文化环境中安置的一项原则。这项安置原则之所以引起争论，盖因《儿童权利公约》和海牙收养公约对于该问题的导向侧重不同。《儿童权利公约》特别注重儿童的种族、文化和国家身份，强调国内安置优先适用，将国际收养作为一个辅助性原则，规定"如果儿童不能安置于寄养或者收养家庭，或者不能以任何适当方式在儿童国籍国加以照料，国际收养可以视为照料儿童的一个替代方法"。可见，只有在特定条件下，国际收养才能作为一个替代选择，这个"特定条件"可以理解为被收养儿童在其原籍国无法以任何适当的方式得到寄养或收养，也就是说，国际收养是解决儿童收养问题的最后选择。这项原则考虑到儿童培养教育的连续性。国内收养便于儿童的族裔、宗教、文化或语言等文化背景和生活习惯得以延续，而国际收养将使这一切发生根本性改变，收养儿童面对的将是一个全新的世界。因此，国际收养当中，明确规定被收养儿童必须享有与其本国相当的保障和标准。收养应当在调查和获得信息之后，经儿童原籍国主管当局批准，并在双方同意的基础上就收养达成协议，不应导致"不正当财务收益"，这体现了对国际收养的谨慎态度以及满足合法性的要求。但由于一些国家的出生率下降，其对私生问题越来越宽容，儿童在这些国家成为需求量很高的"商品"。随着国际收养的日益增多，如果没有合法的监督措施，儿童极有可能成为走私和非法买卖的标的物，包括儿童卖淫、各种形式的奴役和剥削。此种情形引起国际社会的高度关注，《〈儿童权利公约〉关于买卖儿童、儿童卖淫和儿童色情制品问题的任择议定书》就将任何形式的走私儿童行为规定为可引渡的犯罪行为。

当然，儿童能在自己的母国得到收养是最理想的选择，儿童的母国无论从血缘的继承、文化的传承还是生活环境等方面都要更易于为儿童所接受，相同的文化、语言，熟悉的环境能够帮助被收养儿童快速进入正常的生活，适应新的生态。出于这一考虑，当国内收养资源不足的情况下，作为机构照料的变通方式，血亲间的抚养和非血亲间的寄养方式，也得到了一定程度的发展。这两种方式既满足了儿童在其母国生活的需求，又满足了儿童过家庭生活的愿望。但其中也存在一些问题，特别是在贫穷国家，寄养家庭无论经济条件还是教育方式都不是很理想，因此，需要进一步完善寄养制度，加强国家监督和社会专业人士的介入，帮助儿童在寄养家庭中稳定地长大成人。

收养关系的建立基于自愿，如果在儿童的母国没有合适的收养人，国际收养无疑也是选项之一。尽管去一个陌生的文化环境需要被收养儿童花费更长的时间适应新环境，但只要这个新家庭和环境足够健康，对被收养儿童无疑是有益的，这也为无数国际收养的案例所证明。因此，不能笼统地对国际收养持怀疑态度，如果母国找不到合适的收养人，跨国家庭也是符合儿童利益的。《儿童权利公约》和海牙收养公约都明确提出了国内收养优先的儿童收养原则，但并没有完全排斥国际收养，这也是出于满足儿童最大利益的考量。

5. 家庭永久安置原则

此项原则可以从两个角度理解：家庭安置和永久安置。对于失去父母及双亲照料的儿童，可以通过三种方式进行安置，即机构抚养方式、亲属抚养或家庭寄养方式、家庭收养方式。机构抚养是一种古老的儿童安置方式。直到现代，机构照料方式依然存在。在重视血缘传统的国家，家庭寄养和收养发展较为缓慢，孤儿院成了失依儿童生命维持的主要避难所。但随着现代收养制度的确立，机构抚养方式因缺乏亲情、对培养儿童健全人格不利等因素受到诟病。家庭才是儿童健康成长的最佳环境，当儿童对亲生父母养育需求无法得到满足时，在儿童失依以及因经济困难、疾病等特殊困难父母无力抚养子女，或者因父母对儿童有遗弃、虐待等暴力行为而不适宜抚养子女的情况下，儿童就需要一个稳定的替代家庭。有观点认为海牙收养公约在收养儿童安置问题上，更侧重于考虑家庭安置，而不是国内安置的优先性，这种认识有失偏颇。国内收养优先和家庭安置优先两项原则并不矛盾也没有互相排斥的关系。海牙收养公约于1993年订立，公约的话语背景是在国际收养的范围内，而不涉及国内收养安置问题，而且，在此之前，《儿童权利公约》已经是生效的法律文本，也可以说，海牙收养公约的家庭安置优先原则是在国内收养优先的前提下展开的，也就是说，只有当儿童穷尽了在其原属国中寻找家庭安置仍无法得到满足的情况下，才会发生国际收养。因此，海牙收养公约才强调家庭安置的优先适用。

之所以要考虑收养家庭的稳定性，是因为考虑到儿童健康成长所需。动荡的生活环境使得儿童缺乏安全感，也不利于培养父母子女间的良好关系，无论国内还是国际收养都将家庭永久安置作为一项目标原则。机构收养缺乏亲情和稳定性，家庭寄养方式能满足儿童的家庭需求，但与永久收养相比，仍然缺乏相对稳定性，被一些国家作为一项临时性措施适用。比如，美国1997年在《收养和安全家庭法案》中就确立了永久家庭对儿童成长的重要意义，指出对有收养需求的儿童，尽量缩短寄养时间，使其获得收养安置。

二　我国收养制度

我国历史上建立收养制度的最初目的是为祖先基业，延续宗嗣。唐朝以后，有为救济婴儿或孤儿而收养的做法，已不那么重视同宗或同姓，逐渐将被收养儿童的利益作为考虑因素。我国民间还有立嗣以承继宗祧的习俗，①有些国家也有类似的做法。我国民法废除宗祧继承后，为宗之收养已不存在，但为养儿防老的"为亲之收养"却长期存在。现代收养虽以子女利益为重，但传宗接代的目的并未消失。

新中国成立后，婚姻法、继承法及相关的司法解释和规章对收养关系

---

① 立嗣的习俗，分"过继"和"抚婴"两种。不育夫妇或无儿的寡妇鳏夫，立兄弟或他人的儿子为嗣子（也有极少数立孙的）承接宗祧，称为"过继"。也有兼祧的，一子顶两门，不脱离原家庭，兼承两家宗祧。"抚婴"，系抚养多子女家庭转让的或被遗弃的男婴，视为己出，不须履行任何手续。

的调整做了一些规定，以此规范收养行为，但零散的立法尚不能对收养提供制度性保障。1991 年通过的《收养法》对收养关系的成立、收养的效力、收养关系的结束和法律责任都做了具体规定，标志着我国收养制度的初步建立。根据该法，"收养应当有利于被收养的未成年人的抚养、成长"。可见，我国收养关系的建立是从儿童的利益出发的。一般来说，未满 14 周岁的孤儿、弃儿和生父母无力抚养的儿童，可以被收养。通常收养的数量只限一名，但是，收养孤儿、弃儿和残疾儿童的不受此限制。第 11 条还规定，收养年满 10 岁以上的儿童，应当征得被收养人的同意。关于近亲属的收养，第 7 条规定，收养三代以内同辈旁系血亲的子女，可以不受收养条件、送养条件，以及男性收养女性年龄差的限制和不满 14 岁的限制。继父母的收养可以不受收养条件、送养条件、收养人条件、收养数量和未满 14 岁的限制。第 20 条还规定"严禁买卖儿童或者借收养名义买卖儿童"，并在罚则部分对拐卖和买卖儿童的行为做出了处罚规定。第 21 条还就国际收养做了规定。这部《收养法》的规定还比较简单，收养制度还不十分健全，对收养中可能遇到的问题估计不足，例如，对因生父母的虐待、忽视或其他恶习而导致的临时或阶段性的收养、领养，对身处危难中儿童的临时照料等都未做规定。

1998 年修订的《收养法》比旧的《收养法》有了一些发展，收养双方利益得以兼顾，反映了收养制度发展务实的方面，同时放宽了收养条件，收养人的年龄被降至 30 周岁。另外，如果收养的是孤儿、残疾儿童或者社会福利机构抚养的查找不到生父母的弃婴和儿童，可以不受收养人无子女和收养一名的限制。再就是收养程序方面的变化，收养形式要件更加简便，其规定一经民政部门登记收养关系即告成立，而订立书面协议和收养公证不再是法定要件。

从 1998 年到现在近 20 年，在收养制度的执行当中，国家也进行了一些有益的探索，包括对收养追踪反馈制度和收养人报告制度的完善，对寄养"融合期"做法的探索，为收养法的修改提供了法律制度上的准备。我国收养法虽然未明确采纳试养期制度，但在 2014 年民政部发布的《家庭寄养管理办法》中，明确了采纳"融合期"的做法，期限最低为 60 天，可以看作类似于国外"试养期"制度的规定。试养期制度的立法目的包括三点：其一，有利于收养双方了解和沟通，增进情感交流和心理认同；其二，有利于收养双方以及送养人三方在了解的基础之上，做出是否建立收养关系的理性选择；其三，有利于纠正收养程序中实质审查缺失的弊端，避免收养的盲目性，减少收养冲突，促进收养关系的稳定性。[①] 在进行试养期探索的同时，我国还进一步执行和完善了收养（寄养）跟踪反馈制度和收养人（寄养家庭）报告制度。收养跟踪反馈制度和跟踪服务制度，是收养后续行动采取的重要措施。前者指收养关系建立后，送养人（国）对收养继续开展"寻根回访"的活动；后者是收养关系建立后，由收养方社会服务机构对收养家庭进行收养后服务的一种机制。通过这一机制，可以对收养家庭定期回访，了解问题和困难以及对养子女的生活状况进行考察监督，帮助养父母与养子女建立亲密的家庭关系。收养人报告制度是指送养方要求收养家庭定期报告儿童生活情况的一项制度。收养跟踪反馈或服务制度以及收养人报告制度的建立，是检视收养后续行动是否合法的依据。

尽管 20 年来我们进行了一些有益的尝试，收养制度中还是有一些问题暴露出来，需要通过对《收养法》再修订加以解决，这些值得注意的问题如下。（1）就《收养法》本身的规定而言，其存在的主要问题有两点。一是收养缺乏实质审查，收养登记部门对收养材料的审查限于形式审查，而对于提供材料的真伪或是否符合真实情况则缺乏实质上的审查。通过实质审查可以提前发现并预防侵害被收养人的行为，关系被收养儿童之后的健康成长。二是就收养人条件来看，《收养法》第 6 条规定收养人必须无子女、年满 30 周岁等。这样规定似乎是为了防止以收养子女为由破坏计划生育政策。其实，计划生育的人口政策是一种理念，要靠人们生育观念的发展和觉醒。况且，目前生二孩的政策已经放开，以计划生育为考量而限制收养的做法可以停止了。如果收养是为了孩子，而不是从收养人的利益出发，就会发现收养法"无子女"和收养人年龄超过 30 岁的规定是没有道理的。只要收养人能平等地、充满爱心地、负责任地对待亲生子女和收养子女，与有子女的年轻夫妇一起生活或许比与无子女的年长夫妇一起生活，对被收养儿童的成长更加有利。（2）从收养实践角度看，处理紧急状

---

① 参见刘召成《地震引发大规模人身伤亡情况下的收养和继承问题思考》，《政治与法律》2008 年第 8 期。

态下儿童的临时性领养或寄养制度亟待完善。尽管在 2014 年民政部发布了《家庭寄养管理办法》，但寄养对象仅限于孤儿和弃儿，而对于父母有特殊困难无法抚养的儿童、受监护人侵害的儿童、父母犯罪入狱而无法照料的儿童以及遭遇天灾人祸需要临时性安置的儿童，该寄养办法并没有覆盖到。这也就造成实践中，在受到养父母的虐待而亲生父母又无力抚养的紧急情况下，发生受害儿童无人照料的情况。在紧急事件当中的儿童，首先需要一个临时性寄养的家庭环境，以保证儿童维持正常的生活和学习。待事件处理结果相对明朗之后，再决定是否对其进行家庭的永久安置。（3）国际收养问题。我国国际收养制在《收养法》中得以确立，但该法并不是系统的国际收养关系的专门性法律规范。尽管 1999 年民政部颁布了《外国人在中华人民共和国收养子女登记办法》，该办法第 3 条规定，"外国人在华收养子女，应当符合中国有关收养法律的规定，并应当符合收养人所在国有关收养法的规定；因收养人所在国法律的规定与中国法律的规定不一致而产生的问题，由两国政府有关部门协商处理"，似乎关于国际收养准据法的问题得到了解决，但根据这一规定，外国人在中国收养子女须适用中国法律，但同时也要兼顾收养人所在国法律。因此，国际收养准据法问题仍然没有得到解决，况且部门规章的法律效力级别低，不能满足我国日益增多的国际收养趋势的需要。

我国国际收养的开始可以追溯到抗日战争结束时，我国东北民众曾经收养日本遗孤 3000 多名，当时是为了解决特殊的历史遗留问题，与现代收养制度的价值目标不可相提并论。20 世纪 80 年代初，我国开始有国际收养事例，但国际收养制度正式建立，应当是 1991 年《收养法》的颁布。从那之后，外国人收养中国儿童的人数迅速上升，国际送养人数逐年增多，国际收养规模持续扩大，2005 年达到峰值，我国成为最大的国际收养送养国。

我国国际收养增多并非贫困所致，除了重男轻女等传统观念因素之外，更多的是与政策法律有关。为防止假借收养多生育子女，《收养法》规定了苛刻的收养条件，使得有需求的儿童很难在国内得到收养，而同时，国际收养一般条件优厚、快捷、守法，福利机构更愿意将儿童送到国外。因此，如何通过法律政策改善儿童收养的国内环境，尽量使有需求的儿童获得国内家庭的收养，很多问题仍在探索当中，《家庭寄养管理办法》

及新型家庭寄养方式则是不断探索的结果。当然，对于寄养问题，世界上也有不同的主张和实践。有的国家因宗教信仰，比如信奉伊斯兰教的国家，不承认收养制度，他们认为收养掩盖了儿童的出身和血缘关系，宁愿采取"寄养"方式解决儿童照料问题。但同时又规定，寄养儿童不能有家庭的姓也没有继承权。

三　国际收养制度

国际收养也叫"跨国收养"，两者意义基本相同，前者文化蕴含多一些，后者更关注地域特征。联合国海牙《跨国收养方面保护儿童及合作公约》采用"跨国收养"概念，主要目的是在不同国家之间加强合作、跟踪服务机制和舆论监督机制，打击儿童买卖、诱拐、贩卖等跨国犯罪行为。海牙收养公约并没有对国际收养的文化内涵和国际收养的实体性条件做出更多的规定，所以采用了"跨国收养"的概念。一般观点认为，国际收养是指收养者和被收养者分属于不同国家的收养，是二战之后发展起来的国际社会新现象。儿童国际收养制度关怀的基本目标是让失依儿童回归家庭，减少失依儿童数量，最终目标是消除失依儿童现象。

20世纪经历了两场世界大战，人类社会的发展轨迹因此而发生了巨大的改变。国际收养在这种巨大变化的推动下，结合全球化等各种因素的共同作用，为收养向世界范围扩展提供了前提条件。这种共同的因素如科技的进步，使得收养的效率、准确性、审查、生殖等问题获得解决，不仅降低了收养成本，也为收养开辟了方便快捷的渠道。随着二战的结束，国际收养遍布世界，人数达到几十万。国际收养的普遍发展是妇女儿童以及民族解放运动、西方发达国家生育率下降、贫富分化加剧等多重因素共同推进的结果，特别是20世纪90年代，海牙收养公约强调了国际收养家庭对儿童健康成长的重要意义，国际收养蓬勃兴起。比如在我国，福利院儿童大多数无法在国内找到合适的收养家庭而被西方发达国家收养。但最近十几年来，国际收养则进入了一个冷静期，尽管与国际收养中存在的各种问题有关，比如以收养名义拐卖儿童、被收养儿童在国外的家庭境遇恶化，但到底如何看待国际收养的意义和价值等方面一直是反复讨论而终无结论的问题。

在人权价值多元化、全球化的过程中，各种价值的冲突成为国际收养变化的思想基础，这是文化思潮领域的冲突在儿童国际收养领域冲突的一个自然反映。同时，国际收养过程中的负面因素形成国际收养冲突的事实根据。《儿童权利公约》、《跨国收养方面保护儿童及合作公约》将儿童诱拐、买卖、贩卖行为界定为犯罪行为予以打击，因此，对国际收养范围、条件、效力、机构等进行了严格限制。2005 年国际收养趋于放缓，这种趋势既是国内收养和寄养机制完善的结果，也是国际收养中犯罪现象增加以及海牙收养公约实施的结果。有论者将现代国家收养趋势和特点做了如下归纳：（1）现代国际社会的收养立法呈现了以完全收养为主的趋同化走势；（2）国际收养法不断提升保护的意义并以儿童最大利益为原则；（3）"试养期"机制的健全和完善已成为国际收养法中的一个重要议题；（4）国际收养法日益突出国家监督主义理念；（5）国际收养法面临人工生殖与克隆技术的挑战。①

（一）收养的国际标准和儿童权利

20 世纪中期，现代收养制度得以建立，其标志是公权力的介入，注重收养程序的合法性以及强调被收养人的实体权利。《儿童权利公约》和之后的海牙收养公约所确立的儿童最大利益原则对现代收养制度的建立具有里程碑意义。现代收养制度的突出特点表现为以下两点：一是被收养儿童成为收养关系的主体，而不是客体，儿童最大利益是收养关系建立的首要考虑因素；二是收养的合法性根据，强调收养关系的建立需经合法程序才具有法律效力，私人间的收养需要经合法登记之后才具有法律效力。

《儿童权利公约》确立的儿童最大利益原则与收养目的"为子女利益的收养"在理念上具有共通性。收养问题的设定是 1989 年《儿童权利公约》讨论的焦点问题之一，也是公约的主要成就。收养条款之所以特别重要，是因为它强调围绕收养过程给予被收养儿童强有力的保护，特别是在涉及国际收养问题的时候。《儿童权利公约》强调收养要以确保儿童的最大利益为首要考虑，如果此收养不是为儿童利益，而是为接续"香火"等原因，应视其为违背公约精神的收养。《儿童权利公约》关于收养制度的讨论给我们提出了两个问题：一是如何协调不同国家对收养制度的不同规

---

① 参见蒋新苗、佘国华《国际收养法走势的回顾与展望》，《中国法学》2001 年第 1 期。

定和习俗；二是收养制度能否作为国家义务加以规定。《儿童权利公约》第20条对前一个问题给予了充分的考虑，确认脱离家庭环境的儿童，"有权得到国家的特别保护和协助"，并强调"缔约国应按照本国法律确保此类儿童得到其他方式的照顾"。这种照顾包括"寄养、伊斯兰法的'卡法拉'（监护）、收养"，特别提请注意，"在考虑解决办法时，应适当注意有必要使儿童的培养教育具有连续性和注意儿童的族裔、宗教、文化和语言背景"。该公约第21条（a）从儿童的最大利益原则出发还规定："凡承认和（或）许可收养制度的国家应确保以儿童的最大利益为首要考虑并应：确保只有经主管当局按照适用的法律和程序并根据所有有关可靠的资料，判定鉴于儿童有关父母、亲属和法定监护人方面的情况可允许收养，并且判定必要时有关人士已根据可能必要的辅导对收养表示知情的同意，方可批准儿童的收养。"

《儿童权利公约》也就国际收养问题做了较为详细的规定，对国际收养条件提出了严格的要求：首先，跨国收养只能作为"照料儿童的一个替代办法"，只有当儿童在原籍国不能被以适当方式加以照料或不能安置于寄养或收养家庭时，才能启动跨国收养；其次，收养一方应确保被收养儿童享有与本国收养相当的保障和标准；最后，收养双方所在国应当"采取一切适当措施确保跨国收养的安排不致使所涉人士获得不正当的财务收益"。

然而，《儿童权利公约》最终没有把对国际收养制度的承认或其建立作为国家义务规定。因为考虑到诸如伊斯兰国家特定收养内涵的不同制度规定，在伊斯兰法下，收养是不可能的。还有的国家对跨国收养持保留态度。但是，公约最初的草案中是把收养制度的建立作为国家义务规定的。在公约开始制定及最后完成中，联合国大会于1986年批准了《关于儿童保护和儿童福利、特别是国内和国际寄养和收养办法的社会和法律原则宣言》。这个宣言所包含的若干基本原则的确值得吸收到公约中来。特别是该宣言演绎了国家间收养的新思想，它所注重的是对儿童所提供的保障，而不仅仅是推动收养制度建立的过程。尽管各个国家的收养法律和实践有所差异，但总有一些共同的方面，有论者将这些共同的特性总结为七个方面：父母同意或有适当的根据而弃权；为了儿童的利益安置合适的收养父母；收养不是讨价还价的交换；收养关系完全代替亲缘关系；收养的机密性和匿名；收养成功与儿童年龄的关系；收养关系的永久性。[①]

　　1993 年联合国《跨国收养方面保护儿童及合作公约》的制定，进一步为儿童的跨国收养确立了国际标准。该公约的宗旨强调：跨国收养须保证儿童最大利益及其基本权利；为防止收养中拐骗和贩卖儿童等罪行的发生，各国须建立收养合作制度。该公约还确立了三个目标：（1）寻求建立一个具有法律约束力的进行跨国收养的最低标准，包括保护儿童权利，杜绝拐骗和买卖儿童等罪行；（2）创立能够加强各国执行公约所确立标准的制度；（3）推进被收养儿童出生地国和收养人所在国之间的合作。

（二）外国有关收养的法律和实践

　　收养关系的成立、收养的效力等问题会因各国文化不同而有所差异。从收养制度的历史变迁可以看到收养对于儿童的意义。收养制度因时代变迁而所赋目的有所不同，可分为三个阶段。一是为家族血统的延续而"为家之收养"，只有家长才有收养权。罗马法收养的规定是这种类型的代表。二是为慰藉晚景孤寂及缺乏劳力而"为亲之收养"，一战末期法国民法关于收养的规定是这一类型的代表。[②] 三是"为子女之收养"，盖以两次世界大战之后产生很多孤儿及非婚生子女，为这些无依无靠的孩子建立家庭，是这之后收养法奉行的基本思想。[③]

　　尽管对国际收养制度褒贬不一，但儿童作为国际收养关系的主体，其价值应该得到社会的关注。在国际范围内，对国际收养形成三种观点。[④]（1）反对的观点。此观点认为国际收养引发买卖儿童及腐败，很多时候成为贩卖儿童的保护伞，应当严加控制。该观点以美国学者斯莫林（David M. Smolin）、社会活动家米拉·里本（Mirah Riben）等为代表。有的国家因为收养中存在诸如以收养形式掩盖其招揽童工、利用国际收养拐卖儿童，特别是进行经济和性剥削等违法犯罪现象而否定国际收养对儿童成长的意义。（2）赞成的观点。此观点认为国际收养是为有需要的儿童提供理

[①] 参见 Cohen and Davidson, *Children's Rights in America: UN Convention on the Rights of the Child Compared with US Law* (American Bar Association, 1990), pp. 267 – 274。

[②] 但是，1923 年法国修订民法典第 343 条规定"收养除有正当之事由且为子女之利益外，在所不许"，似乎并不能算作"为亲之收养"的典型。笔者认为，中国自古就有的为养儿防老目的的收养可以被看作典型的"为亲之收养"。

[③] 参见史尚宽《亲属法论》，中国政法大学出版社，2000，第 585 页。

[④] 参见 http://www.adoptioninstitute.org，最后访问时间：2018 年 2 月 3 日。

想家庭成长环境的制度安排,以美国哈佛法学院伊丽莎白·巴斯莱特(E-lizabeth Bartholet)为代表。(3)折中观点。此观点关注国际收养对失依儿童的重要意义,但也看到了其中存在的问题,认为要解决这些问题,需要加强对国际收养的监管。该种观点主要以美国伊凡·唐纳森收养学会(Evan B Donaldson Adoption Institute)为代表。该机构成立于20世纪80年代,专门从事与收养相关的问题的研究和活动,收养方面的很多热点问题都参考了该研究学会的成果。国际收养研究的很多学者因此围绕收养制度提出了改革建言,折中的改良观点代表了国际收养发展的方向。

决定国际收养采取不同制度和观念的不仅仅有经济方面的原因,还是政治、经济、文化、宗教、社会等多种因素发挥作用的共同结果,因此,需要进行综合考察。通常而言,跨国收养主要是从发展中国家流向发达国家。收养国大都集中在北美、西欧和北欧,送养国则主要来自亚洲、拉美、俄罗斯等地区,目前,中国成为最大的送养国。对于跨国收养,各个国家的态度及其收养制度都存在较大差异。比如,对于非婚生子女的收养,历来都有争议,因各国文化历史发展不同,法律上也有不同的规定。法国法律禁止生父母认领私生子女,这就使生父母不得不通过收养关系使非婚生子女获得某些合法地位;联邦德国民法则鼓励非婚生子女的生父或生母收养该子女。当然,也有的国家法律禁止收养非婚生子女,但各国立法发展的总趋势则鼓励生父母收养非婚生子女,绝大多数并不禁止生父母收养自己的非婚生子女,这对非婚生儿童权利的保护是有利的。各国的收养制度差异较大,各有特色。美国强调收养的合法性和公开性;加拿大收养制度中的"试养期"做法颇具特色;俄罗斯的收养制度中政府发挥主导作用,且机构收养占主流;德国的收养制度强调国家作为孤儿最终监护人的作用;日本的收养制度强调儿童利益并制定了严格的收养程序;波兰的收养制度极其慎重,规定了严格的收养人审查制度和试养期制度;澳大利亚的收养制度实行家庭收养优先的政策。总之,各国收养制度都有其自身特点,无法一一列举,此处仅对英美法系的英国和美国、大陆法系的德日两国以及俄罗斯的儿童收养制度做简单阐释。

就英美两国的儿童收养来看,尽管同属英美法系国家,英国和美国在跨国收养方面却存在较大差异,因社会结构、家庭观念、民主程度、宗教传统、历史文化等综合因素,英国对跨国收养的态度比较保守。英国法与

《儿童权利公约》的收养条款不是十分相符，具体表现如下。根据《儿童权利公约》，收养要以儿童最大利益为根据，而英国法只把儿童利益作为考虑因素之一，对于诸如儿童生父母的利益也做同等考量，这与英国社会的历史发展有关，英国普通法素来不承认养子制度，直到 1926 年 8 月才颁布收养法。①《儿童权利公约》要求收养所涉及的各方应该在协商的基础上进行讨论，被收养人有知情同意权。而在以往的英国法中，收养协议并非必需，也不要求征得知情人即儿童的同意。21 世纪开始前后，其收养审查修正了这一点，但仅限于 12 岁以上的儿童。对于国家间的收养，英国的法律和实践都与《儿童权利公约》存在一定的距离。特别是在 20 世纪 80 年代和 90 年代后期，处于动荡之中的西欧国家急需将孤儿院中的孩子送到较繁荣和稳定的国家，英国法律却没有支持这一进程的发展。②

美国是世界上最大的国际收养国，收养的儿童大约有一半在美国，其也是最大的中国儿童送养国。在美国，收养的指导原则是促进儿童福利，其特别提倡把那些父母无法抚养的儿童，安置在父母有意愿承担责任并尊重这些孩子的稳定家庭中。美国收养法律和实践强调，收养应当以能够为儿童提供法律、经济、社会和心理方面的利益为宗旨。这种出发点不仅是为了无家可归的孩子，也是为了那些不能照料他们亲生孩子的父母，以及希望照料和供养小孩而又没有孩子的父母利益考虑。当然，国家确认收养制度最终是为了儿童的福利，因此，美国更加重视收养的合法性和公开性，强调收养以儿童的利益为基础，提倡"保护被收养者为本"的原则。因此，美国不仅设立了不完全收养的"公开收养"模式，不切断被收养儿童与其亲生父母的联系，同时，美国还建立了一套临时被寄养制度，以帮助临时有需要的儿童获得家庭照顾。在社会福利机构和寄养家庭中被临时寄养的儿童，很多并非孤儿，而是因为家长不称职或有虐待倾向而不得不将儿童暂时移送临时家庭寄养。如果在一定的考验期内，儿童的监护人无法证明自己可以尽监护之责，则会失去监护权，临时寄养的儿童将被安排永久收养。美国的法律对收养的规定不很复杂但很严格，规定对 10—14 岁儿童的收养只需有合法的手续，并经过孩子本人同意就可以。而 10 岁以下

---

① 参见李志敏主编《比较家庭法》，北京大学出版社，1990，第 255 页。

② 参见 M. Freeman, *The Moral Status of Children：Essays on the Rights of the Child*（Martinus Nijhoff Publishers, 1997），pp. 122 – 124。

孩子的收养程序要复杂一些，需由法院的收养程序决定，否则是没有约束力的。一般来说，对于没有争议的经过父母或正规机构同意的收养，不需要由法院为儿童指定一个代理人。即使是通过私人安排的收养，只要没有争议，法律上也不要求为孩子指定律师或拟定监护人。当然，为避免发生争议，由法院指定的收养占到大多数。目前，美国收养根据两种法律模式进行：一种是根据美国律师协会《模范州立收养法案》规定的模式；另一种是根据国家关于统一州立法委员会议的《统一收养法案》确定。①

德国和日本是大陆法系国家的典型代表，但就收养制度而言，两国也具有一定的差异性。现行《德国民法典》将儿童最大利益标准确定为收养制度的首要原则，为实现这一标准，其在民法典中对收养人资格做了严格限制。收养人条件成为判断是否违背儿童最大利益原则的标准之一，另一个判断标准是收养过程中是否遵循儿童最大利益的一般性判断标准。就收养人条件来看，根据《德国民法典》第 1741 条第 2 款，收养人包括两种：一是未婚者的收养，该类主体仅能单独以自己的名义收养未成年人；二是已婚夫妻的收养，一般情况下，他们需要以夫妻共同的名义收养子女，但也有例外。一种例外是婚姻共同体中的一方可以单独收养对方的子女，就是说使继子女因为收养而成为收养子女；另一种例外是在婚姻共同体一方因为无行为能力或未满 21 周岁而不能收养的情形下，另一方也可以单独收养子女。联邦宪法法院在 2002 年对登记生活伴侣共同收养权加以确认。2005 年德国修改通过的《登记生活伴侣法》成为登记生活伴侣收养儿童的法律依据，这就突破了民法典对收养人的规定，确认了同性伴侣的收养权。就最大利益的一般判断标准来说，德国学者认为可以从下列几个方面判断：一是被收养人当前的境况；二是收养人资格；三是收养申请人的特别资格。② 除此之外，代孕母亲的收养问题也是引起争论的话题。在这一类型的收养中，德国立法以是否符合被收养儿童的最大利益作为考量标

---

① 参见 Cynthia Price Cohen and Howard A. Davidson（eds.），*Children's Rights in Amarica：U. N. Convention on the Rights of the Child Compared with United States Law*（American Bar Association，1990），pp. 160 - 161，264。

② 转引自朱晓峰《论德国未成年人收养最大利益原则及界定标准》，《预防青少年犯罪研究》2014 年第 2 期。

准。另外，德国收养制度中还有一个有特色的制度——"匹配期"制度，就是德国青少年社管局聘请教育顾问，对列入考虑对象的收养家庭进行考察，经过一年的考察合格后，才能正式签订收养协议。

日本的收养制度分为普通收养和特别收养。普通收养是不完全收养，被收养儿童与收养父母间形成拟制血亲关系，但这种关系并不波及被收养儿童的其他亲属。特别收养即指完全收养，被收养儿童和养父母之间具有与婚生子女相同的亲子关系，同时，被收养儿童断绝与亲生父母及其他亲属之间的法律关系。特别收养由法院判决宣告成立，为避免收养人不合格以及防止其利用收养制度获得补助金等现象的发生。日本收养制度规定有严格的收养条件。比如，根据2002年颁布的法令，领养人分为养育养父母、亲属养父母、短期养父母和专职养父母四类。收养人需要先通过儿童咨询处向都道府县的知事提出申请，知事根据儿童咨询处的调查以及儿童福利审议会的意见做出能否收养的决定。①

与我国相似，俄罗斯国内家庭收养环境不理想，国内福利院数量多但条件参差不齐，所以，俄罗斯一直允许跨国收养，也是一个比较大的送养国，不过2012年底开始情况有所变化。为了应对美国通过的《马格尼茨基法案》，俄罗斯颁布《季玛·雅科夫列夫法案》以限制跨国收养，普京还签署了《关于实施保护孤儿国家政策的命令》，全面支持本国公民收养孤儿，并给予相应的政策优惠，比如简化收养程序、降低收养门槛、税收优惠、医疗支持等。

（三）国际收养准据法

各国收养法对收养要件、效力等问题的不同规定，不可避免地造成国际收养中适用法律的冲突。各国针对变化着的国际私法实践以及国际收养发展的客观需求，围绕收养管辖权、法律适用、外国收养判决的承认与执行等方面，对本国法律进行了修改，根据收养准据法选择方式的不同，形成"管辖权处理模式"和"冲突法处理模式"。英美法系主要从解决管辖权方面选择准据法适用，并以冲突规范处理准据法方式相辅助，瑞士、意大利等少数大陆法系国家也采用了这种处理冲突法的模式。而德国、日

---

① 参见〔日〕中尾英俊、裴桦《日本的婚姻和收养制度》，《当代法学》1993年第2期。

本、法国以及拉美国家则采取冲突规范确立准据法的模式，将收养管辖权问题作为一种次要的考虑。因此，两种处理冲突准据法的模式是相辅相成的关系。

大多数国家都从多方面确立收养管辖权，总体上，国际收养管辖权的根据有下列若干种：由收养人的住所或惯常居住地法院行使管辖权；由被收养儿童的住所地或惯常居住地法院行使管辖权；由与收养具有最密切联系的法院行使管辖权；由收养人的国籍国法院行使管辖权；由被收养儿童的国籍国法院行使管辖权。[①] 可见，收养管辖权的确立是以属人原则为依据的。海牙收养公约更是将儿童的最大利益作为选择管辖法院最重要的考虑因素加以规定，这对管辖权的选择具有指导意义。以管辖权处理模式选择的准据法通常为法院地法，这在很大程度上避免了"跛足收养"[②] 的发生。1965 年通过的《收养管辖权、法律适用和判决承认公约》原则上确认了"管辖权处理模式"。

"冲突法处理模式"一般将收养条件适用的法律与收养效力适用的法律分开来规定。为协调国际收养法律适用的灵活性和公正性，各国积极寻求有效的措施进一步完善收养冲突规范，具体如下。（1）"分割"法的适用。分割法是国际收养法律适用的一种方法，是将收养关系进行分割，通过不同的冲突规范指向不同的准据法。中国、日本、德国等国家都对国际收养的有效条件、效力等内容分别规定了不同的法律适用规范。分割法是实现实质正义及增加法律适用灵活性的有效方法。国际收养法律适用的另一种方法是"同一制"方法，就是将对国际收养的要件、效力等指向同一个准据法，采用这种方法的主要有美国、波兰、意大利等国家。（2）以适用法律是否对被收养儿童有利为准据法。德国、比利时等国家与收养相关的法律有此类规定。（3）最密切联系原则的适用。这是一项传统的冲突法规范原则，现代冲突法希望通过该原则的适用，寻求具有灵活性和确定性的冲突规范。该原则的适用包括五种情况：一是在收养冲突规范中直接对这一原则加以规定；二是把最密切联系原则作为传统收养冲突规范的补

---

① 参见蒋新苗《国际收养准据法的选择方式》，《法学研究》1999 年第 1 期。

② 如依法院地法，收养条件特别是被收养儿童的资格符合法律要求，而依外国法则是不合法的，那么，这种收养便有可能因得不到外国的承认和执行而成为"跛足收养"。

充；三是将该原则作为基本原则而法律适用则由法官自由裁量决定；四是判断是否有密切联系不采用当事人意思自治原则，这是由收养关系建立的公法性以及儿童利益最大化等因素所决定的；五是各国涉外法律关系的趋同性决定了最密切联系原则补充适用的地位。①

---

① 参见屈广清、祝丽娜《跨国收养冲突法的价值取向与我国立法完善》，《社会科学辑刊》2014 年第 2 期。

第八章　流离失所儿童的权利保护

　　世界范围内各种冲突持续不断，其越来越多地使用尖端、残酷的武器和作战方法，殃及大量平民，尤其是造成大量儿童无家可归、流离失所。其中有很多儿童与家人失去联系，因而成为无家人陪伴的儿童，难民儿童和受武装冲突影响的儿童最有可能成为这样的儿童。因此，本章将这两类儿童权利保护问题合并为一章进行阐述。

　　难民儿童和受武装冲突影响的儿童最有可能成为无人陪伴的儿童，即便有家人陪伴，也基本处于颠沛流离当中。儿童权利委员会已经注意到，无人陪伴的儿童更易于遭受各种剥削、歧视、虐待，被招募为新兵、童工（包括为其收养家庭做童工）以及拘留等方面的危害，无法获得粮食、居所、住房、卫生保健服务和教育，无法获得适当的身份、登记、寻找家人的线索及寻求法律咨询，通常被边境或移民官员拒绝入境或被拘留，而其中女童遭受性侵犯的风险极大。无人陪伴的儿童在申请难民地位、返回家园方面也面临重重困难。① 因此，这些儿童的生存和发展问题受到国际社会的极大关注，他们也属于有"特殊需求的儿童"。特需儿童虽然不是一个国际法律用语，但常被政府间和非政府间机构用于表明儿童中特别弱势的一些群体，这种弱势或是因为儿童的地位如难民，或是他们暂时或永久地失去家庭，或受到战争影响而处于动荡之中。特需儿童不是因为特需而成为不同于其他儿童的特别群体，而是因为只有满足了儿童的这些特别需要，才能帮助他们正常行使权利。

---

　　① 　参见儿童权利委员会《第6号一般性意见：远离原籍国无人陪伴和无父母陪伴的儿童待遇》，2005。

一　难民儿童

（一）难民（难民儿童）的定义

就世界范围来看，由于战争频仍，各种灾难不断，恐怖主义犯罪等人道主义危机不断出现，难民人数持续上升。根据联合国难民事务高级专员公署（难民署）2014 年的报告，世界有近 2000 万名难民，其中一半是 18 岁以下的儿童，有 86% 的难民居住在发展中国家。[①] 在难民数量不断攀升的情况下，关于难民的定义也在发生着变化。

据联合国 1951 年通过的《关于难民地位的公约》及其议定书对难民所做的界定，难民是指"因有正当理由畏惧由于种族、宗教、国籍、属于某一社会团体或具有某种政治见解的原因留在其本国之外，并且由于此项畏惧而不能或不愿受该国保护的人；或者不具有国籍并留在他以前经常居住国家以外而现在不能或者由于上述畏惧不愿返回该国的人"。该公约以及后来的议定书关于难民的定义以及其他一般性规定、关于难民的义务、难民法律上的地位、难民的福利待遇等问题的规定推定适用于儿童难民。根据该公约及其议定书关于难民身份的认定，从广义上说，必须有理由证明自己是因为种族、宗教、民族、某种社会组织成员或持不同政见等而害怕遭受迫害才逃离祖国，同时没有能力或基于恐惧而害怕返回祖国。任何持有难民身份的成人和儿童都不能被强迫遣返回可能遭受迫害的母国，或者被移交给第三国，使其面临被遣返回国的命运。尽管对难民的保护范围在逐步扩大，但仍然存在不够周延的问题。比如，纯粹因为战乱、贫困、瘟疫等原因而逃离祖国的人，返回祖国尽管不存在政治迫害的问题，但存在极大人身安全和生活保障问题，因而不适宜强迫其返回家园。因为同样的原因在自己国家内逃避灾难的人不是难民，而是国内流离失所者，他们也有受到保护的权利，不得任意驱离或清除。再如，因气候变化和粮食安全无保障带来的不利影响所造成的灾害或无法生存而被迫离乡背井的人，他们不得不四处寻求安全和生存机会，许多国家允许因这些离开本国的人

[①]　参见联合国难民署编《难民署 2014 年年中趋势》（2015，日内瓦），http://unhcr.org/54aa91d89.html，最后访问时间：2018 年 1 月 25 日。

临时居留下来。

非洲统一组织 1969 年《关于非洲难民问题的特别方面的公约》对难民的定义比欧洲和北美洲对难民的认定更宽泛，很多儿童和成人，包括那些从"严重阻断公共秩序"的事件，如饥荒和灾荒等环境的剧变中逃脱的人，都被认定为难民。但由于难民定义缺乏统一性，有些在非洲被认为难民的人在非洲以外却不能申请难民地位。《1984 年卡塔赫纳宣言》又将难民的外延扩张到更广的群体，包括"生命、安全或自由因遭受普遍暴力、外来侵略、国内冲突、大规模侵犯人权或其他严重扰乱公共秩序的情况的威胁"而逃离本国的人。《非洲儿童权利和福利宪章》体现了对难民儿童的宽泛认定。《儿童权利公约》对被迫离开家园的难民儿童有着特别重要的意义，该公约第 22 条确认，难民儿童包括"按照适用的国际法或国内法及程序可视为难民的儿童"，这样就使对难民儿童地位的认定得到了合理的扩展。《儿童权利公约》对难民儿童的宽泛的阐释意味着难民定义的进一步扩张，体现了国际人权法的发展和进步。

（二）难民儿童的平等保护

1. 对难民儿童保护的一般情况

对难民儿童的伤害有时是因为未考虑儿童的特需而给予特别待遇。难民儿童事实上需要得到"特殊保护和援助"，包括儿童特殊的申请居留和国籍的权利。然而，有些国家则对此持保留态度，难民地位问题甚至已经成为个别国家的政治议题。为强调难民儿童需要特殊保护和援助，联合国难民事务高级专员办事处执行委员会还制定了一系列决定，比如，1987 年和 1989 年制定的有关难民儿童的第 47 号和第 59 号决定，1997 年关于难民儿童与青少年的第 84 号决定，1999 年有关保护难民家庭的第 88 号决定。

很多国家的宪法都规定其所辖领土的一切人的权利受到平等保护，这就意味着客居儿童的权利应当受到所在国法律的保护。例如，美国《宪法》第 14 条修正案规定，领土内的一切人应当获得"同等保护"以及"正当程序"的保障。但是，矛盾的是，儿童在寻求庇护和难民地位时，却常常在资格审查时受到宪法正当程序的否定。由于那些失去家人陪伴或颠沛流离的儿童急需获得保护，美国 1980 年《难民法案》强调为履行对难民儿童的福利义务，需要提供经济援助和补偿。

根据美国宪法原则，难民儿童有权利参加正常的福利和公共援助项目。应该说，在"9·11"事件发生之前，美国对难民也包括难民儿童进入美国的政策是比较宽松的，美国法律为难民在"紧急情况"下的进入给予了灵活的"人道主义考量"。但是，在恐怖袭击事件发生之后，美国不仅对难民，即便是对普通的商务往来或学术交流等需要进入美国的人也提高了警惕。

有些工业国家不仅不愿意承担难民庇护的责任，还以国内资源短缺为由增加了限制性政策。国际习惯法中同样缺乏准入权的规定。很多国家如英国对移民和难民的进入高度警惕，并对《儿童权利公约》的相关条款持保留态度，以避免公约影响其国内的移民立法。其采用的限制难民进入的手段之一就是提高对难民资格审查的标准，要求所谓的"畏惧"必须有正当理由，即要有客观标准的支持。大多数国家对儿童申请难民地位的"正当理由的畏惧"不是直接考察申请庇护的儿童，而是根据其父母是否满足申请难民地位标准，来量定其子女是否达到获得难民地位的标准，这符合对家庭完整权利的尊重。只要家庭整体上符合申请难民地位的条件，儿童便随之符合了条件。但是，在两种情形下，需要由儿童单独申请难民地位：一是没有家长陪伴的儿童申请庇护的情形；二是特殊情况需要由儿童个人提出申请，比如，针对儿童被迫加入军事或武装力量的申请。联合国难民问题高级专员已经通过了一项关于难民儿童的政策，并考虑到这些政策的变化，于1994年对其已有的"指标"进行了修订。这些关于难民儿童的"指标"表明，儿童可以用与成人不同的方式表达他的畏惧，并建议尽可能给予儿童在其文化背景和母语方面的援助。"指标"承认在地位的确认方面，证据是重要的问题，但要结合儿童的具体情况而定，盖因儿童还未充分发育成熟，对主要的因素诸如其原籍国的状况以及家庭环境应该给予更多的考虑。经过持久的争论，难民问题高级专员的"指标"要求，超过九岁或十岁的儿童如果提供足够的信息，可以认定为其能够做出理性的判断。但是，那些生长在难民营中的难民儿童状况仍然令人担忧。儿童最大利益要求这些长久得不到解决的难民儿童问题能有一个快速的合理安排，避免拖延，像巴勒斯坦难民营中的很多儿童从出生就生活在难民的世界中，缺乏对世界的整体认识，有的甚至已经习惯了难民营的生活。难民的这种状况也给难民问题的快速解决带来了不利因素，这些长期滞留在难民营的儿童根本就没有基本权利和自由可言。①

2.《儿童权利公约》关于难民儿童的保护

《儿童权利公约》要求缔约国确保难民儿童"不论有无父母或其他任何人的陪同，均可得到适当的保护和人道主义援助，以享有本公约和该有关国家为其缔约国的其他国际人权或人道主义文书所规定的可适用权利"。该条第 2 款进一步要求各国"为只身的难民儿童追寻其父母或其他家庭成员，以获得必要的消息使其家庭团聚。在寻不着父母或其他家庭成员的情况下，也应使该儿童获得与其他任何由于任何原因而永久或暂时脱离家庭环境的儿童按照本公约的规定所得到的同样的保护"。该公约还指出，不论是确认难民地位的儿童还是寻求避难的儿童都享有平等的申请权，即便是寻求庇护遭到拒绝的难民儿童，也同样享有该公约所确立的全部权利。除了儿童权利扩张及于寻求庇护的儿童之外，《儿童权利公约》还克服了一般国际难民保护法律的两个明显缺点：过时的难民的定义；缺乏国家责任条款。例如，该公约第 22 条规定，国家对保护难民儿童应承担责任，要求"缔约国应采取适当措施"，确保申请难民身份的儿童得到"适当的保护和人道主义援助"。还敦促缔约国为保护和援助难民儿童，应对政府间或非政府间组织为达到此一目的"提供认为适当的合作"。

从《儿童权利公约》第 22 条关于难民儿童的规定看，难民儿童的保护和援助首先是一项国家义务，难民儿童享有"接受适当的保护和人道主义援助"的权利，无论接收国面临多大压力，都有保护难民儿童免遭性虐待等法律上的和道德上的义务。特别是对于无人陪伴的难民儿童，《儿童权利公约》明确规定，对这些儿童的保护和照料以及帮助其重返家园是国家的首要义务。该公约敦促缔约国要承担起责任，"为只身的难民儿童追寻其父母或其他家庭成员，以获得必要的消息使其家庭团聚"。《儿童权利公约》第 10 条关于儿童享有家庭团聚的权利对于难民儿童尤为重要，这就要求接收国抓住可能的时机，对无人陪伴的或与家庭失散的儿童进行登记，建立查寻制度。在登记寻查的全过程中，都需要以儿童的最大利益为准则，保护儿童及其家庭不面临危险。如果寻找不到父母或其他家庭成

① 参见 Geraldine van Bueren, *The International Law on the Rights of the Child* (Martinus Nijhoff Publishers, 1995), pp. 364 – 365。

员，应当及时帮助儿童获得替代家庭照顾。①

《儿童权利公约》第 22 条关于对难民儿童的保护需要与公约其他条款结合适用，包括四项一般性原则，此外，与该公约其他条款也具有紧密联系，其中联系比较紧密的条款如下。（1）第 6 条，生命权、生存权和发展权。儿童的生命权得到多部国际人权公约的确认，生命权是最基本的人权，庇护国有责任确保儿童的生命安全。但对于难民儿童特别是生活在难民营的幼小儿童来说，他们的生命安全和健康权无法得到保障，更易受到疾病的感染，造成营养不良。因为提供给难民的食品考虑保存和运输的方便，很多食物根本无法满足幼童的特别需要，更无法根据难民儿童发展的不同阶段提供营养价值不同的食物和饮品。（2）第 7 条，出生登记获得姓名和国籍的权利。就难民儿童来说，如果无法通过其本国实现出生登记并获得姓名，庇护国应当尽可能地通过特定程序解决其出生登记问题。这样的程序能够降低难民儿童被拐卖和失踪的危险。获得国籍对于出生在难民营的儿童尤其重要，联合国难民问题高专已经注意到难民无国籍状态儿童数量的增加。每个人自出生就有权获得一个国籍，国家应当避免儿童陷入无国籍状态，这是国际人权文件一再强调的原则。《世界人权宣言》、《儿童权利宣言》、《儿童权利公约》一再重申获得国籍对儿童的重要意义。通常而言，国籍的取得有所谓的属地主义和属人主义之分，前者的取得是因为出生在一国的领土内而获得该国国籍，后者是由于父母的身份获得一国的国籍。无国籍状态可能因其父母无国籍，或者一个出生儿童对国籍的申请与国籍法相冲突，比如一个儿童出生在奉行属人主义的国家，而他父母的国家又奉行属地主义的原则，这样该儿童在哪里申请国籍都是不合法的。无国籍状态常常造成国家政策不能确认难民儿童的身份和法律地位，将影响国家根据法律给予无国籍儿童以援助和外交庇护，使他们处于极端不利的地位。1961 年《减少无国籍状态公约》规定了取得国籍的一般原则。遗憾的是，直到 20 世纪 90 年代，这个公约对无国籍状态人的保护和帮助都很有限，特别是生活在难民营的孩子们。（3）第 9 条、第 10 条、第 20 条、第 22 条，关于避免儿童与家庭离散和确保儿童有家庭团聚的权

---

① 参见儿童权利委员会《第 6 号一般性意见：远离原籍国无人陪伴和无父母陪伴的儿童待遇》，2005。

利。规定"在必要的时候，为维护儿童最大利益才允许与父母分离"；"儿童有与家庭团聚的权利"。儿童权利委员会还专门制定了一项一般性意见对无人陪伴的家庭离散儿童的保护问题进行阐释。（4）第 28 条，关于教育权。难民儿童的教育权也是一个难以解决的问题。根据《儿童权利公约》第 22 条的精神，缔约国有责任为难民儿童提供与其本国儿童同等的初级义务教育。教育是为儿童在自由的社会里过有责任的生活做准备，因此，教育既是为了儿童自身也是为了社会发展。但与收养儿童不同的是，难民儿童的处境一直都很艰难，由于庇护国在宗教和文化等方面的障碍，难民儿童只能学习和接受所在国的文化而几乎没有机会接触其母国的文化。另外，联合国《负责儿童与武装冲突问题秘书长特别代表的报告》指出，在其流离失所的情况下，教育面临的障碍进一步加剧，难民儿童辍学率比在原籍国生活的儿童高出五倍，仅有半数难民儿童上小学。根据联合国儿童基金会的最新估计，将近 2800 万名儿童因冲突而被迫流离失所。仅 2016 年就有超过 1000 万人加入了流离失所的行列。2016 年通过的《关于难民和移民的纽约宣言》表明，会员国承诺为所有难民和移民儿童提供基础教育。（5）第 37 条，规定剥夺儿童自由应当作为最后手段。最艰难的是那些被怀疑非法入境的难民儿童，他们往往受到拘禁，联合国难民问题高专就建议，"鉴于难民儿童的特别状况，对于他们不应当适用监禁"，[①]还明确指出，难民儿童是受迫害者，不是违法犯罪人员，不应当适用任何形式的限制自由的措施，包括拘禁。同样，"正在申请难民地位的儿童"也有获得相应保护的权利。这些儿童的难民身份处于不确定当中，一旦被拒绝给予难民身份，他们就失去了留在该国的法律基础，很容易受到警察的骚扰并失去享有社会福利的权利。难民身份的申请对那些无人陪伴的儿童尤其困难，他们原本就年幼无知，而难民身份通常是根据儿童家庭或亲属的情况确定，这就给这类儿童申请难民身份带来困难。为此，联合国难民署于 1994 年和 1997 年分别颁发了《难民儿童——保护与照料之准则》和《安置寻求庇护的无人陪伴儿童的政策和程序准则》，强调这类儿童需要有求助的渠道，为他们提供帮助的指派监护人或顾问要确保所有的决定

---

① Geraldine van Bueren, *The International Law on the Rights of the Child* (Martinus Nijhoff Publishers, 1995), p. 370；难民问题高专"指标"26 (ⅰ)。

应有利于儿童的最大利益。

除了要结合公约其他条款理解关于难民儿童的保护之外，还需要结合联合国难民事务高级专员办事处的有关准则来理解，如《保护和照料难民儿童的准则》、《处理无人陪伴的孤儿寻求庇护的政策与程序准则》等。除此之外，难民儿童紧迫需求的广泛性与其在公约其他条款中的体现有着同等重要性，比如出生登记并"获得国籍的权利"、满足其基本存活和发展需求的权利。对年幼儿童来说，充分的营养、医疗保健及社会服务显得尤为重要，而对于年长一些的儿童来说，接受教育、职业培训，寻找生存机会，促进自立，更具现实紧迫性。

儿童权利委员会在《第 6 号一般性意见》中对《儿童权利公约》第22 条的内容、无人陪伴儿童申请难民身份以及寻求家庭团聚或遣返的解决办法做出了详细的阐释。关于儿童申请难民身份和法律保障，该一般性意见如下。(1)《儿童权利公约》第 22 条要求采取"适当措施"，以保证申请难民身份的儿童可获得适当的保护。接收国有责任建立一个有效的寻求庇护制度，特别是通过立法对无人陪伴儿童给予特殊待遇，在资源和能力不足的情况下可寻求国际合作和援助。在落实该条义务时，既要符合国际难民法的义务，也须关注有关难民问题的新标准。(2) 从儿童权利保护的视角看，任何申请难民地位的儿童无论年龄大小、有无陪伴都有获得难民地位并得到保护的权利。如有迹象表明儿童或因某种原因遭受到迫害，即应当给予适当的国际或国内法保护，包括申请难民身份。(3) 程序保障和资助措施。无人陪伴的儿童申请难民地位须由熟悉儿童背景并有能力代表其最大利益的成年人代理，还须为该儿童免费提供合格的法律代理。对于儿童难民身份的申请应当优先办理。最低的程序性保障应包括：由相关主管当局办理申请，对适当年龄的儿童进行访谈并提供翻译协助，若对儿童叙述情况存疑，也不要做出不利的决定，对不服决定的允许上诉。在大规模难民潮的情况下，所有无人陪伴的儿童都有权获得与难民群体同样的身份。(4) 在国家难民身份确认程序中应高度重视专门针对儿童的迫害形式和表现以及基于性别的暴力，比如因家族血缘遭受迫害、贩卖儿童卖淫、童兵雇佣、性剥削等。(5) 确保获得难民身份的儿童充分享受所有国际难民权利，还有权享有在某国合法居留才能享受的那些权利。

关于无人陪伴的儿童的家庭团聚和遣返问题的长期解决办法，该意见提出以下建议。（1）需要尽快帮助无人陪伴儿童寻找失散亲人。首先要分析家庭团聚的可能性，为他们寻找长期的解决方案。（2）当儿童返回原籍国与家庭团聚会导致其基本人权遭受侵犯时，就应适用不驱回义务；当做出儿童不予遣返决定后，东道国有义务在其国内帮助儿童实现家庭团聚，并且对于此类家庭团聚的申请应以积极的人道主义态度迅速予以办理。（3）只有返回原籍国符合儿童的最大利益时，才能做出返回的安排。尤其须考虑原籍国的安全、治安和社会经济等状况，是否为儿童做了照料安排，儿童的意见，儿童在东道国的融入情况以及语言文化的传承情况，等。（4）不能返回原籍国的，融入当地社会必须以法律地位保障（包括居留身份）为基础，同时确保其充分享有与所在国儿童同等的权利。首先由官方进行评估，以确定做长期的安排，帮助儿童摆脱困境，尽快融入当地社区。（5）做出不使儿童返回原籍国的决定后，如果无人陪伴的儿童具备了收养条件，可以考虑儿童收养问题，这意味着寻找亲人和家庭团聚的努力失败，或儿童父母同意收养。在后一种情况下，儿童父母要知情同意且免费，同时相关的当局机构也同意做收养处理。这种收养必须以儿童最大利益为考量，符合法律规定。如果无法返回原籍国，东道国也没有找到合适的收养家庭，儿童在第三国定居也是一种可以考虑的选择。

（三）减少难民的全球承诺

根据联合国新闻网站报道，全球因暴力冲突导致的流离失所儿童人数突破2800万，因世界经常处于动荡当中，这个数据也在变化当中。菲利普·格兰迪（Filippo Grandi）担任新的联合国难民事务高级专员后强调，2016年联合国大会通过的《关于难民和移民问题纽约宣言》是广泛的国际承诺，将能够为包括儿童在内的难民和移民的生活处境带来真正的改善。为进一步加强针对流离失所和难民儿童的保护行动，格兰迪呼吁国际社会首先考虑儿童的最佳利益，保障其人权和基本自由，无论其身份如何。该宣言致力于兑现以下五点承诺：（1）结束为确定移民身份而拘留儿童的措施；（2）确保在境内出生的难民儿童获得登记，并为难民获得其他必要的民事地位文件提供帮助；（3）扩大针对儿童难民的重新安置机会以及其他形式的人道主义收容和入境合法渠道，包括家庭团聚、私人赞助、劳工流动以及奖学金和学生签证等；（4）确保流离失所的儿童在抵达若干月后就能获得高质量教育；（5）依据《儿童权利公约》强化国家儿童保护系统，根据女童和男童的年龄、需要、脆弱性和能力提供有针对性的保健、教育和心理社会发展服务。①

　　联合国前秘书长潘基文在题为《有安全和尊严：处理大规模难民和移民流动问题》②的报告中指出，难民问题的解决最终需要消除那些迫使他们离弃家园的社会因素，《关于难民地位的公约》会员国有义务确保其边境程序符合国际难民法及满足身处风险的妇女、儿童的特殊需求，无论如何，儿童的最佳利益都是首要考虑因素。他呼吁各国考虑采取替代拘留办法进行移民管制，并做出承诺绝不为此目的拘留儿童。他还指出不符合难民定义的人可能需要其他形式的保护，如孤身儿童、人口贩运受害者和性别暴力受害者应该得到他们所需要的保护和援助。他还特别吁请所有会员国发展对性别和年龄问题有敏感认识的政策和能力，以保障权利并解决儿童的特殊需求，保护家庭团聚，以及预防和应对性别暴力案件。前秘书长安南曾提出的"全球契约"要求会员国承诺在发生大规模和可能旷日持久的难民流动事件时采取全面难民应急计划，其核心要素如下。（1）庇护寻求者不仅具有经过合法程序获得保护的机会，还享有国际难民法和人权文书界定的权利。难民能力的提高和促进其自立是接收国的最终目标，所以，帮助难民儿童获得接受教育的机会意味着从根本上为其自立提供了保护。（2）在友好合作的状态下，接收国有义务确保难民在该国境内获得登记、身份和其他重大生活事件的合法程序保护。（3）国家有义务对难民提供基本生活服务，帮助加强难民和收容社区的应对能力。（4）通过国际合作，解决接收国能力、资源不足等问题，特别在保护妇女和儿童难民方面。此外，联合国大会还提出了在处理大规模难民和移民流动问题时的新的全球承诺：（1）维护难民和移民流动的安全和尊严；（2）全球分担难民责任契约；（3）全球安全、正常和有序移徙契约。联合国在全球契约中强调，对不合法的移民返回问题，必须按照自愿返回至上、原籍国和接收国进行合作、对返回者接收并重返社会援助的原则，在有安全、有尊严和尊

① 参见联合国新闻网站报道，http://www.un.org/chinese/News/story.asp? NewsID = 27227，最后访问时间：2018 年 1 月 15 日。该网站还报道了目前世界难民儿童的教育情况，http://www.un.org/chinese/News/story.asp? NewsID = 26781，最后访问时间：2018 年 1 月 15 日。

② A/70/59，2016.

重人权的情况下实施返回。

二   受武装冲突影响的儿童

当前国际和平、安全与发展环境错综复杂，导致在武装冲突局势下有更多儿童处境险恶。战争是无法控制的怪兽，无论战争的结局如何，总会造成大批无辜平民的伤亡，在 1945—1982 年的 150 场武装冲突中，超过 2000 万人死亡，其中大多数是无辜的妇女和儿童。从 1945 年开始，战争的地域环境有所改变，多数冲突都发生在发展中国家。1986 年在安哥拉和莫桑比克，有 14 万儿童死于战争或各种武装冲突。在 1985—1995 年的 10 年间，仅国家范围内的武装冲突就导致 1500 万儿童死亡，400 万儿童伤残，500 万儿童沦为难民。尽管这些战争发生在发展中国家，他们的武器装备却来自发达国家，世界上有 75% 的武器贸易投向发展中国家，发达国家因战争而发财。①

关于武装冲突有一个值得注意的变化，那就是冷战后，国内武装冲突急剧上升，超过了国家间的战争。而在国内武装冲突中，有三个值得关注的变化。②（1）伤亡群体和受害者的构成发生了变化。在 20 世纪下半叶，大约 75% 的伤亡人员是非战斗人员，其中儿童和妇女成为主要的伤亡群体。（2）国内武装冲突导致战斗人员与非战斗人员、前方与后方之间的界限模糊，儿童特别容易成为冲突各方袭击和绑架的目标。（3）儿童沦为战争与暴力的齿轮。出于战争动机、兵源、招募成本、士兵控制管理、刑罚风险等的考虑，武装冲突各方更倾向于招募和使用儿童兵。另外，因贫困、缺乏教育、社会秩序崩溃等，儿童更容易被卷入战争与武装冲突中。儿童兵的出现，使得对卷入武装冲突中儿童的保护问题变得更加复杂，武装冲突给儿童带来的侵害也受到了国际社会的高度重视。人类渴望和平，但战争机器似乎没有停转的迹象，各类武装冲突留下的各种数字至今仍触目惊心。只要还有战争，受到战争影响的儿童的权利就不可能得到一般意

---

① 参见 G. van Bueren, *The International Law on the Rights of the Child*（Martinus Nijihoff Publishers, 1995）, p. 328。

② 参见颜琳《儿童兵规范的演变：国内武装冲突局势下的儿童保护》，《国际安全研究》2016 年第 4 期。

义上的保障。

（一）儿童参与敌对行动

1. 儿童参与敌对行动的方式和种类

儿童参与敌对行动的方式有两种：一种是直接参加战斗；另一种是非直接参加战斗，只是从事一些诸如传送军事情报、运输武器装备和军用物资等行动。这两种情况在我国的革命历史中都绝非罕见，最为人们熟悉的如放牛娃送鸡毛信、两个小八路等故事。儿童参与战争的种类也有两大类，国际武装冲突和国内武装冲突。日内瓦公约第二议定书明确规定，禁止 15 岁以下儿童以任何形式参与非国际的武装。其实，"以任何形式"就是说，不管是直接的还是非直接的，国际的还是国内的，参与任何形式的武装冲突，对儿童来说都是危险而有害的。《儿童权利公约》则仅规定儿童不得直接参加敌对行动，而没有涉及间接参与的情形。《关于儿童卷入武装冲突的任择议定书》也同样未对间接参与的问题予以规定，可见，关于儿童间接参与敌对行动的问题并没有在国际社会达成共识。

2. 国家对儿童参与武装冲突所应承担的责任

在受武装冲突影响的儿童保护中，"日内瓦条约体系"① 发挥了重要作用，《日内瓦公约》第一次明确提出所有人都应当承担起保护儿童的义务。《儿童权利公约》第 38 条有关的国际人道主义法主要指的就是"日内瓦条约体系"。《日内瓦公约第一附加议定书》更是明确了国家应采取"一切可行措施"防止儿童卷入敌对行动。红十字委员会建议国家应采取"一切必要的措施"。根据日内瓦公约第二议定书，15 岁以下儿童既不得应征入伍也不得参与敌对行动，《儿童权利公约》第 38 条及其任择议定书都采用了较低的标准，规定缔约国应"采取一切可行措施"确保 15 岁以下儿童不参与敌对行动。这反映了缔约国客观和务实的态度。但是笔者认为，确立一些必需的强制性标准避免儿童卷入一切形式的敌对行动，才是国际社会努力的方向。

---

① 包括四个公约及三个附加议定书：《改善战地武装部队伤者病者境遇之日内瓦公约》、《改善海上武装部队伤者、病者及遇船难者境遇之日内瓦公约》、《关于战俘待遇之日内瓦公约》、《关于战时保护平民之日内瓦公约》、《关于保护国际性武装冲突受难者的附加议定书》、《关于保护非国际性武装冲突受难者的附加议定书》、《关于采纳一个新增特殊标志的附加议定书》。

这里还涉及参与敌对行动中儿童的自主问题。也就是说，在参与敌对行动方面，儿童有没有选择参与还是不参与敌对行动的自主权。从理论上说，为了儿童的福利和最大利益，对儿童的自主是要加以限制的。同时，当儿童通过其能力能够证明自己是个合格的士兵，希望为自由之战做出贡献的时候，这个问题变得更加复杂。如乌干达的少年士兵，还有我国历史上曾经出现过的直接或间接参与敌对行动的儿童组织，在当时的历史条件下，不可能对那些积极参战的少年进行过多的限制。特别是对那些家庭和社会结构已经被敌对一方破坏而沦为孤儿的儿童来说，参加抗敌队伍已经成为他们生存的一种方式了。

关于应征入伍的最低年龄，至少有 20 个国家允许 10—18 岁的儿童进行军事训练，有 25 个国家允许儿童卷入战争。直到 1977 年，对于儿童应征入伍的年龄还没有一个国际标准。[①] 关于儿童应征入伍的年龄问题，国际社会给予了一定的关注，有的人权文件如日内瓦公约议定书规定为 15 岁，有的规定为 18 岁。《儿童权利公约》采取了一个较低的保护标准，将儿童应征入伍年龄规定为 15 岁。2000 年，《关于儿童卷入武装冲突问题的任择议定书》要求，保证不满 18 岁的儿童不直接参加敌对行动，不被强征入伍。《国际刑事法院罗马规约》第 8 条将征募不满 15 岁儿童参加国家军队或者将其用于积极参与敌对行动视为战争犯罪。《消除最有害的童工形式公约》第 3 条将"强迫或者强制征募儿童用于武装冲突"纳入最恶劣形式童工的定义。招募儿童加入武装部队的年龄也是草案讨论中争论的焦点问题，这个问题还是儿童们自己提起的。在讨论武装冲突期间，一份请愿书被提交到工作组的手中，这份请愿书是以 118 个国家的 9000 万年轻人和 654 个组织的名义提交的。请愿书要求结束所有儿童应征入伍。应征入伍的年龄再次由非政府组织提及，一些非政府组织和政府仍然坚持，即使不得不确定儿童从 15 岁开始就可以应招参加武装部队，至少这些儿童应该被禁止直接参加战争行动，直到他们年满 18 岁。关于卷入武装冲突的议定书将儿童应征入伍的年龄提升到 18 岁，这在很大程度上归功于非政府组织的努力。

---

① 参见 Geraldine van Bueren，*The International Law on the Rights of the Child*（Martinus Nijhoff Publishers，1995），p. 336。

无论如何，《儿童权利公约》的缔约国都有义务尊重并确保在武装冲突中适用四个日内瓦公约及其附加议定书中有关儿童的准则，避免招募未满 15 岁的人参加敌对行动，在招募时首先考虑年龄最大者，确保保护和照料受武装冲突影响的儿童，同时确保在武装冲突时，公约的四项基本原则的效力不被减损。2014—2016 年，联合国及儿童基金会共同发起的"儿童不是士兵"运动，目的在于制止和预防在冲突局势中国家安全部队招募儿童，得到国际社会的普遍关注。为了充分实现创建无儿童兵的军队的目标，必须进行与武装部队有关联的儿童重返社会的工作，在重返社会方案过程中，尤其要注意被武装力量招募和使用过的儿童所受到的内心创伤的康复。尤其是女童，她们可能曾受到侮辱并带着孩子回家，将要面临被家庭和社区接纳的更大困难。因此，国家有义务为遭受武装冲突影响的儿童制定重返社会和身心康复的政策方案，通过多种途径和措施，确保这些儿童接受可持续性的教育和职业培训，确保儿童重新融入社会。①

（二）武装冲突中儿童平民的保护

战争在有些国家的儿童眼中是件司空见惯的事情，像柬埔寨、越南、伊拉克、以色列这样的国家，战争给一代又一代的儿童心灵造成了抹不去的创伤和阴影。尤其是 14 岁以下的儿童，最易受到战争的伤害。日内瓦公约的两个议定书已经注意到战争中儿童平民的保护问题，特别是红十字会和联合国儿童基金会已经建立了医院区域（非战区）的概念，并提出可以把卷入武装冲突的儿童看作通往和平的桥梁。《儿童权利公约》及其议定书虽然都直接或间接地提到对儿童平民的保护，但是关于武装冲突对儿童平民保护的标准并没有预期的那么高。该公约第 38 条第 4 款规定，"缔约国按照国际人道主义法律规定它们在武装冲突中保护平民人口的义务，应采取一切可行措施确保保护和照料受武装冲突影响的儿童"。在《关于儿童卷入武装冲突问题的任择议定书》中主要涉及的是直接参加敌对行动儿童的保护问题，而没有直接提到对儿童平民的保护，但其在序言中明确谴责了"在武装冲突情况中以儿童为目标，以及直接攻击受国际法保护的物体，包括学校和医院等一般有大量儿童的场所的行为"。

继《儿童权利公约》之后，联合国于 2000 年又通过了《关于儿童卷

---

① 参见联合国大会《负责儿童与武装冲突问题秘书长特别代表的报告》，A/72/276，2017。

入武装冲突问题的任择议定书》。卷入武装冲突的儿童包括应征或自愿参加敌对行动的儿童和武装冲突中的儿童平民。作为参加者，他们可能并不直接参加敌对行动，而是为战争运送食品及军用物资，也有可能直接成为武装冲突部队的一员。武装冲突作为国际人道主义法的分支，又被分为两类：国际武装冲突和非国际武装冲突。卷入武装冲突的这两类儿童同样受到了国际文件的关注。保护武装冲突中的儿童是国际法最早对儿童权利给予的保护，但是开始的保护标准很低，直到 1949 年日内瓦外交大会通过了四项公约，其中第 4 号《关于对 1949 年战争期间平民个人保护的日内瓦公约》最直接地保护了战争期间的儿童平民。这个公约不仅努力在总体上把儿童作为平民保护，而且还给生活在非占领区和占领区的儿童提供特别的保护。但是，这四个公约缺少对参加敌对行动最低年龄的规定，也没有对国内武装冲突人数增加中的儿童的特别保护。1974 年联合国大会通过了《在非常状态和武装冲突中保护妇女和儿童宣言》，在该宣言的序言中宣称："牢记需要对作为平民的妇女和儿童提供特别保护。"大会号召严格遵守以下原则：禁止攻击和轰炸以及使用化学和细菌武器；遵守日内瓦四公约和其他国际文件；尽最大努力使妇女和儿童不受战争蹂躏；将对妇女和儿童的一切方式的压制以及残忍和惨无人道的待遇视为犯罪行为；不得剥夺处于非常状态下的妇女和儿童的住房、食粮、医药援助和其他不容剥夺的权利。《儿童权利公约》的起草不论对国内的还是国际的武装冲突来说，都是一个提升对儿童的国际人道主义法律保护标准的时机。针对武装冲突中儿童的保护最早的人权条约是《非洲儿童权利和福利宪章》，它扩张了国际人道主义法的目标并把它扩展到儿童。国际法通过寻求保护武装冲突中儿童以及努力使他们远离战争的方式，保护武装冲突中的儿童在身体和心理上免遭武装冲突的影响。

日内瓦公约第四号及其第一议定书对儿童平民的保护标准比后来的《儿童权利公约》保护标准高，并且再次确认了保护一般平民的原则。国际法之所以寻求对儿童平民的保护，一是儿童是所有受战争牵连的平民的一部分，二是儿童还是这些人中最脆弱的一部分群体，因此，人道主义法要提供特别的保护和援助。对儿童平民保护的基本原则包括：限制设置对敌方有害的工具；区分平民和参与敌对行动的人员；禁止把平民作为报复性暴力行为的目标；禁止以暴力强迫转移，以及其他有损于他们尊严的袭击。1974—1977 年召开了四次外交会议，并通过了两项 1949 年日内瓦公约的附加议定书，这两项议定书为保护儿童免遭敌对行动的影响提供了保护，并对首次参加武装冲突的儿童做了规定。比较之下，国内武装冲突保护儿童的规定却发展缓慢，两项议定书对儿童的适用仍然是有限的。1977年关于日内瓦公约的两个议定书均涉及受武装冲突影响的儿童的权利保护。第一议定书涉及国际武装冲突，第二议定书涉及国内武装冲突。第一议定书要求交战方要一直区分交战者和平民，法定袭击目标应属军事性质。有两个条款专门涉及了儿童保护问题。第 77 条规定，要求冲突各方尊重儿童，"应向儿童提供其年龄或任何其他原因所需的照顾和援助"。"采取一切可能措施，使十五岁以下的儿童不直接参加敌对行动，特别是不应征募其参加武装部队。冲突各方在征募十五岁以上但不满十八岁的人时，应尽力给予年岁最高的人以优先的考虑。"直接参加敌对行动的 15 岁以下儿童如果落入敌手，"不论是否战俘，均应继续享受本条所给予的保护的利益"。"如果基于有关武装冲突的原因而被逮捕、拘留或拘禁……儿童的住处应与成人住处分开。""对于犯罪时不满十八岁的人，不应执行因有关武装冲突的罪行而宣判的死刑。"第 78 条关于儿童撤离问题，规定除因急迫原因，不得采取这一行动，该条还确定了撤往国外的一些条件。第二附加议定书（《关于保护非国际性武装冲突受难者的附加议定书》）第 4 条就国内武装冲突中的儿童保护问题做了规定，要求"对儿童应给予其所需的照顾和援助，特别是：①儿童应按照其父母的愿望，或父母不在时，按照负责照顾的人的愿望得到教育，包括宗教和道德教育；②应采取一切适当步骤，以便利暂时离散的家庭重聚；③对未满十五岁的儿童不应征募其参加武装部队或集团，也不应准许其参加敌对行动；④如果尽管有第三项的规定，而未满十五岁的儿童直接参加敌对行动，并被俘获，这类儿童仍应适用本条所规定的特别保护；⑤如果有必要，并在可能时，在儿童的父母或依据法律或习惯主要负责照顾的人的同意下，应采取措施，将儿童从进行敌对行动的地区暂时移往国内较安全的地区，并保证由负责其安全和幸福的人伴同"。

在被占领土上对儿童平民进行保护的目的是确保儿童童年生活的连续性，最大限度地避免武装冲突引起的混乱所带来的负面影响。所以，国际法有必要对占领势力设置特别的责任，以确保儿童受到特别保护和照料，并保障其继续童年的生活。这些责任包括"采取一切必要的措施推进儿童身份的确立以及他们家长的登记"。这一规定的重要性在于它通过禁止占领势力侵扰儿童及其父母的登记以改变他们地位的做法,维护了儿童身份的不可侵犯性。占领势力还有责任不得为了保证自愿征募而对儿童施加任何压力或进行任何宣传,即使这些儿童在其本国军队服役是适格的。规定还禁止占领势力要求 18 岁以下的儿童为占领方从事各种军事服务。保护占领区的儿童不仅要求对占领势力设置一些限制,还要求他们承担积极的责任。例如,规定占领势力要和占领国及地方政府合作,使一切机构提供适当的工作以致力于照料和教育儿童。

2017 年的联合国大会关于《负责儿童与武装冲突问题秘书长特别代表的报告》[①] 展示了近年来武装冲突的新情况,揭示出现代战争的非人道性,冲突各方完全抛弃人道主义法的约束,袭击学校、教育工作者和学生的现象屡见不鲜,交战区的儿童根本无法实现其权利。据估计,超过 2.45 亿儿童生活在冲突地区,儿童因受冲突影响而错失教育机会,他们的辍学率是生活在和平地区儿童的两倍。不分青红皂白地袭击学校以及将学校用于军事用途,严重损害了当地儿童的受教育权,在占领区,被占领的学校成为合法的军事袭击目标,致使学生和教育工作者陷入险境。该报告还指出,近年来,在武装冲突中阻挠儿童获得人道主义援助已成为一种更普遍的侵权行为,这将导致儿童遭受长期伤害甚至死亡,仅在 2016 年经过核实的此类事件就达 994 件。此类事件表现出一种人道主义援助政治化的趋势,即便是为儿童提供此类援助也不例外,完全违背了战争中保护平民的日内瓦公约及其议定书以及《儿童权利公约》的相关规定。但正如联合国秘书长安东尼奥·古特雷斯(A. Guterres)在其关于保护平民的报告中所指出的,人道主义行动必须有别于政治或军事目标,特别是当这种援助是为了救济容易遭受营养不良和疾病困扰的儿童时,人道主义援助非政治化原则特别具有意义。[②]

(三) 受武装冲突影响儿童的康复和重返

至少基于三个方面的原因,受武装冲突影响儿童的康复和重返对其重

---

① A/72/276,2017.

② 参见 *Report of the Secretary - General on the Protection of Civilians in Armed Conflict*,S/2017/414,2017。

生有着特别重要的意义。第一，儿童的脆弱性。儿童因为身心发育尚未健全，应对突发事件的能力弱，常常容易将自身置于险境，同时判断是非的能力也弱，容易被蛊惑或被迫使参与敌对行动。这两种情况都会让儿童经历战争的残酷，给其身心带来无法磨灭的负面影响。第二，武装冲突对儿童的影响。国际社会严重关注武装冲突对儿童的有害和长远的影响，以及对和平、安全和发展带来的长久后果。武装冲突造成大量人员逃亡，使他们成为难民和国内流离失所者。《武装冲突对儿童的影响》的研究指出，"至少有一半的难民和国内流离失所者是儿童。在他们生命的关键和脆弱的时候，他们被残忍地赶出家园，受到危险和不安的威胁。在流离失所的过程中，上百万的儿童与他们的家庭分离、受到身体暴行、剥削、被掳入军事团体或者因饥饿和疾病而死亡"。① 第三，对受武装冲突影响儿童保护还存在很多问题。①国际法规对儿童保护存在不足，导致正义无法伸张。处于武装冲突中的儿童为此承受了沉重的代价，出现了对妇女和儿童进行强奸、性奴役或其他形式性暴力的事件。现代战争中，冲突双方基于性别的暴力犯罪，甚至演变为政治战略或军事策略的一个重要部分。尽管国际人道法、国际人权法、国际习惯法、国际刑事法律等一般性人权保护规约，都明令禁止战争期间的性暴力行为。但实际上，战争罪行中并不包括强奸罪，它在战争诉状内通常被称为"不人道待遇"、"不当对待"、"虐待"或"不尊重家庭名誉与权利"的行为，因此武装冲突中的性暴力犯罪持续至今仍未得到应有的惩罚，大量受害妇女、儿童无法得到公正的对待，给她们的身心造成永久的伤害。②对儿童权利保护的执行不到位，使大量儿童卷入战争。比如，在招募"儿童兵"问题上，尽管《儿童权利公约》的《关于儿童卷入武装冲突问题的任择议定书》一再重申并强调"参与武装冲突、参加武装部队的最低年龄为18周岁"，然而，在政府武装部队或反动武装集团的士兵中有大量18岁以下的"儿童兵"，此外，媒体也有对亲历战争儿童的报道，可以看出他们的人生观、价值观已经受到了战争的严重影响。③保护儿童权利的国际机构功效不足，导致卷入武装冲突中的儿童的权益得不到及时救助，使得他们长期陷入战争及战争的影响

---

① 联合国儿童基金会编《〈儿童权利公约〉执行手册》，全国妇联、儿基会中国办事处翻译，2006，第464页。

中。比如在叙利亚武装冲突事件中，据联合国儿童基金会统计："急需心理干预或治疗的叙利亚儿童人数高达 200 万；在邻国避难的叙利亚儿童中，有十分之一的难民儿童被迫打工；在约旦每 5 个叙利亚难民女童中就有 1 人被迫早婚。"[①]

基于这些方面的原因，受武装冲突影响的儿童的康复和重返显得尤为重要和迫切，这些康复和重返涉及两类儿童：受害的平民儿童和参与武装冲突的儿童。就前者而言，《儿童权利公约》在第 39 条对武装冲突中受害儿童的康复和重返问题做了规定。对武装冲突中受害儿童的康复和重返的规定，非政府组织的努力发挥了重要的作用。对于那些历经多年战争之苦的儿童来说，重新恢复正常生活并不是一件容易的事。所以，国家政府和国际社会都在这方面做了一些努力。有的国家建立了救助儿童的康复中心以帮助那些受到战争伤害的儿童，如莫桑比克就建立了这样的中心，中心的工作人员有医学专家、心理学家和社会工作者。专家们和孩子们一起工作和生活，以便当孩子们重返社会之后，能够较快恢复完整的生活。最艰难的问题是关于参战儿童的康复和重返社会问题，特别是当政府对这个问题还十分敏感，对"儿童战犯"尚没有统一认识的情况下，参战儿童的重返问题就愈加严峻，也更加复杂。

针对受武装冲突影响儿童的康复与重返问题，儿童权利委员会强调需要考虑制定和执行与联合国机构和非政府组织合作的长效的康复和重返社会计划，以解决武装冲突中儿童受害人特别是导致残疾的儿童的身体康复需求，以及所有受到武装冲突直接或间接影响的儿童的心理需求。委员会特别强调为满足这些受害儿童的心理 – 社会帮助的需求，需要招募更多的心理康复工作者，或就这一领域寻求国际社会的技术援助。该委员会还提请注意：适当的策略的执行和监控以及加强家庭和地方社区对这一过程的参与的必要性。[②]《关于儿童卷入武装冲突问题的任择议定书》也要求缔约国确保被卷入参与敌对行动的儿童得以复原或者免除兵役。在必要情况下，国家必须"为儿童的身心康复和重返社会提供适当帮助"。

---

① 张佐参：《武装冲突中儿童权利的国际法保护》，硕士学位论文，湖南师范大学，2014，第 11—16 页。

② 参见联合国儿童基金会编《〈儿童权利公约〉执行手册》，全国妇联、儿基会中国办事处翻译，2006，第 478—479 页。

第九章　少年司法与儿童权利保护

世界上第一个少年法院在美国诞生之前，少年犯一直被像成年犯一样对待。19世纪末叶，伴随工业化和现代化的到来，妇女解放运动和儿童保护运动的发展，以及科学的发展和进步，当然还包括少年犯罪的复杂化，人们对儿童以及不良少年这一群体有了更进一步的了解，认识到制裁的威慑力对那些分不清对错的少年没有作用，应当免除年幼孩子的刑事责任。对于困境儿童以及少年罪犯来说，社会是有责任的。于是，1899年，世界上第一部少年法院法——《无人照管、忽视及罪错儿童处遇和监管法令》（*An Act for the Treatment and Control of Dependent, Neglected and Delinquent Children*）出台，在美国伊利诺伊州芝加哥成立了世界上第一个少年法院。当时这个机构的性质是福利体系的一部分，同时作为刑事司法体制中转处的替代物，解救困境儿童是少年法院的初衷。建构这种福利性质机构的依据是儿童最大利益以及"国家亲权"理论。此后，为触法少年单独设立法院的做法迅速在美国本土和欧亚国家传播开来。

但单独设立的少年司法机制采取什么样的模式，各国做法不一。有研究者将20世纪早期的少年司法设置分为两种模式。[1] 一是"社会化的少年法庭"模式（或福利模式）。大多数美洲国家都采取这种模式，斯堪的纳维亚国家类似的模式是儿童福利委员会模式。这种模式的少年司法制度更加重视儿童福利，想摆脱正式的刑事程序对少年的伤害，其考虑的重点不仅在于少年的违法犯罪行为，而且考虑社会生态对儿童的影响。二是"修

---

[1]　参见〔美〕玛格丽特·K.罗森海姆等编《少年司法的一个世纪》，高维俭译，商务印书馆，2008，第455—456页。

正的刑事法院"模式（刑事司法模式）。这种模式大多数情况下采用普通刑事诉讼规则处置少年案件。有时候，两种少年司法模式在同一个国家同时并用，比如英国，在英格兰和苏格兰两个司法辖区就各采取了"法庭模式"和"福利模式"。在 20 世纪前 50 年，英格兰和苏格兰都采用少年刑事司法模式。20 世纪 60 年代，英国掀起了以福利为导向的改革，提倡将"儿童福利为基础"的方法引入少年司法领域，但在此之后的 30 年，英格兰和苏格兰的少年司法走上了不同的发展道路。英格兰的少年司法经历了30 年的摇摆，一直在福利模式和刑事司法模式之间徘徊，而苏格兰的少年司法以少年听证会和少年法院并行发展，体现更多福利色彩，一直发展得比较平稳。进入 21 世纪之后，英格兰少年司法也更多地考虑到儿童的特点，比如以恢复性少年司法作为新起点而受到关注。但无论是英格兰还是苏格兰的少年司法，都存在一些尚待解决的关键问题，比如司法中的儿童参与问题、儿童诉讼权利保护、福利模式和司法模式之间的关系、案件移送问题等。①

　　欧洲大陆其他国家都是《儿童权利公约》和《欧洲人权公约》的成员国，因此有着一致的适用于少年案件处理的一般规则。其总体发展趋势表现如下。（1）欧洲的少年法院制度受到美国少年法院制度的影响，如法国仍保留着对问题少年以福利为根基的综合观念，对罪错少年和无人照顾的少年不做严格区分。但有些国家对这些少年的区分是明显的，如德国，但这些国家也认为这两类儿童都需要保护，这其中少年法官的作用非常突出。（2）少年犯罪数量不断增多，趋向暴力化，特别是从 20 世纪下半叶开始，这是国家采取严厉政策和措施的主要原因。（3）刑事责任年龄规定差别很大。有些采取福利性少年司法制度的国家还没有设定刑事责任的最低年龄。还有的国家将 20 岁以下的青年案件也归入少年法院管辖，如德国和荷兰。（4）警察在检察官许可的情况下可以将少年案件移送至普通刑事法院管辖，如法国、德国、意大利。（5）20 世纪下半叶开始，尽管各种"替代性制裁措施"（警告、观护、罚金、教养院、社区服务）越来越多地被警察、控诉机关和法院使用，有超过一半的案件是法院外解决，这体现

---

① 参见〔美〕玛格丽特·K. 罗森海姆等编《少年司法的一个世纪》，高维俭译，商务印书馆，2008，第 530—531 页。

了欧洲大陆少年司法的福利特征，但同时，少年司法制度的一些特别规则，比如父母到场、不公开审判、辩护律师等权利却受到很大限制。欧洲整体少年司法属于福利性质，但越来越趋向于"正义报应"的方式，少年司法和普通司法的区别逐渐模糊。① 尽管如此，少年司法与普通刑事司法之间依然存在诸多不同，比如德国少年司法一直秉承教育的目的，而非惩罚，其少年法院案件的法律后果除了刑罚之外，还有教育处分和惩戒措施。少年案件判决之后如果发现其不适合少年犯罪人，还可以变更判决，更多地考虑到少年司法的罪刑均衡原则和补充性原则。② 日本少年司法制度与美国有某种渊源，两次学习美国少年司法制度，一次是美国第一个少年法院建立之后，另一次是二战以后美国占领日本时期。美国少年法院的康复理念和国家亲权理论对日本少年司法的建立和实施产生了深远的影响。1922 年日本少年法首次肯定了国家亲权理论。日本的少年法院系统（家庭法院）审理三种类型的案件：一是 14—20 岁的严重违法者；二是虞犯少年（离家出走、屡教不改等）；三是触犯刑律但不承担刑事责任的不满 14 岁的少年。前两类因为 14 岁以上需要由家庭法院审理，而未满 14 岁的则根据《儿童福利法》交由政府建立的儿童辅导中心监护。家庭法院仍然是以保护和矫治作为工作重点，家庭法院的缓刑官代表少年一方的利益，在案件审理中发挥着重要的作用。家庭法院对于少年犯罪的案件，最终移交检察官接受刑事审判的比例非常小，仅有百分之零点几。值得提及的是，日本的少年司法体系与美国不同的是少年监狱制度，美国更强调责任和惩罚，而日本则强调康复和保护。③

从少年司法诞生和发展的简要梳理中可以看出，少年司法发展呈现了在矛盾冲突中发展的总体特征，其发展演变是政治的、经济的、科学发展等各种力量不断冲突和碰撞的结果。首先，从社会发展的视角看，在促进少年司法独立的各种社会力量中有积极的因素也有消极的因素。积极的促进因素包括心理学、生理学、教育学等科学的发展，使人们对儿童的特点

---

① 参见〔美〕玛格丽特·K. 罗森海姆等编《少年司法的一个世纪》，高维俭译，商务印书馆，2008，第 550—575 页。

② 参见梁根林主编《刑事政策与刑法变迁》（第三卷），北京大学出版社，2016，第 252—256 页。

③ 参见梁根林主编《刑事政策与刑法变迁》（第三卷），北京大学出版社，2016，第 397—418 页。

有了新的认识。少年人的身心发展尚未成熟，其控制能力和辨别能力受到发展的限制，这些特点决定了少年偏差行为矫治的可能性。像早期的少年法院的支持者就认识到犯罪少年多少都有心理问题、缺乏教育、贫困、被虐待等，需要得到帮助才能实现正常社会化。消极因素包括工业化、都市化、移民潮、婴儿潮、少年犯罪等问题的出现，流浪儿童等困境儿童增多，迫使人们不得不关注少年违法犯罪问题。但建构一种什么样的少年司法制度一个世纪以来都是一个艰难的问题，这其中可以看到不同思潮、理念、文化的影响，也可以看到理想与现实的冲突。比如，美国和英国在少年司法改革中，实行的策略往往为了顾全少年司法的福利性和惩罚性而采取二元性的定位，即把少年司法定位为既为儿童福利的又为社会安全的，既为治疗性的又为惩罚性的，既为非正式非程序性的又需要正当程序的。这样一些相互矛盾的法律观念造成少年法院在福利机构和刑事司法机构之间徘徊。这样的少年司法定位，常常会因为某一个轰动案件而受到政治正确的影响，比如，美国 1967 年发生的"高尔特案件"（*In re Gault*，387 *US* 1）① 和英国 1993 年发生的 Bulger 案②，少年司法实践不断地与刑事法学理论发生冲突，这也说明了良好的意图与现实之间终究存在巨大差距，而相对严峻的少年犯罪现实以及维护社会安全的政治正确的姿态，终于使得在世纪之交的几十年间，美国少年法院由"福利模式"转向了"刑事司法模式"，对少年罪行的处置更多地受到刑法教义学的影响。

尽管如此，少年司法在建构之初所带有的福利"基因"依然是无法改变的，针对有严重犯罪行为的少年，少年司法主体的特殊性要求采取特殊审判方式和矫治方式，以及相应的少年司法原则和规则。其针对有不良行为的少年的帮助和矫治措施，更有生理、心理、社会等科学的依据，只有体现了这些特殊性所建构的少年司法制度，才具有独立存在的价值。尽管

---

① 亚利桑那州 15 岁的吉拉尔德·高尔特被怀疑向邻居打了一个下流电话，被邻居告发而受到拘押，一整夜没有通知其父母，并在第二天受到审判。审理中，缓刑官认为高尔特是越轨行为，法官始终没有听取任何经过宣誓的证词，也没有做庭审记录，法官亦未保障高尔特及其父母的沉默权、获取律师辩护权，更没有为高尔特聘请律师，庭审结束一周后，高尔特被判入"州立训导学校"（矫治机构）直到 21 岁。如果高尔特为成年人，最多判不超过 50 美元的罚金或 2 个月监禁。参见〔美〕巴里·C. 菲尔德《少年司法制度》（第二版），高维俭等译，中国人民公安大学出版社，2011，第 7—8、198 页。

② 参见 John Muncie, *Youth and Crime*：*A Critical Introduction*（SAGE Publication，1999），pp. 3 – 5。具体案情参见第 62 页注释②。

世纪之交的美国少年司法加入了一些普通刑事诉讼的正当程序保障措施，具有了许多"定义性特征"，包括不公开审理、案卷保密、控告制度、少年犯拘留所和缓刑官等制度，但是，改革者们的目的是将儿童从严厉的刑事司法中解脱出来，他们坚信根据少年的特点采取一些诸如少年与成人分管分押、设立专职法官等做法，有利于少年福利的实现。因此，从域外经验看，少年司法和普通刑事司法的差异性尽管几经波折，特别是近些年有所削弱并有部分融合趋势，但两者之区别仍根深蒂固，基本理念及运作程序仍体现出各自的特征。① 少年司法的独特理念和特征依然在其一般性原则以及具体的少年司法程序性规则（原则）中得到体现。

少年司法究竟如何界定，目前仍然是一个颇具争议性的话题。有论者认为，少年司法制度是指少年司法机关和其他司法机关应用法律，处理少年诉讼案件和非诉讼事件的制度，是这些机关的性质、任务、组织体系、活动原则和工作制度的总称。② 从宏观的视角上看，少年司法是整个社会控制体系的组成部分。具体到少年司法制度的内涵和外延到底如何界定，则有广义和狭义的不同观点。狭义的少年司法通常仅指少年刑事司法制度，而广义的少年司法制度则既包括治理少年犯罪所采取的政策以及支撑少年司法的基本理念和基本原则，也包括少年事件处理机关应用法律处理少年越轨行为和犯罪行为所采取的处理案件程序、矫治的方法和措施，以及所涉机关的活动原则和组织体系。联合国所倡导的少年司法的核心内容也包括：预防少年犯罪，不诉诸司法审理的干预措施和在司法程度中采取的干预措施，少年司法的最低罪责年龄和最高年龄限制，保障公平审理，剥夺自由包括预审拘留和审判后的监禁。其中关于不诉诸司法审理的干预措施既包括少年罪错行为，也包括轻微犯罪而被转处的行为，这些内容在多数国家都被纳入了少年司法范畴。因此，本文亦采用广义的少年司法概念，将分为四个部分讨论少年司法和儿童权利保护问题，前三个部分从一般性的视角分别讨论少年犯罪与综合性少年司法政策、对被控少年的实体法保护及刑事责任制度以及刑事程序中少年的权利保护，第四部分将聚焦

---

① 参见张鸿巍《儿童福利视野下的少年司法路径选择》，《河北法学》2011 年第 12 期。

② 参见鲁明键《中国司法制度教程》，人民法院出版社，1991，第 3 页；林准等主编《中国少年犯罪与司法》，世界知识出版社，1993，第 4 页；熊先觉《中国司法制度新论》，法制出版社，1999，第 8 页。

于我国未成年人刑事责任制度及司法保护问题。

一 少年犯罪与综合性少年司法政策

犯罪学主要涉及犯罪原因和预防、犯罪控制和对策、犯罪类型和特征、被害人学等方面的内容。之所以把少年犯罪预防作为少年司法的一部分，是因为少年犯罪的原因及对策等的特殊性，直接影响到少年实体法、程序法和矫治制度的原则、规则的制定。少年犯罪应当被看作少年司法综合性政策的一部分，这也是联合国儿童权利委员会所倡导的，其在《第10号一般性意见：少年司法中的儿童权利》中就指出，少年司法政策若不制定出一整套旨在预防少年犯罪的措施，会有严重的缺陷。除此之外，综合性少年司法政策还强调少年司法的建构须体现《儿童权利公约》确立的基本原则并遵循该公约关于剥夺儿童自由和追诉少年犯罪行为时的原则和规则。本部分主要涉及少年司法政策、司法中所体现的儿童保护基本原则、少年犯罪预防和犯罪行为矫治等内容，而将少年犯罪刑事责任问题以及被追诉少年权利保护问题留待下文分别讨论。

在综合性地考察少年司法制度之前，有必要对一些关键的概念做出辨析，因为对这些概念的界定直接影响到犯罪预防、矫治以及一系列的制度安排。这其中涉及的关键概念可以从主体年龄视角和行为视角分为两组。从主体年龄视角划定的概念主要涉及青少年、少年、未成年人、儿童如何划分。青少年的界定仍然众说纷纭，青少年概念一直为犯罪学、社会学研究所使用，其年龄的划分跨越了青年人和儿童，年龄上线根据研究者的需要有所不同，不能作为法律概念使用。"少年"年龄的划分尽管也不是十分确定，但基本上被认定为未成年年龄的某个阶段，笔者采用"少年"概念，一是与国际文件和我国法律相衔接，二是考虑到少年司法中涉及的孩子绝大部分都处于可以被称为少年的年龄段。通常而言，少年被界定为青春期开始到成年的儿童，大概为12—18岁（也有个别国家从7、8岁开始划定刑事责任年龄）。关于未成年人和儿童，根据联合国《儿童权利公约》和我国《未成年人保护法》的规定，这两个概念具有相同内涵，即指18岁以下的人。另外，美国等少年法还有虞犯少年的提法，虞犯少年指有下列行为之一而有触犯刑法法令危险者：①经常与有犯罪习性的人交往；

②经常出入少年不应当进入的场所；③经常逃学或逃家；④参加不良帮派；⑤无正当理由常携带刀械；⑥有违警习性或深夜在外游荡；⑦吸食或施打烟毒以外的麻醉或迷幻物品。虞犯少年的不良行为常被视为犯罪的前奏而受到注意。① 从行为视角看，它涉及一些关键性概念，包括不良行为、违法行为、罪错行为、犯罪行为。少年不良行为、违法行为的范围大致相当。我国《预防未成年人犯罪法》规定有不良行为和严重不良行为，前者主要包括一些严重违背社会公德的行为，比如打架斗殴、偷窃等；后者包括严重危害社会但尚未触犯刑律的行为，比如多次强索他人财物、卖淫、吸毒等。罪错行为包括不良行为、违法行为和犯罪行为。少年犯罪行为则专门指 18 岁以下触犯刑律的行为。《儿童权利公约》将被指称、指控或认为触犯刑法的儿童界定为"触法儿童"，有时也称为"被控少年"。

（一）少年司法政策

一般认为，广义的刑事政策，主要是指国家立法机关与司法机关根据具体国情和犯罪状况，制定和运用的预防犯罪、惩罚犯罪以及改造犯罪人的各种对策。可以看出，广义的刑事政策概念基本上对应了联合国倡导的少年司法综合性政策的内涵。对于少年犯罪，我国目前形成综合治理和宽严相济刑事政策并重的局面，其间也受到轻轻重重刑事政策的影响。

轻轻重重刑事政策是一种对西方国家治理犯罪政策的概括，也有人称之为"两极化"刑事政策。第二次世界大战后，刑事政策呈现朝着"轻轻"和"重重"两个方向发展的特点。"轻轻"是指对罪行轻微或主观恶性较轻的犯罪进行更为轻缓的政策性调整和处理，比如非犯罪化、非刑罚化、非监禁化。"重重"是指对罪行严重或主观恶性较深的犯罪进行更为严厉的政策性调整和处理。当然，"轻轻重重"仅反映域外刑事政策发展的大体趋势。

综合治理是我国青少年犯罪的治理方略，也是治理青少年犯罪的基本刑事政策。1980 年，中央政法委对综合治理做过阐释，1982 年中央从理论上提出了"青少年犯罪综合治理"的概念。比较被认同的综合治理概念是，在党的领导下，动员整个社会的力量，全面运用政治、经济、思想、

---

① 参见我国台湾地区"少年事件处理法"，转引自彭驾骍《少年问题探究》，巨流图书公司，1985，第 248—252 页。

教育、法律等多种手段，落实防范、打击、教育、管理、改造和建设等多种措施，坚持专责机关与群众路线相结合，打击与预防改造相结合，治本与治标相结合，以及"谁主管谁负责"的原则。可以看出，综合治理重在思想教育，目的是社会防卫。有论者敏锐地看到，少年犯罪的综合治理尽管是专门适用于少年犯罪这一特殊对象的刑事政策，但少年犯罪问题表面上看似乎是一个犯罪问题和司法问题，而从其根本上考察却是一个社会问题，[①]因此综合治理应当涉及更广泛的领域。然而，综合治理尽管与联合国倡导的综合性少年司法策略有方向上的一致性，但这一方针从一开始就意在为国家政策做注解，依附性很强，缺少独立的价值。

宽严相济的刑事政策是 2004 年中央政法委书记罗干提出的，是我国最为重要的刑事政策。《中共中央关于构建社会主义和谐社会若干重大问题的决定》提出："实行宽严相济的刑事司法政策，改革未成年人司法制度，积极推进社区矫治。"根据 2006 年最高人民检察院发布的《关于在检察工作中贯彻宽严相济刑事司法政策的若干意见》以及 2010 年最高人民法院发布的《最高人民法院关于贯彻宽严相济刑事政策的若干意见》，宽严相济的含义为：当宽则宽，该严则严；宽以济严，严以济宽；宽严有度，宽严审时。同时该政策在少年司法领域的适用还需要注意以下几个方面。在少年犯罪案件处理上，不仅应考虑被告人的生理、心理特点，犯罪原因和犯罪行为的社会危害性，还要考虑其家庭情况、成长经历，以教育挽救为理念，尽量判处较轻刑罚。"宽严相济"刑事政策的适用在司法倾向上突出"宽"，从宽严相济的刑事政策对处理未成年人犯罪案件的指导来看，即"可捕可不捕的不捕"、"可诉可不诉的不诉"、"可判可不判的不判"，对主观恶性较小、犯罪情节轻微的未成年人初犯、偶犯和过失犯，贯彻教育、感化、挽救方针。从某种程度上说，宽严相济刑事政策与教育为主、惩罚为辅的方针有共通之处。宽严相济刑事政策适用于少年刑事案件时要避免过宽的倾向，避免对少年犯罪一律从轻处理，不批捕、不起诉，再就是用非刑罚措施代替刑罚，都是对宽严相济政策的误读。但是，从刑事政策研究角度看，宽严相济刑事政策定位于刑事司法政策，缺乏前瞻性和系

---

① 参见梁根林《当代中国少年犯罪的刑事政策总评》，《南京大学法律评论》2009 年春季卷。

统性。刑事政策对犯罪的制裁和预防是多层次、多系统的统一体，应当与社会政策相连接，从更广阔的视角考虑刑事政策问题。

无论是宽严相济还是综合治理的刑事政策，都不仅仅涉及刑事制裁，还涉及犯罪预防、矫治，少年司法的综合性政策更多地会涉及社会政策，比如教育政策、家庭援助政策、就业政策、青年政策等，正如李斯特所言，"最好的社会政策是最好的刑事政策"。① 因此，需要建构一项综合性少年司法政策，以总体社会政策为基础，优化少年生态环境。30 多年来的少年违法犯罪治理的实践说明，不从社会建构的视角考虑和设计少年违法犯罪综合性政策，就无法从根本上解决少年违法犯罪问题。

从少年司法综合政策的建构方面看，尤其需要关注少年违法犯罪的预防以及触法少年的社会复归问题。在少年犯罪预防方面，值得特别关注的是儿童成长生态环境优化、儿童福利保障以及促进儿童顺利社会化问题。其中，家庭对养护儿童具有首要责任，国家是儿童健康成长的最后"监护人"，社会力量是父母尽责和国家亲权的助推器。与综合性少年司法政策密切相关的还有家庭辅导和协助、学校教育、社区服务等儿童福利制度体系的建构，治理措施还涉及少年民事司法、行政司法、刑事司法制度的完善，以及少年不良行为和心理矫治制度等。每项制度都涉及其他制度的配套，应特别重视采取措施的可行性以及制度措施之间的衔接。比如，劳动教养制度废止之后，对不予刑事处罚的犯罪少年的收容教养也面临同样的困境。因此，对于不良行为以及违法犯罪少年，有必要建立和完善儿童教养、工读教育、少年观护、社区矫治等制度。

（二）少年司法的基本原则

体现于《儿童权利公约》中的儿童权利保护的一般性原则同时被儿童权利委员会定义为少年司法综合政策的主导原则，包括儿童最大利益原则、非歧视原则、尊重儿童意见原则、最大限度保障儿童生存和发展原则。有很多学者在讨论少年犯罪预防以及少年司法问题时，也会提到这些原则，② 但从总体上看，国内学者对这四项基本原则的关注度不够，特别

---

① 〔德〕弗兰茨·冯·李斯特：《德国刑法教科书》，徐久生译，法律出版社，2000，第 13 页。

② 参见姚建龙主编《中国青少年犯罪研究综述》，中国检察出版社，2009，第 150 页；姚建龙主编《中国少年司法研究综述》，中国检察出版社，2009，第 43—44 页。

是在建构或完善一个少年司法综合性政策的时候，有必要重申这四项原则。

1. 非歧视原则

非歧视在对触法少年事件的处理和回归社会过程中有着特别突出的作用。为了确保所有触法儿童得到平等的待遇，尤其须注意在少年司法当中的事实歧视和差别待遇的情况。为消除歧视的发生，需要采取相应措施，比如，对所有从事少年事务的人员进行培训，以及建立增强对少年罪犯的平等待遇，提供纠正、补救和补偿措施的规则、条例或程序，还需要为包括触法少年在内的困境儿童提供充分的支持，协助他们重新融入社会。同时，在少年司法中还需警惕"身份犯"的发生，也就是某些行为成人实施不为犯罪，而儿童实施却被视为犯罪的情形。由此，《联合国预防少年犯罪准则》第56条明确指出：为防止青少年进一步受到污点烙印、伤害和刑事罪行处分，应制定法规，确保凡成年人所做不视为违法或不受刑罚的行为，如为青少年所做，也不视为违法且不受刑事追究。

2. 最大利益原则

儿童权利委员会在其《第10号一般性意见》中指出，"保护儿童的最高利益意味着，在处置少年罪犯时，诸如镇压/惩罚等传统的刑事司法目标都必须让步于实现社会重新融合与自新的司法目的"。儿童在身体、心理、感情、社会等方面的特点和需求均有别于成年人，这种区别就是少年司法独立于普通刑事司法的根据，也是对少年触法者减轻甚至免除处罚以及其他不同处遇的依据和理由。儿童保护的最大利益原则要求对儿童的特点以及生态环境对儿童发展的影响给予足够的关注，考虑对触法少年的措施是否有利于其改过自新和顺利复归社会。基于此考虑，当刑事司法保卫社会的目的与实现少年重新融合与自新的目的相冲突时，前者必须让位于后者。

3. 尊重儿童原则

《儿童权利公约》第12条明确了尊重儿童发表意见的权利，儿童发表意见的权利涉及日常生活事务的参与，也涉及在诉讼过程中对涉诉儿童意见的听取，而后者对于公正审理至关重要。这涉及儿童的一系列诉讼权利的实现，比如获得律师帮助权、质证权等。触法儿童享有自己以及通过其代理人，包括聘请律师或通过其监护人，就被所指称或指控罪名发表意见并进行辩护的权利。尊重儿童原则要求国家采取一系列具体措施，比如建立符合儿童尊严、价值感以及有助于增强其对人权的尊重的生态环境并给予其相应的待遇。该项原则应当体现在少年司法的各个阶段，包括审前、审理中以及之后的刑罚执行过程中。

4. 最大限度保障儿童生存和发展原则

该项原则要求在少年刑事司法过程中，应当采取有利于儿童生存和发展的方式处置少年犯罪的司法政策。比如，对少年触法者禁止使用死刑和无释放可能的终身徒刑；鉴于剥夺自由对儿童的发展会产生极为不利的影响，严重地妨碍其重新融入社会，对儿童的逮捕、拘留或监禁应符合法律规定，且仅应作为最后手段，期限应为最短的适当时间；对不得已而剥夺其自由的少年应当给其提供为回归社会做准备的教育，并尽量不间断其与外界的沟通等。

（三）少年犯罪预防

少年犯罪预防是在特定历史条件下基于少年犯罪原因和规律的分析，通过建立犯罪生成因素与遏制少年犯罪生成因素之间的互动机制，最终形成有利于少年健康成长的社会生态系统，达到减少犯罪、促进其健康成长的目的。这里所说的犯罪预防是指对于那些有不良行为或违法行为的少年，采取相应措施及时地给予心理和行为矫治，防止其发展为罪犯。而根据心理学和行为科学研究，这种干预根据需要有可能延伸至儿童生活早期。因为，青春期的越轨行为一类是这个特定时期的心理发展不畅引起，将随青春期的度过而结束；另一类则有可能源自儿童发展早期，其越轨行为不会随青春期的度过而结束，有可能发展为犯罪。对这两类行为要加以区别对待，采取不同措施给予干预。对于前者稍加引导和疏解就可以收到效果，而对于后者则引起了国际社会和各国少年司法制度的高度关注。

基于社会生态环境对少年罪错的影响以及预防少年犯罪在少年司法综合政策中的重要性，联合国要求制定少年司法政策的时候应当融入《预防少年犯罪准则》的内容，并把这看作少年司法不可或缺的一部分。应将少年司法的重点放在预防政策上，通过家庭、学校、伙伴、社会等方面的帮助促进儿童顺利地适应社会生活，因此，预防政策应着眼于对弱势儿童及其家庭的支持和帮助，尤其是为有不良行为及严重不良行为的少年提供指导和帮助。多项研究表明，儿童早期成长环境的健康以及所受的教育与暴力行为有着正相关关系，因此，童年期的生活环境和教育对儿童的成长有着特别重要的意义。

我国《预防未成年人犯罪法》第一次明确界定了少年不良行为，并将其分为违背社会公德的一般不良行为和有严重社会危害性但尚不构成刑事犯罪的严重不良行为。对这些少年不良行为的处置，我国采取行政措施而不进入少年刑事司法程序。关于一般不良行为，有论者将其总结为三个特点：容易引发少年犯罪行为；与社会公众对少年行为标准相悖的行为，或违反了社会治安管理法规；不符合给予治安处罚的条件或者送交专门教育等特殊教育保护的条件的行为。[①] 一般不良行为的实施主体并不限于青春期的少年，还可能涉及更小的孩子，这也印证了国外关于少年越轨行为根源于儿童早期的研究。对于一般不良行为的处置通常采取社会性的、非司法性的预防、教育和保护措施，带有更多的福利色彩。严重不良行为的基本特征包括：（1）实施主体更可能是青春期的少年；（2）行为人的主观方面限于故意；（3）具有严重的社会危害性；（4）尚不够刑事处罚的条件，这分为两种情况，一是具有严重的社会危害性，但尚未达到刑事犯罪的程度，二是虽然达到刑事犯罪的程度，但行为人未达到刑事责任年龄，不认为是犯罪。[②] 对严重不良行为的少年的处置则不同于对一般不良行为儿童的处置，对于这些少年，可以根据其年龄和责任能力、主观恶性、危害后果等给予相应的行政处罚、教育保护措施等。根据《预防未成年人犯罪法》，对有严重不良行为的少年可以采取如下处置措施：管教、工读学校教育和矫治、治安处罚、训诫、收容教养、强制戒毒等。总体来看，这些措施偏重于惩罚性，而且基本都是适用于成年人的惩戒措施，而不是针对少年人特点的措施，剥夺人身自由也未经过正当程序而是由行政机关决定，并在封闭和半封闭机构中执行，这些措施有损于少年的健康发展，与少年保护的精神不符。

（四）少年违法犯罪行为及其矫治

通常来说，少年违法犯罪行为的矫治包括机构内监禁矫治和机构外的

---

① 参见姚建龙《长大成人：少年司法制度的建构》，中国人民公安大学出版社，2003，第124页。

② 参见姚建龙《长大成人：少年司法制度的建构》，中国人民公安大学出版社，2003，第127—128页。

社区矫治。目前，我国的社区矫治针对的是犯罪行为，但就少年不良行为来说，应当扩展到更广泛的范围，包括家庭、学校和社区。这是因为人们越来越认识到少年违法犯罪与其生活环境之间存在的某种联系。儿童的社会生态环境不仅涉及家庭、居住环境、社会环境和自然环境，还涉及亲属关系、同学和师生关系、伙伴关系等。研究表明，这些环境因素对一个人的发展会产生不可低估的影响，从这个思路出发，少年罪错行为也可以寻根到社会生态环境因素。同时，陷入困境的少年在身体和心理方面尚处于发展当中，对未来社会充满未知和迷茫，他们也有着基于自身问题的特殊需求。考虑到这样一些状况，国际社会一直呼吁对罪错少年应当采取综合的司法政策，尽量不纳入审判程序以及不采取监禁的方式改造罪错少年，而尽量采取监狱之外的矫治措施。

　　从少年司法发展的历史看，人们一直在机构内矫治和机构外矫治措施之间摇摆。美国就是这样一种情况，当人们坚信不守法纪、无人照管的儿童需要得到特别照顾和矫治时，专门的少年矫治机构（第一家于1824年在纽约建立）就建立了起来，这些机构的建立比世界上第一个少年法院的建立要早半个多世纪。建立少年矫治机构的基本理念是结构化的环境可以重塑少年的人格，因此，严格的纪律、教育和劳动作为重要的方法被植入少年矫治机构。同时，这些机构还具有广泛的管辖权，犯罪的、流浪的、疏于管教或不服管教的儿童，基本上所有不守法纪、无人照管的儿童都聚在这里接受同样的矫治，这样就实现了儿童福利和少年司法实践及其机构的有机结合。少年观护制度的成长为矫治制度的发展注入了强劲的动力，也发展成为西方少年控告制度的基本特征，即要求观护人（也有称为缓刑官）向法院的缓刑部门提出非正式的控告代替正式的诉状，而由观护人对案件调查之后决定是否进入正式司法程序。到20世纪20年代，少年矫治机构、观护制度、控告制度成为少年司法进步的显著特征。早期的观护人对儿童家庭的介入尽管不是完全意义上的社区矫治，但是也不是机构内矫治。观护人的介入往往意味着需要家庭做出实质性改善，比如转变不良生活习惯、戒除恶习等命令。

　　矫治制度之所以越来越激发人们的兴趣，特别是在少年司法领域，有如下深刻的理论基础。①心理学基础。俄国心理学家巴甫洛夫经过对高级神经活动的研究指出，高级神经活动具有"高度可塑性及其巨大可能性：

任何东西不是不可变化的、不可影响的，只要有相应的条件，一切总是可以达到的，并向好的方面发展"。[①] ②社会学基础。少年不良思想和行为是在社会化的过程中逐渐形成的，其也可以通过再社会化转化为新的社会人。美国犯罪学家戴维·马茨阿（David Matza）提出的漂移理论认为，从根本上讲，少年犯罪人与守法者没有什么不同，他们既有可能进行犯罪，也可能做出守法行为，即在犯罪和守法之间漂移，其行为取决于行为当时的情境和其心理或情感。[②] ③教育学基础。教育是影响人发展的因素之一（遗传与环境）。

在对少年违法犯罪行为的矫治中，特别需要遵循下列原则。①非报应原则。在少年司法中，矫治、复归才是惩罚的目的。对于少年偶犯或激情犯，具有良好矫治基础的，应尽可能降低监禁期限或采取非监禁的处罚办法。②个别化原则。具体分析不同个体的犯罪原因、性质、个性，采取不同的矫治措施，才可能收到预期的效果，因此，同样的不良行为，可能会有不同的处遇手段和方式。③避免负面的自我认同。美国历史学家弗兰克·坦嫩鲍姆（Frank Tannenbaum）1938 年对标签理论做了系统的阐述，[③] 认为犯罪人的产生过程是社区对有不良行为的少年给予消极反应，使其对这种消极反应产生认同，从而逐渐走上犯罪道路的互动过程。标签论的观点得到了社会认同。标签有一种心理暗示作用，使被贴标签的人只能按照某种行为轨迹生活，被控少年更易于受到贴标签这种内部和外部的心理暗示。这些被贴了标签的少年受到生活环境的孤立和排斥，唯一的出路就是与那些有同样情形的少年联合起来，寻求安全感，正式开始他的犯罪生涯。标签论揭示了对少年不良行为采取过于正规而严厉的司法对策可能带来的负面后果。

因此，少年矫治制度在发展中，越来越倾向于对罪错少年采取不诉诸司法审理的干预措施，尽可能采取机构外的矫治措施。这是因为大部分罪错少年仅犯有轻微罪行，对于犯有轻罪的少年应消除少年刑事司法审判的负面影响，采取其他代替性办法之类的转化措施，除了避免造成耻辱的名

---

① 转引自佟丽华《未成年人法学》，中国民主法制出版社，2001，第 259 页。
② 参见 David Matza, *Delinquency and Drift* (New York：Wiley, 1964), p. 28。
③ 参见 John Muncie, *Youth and Crime, A Critical Introduction* (SAGE Pudlications, 1999), pp. 118–123。

声之外，这种处置法不仅对儿童，而且也会对公共安全利益产生良好效果，并且被证明是成本效益更好的措施。这种做法基本上成为国际共识，在很多国家，少年案件优先考虑的处遇方式是社区矫治，而不是被关进监狱。这些不诉诸司法审判处置触法儿童措施的确切性质和内容应当在立法中加以明确。很多国家制定了各种基于社区的方案，诸如由社会工作者或缓刑官监督和指导的社区服务、家庭会议和其他形式的恢复性司法，包括归还和补偿受害者的做法。这些措施尽管不诉诸司法，但对这些措施的适用却绝不意味着随意性，仍须经过一定的司法程序。因此，儿童权利委员会强调：不诉诸司法审判的转处措施只有在确凿证据证明儿童犯有所指称的罪行，并在未采用恐吓或施加压力的情况下自愿地承认罪责，而且其供认在未来需要经过司法审判时不会作为呈堂证据的情况下，才可采用；当事儿童必须自由和自愿地书面同意接受转化措施，这种同意应基于对措施的性质、内容及期限充分和具体的了解，并且清楚不予合作、不实施和不完全履行这项措施的后果，尤其应得到不满 16 岁儿童的家长同意；法律必须载有具体条款，阐明对哪些案件可采取转化措施，以及对采取转处措施的警察、检察官或其他机构的决定权进行审查，尤其要保护儿童免遭歧视；儿童必须有机会就主管当局提出的转处措施寻求法律及其他适当的援助，且可对措施进行复审；儿童接受的转处措施实施终了应当有最后结案报告，虽然为了行政和审查可以保留转处措施的不公开档案，但不应当视为"刑事记录"，而且曾经受过转处措施处置的儿童不应当被视为曾犯有前科的人，关于该事件留下的任何记录，仅有被授权处置触法儿童的主管当局才可查阅，而且规定出时限，例如，最长为一年。①

　　我国少年矫治包括社区矫治和机构内矫治，矫治机构包括少年管教所、少年教养所、工读学校（专门学校）。少年管教所是监狱的一种，是国家的刑罚执行机关，是教育改造犯罪少年的矫治机构。少年教养是对轻微犯罪或者有严重违法行为但尚不予追究刑事责任，但屡教不改、危害社会的 16—18 周岁少年实行强制性教育改造的行政措施，包括劳动教养和收容教育制度。随着我国劳动教养制度的废止，实践中，少年教养所要么撤销要么并入少年管教所，但将这两类不同的少年合并在一起管教是有问题

① 参见儿童权利委员会《第 10 号一般性意见：少年司法中的儿童权利》，2007。

的，劳教人员和监狱服刑人员存在罪与非罪的区别，对他们采取的教育矫治、监督管教措施都有所不同，在司法程序上以及法律后果上也都是不同的。根据少年教养的性质，将这类人通过合法程序并入社区矫治更加符合被管教少年的福利需求，也更有利于其过正常的社会生活，满足社会发展的需求。从理论上来说，社区矫治的少年可以接受正规的教育，这在少年管教所中几乎不可能，国家尽管规定要保障被管教少年接受教育的权利，但实践中基本成为具文。工读学校在 2005 年《未成年人保护法》修改的时候被改为"专门学校"，但这样的改动不解决实质问题。工读教育是对有严重不良行为的少年进行特殊教育的半工半读学校，是基础教育的一种特殊形式，也是义务教育的补充部分。经过几十年的发展，由于工读教育的标签作用，加上管理招生、矫治模式简单化等运作管理问题，工读教育一度陷入困境，这一时期也就是工读教育改革时期。近几年，工读教育在教育方式、运行模式方面做出了探索，并和职业教育相结合，促进学生心理社会化发展，工读教育初步进入比较良性的发展阶段。

　　总体而言，我国的罪错少年矫治制度还局限于机构内矫治，进入社区矫治的非常少，这和我国将社区矫治简单地定义为刑罚执行方式，并限于判处管制、缓刑、假释、监外执行四类有关系，因此，我国的罪错少年矫治制度在矫治观念、矫治模式、方法手段等方面都急需变革。首先，在矫治观念上，我们要充分考虑接受矫治少年的福祉，这一精神在涉及儿童保护的《儿童权利公约》、《少年司法最低限度标准规则》、《保护被剥夺自由少年规则》等国际文件当中都有所体现。其次，急需加强有关少年违法犯罪人员矫治立法，这也是其他国家矫治问题规范化和制度化的通常做法。再次，应扩大适用非监禁化的处遇措施对待犯罪少年，特别是原来适用劳动教养和收容教育的少年要通过正当程序，使需要矫治的进入社区矫治体系，因此，要加强社区矫治的规范化和制度化。最后，矫治方式和方法的科学化，无论是心理矫治还是行为矫治，都需要运用心理学、社会学、法学、医学、儿童发展等知识和方法进行，这也是罪错少年的特殊需求。[①]

[①]　参见贾洛川《中国未成年人违法犯罪人员矫治制度研究》，中国人民公安大学出版社，2005，第 293—295 页。

二　对被控少年的实体法保护及刑事责任承担

"被控少年"是《儿童权利公约》确认的被称为、指控或认为触犯刑法的儿童。被控少年的权利在《儿童权利公约》等若干国际文件中都得到了确认。但值得注意的是，一方面，不仅由于这些少年不仅个性及智识尚未发展成熟，还由于他们是受指控的对象，这种双重不利的地位使得他们的权利极易受到忽视甚至受到侵犯，这就要求对被控少年加以特别的保护。另一方面，基于对少年人特点的认识，对于构成犯罪的少年人如何追究其刑事责任才能体现少年司法所追求的公平和正义，在责任追究和被控少年权利保护之间如何平衡，对少年犯罪的惩罚与普通刑事责任追究有什么不同，这些不同又是根据什么来识别和确定的，这些问题涉及少年刑事责任的基本问题以及对被控少年的权利保护问题。

从本质上来说，这些问题不仅仅是简单的法律评判，而更多地涉及对少年违法犯罪的道德评判、社会评判，并因此涉及对不同时代、不同国家、不同文化的社会道德、刑罚观念和刑法制度的具体分析，涉及对少年的特点、少年犯罪成因和特征的具体认识，还在某种程度上涉及个人、家庭与社会的关系等较为复杂的问题。少年因刑事责任能力欠缺或不完备，只能负担其能够承担的责任。什么是"能够承担"的责任既是被控少年的刑事责任与普通刑事责任不同的关键，也是对少年违法犯罪进行法律、道德和社会评判的标准。同时，识别和确定"能够承担"什么样的责任又因时代、国度和文化的不同而有所差异，还因个体素质的不同而有所区别。可以说，关于该不该负责、负多少责和怎样负责的问题，无不与少年主体特点及其对犯罪的认识、对刑事责任的理解有关。刑事责任问题不仅是整个刑事立法和刑事司法的核心问题，还在更深层意义上反映着一个国家的主流价值取向。

早期的刑事法学中，少年刑事责任规范与普通刑事责任并无根本区别，但考虑到少年与成人刑事责任能力的不同，其在立法上也有一些区别，比如我国汉律规定"年未满8岁……非手杀人，他皆不坐"[1]。少年司法变革的历

---

[1]　程树德：《九朝律考》（卷三），商务印书馆，1927。

史以及少年刑事责任制度的发展揭示了这样的事实，现代少年刑事责任制度是建立在对被控少年权利保护的基础之上的，有关被控少年刑事责任的立法和司法也都是从少年权利保护的视角出发设立的，并不纯粹追求对被控少年的惩罚和报复。多部国际文件都涉及被控少年的权利保护和刑事责任问题，比如《公民权利和政治权利国际公约》、《儿童权利公约》、《联合国少年司法最低限度标准规则》（北京规则）、《联合国保护被剥夺自由少年规则》、《联合国预防少年犯罪准则》（利雅得准则）等。国际文件对被控少年的刑事责任问题的规定，多是概括地从保护少年的角度出发，并没有规定一个具体的责任年龄界限或承担刑事责任的具体范围。这一方面是为了尊重各国法治的发展状况，与被控少年刑事责任能力的差异性相适应；另一方面是由国际刑事法律规范的特点所决定的。在国际范围内，各国由于政治经济、历史文化发展水平不同，对少年犯罪及其刑事责任的认识，以及刑事政策都存在差异，不可能给出一个具体范围，而只能做原则性的规定。

当然，基于少年刑事责任制度以及被控少年权利保护的复杂性，这里只能对少年犯罪及其刑事责任问题做有限的考察，旨在揭示被控少年的刑事责任制度不是体现一种规范意识和政治态度，而是由多个层次或方面组成的复杂现象。正因如此，其在少年刑事责任制度的发展过程中，不可避免地碰到诸多难题，例如，少年犯罪低龄化和刑事责任年龄的确定问题，少年严重犯罪范围的界定和司法适用问题，少年为主体的恶性案件增多和刑事责任的轻刑化和非刑罚化问题，刑罚和救治措施的标签作用和少年犯社会复归的矛盾，等。这些难题在某种程度上形成了与传统刑事责任理论的悖反。正是其与传统理论的悖论，构成了被控少年的刑事责任制度独立存在和发展的巨大动力，呈现了这一制度自身的特点。

（一）被控少年刑事责任承担的存在根据和基础

刑事责任是具有责任能力的主体，因违反刑事法定义务而实施了危害社会的行为所应承担的法律后果，反映的是国家对这种有意识行为的否定性评价。这个概念涉及对少年及其犯罪的认识，以及被控少年的刑事责任（后果）实现的理解。英美刑法中，刑事责任是在犯罪构成的意义上使用的，犯罪行为和犯罪心理被认为是刑事责任的条件或基础。所以，讨论少年刑事责任问题，应先从少年犯罪入手。少年的行为除受身心发育的影响外，越来越受到外界环境的影响，成人社会对少年的不幸失足负有责任，因此，有必要将追究被控少年的刑事责任和救治违法少年的制度建构在正确认识少年及其犯罪的基础之上。从这个角度说，少年及其犯罪的本质和特点就构成少年犯罪人的刑事责任承担的事实根据。也正是有了这个根据，对被控少年的刑事责任的讨论才不是关于纯粹的定罪入刑的讨论，而在相当程度上是探究少年如何不因其行为承担刑事责任。英美刑法中就有将"未成年"作为阻却责任的合法辩护事由的规定。或许可以说，被控少年的刑事责任与普通刑事责任之间有着责任根据上的一致性，但存在责任目的、要素、原则、主体、实现方式等具体内容上的差异。这些一致性和差异性对被控少年刑事责任理论的发展具有重要的指导意义，并构成了认识被控少年刑事责任问题的理论基础。

1. 被控少年刑事责任承担的事实根据

少年犯罪除主体特征有别于成年人以外，犯罪成因也有其特点。正是这些方面的"不同"和"特点"，从事实的层面上为认识被控少年的刑事责任问题提供了事实根据。

首先，需要考察刑事责任主体有无犯罪行为能力，这种能力考察与对少年主体特点的认识有密切关系。早期人们对少年的认识不可避免地带有主观、片面和情绪化的色彩，少年被塑造为缺乏自我控制、不负责任、有对抗性和危险性、有缺陷和不成熟的人，最为公众所熟悉的是"堕落青年"的群像（无赖青年、吸毒者、朋客、街头暴乱者等）。人们之所以将这些"离经叛道"的做法与犯罪相联系，是因为对少年内心世界的迷茫和冲撞的不理解以及对反传统和安全受到威胁的恐慌，认为少年犯罪源于少年天生的邪恶或其出轨行为本身，而对少年犯罪的片面披露又加强了人们对这一问题的负面认识。伴随着自然科学和社会科学的发展，人们认识到青春期的少年需要经历生理和心理（以及社会心理）发展错位的磨炼，美国心理学家 S. 霍尔（Stanley Hall）、特拉维斯·赫希（Travis Hersey）等人的研究都揭示了少年违法犯罪行为不仅与"情绪爆发和压抑"的感情脆弱期——少年时期有关，也与社会、家庭等外部环境之间存在某种联系。[①]

---

① 参见〔美〕特拉维斯·赫希《少年犯罪原因探讨》，吴宗宪等译，中国国际广播出版社，1997，第 4 页；G. S. Hall, *Adolescence, Its Psychology and Its Relations to Physiology, Anthropology, Sociology, Sex, Crime, Religion and Education* (New York: Appleton, 1905), pp. 325, 338; John Muncie, *Youth and Crime: Acritical Introduction* (SAGE Publication, 1999), p. 68。

其次，从一般刑事责任理论看，犯罪行为和犯罪心理是刑事责任的条件或基础，对少年犯罪成因的分析所探寻的是该不该承担刑事责任和承担多少责任的问题。有所区别的是，被控少年的身心发育尚未成熟，少年人走上犯罪道路的大部分原因是国家、社会和家庭未尽到抚养教育之责，因此，面对被控少年不应只是简单地追究其责任，而应考虑如何矫治并协助其顺利社会化的问题。在早期的犯罪原因分析中，犯罪原因的一元化倾向非常明显。人类先哲们将罪或犯罪理解为一种现实世界的恶，如柏拉图的"善恶转化说"①、亚里士多德的"恶行论"②、奥古斯丁的"原罪说"③。古典犯罪学派、犯罪人类学派从人的自由意志或行为人特征寻找犯罪原因。近代刑事法学的发展，使人们对犯罪成因的认识趋向多元化，包括犯罪原因二元论、三元论和综合因素论。犯罪实证学派的崛起可以看成犯罪原因多元论分野的肇始，该学派从因果关系的角度出发，将犯罪原因分解为本质原因与促成原因两大类。④ 社会学派代表李斯特（Franz v. Liszt）在提出个人原因与社会原因相结合的二元性犯罪原因论的同时，认为犯罪主要是由社会环境决定，人的先天特性只有在社会环境和外界刺激的条件下，才能对犯罪形成一定作用，这种认识使我们对少年的潜在犯罪倾向施加影响成为可能。菲利（Enrico Ferri）提出犯罪原因"三元论"，认为犯罪原因包括人类学因素、自然因素和社会因素。⑤ 现代犯罪原因理论对社会机体进行了层层深入的剖析，包括社会解体论（默顿）、差异结交论（萨瑟兰）、差异同化论（格雷萨）、综合因素论（格卢克夫妇）、"犯罪亚文化"理论（艾伯特·科恩），以及犯罪心理学派（埃宾）衍生出的漂移论、潜在价值论、标签论和犯罪社会学（菲利、李斯特、迪尔凯姆）的冲突理论等，不仅就少年犯罪与阶级地位、亚文化、价值观、不良标签等之间的关系提出了不同看法，还就少年犯罪与人的生理、心理、精神、社

---

① 〔希腊〕柏拉图：《理想国》，郭斌、张竹明译，商务印书馆，1986。
② 〔古希腊〕亚里士多德：《政治学》吴寿彭译，商务印书馆，1981。
③ 〔罗马〕奥古斯丁：《上帝之城》，载《西方法律思想史资料选编》，北京大学出版社，1983，第86页。
④ 本质原因的对象多为犯罪人个人及犯罪人所处的社会环境等，促成原因大多集中在具体的犯罪行为之中。后者在苏联及部分西方犯罪学的理论中被称为"犯罪的条件"或"犯罪的二次性原因"。
⑤ 〔意〕恩利克·菲利：《实证派犯罪学》，郭建安译，中国政法大学出版社，1987，第21页。

会、经济、文化等多方面的影响因素进行了研究，揭示出少年犯罪在某种程度上与这些因素的相关性。①

最后，对少年犯罪性质和特征的归纳意在回答怎样承担刑事责任的问题。对少年犯罪性质的认识首先涉及它与违法行为的区别。历史上，有忽视少年犯罪和违法行为区别的倾向。在英语中，为了将"违法行为"或"错误行为"纳入少年司法，犯罪学家采用"juvenile delinquency"表示"少年罪错"的概念。② 还有人提出用违法、不正当行为等代替少年犯罪概念。③ 但是，这些似是而非的概念更加模糊了刑事司法介入的界限，反而造成刑事司法过多干预少年问题的现象。对少年犯罪的认识还受到观念、话语交流和政治因素的影响，过分夸大少年犯罪的严重性，"少年犯罪"成为带有情绪和政治评价色彩的概念，而不是客观的法律概念。在少年司法中，之所以要把某些少年"违法行为"纳入司法范围，着眼点在于少年成长过程的特殊性，同时，从预防犯罪的角度出发，错误行为如能得到及时纠正可以避免演化为犯罪。将更多的少年轻微犯罪行为纳入"可宽恕的"、"可免责的"范围，而避免扩大"少年犯罪"的范围，这也是维护少年权利的需要。就少年犯罪的特征来看，可以从主体特征（内部特征）和外部特征两个方面考察。少年犯罪的主体特征与少年本身的生理、心理特点紧密相连，表现为盲从性、模仿性、偶发性、纠合性、自我否定性；少年犯罪的外部特征更多地受少年所处的外部环境的影响，主要表现为低龄化、文化程度普遍较低、财产犯罪突出、暴力化倾向突出、智能化犯罪增多、犯罪呈复杂化、团伙犯罪增加等特点。少年犯罪的主体特征体现出少年犯罪的本质特点，对于完善被控少年的刑事责任制度以及制定少年犯罪的刑事政策具有一定的指导意义。少年犯罪的外部现象尽管不是其本质特征，但对于少年刑事政策特别是被控少年的刑事责任的实现方式和措施设计具有重要的参考价值。

---

① 参见张筱薇《比较外国犯罪学》，百家出版社，1996，第110—225页；John Muncie, *Youth and Crime: Acritical Introduction* (SAGE Publication, 1999), p. 118。

② 参见 John Muncie, *Youth and Crime: Acritical Introduction* (SAGE Publication, 1999), p. 37。

③ 参见 M. Presdee, "Young People, Culture and the Construction of Crime: Doing Wrong versus Doing Crime", in G. Barak, ed., *Varieties of Criminology*, Westport CT, Praeger, 1994, p. 182。

2. 被控少年刑事责任承担的理论基础

少年刑事责任制度的理论框架是在普通刑事责任理论的指导下建立和发展起来的，少年刑事责任中那些特殊性的方面，是因其主体为少年而形成的，因此，有必要借助刑事责任的一般理论来分析少年刑事责任问题。有学者从一般意义和特定意义的层面阐释刑事责任的内涵，前者包含主观与客观两方面的因素。如英美法系中，犯罪心理和犯罪行为被认为是刑事责任的本体要件，而刑事责任能力，如未成年则作为抗辩事由之一，为责任充足条件。后者反映犯罪构成要素的主观心理状态，被视为刑事责任构成犯罪的主观要件，反映其有责性的本质，在大陆法系的刑法理论中很有影响。我国承袭了苏联关于刑事责任的概念，把犯罪构成看作刑事责任的唯一根据。① 在刑事责任本质认识上有犯罪构成说、犯罪行为根据说、案件事实总和根据说、罪过根据说、社会危害说、犯罪本体要件说、义务违反说等不同主张。② 从犯罪构成的角度看，刑事责任是定罪的主观根据，反映的是行为人主观心理状态和有责性的本质。

刑事责任的归责基础是指为什么犯罪人要受到刑事谴责，这主要涉及对刑事责任本质的认识。西方刑法学的发展中，在认识刑事责任本质方面，道义责任论和社会责任论的双方展开了颇有价值的讨论。这两种理论的焦点在于是否承认意志自由的存在。③ 还有一些学者认为，刑事责任不涉及意志是否自由，如日本学者不破武夫、德国刑法学家麦兹格（E. Mezger）。19 世纪到 20 世纪初出现的规范责任论认为，责任并非什么心理学的乃至生物学的事实本身，责任的本质是从规范的立场对事实进行的非难可能性的评价，作为非难可能性内容的合法行为的期待可能性是责任的规范要素。规范责任论站在道义责任论的立场上对之进行了修正。④ 那么，刑事责任是否涉及意志自由？意志自由有无程度之分？它和刑事责任年龄又是什么关系？意志自由在多大程度上受各种环境因素制约？这些都是讨论刑事责任根据无法回避的问题。我们看到，法律责任并不排除伦理责任

---

① 参见陈兴良《本体刑法学》，商务印书馆，2001，第 298—302 页。
② 参见《刑事责任基本范畴研究》，载《刑法理念新探索——杨春洗文集》，北京大学出版社，2003，第 86—109 页。
③ 参见〔意〕恩利克·菲利《实证派犯罪学》，郭建安译，中国政法大学出版社，1987，第 9—10 页。
④ 参见马克昌《比较刑法原理》，武汉大学出版社，2002，第 437—439 页。

所具有的道义性，意志的相对自由对分析刑事责任的本质具有一定的意义。英国学者哈特（H. L. A. Hart）强调以道德非难作为刑事责任的理论基础，认为刑事责任包含两个既独立又相互依存的方面，即公平与意愿，每个个体都有平等的机会选择是遵守法律还是接受惩罚。① 意大利古典派犯罪学大师马里奥·帕加诺（Mario Pagano）更为形象地描述了刑事责任与意志自由间存在的比例关系。② 恩格斯对意志自由的本质也曾有过精辟的阐释，他说："意志自由只是借助于对事物的认识做出决定的那种能力。"③如此，就刑事责任能力与意志自由的关系来看，不妨做这样的假设：能力越强，意志越自由，负的责任就越大。这就不难解释为什么少年随着年龄的增加推定其有越来越强的刑事责任能力了。当然，意志自由并不是无限增强的，规则、法律、秩序等无时不在规范着人的行为，制约着意志的自由程度，从这个意义上说，人越成熟，越认同人类社会的规范，意志也就越不自由，人的意志最多只能是规范约束下的相对自由。正如日本刑法学家大塚仁教授所言，"人不具有无限的能力，人的行动受到先天的素质和后天的环境强烈的制约……当然，以人的力量无论如何都无法改善的素质和环境是的确存在的，不过，在论及一般人的犯罪时，这是一种例外。一般人可以说是相对自由的主体"。④

（二）确认被控少年刑事责任的目的及原则

被控少年的刑事责任制度与普通刑事责任的目的有两点不同：一是预防少年犯罪的侧重点在于特殊预防；二是根本目的在于教育和救治违法犯罪少年，而非仅仅在于惩罚犯罪。但就刑事责任所依据的不同理念，其不可避免地要面对一系列的难题，这在北京规则中被称为"哲理性矛盾"。⑤

---

① 参见 George Mousourakis, *Criminal Responsibility and Partial Excuses*（Ashgate Publishing Ltd.，1998），pp. 48 - 60。

② 转引自〔意〕恩利克·菲利《实证派犯罪学》，第11页。菲利著作中引述的帕加诺的话是作为提出社会责任论、否认道义责任论之意志自由说的靶子。

③ 参见《马克思恩格斯选集》（第三卷），人民出版社，1976，第153—154页。

④ 〔日〕大塚仁：《犯罪论的基本问题》，冯军译，中国政法大学出版社，1993，第3页。

⑤ 该规则17中的解释性说明指出，"制定审判少年犯的准则，其主要困难在于存在着未解决的哲理性矛盾，如（1）教育，或罪有应得；（2）帮助，或压制和惩罚；（3）根据每个案件情况做出反应，或基于保护整个社会做出反应；（4）普遍遏制，或逐个瓦解"。

追根溯源，这些"矛盾"可归为报应刑论与教育刑论在刑法本质上的分歧，以及一般预防主义和特殊预防主义在刑罚目的上的争论。从少年犯罪的刑事政策上考虑，刑罚的作用极其有限，少年司法更关注特殊预防，以寻求引导违法犯罪少年尽快社会化的方法为主要追求。就一般预防来说，在以少年为主体的刑事责任制度中，相对于不懂得犯罪和惩罚对其生命的意义等问题的少年，刑罚的威慑作用微乎其微，也与少年司法教育和救治的根本目的相去甚远。边沁（Jeremy Bentham）甚至从功利原则出发否定了刑罚在某类案件中的效用，他认为在某些情况下适用刑罚是不合适的。他认为儿童、弱智者等虽然在某种程度上能被奖赏和威胁影响，但他们缺乏足够的受刑罚禁止的意识。在他们的案件中，刑罚也是无效的。[①] 因此，以惩罚手段实现特殊预防的目的颇值得怀疑。但毕竟报应是惩罚本身所固有的东西。然而，基于少年的特点，国际社会一直寻求有利于违法犯罪少年复归社会的有效方法。正像菲利所说，"只有通过实验方法和科学方法从犯人的生理、心理以及家庭、环境等方面，对我们称为犯罪之痼疾的病因探究之后，在科学指导下的司法才会抛弃目前降临在那些可怜的犯人头上的血腥判决，而实现另一种以除去或减少犯罪的社会原因和个人原因为首要目的的医疗职能。只有到那时，法官才会放弃死刑及单独监禁等对犯罪人进行报复的种种可耻而愚蠢的举动"。[②] 可以说，针对具体情况和特定个体进行教育和救治，促进其复归社会正常生活，才是少年承担刑事责任最终达致的目的。

关于被控少年刑事责任适用的原则，有的学者将其归纳为谦抑原则、禁止原则和相称原则。[③] 我们对少年刑事责任制度遵循的原则做了如下归纳。（1）非刑事化原则。非刑事化原则包括非诉、非监禁的内涵。非刑事化要求将追究少年刑事责任的范围限制在最低限度，尽量减少刑事司法对少年问题的干预。《儿童权利公约》和北京规则都体现了对待被控少年的

---

① 参见〔英〕边沁《立法理论——刑法典原理》，孙力等译，中国人民公安大学出版社，1993，第 66 页以下。

② 〔意〕菲利：《实证派犯罪学》，郭建安译，中国政法大学出版社，1987，第 21 页。

③ 参见陈明华、宣炳昭、江献军《国际刑法中的少年刑事责任问题研究》，第 200—204 页；还有学者总结为从宽处罚和不适用死刑等 10 项原则，参见郭翔《少年的刑事责任》，均载张智辉主编《国际刑法问题研究》，中国方正出版社，2002。

刑事责任问题的非刑事化和谦抑精神。（2）个别化原则。个别化原则是关于对少年犯罪予以区别对待的观点，对被控少年区别对待的历史最早可追溯到罗马法时代。《查士丁尼法典》确立了"儿童不可能预谋犯罪"的原理，认为没有天生的坏儿童。意大利犯罪学家加罗法洛（Raffaele Garofalo）指出，对待少年犯不应简单规定几条年龄界限，一概减轻或免除处罚，而应考虑每个少年性格、成熟期和疾病等影响其意志能力的诸多因素，对不同的少年适用不同刑罚。[①] 刑罚个别化观念的发展和完善，使确定刑事责任的传统标准及其实现方式发生了重大变革，把少年福祉看作最主要的考虑因素，而不是单纯的罪责刑相称。（3）轻刑原则。被控少年的刑事责任制度发展的轻刑化趋势，不仅包括在以刑罚作为实现被控少年的刑事责任方式时禁止死刑和无期徒刑，还包含不适用剥夺权利以及减轻和从轻处罚的内容，这在国际性文件和很多国家的法律中都有所体现。（4）特别保护原则。对违法犯罪少年的特别保护既是少年的身心发育特点所必需，又深受以实证主义哲学理论为基础的近代刑罚理论的核心——教育刑论的影响。一方面，少年的辨控能力相对较差，又有很强的可塑性，因此，对少年应采取以教育挽救为主的宽宥政策。另一方面，教育刑论主张定罪量刑除了依照条文以外，还应根据人的社会生活环境、身心发育状况、所受教育、人格形成过程等多方面的情况综合判断，特别考虑到未成年犯的未来和前途，利于其复归社会的正常生活。特别保护原则不仅受到福利主义、矫治主义的青睐，而且在大多数国家的少年刑事政策和国际文件中都有所体现。

（三）归责要素

刑事责任的归责根据、刑事责任的本质或内容和刑事责任的要素是互相联系而又内涵不同的概念。如果说刑事责任的本质或内容探讨了刑事责任是什么的问题，刑事责任的归责根据则回答了为什么要对行为人追究责任的问题，那么，刑事责任归责要素就回答了如何衡量或怎样追究责任的问题，具体指的就是刑事责任认定的事实根据和法律根据。其主要有二要素说、三要素说、四要素说，大体涉及责任能力、事实性认识、违法性认

---

① 参见〔意〕加罗法洛《犯罪学》，耿伟、王新译，储槐植校，中国大百科全书出版社，1996，第259—261页。

识、期待可能性。① 责任能力讨论行为人的主体素质，事实性认识和违法性认识讨论的是行为人的主观状态，而期待可能性讨论的则是要求行为人为合法行为的客观情状。下文将从这三个方面考察当被控主体为少年时，如何考虑刑事责任的归属问题。

1. 刑事责任能力与刑事责任年龄

对刑事责任能力的认识和刑事责任年龄的划分对被控少年具有特殊重要的意义。因为这涉及对那些被控少年就其犯罪行为需要承担什么样的法律后果。

（1）刑事责任能力的本质及其划分。对刑事责任能力的概念和本质的认识，有犯罪能力说、刑罚能力说、犯罪能力和刑罚能力统一说。刑事古典学派是责任刑法，主张与责任相适应的报应刑；刑事实证学派是预防刑法，主张从预防犯罪的目的出发处理犯罪。尽管道义责任论和社会责任论都以刑事责任能力为刑事责任的前提，但是，在对责任能力的理解上却迥然不同：前者将责任能力理解为犯罪行为能力，即资格；后者将责任能力理解为刑罚适应能力。美国学者凯尔森（Hans Kelsen）将责任能力视为一种资格，他说，现代法律中，并不是所有的人都能接受刑罚，儿童和精神病人按例对任何制裁都是不负责的，因此，他们没有为不法行为的能力。② 笔者赞同道义责任论关于责任能力是一种犯罪能力的认识，认为责任能力是行为人能够理解其行为的内容和在刑法上的性质，并据以决定自己的行为从而适于承受刑法非难的有责之行为的能力。③ 将责任能力的本质看作犯罪能力对于判定被控少年的刑事责任有着特别重要的意义。在刑事责任

---

① 二要素说将归责要素分为主观要素（责任能力和违法性意识可能性）和客观要素（包括期待可能性）。参见马克昌《比较刑法原理》，武汉大学出版社，2002，第441—442页。三要素说中一种观点认为责任要素包括责任能力、事实性认识和违法性认识。另一种则体现了规范责任论的见解，认为责任要素包括责任能力、违法意识可能性或责任意思（故意或过失）、期待可能性。只是在立法例上对"期待可能性"明文规定为责任要素的尚不多见。参见高仰止《刑法总则之理论与实用》，五南图书出版公司，1986，第294页。四要素说主张责任要素包括责任能力、事实性认识、违法性认识、期待可能性。

② 参见〔奥〕凯尔森《法与国家的一般理论》，沈宗灵译，中国大百科全书出版社，1996，第101—102页。

③ 参见陈兴良《刑事责任能力研究》，载《当代中国刑法新境域》，中国政法大学出版社，2002，第367页；陈兴良《本体刑法学》，商务印书馆，2001，第317—319页；高仰止《刑法总则之理论与实用》，五南图书出版公司，1986，第239—241页。

与刑事责任能力的关系上，理论界存在责任前提说①和责任要素说②。笔者也认为，从犯罪的实施过程和犯罪构成的体系特征看，责任要素说更有说服力。危害行为既可能是无行为能力人所为也可能是有行为能力人所为，行为和责任能力并不发生直接的关系，而只有在追究行为人刑事责任时，才去考虑其主观罪过，才需要判断其责任能力的有无。所以，责任能力应是责任要素。从犯罪构成体系上看，③ 似乎前提说很有合理性，但形成了一种构成犯罪却不能追究刑事责任的尴尬。这种尴尬和矛盾就在于责任能力不是刑事责任的前提，而是其要素。正如凯尔森所说："不法行为对儿童或精神病患者不可归责的说法是引人误解的……其行为只有在他们到达要求的年龄或精神健全时，才是不法行为。因无责任能力而不予追究意味着对其行为犯罪性的否定。"④ 可见，不追究刑事责任意味着对先前行为犯罪性的否定，如果根本没有犯罪能力，刑事责任也就无从谈起了。正如英国学者赫林（J. Herring）所指出的，没有达到刑事非难的程度，对其行为不负完全责任的人，可以适当地免除刑事追诉，在刑事责任年龄以下的儿童就属于这种情况。⑤ 此外，还需强调的是，刑事责任能力（犯罪的行为能力）与一般意义上的行为能力不同，犯罪的行为能力指行为人能够辨认自己行为在刑法上的意义，并自觉控制行为的能力。基于此，才能理解为什么只有对少年人才有刑事责任能力的等级划分，才会对少年的犯罪行为给予减轻或从轻处罚等。

那么，刑事责任能力的划分标准及其划分等级又有哪些呢？刑事责任能力的划分之所以引起争议，说到底是对划分标准有不同认识。通常所说的责任能力包括认识能力（分析能力）和意志能力（选择能力），即责任能力的判定标准。英美法律史上，在责任能力的嬗变过程中起过重要作用

---

① 参见黄丁全《刑事责任能力研究》，中国方正出版社，2000，第 28 页。

② 要素说着眼于犯罪的实施过程和犯罪构成的体系特征，认为刑事责任并非仅指罪过，也指主观归责性。参见陈兴良《本体刑法学》，商务印书馆，2001，第 321—325 页；陈兴良《刑事责任能力研究》载《当代中国刑法新境域》，中国政法大学出版社，2002；冯军《刑事责任论》，群众出版社，1996，第 122—123 页；高仰止《刑法总则之理论与实用》，五南图书出版公司，1986，第 239—241 页。

③ 参见陈兴良《本体刑法学》，商务印书馆，2001，第 320—325 页。

④ 〔奥〕凯尔森：《法与国家的一般理论》，沈宗灵译，中国大百科全书出版社，2002，第 101—102 页。

⑤ 参见 Jonathan Herring, *Criminal Law* (Beijing: Law Press, 2003), p. 7.

的有四大规则,焦点在于判断人的辨别能力和控制能力大小的标准是依生物学标准还是心理学标准。[①] 有论者指出,刑法学领域更强调心理学标准。心理学标准又称法学标准,指行为人须具备认识自己的行为在刑法上的性质、意义、作用和后果,并依据这样的认识自觉支配其行为的能力。[②] 对于刑事责任能力的成立来说,辨认能力与控制能力缺一不可,只有具备了"意识"与"意志"才能表明行为主体是可以归罪的。但是现代刑法学还注意到"情"这一心理因素对其行为的影响(如激情杀人),[③] 这在考量少年的罪过时尤其值得注意。尽管一般认为刑事责任能力的法定标准包括认识能力(辨认、分析能力)和意志能力(选择、控制能力),但是对其意义的理解不同,因此立法方式也存在差异,这将可能导致不同的责任能力的判定结果,具体表现如下。第一,由于对辨认能力与控制能力的地位、性质和作用的理解不同,法律上形成了几种不同的制度:单一制、择一制和齐备制。[④] 第二,在无刑事责任能力和限制刑事责任能力的判定标准方面,存在两种不同的规定方式:同制规定方式和异制规定方式。前者指判定标准采同样制度的规定方式;后者指判定标准采不同制度的规定方式,比如,无责任能力采单一制判定标准,而限制责任能力则采择一制标准。[⑤] 我国刑事责任能力采取的是同制规定方式的齐备制判断标准,其只

---

① 一是麦克·纳顿规则(M'Naghten's Rules),其认为判断责任能力的标准是混合的标准,指由精神的疾患这种生物学要素和认识行为的性质或错误的辨别能力这种心理学要素混合构成;二是不能抵抗的冲动规则(Irresistible Impulse Rules),该规则把控制能力也纳入了责任能力范围;三是德拉姆规则(Durham Rule),其只着眼于精神障碍这种生物学要素,用纯"生物学的方法"构成责任能力的标准;四是模范法典规则(Model Penal Code Rule:ALI Rule),其规定作为精神的疾病或缺陷的结果,缺乏识别自己行为的犯罪性或者使自己的行为服从法律要求的实质性能力时,对该行为不负责任。当今世界多采兼生物学标准和心理学标准的混合标准。生物学标准是以生理机能的发育状况或精神状况作为判定行为人责任能力的标准;心理学标准以是否达到刑法所规定的心理状态或心理状态导致的结果作为判定行为人是否具有刑事责任能力的标准。

② 参见黄京平《限制刑事责任能力研究》,中国政法大学出版社,1998,第47—51页。

③ 参见储槐植《美国刑法》,北京大学出版社,1996,第47页。

④ 单一制,是指仅以辨认能力和控制能力其中之一的有无或缺损情况,作为评判刑事责任能力心理学或法学标准的制度,采用此制度的国家如瑞士、加拿大、丹麦、印度等。择一制,是指以可选择适用辨认能力和控制能力二者之一的有无或缺损与否,作为判定责任能力的心理学或法学标准的制度,采用此制度的有瑞士、波兰、日本、美国、苏联等国。齐备制,是指以辨认能力和控制能力同时有无或缺损与否,作为判定刑事责任能力心理学或法学标准的制度,如意大利、波兰等国。

⑤ 参见黄京平《限制刑事责任能力研究》,中国政法大学出版社,1998,第18—26页。

有在具备辨认能力和控制能力的前提下，才对自己的犯罪行为承担相对的或完全的刑事责任。

　　既然刑事责任能力是一种犯罪的行为能力，是一种罪责要素，少年的刑事责任能力也不能理解为一般意义上的行为能力。基于少年主体的特殊性，少年的刑事责任能力又有其自身特点，笔者将其归纳为获得性、渐进性、有限性和差异性。首先，判断责任能力有无的辨认能力和控制能力可能因精神障碍而丧失，也可能因身心的成熟、知识和社会阅历的丰富等而获得，因此，对于少年来说，刑事责任能力是一种获得性能力。其次，这种获得性能力并非一蹴而就，人对客观事物及其规律性做出的判断所包含的必然性成分愈多，表明其意志自由的程度就愈强，其能力也就会随着身心发育和其对现实的接触而逐渐获得，这就反映了辨认能力和控制能力获得的渐进性。再次，与成年人的刑事责任能力相比，少年的刑事责任能力又是有限的，只有少年进入成年期后，其责任能力才达到完全的成熟，才能与成年人承担起同样的刑事责任，这一点是14—18岁被控少年的刑事责任得以减轻或从轻处罚的根据。最后，在能力发展的历史过程中，个体又因生理、心理、行为等特点以及群体的文化、历史、经济、社会和自然环境等特征，在刑事责任能力的获得程度上会有所差别。就个体而言，其因生理、心理的发育程度不同，在行为上会体现出辨别和认识能力的高低，这一点可以看作不同年龄段承担不同刑事责任的重要根据之一；就群体而言，因一国的自然环境、社会环境和人文环境的不同，国与国、民族与民族之间刑事责任能力的获得早晚和发展也会有所不同，这一点可以看作国与国刑事责任年龄和责任承担有异的根据之一。刑事责任能力获得的渐近性和获得程度上的差异性等特点，要求司法实际部门结合未成年行为人实施的具体危害行为，及其成长过程判定其辨认能力或控制能力丧失或削弱的状况，其承担责任的范围也仅限于那些明显而又重大的故意危害社会的犯罪行为。基于被控少年在刑事责任能力上具有获得性、渐进性、有限性和差异性的特点，在立法上有必要对其刑事责任能力做不同的等级划分。划分的等级包括二分制、三分制和四分制。二分制将被控少年的刑事责任能力分为无责任能力和完全责任能力；三分制将少年的刑事责任能力分为无责任能力、相对有责任能力（减轻责任能力或薄弱责任能力）和完全责任能力；四分制将少年责任能力分为绝对无责任能力、相对有责任能力、减轻责任能力和完全责任能力。无责任能力指因年幼全无法律上的辨认和控制能力，其行为不存在刑事责任问题。相对有责任能力介于完全无辨认和控制能力和具有完备的辨认和控制能力之间，经法律规定或经事实证明，其对某些行为的事实意义和法律意义有一定的辨认和控制能力，因而应对这些规定或被证明了的犯罪行为承担刑事责任。完全责任能力是指达到一定年龄，精神状态正常，具有与成年人等同的辨认能力和控制能力，对其犯罪行为负完全责任。减轻责任能力指承担相对责任和完全责任的少年，因其未达成年年龄，能力上毕竟有别于成年人，因此，各国刑法都有对这些人减轻处罚的规定。从责任能力的程度上来说，其对于完全刑事责任能力和无刑事责任能力的划分争议不大，但对相对刑事责任能力或部分责任能力却有不同的理解，它们不仅用语上存在差别，而且立法方式也有所不同。

（2）刑事责任年龄的确定。刑事责任年龄指刑事法律规范规定的少年行为人对自己所实施的行为承担刑事责任必须达到的年龄。刑事责任年龄的划分体现了少年责任能力的强弱。① 尽管刑事责任年龄的规定有僵化和简单划一等缺陷，但它对于责任的判定又是必不可少的。刑事责任年龄如何确定因不同时代、地域而有所差别。首先，随着社会的发展，刑事责任年龄确定的标准也在发生了变化；其次，确定刑事责任年龄标准不能靠主观臆断，而要依靠医学、心理学、社会学、法学等学科的研究成果，根据少年不同年龄段的成熟情况，制定科学的刑事责任年龄标准。最后，是刑事责任年龄的确定性问题。尽管人的发育和成熟程度会因其生活环境的不同而有所差异，但就具体国家来说，其必须有一个确定的刑事责任年龄的规定，这是由法律的明确性、公正性等特点所决定的。最低年龄限度取决于各国本身的法律制度，确定少年刑事责任的最低年龄是现代少年刑事立法的基本做法。北京规则强调"在承认少年负刑事责任的年龄这一概念的法律制度中，该年龄的起点不应规定得太低，应考察到情绪和心智成熟的实际情况"。"如果将刑事责任的年龄规定得太低或根本没有年龄限度的下

---

① 比如，我国刑法规定，14—16 岁为相对刑事责任年龄段，对刑法规定的 8 类犯罪承担刑事责任，未满 14 周岁的儿童不承担刑事责任，而 16 周岁以上的被认为具备了犯罪的行为能力，应当承担完全的刑事责任。

限，那么，责任概念就会失去意义。"①

　　刑事责任年龄是如何确定的，划分的根据或形成责任年龄差异的原因是什么？对这些问题的研究和探讨有利于确定正确的、符合实际的刑事责任年龄。刑事责任年龄是对刑事责任能力的法律认识，但刑事责任能力并不等同于刑事责任年龄，刑事责任能力的内涵价值比刑事责任年龄要有限得多，刑事责任能力体现人的身心素质状况，而除此之外，刑事责任年龄还反映不同国家政治、经济、文化、教育的发展水平以及对待少年违法犯罪的刑事政策，各国刑事责任年龄之所以千差万别是综合因素作用的结果，不能强求一律。刑事责任年龄的制定，有生理和心理、历史文化和社会、政治及经济发展状况多个方面的依据。

　　从生理和心理发育角度看，在科学不发达的年代里，刑事责任年龄的确定与青春期有密切的关系，未达青春期年龄的孩子被视为犯罪不能。随着 19 世纪自然科学和社会科学如生理学、医学、心理学、社会学等的发展，"儿童不能预谋犯罪"这一古谚有了科学依据。刑事责任年龄的确定不仅和青春期这一生理年龄结合了起来，还和心理成熟期结合了起来。研究表明，少年的身体和心理发展有顺序性、类型性和个别差异性的特点，因而就有了刑事责任年龄的开始（10—14 岁）和完全刑事责任年龄（16—20 岁）。② 从历史文化的角度看，有的国家历史上刑法规定的刑事责任年龄偏低（印度为 7 岁）就是历史沿革的结果；还有的国家认为结婚为成人的标志，其法定婚龄偏低也导致刑事责任年龄相应偏低。政治、社会发展对刑事责任年龄的确定也有影响，比如，在人权张扬的时代，少年刑事政策趋向于轻缓，刑事责任年龄有可能倾向于提高。

　　2. 事实性认识和违法性认识

　　确定刑事责任根据的认识因素包括事实性认识和违法性认识。前者指不需要评价的客观事实，如"年龄"、"书"；后者指需要评价的事实，如"刑事责任年龄"、"淫书淫画"。但是，存在事实性认识并非一定存在违法性认识，认知正确，评价不一定正确，对需要评价的事实的认识直接影响着行为人对法律禁止性的理解，对事实评价不正确正说明行为人对其行为

---

① 《联合国少年司法最低限度标准规则》第 4 条。
② 参见曹漫之主编《中国少年犯罪学》，群众出版社，1988，第 81—90 页。

违背法律的不知或误解。在处理行为人对法律的不知和误解时有四种立法模式①：①规定对法律的不知或误解不影响刑事责任，如意大利、加拿大的刑法；②规定对法律的不知和误解在一定情况下可以减轻、免除刑罚，如瑞士、日本的刑法；③规定对法律的不知和误解在一定情况下免除刑事责任，如联邦德国、奥地利、挪威的刑法；④刑法中没有规定，而委于学说和判例解决，如法国、英国、瑞典。还有的国家没有关于违法性认识的规定，却规定行为人对社会危害性要有认识，我国即采此种规定模式。这样一来就涉及违法性认识和社会危害性认识的关系问题，特别是在少年犯罪中，社会危害性认识和违法性认识经常是脱离的，如在社会危害性与违法性认识相分离的场合，只要行为人有违法性认识就可以了。有人认为，只要行为人认识到其行为将给被害人造成危害结果，就说明行为人对社会危害性有认识，这种对社会危害性的判断对成年人来说或许是恰当的，但是对于少年来说就未必如此了。一定年龄以下的少年的认知能力发育还不完全，对剥夺他人生命、性权利受到侵犯等给被害人带来的身心痛苦也不能完全理解。因此，他们对所谓的社会危害性的认识是模糊的，成年人不应把自己的认识强加给少年。再者，社会危害性只是立法的指导性观念，在刑事司法中，强调根据危害性处理案件而忽视违法性认识，则有破坏法治的危险。追究刑事责任要求有事实性认识和违法性认识，社会危害性认识不能作为刑事归责要素。"只有在违法性认识支配下所实施的违反规范的行为，才能看成是人对规范的违反。只有在能看成是人对规范的违反时，才能对人进行道义上的谴责和非难，才能追究人真正意义上的刑事责任，这乃是责任刑法的根本原则。"② 对于法律的不知或误解在探讨被控少年的刑事责任时值得特别注意，因为少年太容易发生对法律的不知和误解了。犯罪少年的认知缺陷是法律观点、法律信念和立场缺失造成的，这也就形成了不符合法律指示行为的可能性。③

　　3. 期待可能性理论

　　对发端于德国的期待可能性理论究竟如何理解以及如何判断一直存在

争论。期待可能性理论追求的是具体的正义，目的是把那些不幸陷入某种恶劣境况中的行为人从责任的追究中解救出来，是在法律上对人类普遍的脆弱性表示尊重，所以，一般的观点认为，期待可能性是指可以期待行为人实施合法行为的客观外部情状，而该合法行为能否实施则以行为人本人的能力为判断标准，而不应该以期待一方的国家或法律秩序为判断标准。在考察少年人是否有期待可能性时，具体的外部情状是一个考虑因素，更重要的是以少年人的能力判断期待可能性的有无。这里涉及期待可能性和刑事责任能力的关系问题，前者着眼于环境的、社会学方面的关系，后者侧重素质的、生理学方面的关系。从刑罚上看，二者在阻却行为人的责任上具有同一效果。责任能力的大小会影响期待可能性的程度，心神健全者和发育不全者（或心神耗弱者）相比，前者更令人期待，因此，应当根据行为人的具体能力判断期待的程度。期待可能性尽管是对行为人主观选择的期待，但与故意和过失不同，不是行为人的主观心理要素，而是从规范的角度对处遇具体情状下行为人主观选择的评价，属于客观性归责要素。

（四）理论悖反

少年刑事责任与普通刑事责任之间有着责任根据上的一致性，但存在刑事责任目的、要素、原则、主体、实现方式等具体内容上的差异性。这种差异性就是这里所要谈到的少年刑事责任理论对传统刑事责任理论形成的悖论。所谓"悖论"，并不是说少年刑事责任理论是与普通刑事责任理论完全不同的另一套理论体系，恰恰相反，它是立足于传统刑事责任理论之上的，但因未成年主体的特点，又与传统刑事责任的某些方面形成了矛盾和冲突。下面拟通过对少年刑事责任的目的、责任要素方面的理论悖反，以及少年刑事责任的特别原则的分析，探讨这些悖论对传统刑事责任理论形成的挑战。

1. 罪刑相适应原则的理解

在被控少年的刑事责任制度中，传统道义责任的罪刑绝对而机械的均衡原则失去了它原有的意义。少年行为人的责任能力受到其身心发育和生活环境的限制，追究刑事责任的目的更多的是教育和救治犯罪少年，以与少年的福祉相适应为最终目的，刑罚固有的报应成分不再被看作道义或伦理的谴责，而是惩罚的内在属性。因此，对少年犯罪的案件并非有罪必有刑事责任，有责必有罚，而是采取尽量轻的刑罚或非刑罚的方式实现刑事责任；人们追求的不再是罪刑均衡体现出来的形式上的平等，而是针对不同违法犯罪少年个体而采取不同的处遇措施的实质平等。关于罪刑均衡，加罗法洛早就指出，均衡的古老标准应让位于适应的标准。他认为应当通过调查分析犯罪生活的环境、罪犯对社会生活的适应性、犯罪原因、犯罪的后果等因素，确定适用的刑罚。① 少年生理和心理的特点决定了他们对外部世界比成年人表现出更大的依从关系，因此，在刑事责任的负担上应该采取救治的方法并与少年的福祉相适应，更多考虑少年所受刑罚应当与其犯罪能力相适应。在少年司法中，只有考虑少年的主体因素和社会心理等方面的特点，才能实现真正意义上的罪与刑的均衡。

2. 刑事责任主体的法律限定

一般情况下，根据刑事责任年龄将刑事责任主体划分为三类：不负刑事责任者、相对负刑事责任者和负完全刑事责任者。在当代少年刑事责任制度中，即便达到了一定年龄也未必需要对全部的犯罪行为承担刑事责任。比如，我国《刑法》规定 14—16 岁的少年，只对《刑法》所列举的 8 类犯罪承担刑事责任，这也就意味着，他们对这 8 类犯罪行为之外的犯罪是不承担刑事责任的。

3. 广义刑事责任概念对"罪－责－刑"关系的解构

普通刑事责任制度要求在主客观相统一的情况下，行为人就要承担刑事责任，其主观罪过包括故意和过失。而在被控少年的刑事责任制度中，相对负刑事责任的主观罪过只考虑故意，而对过失触犯刑法或实施了相对负责任以外的行为（如"盗窃"），或经证明其不具备所犯罪行的行为能力时，将不予以刑事惩罚。立法上的非刑罚化趋势使得传统的"罪－责－刑"逻辑结构受到冲击，少年的危害行为因未达法定年龄而阻却了责任，不予刑事处罚，但是，不排除对其危害行为施加非刑罚性的法律后果。被控少年的刑事责任的实现方式不再是单一的刑罚方法，而呈现多元化的态势，有犯罪行为并不必然产生刑事责任，有刑事责任也并不必然适用刑罚。

4. 被控少年刑事责任的实现方式

从古迄今，刑罚就是承担刑事责任的基本的、主要的，也是最严厉的

---

① 参见〔意〕加罗法洛《犯罪学》，耿伟、王新译，储槐植校，中国大百科全书出版社，1996，第 262—274 页。

方式。近现代开始采取非刑罚方式承担刑事责任，一是出于公正和人道，二是从功利和秩序的角度看，刑罚无论对个人还是社会代价都是高昂的。更重要的是，刑罚并不是万能的，不能从根本上消除犯罪。联合国倡导少年司法采取综合性政策，各国在制定少年对策方面也进行了一些新的尝试，如美国少年案件的单独审理、日本和英国的少年感化院、德国处理少年案件的特殊机构。本节拟从刑罚和非刑罚两方面阐释被控少年刑事责任的实现方式。

（1）刑罚方式。英国"波尔斯坦"制度（Borstal System）为少年行刑法的滥觞。该制度为英国 1908 年《犯罪预防法》所规定，该法规定：在成年和幼年之间的青年人（16—21 岁），对于其常习犯和危险犯，认为有拘禁以资矫治的必要的，可宣告 1—3 年的有期刑，拘禁于波尔斯坦院，在严格纪律约束下，实施工业教育。但少年犯和成年犯的审理应有所不同，非迫不得已不用刑罚，为避免濡染恶习，使其易于改过迁善，行刑的方法也应有所不同。① 德国学者雅科布斯（G. Jakobs）指出，"责任是量定刑罚的条件"。② 那么，在少年刑事司法中，如何确定未成年行为人应当承受的痛苦和惩罚的度？刑事古典学派以报应论作为基础，以符合正义和道德的要求作为追究刑事责任的目的。学者们对报应主义正当性问题的论争分为截然相反的两派：报应是正当的还是不正当的。刑事社会学派更看重刑罚的预防功能，指出惩罚的正当根据在于它带来的社会利益，即功利，并为刑罚设定了三个目标：威慑、剥夺和矫治。矫治是功利主义刑罚最富有魅力的一个目标。一般认为，矫治刑罚的思想起源于边沁。他认为应当以尽可能小的代价防止犯罪。而对犯罪人进行有效的矫治无疑是防止犯罪的方法之一。③ 约翰·霍华德（Juhn Howard）也认为矫治是预防犯罪的最好方法，他说："运用刑罚遏制犯人收效甚微，除非你通过培训使他们变好。"④

---

① 参见林纪东编《少年法概论》，国立编译馆、正中书局印行，1972，第 21 页。
② 〔德〕格吕恩特·雅科布斯：《行为责任刑法——技能性描述》，冯军译，中国政法大学出版社，1997，第 1—3 页。
③ 参见樊风林主编《刑罚通论》，中国政法大学出版社，1994，第 72 页。
④ 转引自〔美〕李查德·霍金斯《美国监狱制度——刑罚与正义》，中国人民公安大学出版社，1991，第 218 页。

刑罚矫治论还提出了像对待病人一样对犯人进行治疗的"医疗模式"①。但报应主义和功利主义都因其刑罚观中包含的自身无法克服的问题而缺乏说服力，比如，报应主义的机械性、功利主义三大目标之间的冲突等，而在法学理论上引起颇多争议并对立法、司法的指导起落不定。近代刑法在发展中又产生了责任主义。"责任原则"认为，之所以惩罚行为人是因其有责地实施了违反刑事义务的行为；惩罚的分量应与行为人应受谴责意义上的应当承担的责任相适应。这样既满足了正义要求，又起到了刑罚预防犯罪的目的。

我们认为，即便是在少年刑事司法中，实现刑事责任也避免不了适用刑罚方法，然而，对少年的刑罚必定和成人的不同，一般意义上的刑罚观不能直接被套用到少年的刑事责任理论中来。首先，刑事古典主义的报应论主张用犯罪来量定刑罚，而在少年犯罪中，犯罪原因是多种多样的，犯罪并非完全少年个人的责任，报应论对少年来说既不公平也无效果。但是，刑罚本身又带有报应的属性，二者是不可分的。其次，功利主义的防卫理论认为，惩罚的目标在于威慑、剥夺和矫治。前文已述，在被控少年刑罚制度中，一般预防的作用微乎其微，剥夺只是暂时使罪犯失去犯罪能力，犯罪尽管表现为某种行为，但本质上还是心理问题，剥夺不解决根本问题。在少年矫治制度中，尽管成人司法的"医疗模式"实践失败了，但是，对于心智发展不成熟的少年来说，矫治仍然具有广阔的适用空间。少年刑罚目的与普通刑罚目的有所不同，原因就在于少年走上犯罪的道路不是自身的过错，而是其发展不良的必要代价和社会的原因。所以，教育和救治才应当是被控少年刑罚所追求的根本目的。当然，刑罚有谴责、教育、救治、防卫社会等多重功能，过分倾向哪一方面都会使刑罚功能受到损害，导致刑事政策的不适当偏移。

（2）非刑罚方式。被控少年的刑事责任的承担不仅只强调刑罚制裁，更主要的是非惩罚性的教育和救治，采取最有利于少年复归社会的特别处遇原则。其根据显而易见，少年在心理、生理以及发育上的特殊性决定了

---

① 参见冯军《刑事责任论》，法律出版社，1996，第108页注①。20世纪70年代中期，医疗模式在许多矫治机构中受到冷落。随着"医疗模式"的衰落，又出现了转而采用报应主义的"公义模式"：刑罚目的上放弃"社会复归"，采用"报应"和"抑止"；废止不定期刑和个别处遇，实行统一化的量刑。

他们并不具备完全辨别是非的能力和自我控制能力，更容易受到社会不良环境的侵蚀，在行为上表现为对抗传统道德规范和反社会规范，也包括法律规范。所以，在实现被控少年的刑事责任的过程中贯彻特别保护原则是其目的所要求的。早在 1899 年，美国伊利诺伊州的《少年法庭法》就规定对犯罪少年的惩处根据最有利原则，法庭可以把该儿童交给依法为照管违法少年而设立的机构，还可以交给愿意接收的社会团体进行照管。① 《儿童权利公约》、北京规则等国际文书也对非刑罚方式加以了肯定。非刑罚处置措施包括训诫、具结悔过、赔礼道歉、赔偿损失、收容教养和收容教育等。

（3）特别处遇方式。20 世纪以后，大多数西方刑罚学者赞成目的刑主义，尤其是特别预防主义所强调的刑罚的目的在于防止再犯罪、促使罪犯改过自新的主张，认为报应并非责任实现的终极目的。这之后，特别预防论演变成教育刑论。教育刑论在少年刑事司法中的适用是建立在少年具有可塑性的理念基础之上的；在强调可塑性时，就必须给予触法少年以优良的指导和影响，避免刑事司法过程以及标签作用等不良因素对少年的影响和伤害。因为，少年司法权毕竟是一种国家权力，司法权的运作过程实际上就是贴标签的过程，公众对司法的片面理解，更强化了这种标签作用。鉴于此，很多国家的少年司法政策，尽可能地避免单纯以报应或防卫社会为目的的严刑峻法，多倾向于以非监禁性处遇代替监禁性措施，以社会处遇代替机构内处遇，促使刑罚更人道、更宽和。这其中有几项制度颇具代表性，比如少年违法犯罪矫治制度、少年观护制度、少年保安处分制度。矫治制度本章在第一部分已经做过详细的介绍，此不赘述，拟就后两项制度展开讨论。

少年观护制度是非监禁性处遇的典型代表。从其发展历史看，观护制度是因为司法实践的需要逐渐形成的，它在发展的早期，并没有制度化的史实可供查寻。除了刑罚理念的更新，特别是教育刑的兴起作为这一制度发展和完善的深层理论基础外，一般的观点认为，近代观护制度起源于英国普通法，在美国得到迅速发展，之后被其他国家吸收与发展。因为观护的方法在少年司法中适用的效果显著，被各国少年司法制度广泛借鉴，而

---

① 参见康树华、赵可《国外青少年犯罪及其对策》，北京大学出版社，1985，第 92—93 页。

成为处置少年违法犯罪非监禁处遇的基本方式。观护制度有三种适用形式。①正式审判程序的延缓。观护人在审理期日之前通过全面调查，综合各类数据，进行科学和系统的个案研究，并向法庭提供详尽负责的报告，法庭认为可以暂时停止诉讼，则交付观护处分。②刑罚宣告的暂缓。定罪之后，听取了观护人的意见，为激励被告人勇于改过自新，将其应负担的刑事责任暂缓宣告，交付观护，同时与少年犯罪人的法定代理人或其他保护人协商，以促其善尽监护的责任。③执行的暂缓。执行的暂缓是附条件的停止执行刑罚，而以观护代之。即便是那些已经执行刑罚而因表现良好提前释放或假释的少年，对其未完成的刑期也可进行观护，以促使其长久保持善行，防止再犯，因此，其又有保护管束的性质。因此，观护制度就是基于仁爱悯恕的人道主义理想，由特定具有专长的人员，运用行为科学的知识和方法，并于维护人性尊严的前提下，对可期改善的偶犯、轻罪犯或少年犯等，利用缓审理、缓宣告或缓执行的犹豫期间，在收容机构以外附加条件，以个别化、科学化和社会化的原则，予以合理的救助、指导和监督，以期其转移心性，变化气质，复归社会正常生活的一项非监禁处遇制度。① 观护制度有两个要素：指导和监督。前者的目的在于诱导向善，后者的目的在于防止堕落。从本质上看，该制度是福利制度、辅导制度和刑罚制度结合的产物，更因其是用人道的方法消除受观护者的恶性，使其获得安宁的社会生活并促进和维护社会的安定，又被称为"人道的社会防卫"。作为对科处自由刑的替代处分，观护制度在内容上有如下特点。①是一种非监禁性处遇方式。该制度不仅适用于罪犯，其对象还涉及在法律上并未构成犯罪的人，在少年刑事法领域，还包括那些仅有犯罪危险性或需要特殊照顾、辅导或监督的少年人。严格地说，这种制度与其说是对犯罪的处遇方式，还不如说是防止少年犯罪的措施或促进行为失调者重返社会生活的措施。②是法院自由裁量权在个别化处遇原则中的体现。观护处遇的实施需要法院根据个别行为人的需要，在法律规定的框架内行使其自由裁量权。③它有"附条件的暂停执行"的性质，既可用作停止刑事诉讼的方式、停止正式判决的方式、停止科刑的方式，也可用作科刑之后暂停执行的方式，但是并不是"免刑释放"，如果被观护人在观护期间违反

---

① 参见房传珏《现代观护制度之理论与实际》，三民书局，1977，第 4 页。

应遵守的事项或犯新罪，原刑仍要保留。④它作为罪犯"社区处遇"的方式之一，允许受观护者有正常的社会交往，为的是促使他们改过迁善，尽快成为自力更生的守法公民。⑤除保护管束的监督外，观护人还有受案、个案研究、调查、介入诉讼等职责。这里的观护监督重在培养监护人和受观护人间的个人关系，以教育、矫治和改善为目的。①

观护制度的功能表现如下。①观护制度能够在一定程度上弥补传统刑罚不足之功能。该制度追求的是在人道和宽和的方式下实现刑罚目的，最终是为了使触法少年改过自新，复归社会，而不是与社会相隔绝。②防止短期自由刑的弊端。短期自由刑按国际标准指 3 个月或 6 个月以下的自由刑。短期监禁刑有诸多缺陷，如难以使犯罪人得到教育改善、没有威慑力、易感染恶习、增加人身危险性、使行刑工作负担过重等。②③实现特殊预防。观护制度的使命在于改造触法者的恶性，运用监督和指导的手段预防其再犯，实现社会防卫。受观护人依旧生活于自由的社会中，接受辅导以适应其生活的环境，达到重新做人的目的。另外，观护制度还可以弥补家庭和学校教育的不足，观护人的扶助、知识和情感教育有利于培养其和谐、平衡的情感。经实践证明，观护改善的效果优于监禁。比如在美国，观护处遇的人中有 75% 收到了效果，并能节省相关费用。在纽约，每拘禁一名犯人所需的费用是观护费用的 18 倍。③④实现刑罚经济。观护是以改善的可能性为前提，以审前调查为依据的，因此，比盲目的报复更能获得可靠的效果。同时被观护人还因其非监禁，仍能继续其学业或职业，不影响前途发展，从而照顾到被观护人的尊严，免其日趋堕落。

保安处分 1893 年由瑞士刑法学家斯脱奥斯（C. Stooss）纳入刑法。1900 年英国在少年法中确立了保安处分。④保安处分也是司法实践发展的产物。保安处分原有行政法上的保安处分和刑法上的保安处分之分。刑法上保安处分又有广狭之分。广义上指刑罚以外用以补充或代替刑罚的各种处分，有对人和对物两种；狭义的保安处分指以保卫社会安全并特别预防

---

① 参见丁道源编著《中外观护制度之比较研究》，中华文化复兴运动推行委员会、中央文物供应社，1983，第 1—8 页。
② 参见张明楷《刑法学》（上），法律出版社，1997，第 421 页。
③ 参见房传珏《现代观护制度之理论与实际》，三民书局，1977，第 14 页。
④ 参见高仰止《刑法总则之理论与实用》，五南图书出版公司，1986，第 600 页。

为目的而对具有人身危险性的人所采取的矫治、教育、医疗或保护等方法，是由法院宣布的司法性质的处分。适用对象是实施了危害行为但无刑事谴责性的人（如精神病患者、未达刑事责任年龄者）和有责任地实施了危害行为但已受到惩罚的人（如出狱的常习犯、累犯）。关于保安处分的性质有新旧两派之争。旧派主张报应刑理论，认为刑罚的本质是基于道义责任的报应，科刑是对责任者的非难，而保安处分是对社会有危险性的人的特别预防措施，二者性质不同。新派主张目的刑理论，认为刑罚的目的在于防卫社会，保护法益，并对行为人加以教育、改善，使之与社会同化，所以与保安处分在本质上并无差别。但是，严格来说，保安处分并非刑罚，二者有区别，也有相同点。保安处分与刑罚的共同点在于：①都有防卫社会的目的；②对于已犯罪者的制裁情形相同；③都是剥夺或限制犯人的权益；④都是具有司法性质的处分，并应依法实施；⑤都有停止执行处罚的规定，刑法有假释，保安处分有停止执行的规定。从本质上看刑罚与保安处分的区别表现如下。一是刑罚以痛苦为要素；保安处分是改善和教育，不以痛苦为要素。二是刑罚以违法性为前提、有责性为基础；保安处分以危险性为根据。三是刑罚有双面预防的作用；保安处分仅有特别预防的功利作用；四是刑罚对于犯人科以道德和社会的多重责任；保安处分仅对其科以社会责任。从适用上看二者的区别表现如下。①其量刑和服刑期在法律幅度内伸缩；保安处分是不定期主义。②刑罚有撤销假释的规定，而后者一旦免除就没有再执行的必要。③未决羁押折抵刑期的规定不能适用于保安处分。例外是少年收容或羁押期限可以折抵少年感化教育的期间。④刑罚适用的对象是对刑罚有感应性的犯人，保安处分适用于缺乏刑罚感应性的人。⑤刑罚以剥夺服刑人员法益为内容，保安处分以教育改善为目的。⑥刑罚有法定原因可以加重，保安处分无加重规定。⑦刑罚的时效制度不适用于保安处分。⑧刑罚有大赦、特赦，保安处分没有。⑨在执行上，执行方法不同，场所也有异。[①] 保安处分虽非刑罚，但它的效力却可以拘束受处分人的自由，该制度若运用不当，不仅不足以防卫社会，反而侵犯了人权，演变为不良制度。所以，各国对保安处分的宣告，为慎重起见都委托法院管辖，由法院裁判执行。

[①]   参见高仰止《刑法总则之理论与实用》，五南图书出版公司，1986，第595—598页。

对保安处分种类的规定最为详细的是意大利刑法。各国的保安处分总括起来大致包括：感化教育、监护处分、禁戒处分、强制劳动、强制监管、强制治疗、强制监禁、强制工作、保护管束、驱逐出境等。适宜于少年的保安处分措施大致如下。①感化教育。特殊教育有针对低能、残疾、疾病、不良或犯罪等幼年及少年而设的多种形式的教育。少年感化教育是特殊教育之一种，是对于具有反社会性的少年，因其绝对或相对不负刑事责任，或因其行为特征有犯罪危险时，为矫治其犯罪性或不良习性，而将其收容于特设处所，施以教化及训练。其内容包括身体训练、道德训练、性格陶冶、智识增进、职业训练等。少年感化教育是教育的改进，是以此来补足父母和一般学校教育未能针对特殊少年所担负的教养责任，而由国家担负的综合性特殊教养，其特点是保安性、保护性和教育性，不具有惩罚性。国外感化教育执行机构被称为训导学校、工读学校、少年矫治院等。感化教育的对象一是刑法规定的对象，如不具有承担刑事责任能力的少年；二是少年法规定的对象，如犯罪少年、虞犯少年等。②禁戒处分。禁戒是禁止并戒除不良嗜好的处分，有治疗矫治的性质，对象包括染有烟毒瘾癖的少年、有酗酒习惯的少年。③强制治疗。如少年的身体或精神状态有明显缺陷，令其到相当的场所予以治疗，不限于有性病或麻风病等一类传染病，是对少年的一项特别保护措施。④保护管束。对于某些被观护人，不拘束其身体自由，只命令其遵守一定事项，而由观护人予以适当的指导和监督。少年在缓刑期内，应予以保护管束。对少年的缓刑条件应较之成人为宽，而对于交付少年保护管束的条件却是义务主义的。少年假释的情形也如此，假释中的保护管束也是义务主义的。少年保护管束机构包括：少年福利机构、警察机构、慈善团等。

（五）　国外关于被控少年刑事责任的立法特点

越来越多的研究者认为，以少年作为刑事责任主体时，无论在立法上还是司法实践中，都要关照这一主体的身心发育状况，考察其是否具备了刑法意义上的辨别能力和控制能力。而少年的身心发育，以及他们的辨别和控制能力的形成又与一个国家的经济和文化发展水平、少年接受教育程度等因素相关，正是这些因素的相互作用，以及该国的法律传统和刑事政策导向的关系，使得各国关于被控少年的刑事责任规定呈现自身的特点。

1. 刑事责任能力划分与年龄确定

从犯罪构成的角度看，被控少年在普通法系和大陆法系中的地位大抵相当。在英美刑法中，未成年被作为抗辩事由之一，为责任充足条件。犯罪本体要件（犯罪行为和犯罪心态）和责任充足条件构成英美刑法犯罪构成的双层模式。德日等大陆法系刑法中，未成年被作为违法阻却或责任阻却条件之一，犯罪行为除了满足构成要件符合性外，还要有违法性和有责性，后两者在内容和功能上大致相当于英美刑法中的责任充足条件。德日犯罪构成的三元结构和英美犯罪构成的双层模式，在实质上都反映了责任追究范围逐步收缩的定罪过程，而未成年恰好就是这个过程中的一个收缩口。这个收缩口的收缩力度根据的正是少年的生理、心理状况。少年身心状况在刑事责任中的意义，体现在刑事责任能力的强弱方面。被控少年的刑事责任能力的强弱通过获得性、渐进性、有限性和差异性的特点表现出来，导致各国在刑事立法上，对刑事责任能力也有不同的等级划分。

正是因为被控少年在刑事责任能力方面所具有的特点，各国都有对年幼者不予处罚或减轻处罚的规定，把未成年作为免责条件或阻却责任的合法辩护事由。美国刑法通常把合法辩护事由作为责任能力的下位概念，实际内容相当于大陆法系刑法中的违法阻却和责任阻却。这也可以从反面说明，要追究某行为的刑事责任，除该行为要符合犯罪的本体要件外（行为和心态），还应当不存在合法辩护的余地。合法辩护的核心内容就是说明形似犯罪但实质上不是犯罪的事实情况和理由。包括两类：一类是"可得宽恕"，如未成年、精神病等，相当于大陆法系刑法的责任阻却；另一类是"正当事由"，如紧急避险、正当防卫等，相当于大陆法系刑法的违法阻却。二者的主要区别在于，可得宽恕的情况下，行为人一般不认识自己行为的性质，但在客观上其行为却有害于社会，免责的依据在于特殊的行为个体。① 而正当事由免责的依据则在于法律规定。未成年作为免责条件或阻却责任的辩护时，可从如下两方面进行。一是作为免责辩护事由从而免除刑罚。免除刑事责任和因未达刑事责任年龄而不负刑事责任有着本质上的区别，免责辩护有刑事责任问题，只是出于刑事政策与社会功利性质

---

① 参见储槐植《美国刑法》，北京大学出版社，1996，第89—90页。

的考虑，对行为人宣告免除法律规定的刑罚，并只能经审判法院裁判决定。所以，不负刑事责任通常有两种情况，一种是因未达刑事责任年龄而无刑事责任；另一种是因免责辩护得到宽恕而不负刑事责任。如《俄罗斯联邦刑法》中有一种情况就是对于14—16岁少年的犯罪，可因其与精神病无关的心理发育滞后而免除刑事责任。对于实施了危害行为而不负刑事责任的少年，均不影响对其采取强制性教育和救助措施。该法还规定，免除刑罚但可适用教育性强制措施，或安置到专门的少年教育或医疗教育机构。1998年修改的《德意志联邦共和国少年法院法》第7条规定，普通刑法规定的矫治及保安处分，如安置于精神病院或戒除瘾癖的机构等规定，同样可适用于少年罪犯。二是作为减刑或从轻的宥恕理由。随着自然科学和社会科学的发展，人们认识到，少年的生理和心理特点决定了他们对外部世界比成人表现出更大的依赖关系，犯罪少年具有害人和受害的双重性，处理上应当减轻责任。美国刑法规定，对未达到成年的少年的刑事案件，可作"减刑辩护"。法国早期的刑事制度就有对少年应从轻和减轻的规定，并规定在任何情况下，所判刑罚均比成年人的刑期短。如1945年法令确定，将处罚从轻原因扩大适用于16—18岁。后来的《新刑法典》保留了"从轻量刑"，还规定，当少年应受自由刑时，刑期不得超过规定刑期的一半，这是基本原则。另外，刑事有罪判决都可以附带"监视自由"的措施，包括违警罪。因为，在法国刑法中，少年的刑事责任不仅是从法律的角度做出的安排，而且是从犯罪学的角度做出的安排。[①] 除了规定对少年实行减轻刑罚外，多数国家还规定对少年不得适用终身监禁和死刑。

　　国外对被控少年的刑事责任年龄的具体应用有三种情况：①不规定具体的刑事责任年龄，如比利时、荷兰、西班牙等国；②少数阿拉伯国家依照《古兰经》，根据行为人具体的生理和心理情况加以确定；③大部分国家在法律中确立了刑事责任年龄，[②] 但年龄大小却千差万别。普遍认为，一定年龄以下的少年是没有犯罪能力的，对他们的行为不应承担刑事责任。但是，这个年龄的确定又与各国的历史文化发展，甚至政治博弈相联

①　参见〔法〕卡斯东·斯特法尼《法国刑法总论精义》，罗结珍译，中国政法大学出版社，1998，第410—411页。

②　参见张晓秦、赵国玲主编《当代中国的犯罪与治理》，北京大学出版社，2001，第389页。

系，比如，同是在欧洲，关于刑事责任年龄的规定就有明显的差异，见表 9 - 1。①

表 9 - 1　欧洲国家刑事责任年龄一览

单位：岁

国家	责任年龄	国家	责任年龄
比利时	18	奥地利	14
卢森堡	18	法国	13
葡萄牙	16	荷兰	12
西班牙	16	希腊	12
丹麦	15	英格兰和威尔士	10
瑞典	15	北爱尔兰	8
芬兰	15	苏格兰	8
德国	14	爱尔兰	7
意大利	14		

这些数字只反映了社会和历史的一个侧面，并且这些侧面也是在不断变化的。如在英格兰和威尔士刑事责任年龄为 10 岁，但是法律又同时推定 14 岁以下的儿童也是"不能够有犯罪意图"的。如果追究该年龄段少年的罪责，公诉方必须提供嫌疑人已经意识到他们的行为具有"严重的危害性"的证据。但是，在 20 世纪 90 年代中叶，这个自 14 世纪以来就体现于法律中的"无犯意能力"理论受到了各方面的非难。1998 年，英国《犯罪和违反秩序法案》（*Crime and Disorder Act*）废除了 10 岁以下少年无犯意能力的规定，但从保护儿童的角度引入了 10 岁以下儿童宵禁制度，以防止他们陷入成为未来罪犯的危险。

2. 各刑事责任年龄段适用的不同规则

很多国家已经或趋向于将被控少年的刑事责任分为三个阶段，各年龄段适用不同的刑事责任规则。

（1）任何情况下完全无刑事责任。西方最早对刑事责任年龄有规定的法典是《查士丁尼法典》，其规定男孩刑事责任年龄为 14 岁、女孩为 12

---

① 参见 J. Muncie, *Youth and Crime: A Critical Introduction*（SAGE Publications, 1999），p. 255。

岁。20 世纪中叶，英国 1963 年《儿童和青年人法》根据少年的心理发育特点，将刑事责任年龄统一确定为 10 岁。[①] 美国各州对刑事责任年龄的规定从 7 岁到 16 岁不等。[②] 加拿大《刑法》第 13 条规定，"12 岁以下儿童不得因其作为或不作为被判决有罪"。[③] 而多数大陆法系国家都规定被控少年的刑事责任年龄为 14 岁，如日本、意大利、奥地利、韩国、俄罗斯、德国等。刑事责任年龄最高的是巴西，其规定为 18 岁。[④] 不满刑事责任年龄是排除刑事责任的合法事由。关于这一规则的阐述，一般认为是基于一种结论性的假设或推定——儿童无犯罪能力，因为，在道德罪过是刑事罪过的前提这个观点被接受以后，在任何情况下都不能认为幼儿对行为后果是有认识的。尽管可能有证据表明其危害行为是由犯意支配的，但各国立法都认为，刑事责任年龄以下的少年对外部世界的辨认和对行为的控制能力还很弱，其主观方面根本就不具备犯罪的基本要素。在英国刑法中，教唆未达刑事责任年龄者犯罪的成立主犯。[⑤] 法国自 1945 年之后的法律对被控少年的刑事责任的规定有所转变，一是将未成年作为减轻刑罚的事由；二是将不负刑事责任的推定类别分为，13 岁以下的少年，或无罪释放，或虽有罪但免除刑事处罚，但需接受教育和救助措施，并且只有确定其行为具有构成犯罪的条件时才能采取这些措施，如将其交由家长看管、社区教育机构等。[⑥]

（2）推定无刑事责任[⑦]或相对负刑事责任。各国立法对推定无刑事责

---

① 参见〔英〕J. W. 塞西尔·特纳《肯尼刑法原理》，王国庆等译，华夏出版社，1989，第85 页。

② 参见储槐植《美国刑法》，北京大学出版社，1996，第 47 页。

③ 《加拿大刑事法典》，卞建林等译，中国政法大学出版社，1999，第 23 页。

④ 参见马克昌《刑法原理——外国刑法学总论》，武汉大学出版社，2002，第 457 页。

⑤ 参见〔英〕史密斯、霍根《英国刑法》，李贵方等译，法律出版社，2000，第 217 页。

⑥ 参见〔法〕卡斯东·斯特法尼《法国刑法总论精义》，罗结珍译，中国政法大学出版社，1998，第 403—412 页。

⑦ 在英国刑法中有 "10—14 岁的少年没有犯罪能力，不能实施犯罪行为" 的假设，这种犯罪无能的推定具有相对意义上的绝对性，但是，如果控方有充分的证据证明该少年不仅是在犯意的支配下实施的危害行为，而且对行为的严重性质已具备了足够的辨认能力，就可以反驳犯罪无能的假设，进而追究该少年的刑事责任。法国刑法也有类似的规定，13—16 岁的少年被推定为无刑事责任。参见〔英〕史密斯、霍根《英国刑法》，李贵方等译，法律出版社，2000，第 218—219 页。

任或相对负刑事责任的规定大致有两种方式。①规定该年龄段的少年只有被证明确实具备辨认和控制能力时，才负刑事责任。这种立法方式最早可以追溯到罗马法。该法规定，对已满 7 岁不满 14 岁的人，视其辨别能力确定其是否达到责任年龄，依此决定其是否负刑事责任。法国刑法原本要求将年龄在 13—18 岁的少年推定为无刑事责任，法官应当解决"该少年在实施行为时是否具有辨别能力"问题，1945 年法国刑法改革以后，规定对未满 18 岁的少年一律不再提出"是否有辨别能力"的问题。① 在英国刑法中，对 10—14 岁的儿童没有犯罪能力的推定只有在控方有确凿证据证明其不仅在犯意支配下实施了危害行为，而且其知道特定的行为不是单纯的顽皮或恶作剧而是"恶意的决断"的情况下，才能推翻这种推定。② 但英国法院和英国上议院对无犯罪能力假设持反对意见。③ 德国《少年法院法》没有一般地做无刑事责任能力的推定，而是要求法官对14—18 岁的少年进行智力和情绪能力的认定后，才能确定少年责任能力。④ ②规定其在法定的年龄段内实施了法律列明的严重犯罪行为，就要负刑事责任，无须做辨认能力和控制能力的证明，此为相对负刑事责任规则。1997 年生效的《俄罗斯联邦刑法典》第 20 条规定，实施犯罪前已满 14 岁的人，对杀人、故意严重损害他人健康、绑架、强奸、抢劫等 20 种犯罪承担刑事责任，并分别在每种罪后用括号标明相应的条款。该法还规定，少年虽已满 14 岁不满

---

① 参见〔法〕卡斯东·斯特法尼《法国刑法总论精义》，罗结珍译，中国政法大学出版社，1998，第 401 页。
② 英国少年刑事法中，与证明有关的方面如下：（1）随着年龄的增长，违法行为的严重性越明显，对反驳假设的证据要求也就越少，但关于责任能力的证据必须有，而且要作为起诉的一部分提出来。（2）就具体行为而言，如果任何与其年龄相同的正常儿童知道其为严重的错误，则必须有证据证明被告人是一个神智正常的人。（3）违法行为实施前后儿童的一些行为可能足以证明他知道行为是严重的错误。但是"跑开"这一行为却不能明确证明他知道行为的性质，有时，跑开可能因为他知道自己做了一些纯属淘气的事。（4）事件发生前后儿童做或说了什么的相关证据是被承认的。参见史密斯、霍根《英国刑法》，李贵方等译，法律出版社，2001，第 218—219 页。
③ 假设规则适用起来很困难，并给法院太多入罪的机会。正如英国刑法学家格兰威尔·威廉姆斯（Glanville Williams）所做的批评："它不是从监狱、流放或绞刑架上拯救了儿童，而是从监督缓刑犯的官员、养父母或少年罪犯教养院那里拯救了儿童。荒谬的结果就是，儿童的道德标准越是扭曲，他就越有机会逃避刑法的矫治措施。"参见史密斯、霍根《英国刑法》，李贵方等译，法律出版社，2001，第 218—219 页。
④ 参见〔德〕李斯特《德国刑法教科书》，徐久生译，法律出版社，2000，第 278 页。

16 岁，但由于其心理发育滞后，而被认定为年幼的，免除刑事责任。① 可见，俄罗斯刑法采取的是有例外的列举式立法方式。两种方式各有短长，第一种对个案进行具体分析和判定，一方面对司法人员的要求更高，另一方面却扩大了司法的权限，为司法中任意出入人罪留下了空间。第二种在立法阶段解决了责任能力问题，但关键是，明确的刑事责任年龄及相应的罪名能否真正体现被控少年的辨认和控制能力。② 例如，本来年龄是构成一般强奸罪的条件之一，如果被告人尚未达到一定年龄，就会被推定为"生理无能"。只要在规定年龄以下，不用证明就理当将其作为不负刑事责任对待，如美国。③ 但在英国，随着 14 岁以下男孩不能性交的结论性推定被《1993 年性犯罪法》第 1 条否决，1993 年 9 月 20 日后 14 岁以下的男孩也可以被控从事非法性交。④ 谋杀罪的情形也是这样，根据 1969 年英国《儿童和青年人法》，被控少年的刑事责任年龄被提高到 14 岁，但规定犯谋杀罪的除外。可见，英国少年法关于 10—14 岁少年的刑事责任推定，并非绝对推定，而是相对推定。

（3）推定具备完全的刑事责任能力。19 世纪英国刑法学家肯尼（K. S. Kenny）指出：一个孩子远在知道怎样做出审慎的思索和明智决断之前就能够知道对与错。⑤ 这类好与坏、是与非、善与恶以及罪与非罪等基本的价值判断比民事行为或经济行为易于决断，只要具备一定的辨认和控制能力就能做出正确的抉择。因此，很多国家的完全刑事责任年龄都比成年年龄要早一些。英国刑法规定为 14 岁以上；法国刑法将 16 岁以下者视为"刑事未成年"，1906 年将"刑事未成年"从 16 岁提高至 18 岁，但同时并未将"因未成年而减轻刑事责任的原因"扩大适用于 16—18 岁的少

---

① 参见《俄罗斯联邦刑法释义》（上册），黄道秀译，中国政法大学出版社，2000，第 34—35、222 页。

② 参见赵秉志《中国刑法案例与学理研究》（第 1 卷，刑法总则），法律出版社，2004，第 81—83 页。

③ 参见储槐植《美国刑法》，北京大学出版社，1996，第 92 页。

④ 参见〔英〕J. C. 史密斯、B. 霍根《英国刑法》，李贵方等译，法律出版社，2001，第 217—219 页。

⑤ 转引自〔英〕J. C. 史密斯、B. 霍根《英国刑法》，李贵方等译，法律出版社，2001，第 217 页；〔英〕J. W. 塞西尔·特纳《肯尼刑法原理》，王国庆等译，华夏出版社，1989，第 86—87 页。

年。① 但是，多数国家都规定，对相对刑事责任和完全刑事责任年龄段的被控少年应该减轻处罚，学者们也把这两个年龄段合称为减轻刑事责任年龄。特别是那些与青春期和心理情绪密切相关的犯罪，如激情杀人。美国半数州将激情杀人作为重要的减罪情节。②

3. 排除死刑适用

自贝卡利亚（Cesare Beccaria）提出在法治国家废除死刑以来，死刑作为剥夺人生命权的刑罚方法的存废论争就没有停止过。但死刑不适用于18岁以下的少年，是现代绝大多数国家刑法的通例。特别是联合国的多个国际文件，如《儿童权利公约》要求对18岁以下的少年不得适用死刑。对少年不适用死刑主要基于下列几点考虑。①少年心智发育尚未成熟，辨别和控制能力差，易被激情和欲望左右，对其不适用死刑，能够得到社会的理解和认同。②死刑原本就是最严厉的惩罚手段，只适用于罪大恶极的犯罪，对于极少数犯了严重罪行的少年也不适用死刑，以体现刑罚的人道主义和教育改造的目的。③少年不理解死刑的性质和意义，也不理解死刑的威慑和后果。对其适用死刑既达不到一般预防的目的，也起不到特殊预防的作用。尽管如此，仍然有一些国家对18岁以下的被控少年适用死刑，其大部分是经济比较落后的亚洲和非洲国家。有的国家虽然规定死刑适用年龄为18岁以上，但实践中却有未满18岁的被控少年被执行了死刑。③

三　少年刑事程序中的权利保护

在少年刑事司法中，被控少年除系"儿童"这一天然弱势以外，"相对于以强大的国家机器为依托的司法力量而言"，处于更加不利的地位。这种双重不利因素更加强了司法机关行使职权的过程及其结果对少年的人格尊严、自由甚至生命产生的严重影响，这种客观存在的影响力，极易转化为对其权利的侵害。④ 少年刑事司法中的少年权利涉及被控少年的权利

---

① 参见〔法〕卡斯东·斯特法尼《法国刑法总论精义》，罗结珍译，中国政法大学出版社，1998，第407页。
② 参见储槐植《美国刑法》，北京大学出版社，1996，第85、198—205页。
③ 参见胡云腾《死刑通论》，中国政法大学出版社，1994，第98—110页。
④ 参见王敏远《刑事司法理论与实践检讨》，中国政法大学出版社，1999，第304页。

和被剥夺自由少年的权利问题。前者指《儿童权利公约》第 40 条所确认的几种情况，即被指称、指控或认为触犯刑法的儿童的权利；后者指受到各种形式监禁的儿童的权利。有时候，被控少年的自由也会受到限制，被剥夺自由可能发生在少年刑事司法的各个阶段，包括侦查、起诉、审判和执行阶段，但因剥夺自由之后少年的处遇与未剥夺自由之前的权利有所不同，因此，本书将对被控少年的权利和剥夺自由少年的权利分别论述。

　　对少年刑事司法制度的狭义理解涉及警察制度、检察制度、审判制度和监狱制度，它的设立除了对触法少年案件适用正当程序之外，还是为了使少年承担刑事责任的可能性转化为现实性。而少年司法则是广义的概念，除刑事司法的内容外，还包括对有违法行为和不良行为的少年采取救治和教育等行政措施的内容。[①] 经过一个世纪的演变，少年司法制度的发展几经波折，在福利模式和准刑事司法模式之间摇摆，但无论是少年审判还是少年处遇制度都发展出了有别于普通刑事司法的特点，这些特点具体体现在针对被控少年以及被剥夺自由少年所适用的一系列原则以及由这些原则发展而来的权利当中。因本书的主题为儿童权利保护，故此处也只涉及少年刑事司法中适用于少年的特别诉讼原则以及与此相关的权利，而不涉及具体的刑事诉讼程序，比如强制措施、起诉程序、审判程序等。[②] 以下将从少年司法模式与少年司法特别保护、被控少年保护原则及权利、被剥夺自由少年的权利保护三个方面进行论述。

（一）少年司法模式与特别保护

　　基于对少年违法犯罪及其保护的不同认识，采取不同于普通刑事案件的形式，处理少年案件和对少年进行保护，已经达成共识。但是，因对少年及其违法犯罪的理解不同，保护形式有以国家保护为主要特征的司法保护形式，还有以社会保护和家庭保护为主要特征的保护形式。从比较法的角度看，少年司法模式有三种：（1）刑事司法模式（法庭模式），强调少年的责任，注重惩罚而不是保护；（2）非刑事模式（保护模式、福利模式），注重预防和教育，适用刑罚替代措施；（3）混合模式或社区参与模

[①] 少年司法制度包括刑事、民事、行政司法和法律援助制度，在此仅涉及与被控少年的刑事责任实现有关的内容。
[②] 具体程序性问题可参见王敏远主编《刑事诉讼法学》（下），知识产权出版社，2013，第 871 页。

式。前者承认少年应对其行为负责，但其仍需得到特别保护，惩罚和教育措施并重①；后者更注重社会力量的加入。三种模式各有短长，没有哪个国家只采取某一种模式，通常都是多种模式共存。

1. 少年司法模式的演变及其特点

第一种模式是以美国为代表的正当程序模式或法庭模式：强调法制原则。

从 1899 年美国芝加哥成立第一个少年法庭开始，少年司法从普通刑事司法的严酷中脱离出来，少年法庭模式建设之初正是本着非刑事化的目标，"对孩子的照料、监管和惩戒应当尽可能近似于其家长所给予的"。②于是少年司法中一定范围的非刑事化的"脱离策略"就成为必然。脱离策略包括：其一，从犯罪中脱离，采取目标训练、技能训练和教育等各种各样预防犯罪的方法；其二，从控告中解脱，20 世纪 70 年代早期，警方对少年罪犯就采取了以警告机制代替控告的方式；其三，从监禁中解脱，长期实践证明任何形式的监禁都是有害的。③ 遗憾的是，治疗康复的福利模式并未能有效地遏制少年犯罪的飙升，进入 20 世纪 70 年代后已成为强弩之末。之后，倾向考虑公众利益的、避免助长犯罪和强调少年犯获得公正裁判机会等法律权利的"司法模式"诞生。④ 新模式不是对旧的法庭模式的简单回归，而是在一些方面做了改革。一是以惩罚作为少年司法的目的。二是管辖范围缩小，导致少年法庭仅保留刑事社会控制功能。三是移交刑事法庭管辖。以犯罪的严重程度为标准，预示着少年司法的目的从治疗到惩罚、从改造到报复的转变。四是诉讼程序逐渐趋于刑事化。五是罪行和犯罪记录对判决起支配作用。从这些改革所依据的前提假设上可看出新模式在观念上似乎更贴近普通刑事司法制度，这些假设包括：认为少年犯罪是理性追求的结果，除非有相反的证据证明；少年犯罪行为也应该受

---

① 参见王敏远主编《刑事诉讼法学》（下），知识产权出版社，2013，第 871 页。

② 参见 1899 年伊利诺伊州《少年法庭法》第 21 条；John Muncie, *Youth and Crime: A Critical Introduction* (SAGE Publications, 1999), p. 275。

③ 参见 John Muncie, *Youth and Crime: A Critical Introduction* (SAGE Publications, 1999), p. 275。

④ 少年法院在处理少年罪犯时还出现其他显著趋势，如司法系统行政权力的增加，罪犯分流的处理，非政府机构的加强和跨机构的合作，等。有人把这种多部门配合协调的模式称为"共责模式"（corporatistmpdel），其特点包括机构间的协调配合，主张以分流方式处理少年犯罪，强调机构间共同努力，达成最佳效果，等。

到谴责；证据是惩罚的唯一根据；制裁和控制既是社会的否定评价，也是对未来相似行为的威慑；受到合法干预和依法制裁的行为应该特别避免不确定性；涉及限制人的自由特别是儿童的权利应该有严格的法院证明标准；同样的案件能够得到同等对待；违法行为或犯罪行为的严重性与所受到的干预应当均衡，罪刑应当相称。①

然而，少年司法的正当程序模式毕竟不同于普通刑事司法，从美国少年司法模式的发展趋势也可窥一斑。② ①法庭模式并非一味强调惩罚，而是强调实体正义和程序正义并存，主张体现少年与成人不同的应受谴责性，并根据其身心特点，赋予少年特别的诉讼权利。②对"改造模式"重新再改造，改造的效果以重新犯罪率的下降为标准。但是，迄今为止所进行的改造性努力都没有在降低重新犯罪率上获得令人满意的效果。③复原司法模式。关注点是以赔偿犯罪所造成的损害，以及争议的和平解决为取向。程序包括受害人－犯罪人调解、家庭会议等，具体措施包括补偿、社区服务等。就这一模式的发展，1997 年在卢维斯举行的第一届少年恢复性司法国际会议宣言指出，"在正当程序和相称原则的前提下，对少年犯所采取的复原行动应当最大限度地有利于其能力的获得和重返社会"。③

由此可见，不管法庭模式如何变化，从其历史和演进上看，它在确认刑事责任的机构设置、管辖范围、法律程序、调查和审判原则等方面仍然显示了不同于普通刑事司法的特点。①少年法庭模式对特别机构的设置。考虑少年特点及帮助其早日复归社会的目的，很多国家在警察系统、检察系统和审判部门都设置了针对少年的特别机构。如在警察系统和检察系统有少年科。特别在审判系统，自美国少年法庭或法院设置之后，英国于1902 年、德国于 1908 年、法国于 1912 年仿效此制；欧洲其他国家如比利时、意大利、丹麦、荷兰、瑞典等也都制定少年特别法；日本于 1923 年公

---

① 参见 John Muncie, *Youth and Crime: A Critical Introduction* (SAGE Publications, 1999), p. 271。Source: adapted from Black Committee Repoet, 1979 (Belfast, HMSO) cited by Stewart and Tutt, 1987, p. 92。

② 参见 Barry C. Feld, "Rehabilitation, Retribution and Restorative Justice: Alternative Conceptions of Juvenile Justice", in Gordon Bazemore and Lode Walgrave (eds.), *Restorative Juvenile Justice: Repairing the Harm of Youth Crime* (New York: Criminal Justice Press, 1999), pp. 26 – 27, 56。

③ Barry C. Feld, *Justice for Children: The Right to Counsel and the Juvenile Courts* (Boston: Northeastern University Press), 1993, p. 56.

布少年法，战后设置了遍及全国的家庭裁判所（少年家事法院）。从各国的情况看，少年犯罪案件的审判机构有：少年法院或家事法院、在普通法院内设立的少年法庭、独任法官或专人审理少年案件、少年参审法庭。少年参审法庭由少年法官任审判长，由两名少年任参审员。少年审判特别机构的设置是为了适应少年主体特点，使少年尽可能摆脱普通刑事审判程序，不采取对审结构，而尽量采取非诉讼形式的审判程序。②少年司法管辖范围广泛。少年司法概念的外延幅度各国差异较大，一类为窄幅型，只管违法和犯罪，实为刑事司法；另一类为宽幅型，除管辖犯罪外，还管违警行为和不良行为，如逃学、流浪乞讨、不服家教等，包括治安和行政司法部分的内容。早期的法庭模式管辖范围非常广泛，20世纪中叶改革之后，管辖范围逐渐缩小，但仍包括违法和不良行为在内。1899年美国伊利诺伊州《少年法庭法》所规定的管辖范围就很宽泛，除"16岁以下任何违反法律或法令的违法少年儿童"之外，还包括"16岁以下的贫困的、无家可归的或者被遗弃的，靠政府救济生活的，缺乏家长的恰当照料或监护的，惯常乞讨或者接受施舍的，生活在名声败坏的家庭或者同腐化堕落的人一起生活的，以及任何8岁以下叫卖兜售物品或者沿街演唱歌曲、演奏乐器或者从事任何公共娱乐活动的孩子"。① 从该法的规定可以看出，少年司法不仅包括犯罪、违法行为，还包括有不良行为的虞犯少年。② 关于少年司法管辖范围大于普通刑事司法的理由：一是如果二者管辖范围只是犯罪主体年龄上的差别，就实际失去了少年司法制度独立存在的价值；二是少年司法制度在本质上是预防和保护性质，而非惩罚性，这决定了扩大管辖不等于扩大打击面，而扩大管辖也正体现了预防和保护职能的发挥。少年司法的直接职能重在保护。当然，少年刑事司法在管辖范围方面也引起了若干争议。一是面对少年暴力犯罪数量的增加，有观点认为少年法庭应对严重犯罪"放弃管辖"，移送普通刑事法院，或者缩小少年法庭的管辖范围，重点抓大案要案。二是扩大少年司法范围可预防少年从违法走向犯罪，但是，少年司法毕竟带有强制色彩，适用不当将"导致惩罚扩大化"，所以，应当适当缩

---

① 《少年法庭法》，转引自曹漫之主编《中国少年犯罪学》，群众出版社，1988，第524—525页。

② 参见我国台湾地区"少年事件处理法"，转引自彭驾骍《少年问题探究》，巨流图书公司，1985，第248—252页。

小"司法管辖范围"。笔者认为，放弃管辖的观点有违少年刑事司法设立的初衷，实际情况是，少年法庭或法院的设立是为了采取特别的审判程序，尽可能使少年摆脱普通刑事审判的负面效应和严酷性。关于少年司法扩大管辖会"导致刑罚扩大化"的担心不是单纯的管辖制度能够解决的，而涉及少年司法制度上的保障，如少年司法组织体系、规范体系和基础设施体系。管辖范围的扩大并不是说把违法行为当作犯罪看待和处理，而是从少年犯罪的发展过程和维护少年权益出发，对违法少年给予及时的教育和救治。

第二种模式是以瑞典为代表的福利治疗模式或委员会模式。

福利治疗模式在欧洲，特别是北欧的斯堪的纳维亚国家得到典型的发展。福利模式的特点如下。一是强调国家代表家长对违法犯罪少年行治疗和再教育的职责，而不是惩罚。二是管辖范围宽泛，包括年龄较轻的青年以下的犯罪、危险和需要照管的少年。和法庭模式不同的是，福利委员会不能将最初处理的少年直接移送普通刑事法庭，只能由公诉人决定移送。三是其机构属于行政机关而非具有刑事司法性质，组成人员除少量熟知法律者或法官外，基本由非法律专业人员组成。四是结合了少年法庭及其附属机构的职能，如指导诊所等。

1896 年挪威通过第一个儿童福利法，少年福利制度建立；1902 年瑞典引进德国的刑法理论——特别预防刑事政策，经改造后制定了儿童福利法，规定由儿童福利委员会处理违法行为。这之后对于应否以少年法庭代替福利委员会展开了争论，直到 1960 年，议会法律委员会就政府提交的有关儿童福利法草案进行审查和评论中，否决了在瑞典设立少年法庭的议案。委员会认为，涉及 15 岁以上少年的案件可以通过普通诉讼程序加以解决，还可以通过在普通法院内设立少年案件的特殊程序得到解决。瑞典根深蒂固的社会福利传统消解了流行于北美和欧洲一些地区的刑罚化趋势。

在英国的苏格兰司法辖区，少年司法的福利模式也获得了较好的发展。苏格兰 1933 年的《儿童和青年人法案》（*Children and Young Persons Act*）展示了福利政策在英国的良好运作，但也反映了少年司法制度中至今依然存在的基本矛盾：刑事司法和福利政策是两种不相容的哲学观。这种矛盾在苏格兰 1968 年《社会工作法案》及英格兰和威尔士 1969 年《儿童和青年人法案》中达到巅峰。这两个法案赞成提高刑事责任年龄并寻求治疗性的、非刑事化的、替代刑罚方法的看护程序和制度。《社会工作法案》

提出设立儿童案件听证会，并于 1971 年开始运作。儿童听证会不是刑事法庭性质的，而是由社区内的外行人组成的福利法庭。听证制度主要是征询教育、社会工作等部门的意见，对失足少年的未来发展提出建议。福利主义主张为了少年的利益，社会福利部门而不是司法部门应当较早地介入那些陷入"道德危机"和犯罪边缘的少年的生活，这种主张是基于对福利主义所做的一系列的假定，列举如下：①犯罪少年、不良少年和受忽视的儿童都是各种残缺环境的产物；②少年犯罪是一种病态，是失控个体深度不适的表面症候；③由于违法犯罪少年对引起其行为发生的多重因素无法控制，不应当就其行为承担完全的责任，对其过度追究也是不适当且违背自然正义法则的；④所有陷入犯罪和非犯罪困境的儿童的需求和问题尽可能设定一个统一系统解决；⑤以儿童的最大利益为指导的程序，需要有适当的灵活性，严格规则程序或证据标准都可以做适当的变通；⑥由于需要注重个性化，在治疗方法的决定和变化中应尊重自主决定权；⑦自愿治疗不应当具有惩罚性；⑧不应忽视儿童的福利，一项满足儿童需要的制度设计将反过来保护社会的利益；⑨对困境儿童和社会缺陷给予关照将最终实现少年发展预防的目的。①

在福利模式中，社会工作者的裁定在处理少年犯罪中发挥着主要作用。权威和自由裁量权明显地从警方、治安法庭、监禁部门转移至地方当局，以及健康和社会保障部。② 但是，福利模式从产生之初就与正当程序模式进行着较量，特别是 20 世纪 70 年代之后，由于社会福利工作不适当的扩张，少年反倒被置于受到双重审判的危险境地。福利模式受到严重挑战的原因体现在三个方面。③ 其一，从政治立场考虑，主张权利和社会复归使少年刑事司法制度变得"对犯罪过于软弱"。其二，"为治疗的需要"而对少年自由的限制，无论对罪过的严重性或是对"陷入危险"的现实来说都是不恰当的。其三，自由论者认为，福利主义妨害了少年享有完全的法律权

---

① 参见 John Muncie, *Youth and Crime：A Critical Introduction*（SAGE Publications，1999），p. 264。Source：adapted from Black Committee Report，1979（Belfast，HMSO）cited by Stewart and Tutt，1987，p. 91。

② 参见 John Muncie, *Youth and Crime：A Critical Introduction*（SAGE Publications，1999），p. 258。

③ 参见 John Muncie, *Youth and Crime：A Critical Introduction*（SAGE Publications，1999），pp. 256 – 260。

利，这些权利将通过恢复正当程序获得实现。违法少年所需要的保护不仅仅是从惩罚性的司法中脱离出来，还要从福利的"人道主义"中脱离出来。

第三种模式是社区参与模式。该模式提倡社区居民积极参与少年司法过程，同时将国家的司法机构和行政机构的干预减小到最低程度。近代犯罪学家均认为，违法犯罪少年最好不要过早进入司法程序，以免他们被扣上坏标签——"犯罪少年"，不利于其改造和重返社会，而提倡动用社会或社区的力量参与司法过程。西方社会在 20 世纪 70 年代就开始倡议在政府管理的少年教导所之外建立"矫治社区"的计划，这之后，世界许多国家和地区都在探讨和推进社区参与对违法犯罪和不良行为少年的改造和社会复归，如加拿大温尼泊社区调解服务、新加坡的社区调解中心等。社区参与模式与我国推行的"社区·司法"模式有相似之处。

2. 正当法律程序原则及儿童的特别保护

程序公正的理念起源于英美法系。最早的英国 1215 年《自由大宪章》就有了"程序正义"的规范表述。美国用"正当程序"来表达，最早在 1787 年纽约州法律中有所体现，之后《美国宪法第五修正案》有了比较经典的表述，规定"非经正当法律程序，不得剥夺任何人的生命、自由和财产"。可以看出，涉及剥夺人的生命、自由和财产的决定，必须要经过正当的法律程序。根据梳理，国内外学者对程序公正的内涵基本达成共识，只是具体表述有所差异，大致包括几个要素：一是裁判者需保持中立和独立；二是当事人有效充分地参与诉讼且地位平等；三是审判公正；四是程序理性。[1] 因此，正当程序并非仅仅适用于刑事诉讼当中，在民事的、行政的程序当中，凡是涉及剥夺人的生命、自由和财产决定的事项，均应当遵守正当程序原则，并保障当事人享有相应的权利。给予少年正当程序保护的根本目的是对少年利益的考虑。少年司法发展的历史告诉我们，被控少年不仅要从所谓的福利模式的人道主义中被解放出来，还要从司法模式的惩罚主义中被解救出来。前者忽视正当程序对儿童的保护作用，不利于对触法少年事件的正确认定和处置；后者过于强调威慑，忽视触法少年及其案件的特殊性。可见，二者都不利于对触法少年的特别保护。从少年的利益出发，考虑触法少年的特点给予他们以正当程序的保护，才是少年刑

---

[1]　参见王敏远主编《刑事诉讼法学》，知识产权出版社，2013，第 145—151 页。

事司法追寻的目标。几十年来，国际社会也在对触法少年以正当程序保护方面做出了不懈的努力。《儿童权利公约》第 40 条强调对少年给予正当程序的保护在于"促进其尊严和价值感"。

少年司法对正当程序要求的尊重并不意味着将普通刑事司法中的所有程序规则适用于少年案件的审判，只不过基于少年主体的特点，普通诉讼程序当中的一些原则、规则及由此产生的一些权利更利于实现公正，保护司法当中少年的合法权利，比如获得律师帮助等。即便有些犯罪行为轻微的儿童可以采取转处措施，也仍然需要有正当程序的保障，如知情同意等权利。美国少年法院创建之初采取的福利模式缺少正当程序的保障，因存在忽视涉案少年的程序性权利以及易于使被控少年遭遇双重审判等弊端而多受诟病，在经过一系列的典型案例之后（比如高尔特案件），逐渐从福利模式向正当程序模式转变，但如何将正当法律程序当中的一些原则及其衍生的权利融入福利模式当中，以更好地保障涉案少年的权利，是值得认真研究的问题。正当程序保护的目的还在于根据少年的特点，以区别于普通刑事责任的应受谴责性，给少年以特别保护。少年人应当受到与其生活环境和所犯罪责相适应的方式的对待。这种特别对待的目的在于对触法少年的矫治和复归，而不是单纯的惩罚。少年获得正当程序保护的意义不仅在于其生命、自由和财产安全获得保障，还在于"促进其尊严和价值感并增强其对他人的人权和基本自由的尊重"（《儿童权利公约》第 40 条）。这正是少年司法所追求的重要目的之一。

从国际法发展来看，在少年刑事司法中给予少年特殊保护是较为晚近的事情，直到 1966 年《公民权利和政治权利国际公约》才以专门条款规定了少年司法问题。该公约第 14 条第 1 款规定，刑事案件或法律诉讼的任何判决应公开宣布，除非少年的利益另有要求；第 4 款规定，对少年的案件，在程序上应考虑到他们的年龄和帮助他们重新做人的需要。基于少年需要得到特别保护的理念，该公约先后采纳了日本所提出的"18 岁以下的犯罪人不得判处死刑"以及斯里兰卡所提出的"审理少年罪犯应与成年人隔离开，尽速予以判决，并应给予适合其年龄及法律地位的待遇"的建议。① 这些规定对各

---

① 参见《公民权利和政治权利国际公约》第 6 条、第 10 条；Geraldine van Bueren，*The International Law on the Rights of the Child*，p. 20。

国发展独立的少年司法制度起到了促进作用，但是，这些规定都还很简单，而且是集中在被控少年保护的某一特定方面。自 20 世纪 80 年代开始，基于对少年特点及其权利主体地位的认识，少年司法领域掀起了脱离机构处遇、倡导恢复性司法的运动。少年刑事司法领域开始对少年的权利保障问题给予颇多的观照。从程序公正的角度，少年不仅应当获得普通刑事犯罪嫌疑人、被告人所享有的正当程序保障，并且由于他们不具备完全的行为能力，其理应享有受特别保护的权利。可以说，没有国际人权法所倡导的儿童权利保护理念，就没有现代少年刑事司法制度的发展。1985 年，联合国通过了《少年司法最低限度标准规则》，为各国少年司法的建立和运作提供了一个可参考的模式。有些规则在后来的《儿童权利公约》中得到了体现。这些国际文件以及被剥夺自由少年规则、预防少年犯罪规则等国际文件，建构了少年司法获得正当程序保护和获得特别权利保护的基本框架。

可见，正当法律程序模式也好，福利模式也罢，其目的都在于实现少年司法的最终目的，给予司法中的少年以特别保护。少年刑事司法过程中对被控少年的特别保护，是基于少年案件及案件主体的特需而规定的。一方面，少年在心理、生理以及发育上的特殊性决定了他们并不具备完全的辨别是非的能力和自我控制能力，更容易受到社会不良环境的侵蚀和毒害。同时，较成年人来说，犯罪少年的个性心理尚未形成，具有较强的可塑性，更容易被矫治。正是基于少年的这些特点，相关的国际条约和一些国内立法均规定，少年除享有成人的诉讼权利外，还享有更多的权利，譬如由分离原则、少用监禁的原则、特别保护等原则所确定的诸项内容而产生的权利。[①] 因此，少年司法制度的管辖范围大于普通刑事司法，除管辖犯罪行为外还管辖严重违法行为。另一方面，因案件性质的特殊性，少年刑事程序法在诉讼权利方面规定给予少年特殊的保护，因此，少年案件的处理上也有一些不同于普通刑事诉讼的规定。普通刑事诉讼始终围绕着犯罪嫌疑人和被告人是否构成犯罪，是否应当承担刑事责任和承担什么样的责任等问题，而少年诉讼围绕着的是被指控少年为什么违法犯罪，国家、社会、少年如何承担责任等问题。关于少年案件性质的特殊性的考虑，首

---

① 参见王敏远《刑事司法理论与实践检讨》，中国政法大学出版社，1999，第 319—323 页。

先是受到"国家监护"理论的影响，[1] 因此，少年犯罪作为一种社会病态现象，犯罪少年本身就是受害者，学校、家庭和社会应负更多的责任。少年案件的处理应首先考虑到社会对这些所谓"问题儿童"[2] 的"补偿和救助"。少年主体的特殊性和少年案件的特殊性这两个方面，"内容"不同，"原因"各异，然后者尤重"理性"以及关注主体的"特需"。

（二）被控少年保护的原则及其权利保护

我国《刑事诉讼法》、《未成年人保护法》、《预防未成年人犯罪法》、《关于审理少年刑事案件的若干规定》和联合国《少年司法最低限度标准规则》、《预防少年犯罪准则》、《儿童权利公约》以及其他相关的国内国际法律文件，都对司法中少年的权利保护做了规定，普通刑事司法中适用的原则及其由此产生的权利对涉罪少年也具有重要的意义。比如，无罪推定原则对保护触法儿童的人权来说至关重要，它要求被指称或指控触犯刑法的儿童应当被假定无罪，只有在相关指控证据确凿的情况下，其方可被认定犯有所指控的罪行。除此之外，鉴于触法少年的特点，还适用一些对少年人的特别保护原则和享有更多的司法权利，比如，儿童权利委员会在关于《儿童权利公约》的《第10号一般性意见》中就强调，少年司法获得公正公平审判的前提在于从事少年司法工作人员的素质，对相关的警察、公诉人、代理人、法官、社会工作者等进行系统性的培训至关重要。由于少年司法主体的特殊性和面对强大的司法机构而其权利极易受到忽视的不利地位，这种双重弱势地位决定了在司法中的儿童应当享有一些特殊的原则以及与这些原则相关的权利。国际文件也反映了少年在司法中除了遵循普通刑事司法中的那些原则以及享有成人的那些权利之外，比如免费翻译权、对质权、上诉权等，还适用一些对少年人的特别保护原则和享有

---

① 除"国家监护"理论的影响外，有的西方学者还认为影响少年法庭成立的还有其政治因素，安索利·拉特在其 *THE CHILD SAVERS* 一书中，就把少年法庭的建立看成表达了中层阶级价值和保守政治群体哲学观的方式，满足了中层阶级的愿望。还有的学者分析了少年法庭成立的社会文化因素，如大卫·斯科在他的《美国少年司法的历史和现行趋向》一书中指出，少年法庭成立的社会文化因素有：人们对当时少年与成人合并关押的处遇强烈不满，认为那样对少年极为有害；芝加哥移民激增，导致了腐败、贫穷、犯罪等社会问题；妇女地位的提升带动了拯救少年运动。

② 笔者认为，"问题儿童"的称谓本身就蕴含着对这些由于具有违法行为或犯罪行为甚至仅仅是错误行为，而处于弱势地位儿童的歧视。或许，称他们为"特需少年"更为贴切。

更多的司法权利。

除了《儿童权利公约》当中所确立的儿童保护四项基本原则之外，该公约还就触法儿童的概括性保护原则做出规定，这些原则也可以被看作触法少年应当享有的权利，具体如下。①符合儿童尊严和价值感的待遇。这项原则体现了《世界人权宣言》所载的基本人权。该公约明确指出，从与执法机构接触起，在整个处置儿童的过程中，直至落实所有涉及儿童的措施方面，都必须尊重和保护这项固有的权利。②增强儿童对他人人权和自由的尊重。这也意味着，在少年司法体制内，对儿童的待遇和教育应旨在培养对人权和自由的尊重，这项权利具体体现于该公约第 29 条当中。显然，这项少年司法的原则要求充分尊重并实施公平和公正审理的保障。若少年司法中的主要行为者，诸如警官、检察官、法官和缓刑监督官不能充分尊重和保护这些权利，那么我们就无法期待在不尊重他人人权和自由影响下的儿童将来会尊重他人的人权和基本自由。③考虑到儿童年龄和促进儿童重新融合以及承担社会建设性作用的待遇。从与执法机构接触起，直至在处置当事儿童的整个过程期间都必须运用、恪守和尊重这项原则。这就需要实施少年司法的所有专业人员了解儿童的发展情况、成长过程，了解怎样做符合儿童的福祉，什么是暴力侵害儿童的行为，等。这就要求必须禁止和防止一切使用暴力对待触法儿童的行为。[①] 除了这些概括性的规定之外，被控少年享有的具体原则和相关权利如下。

1. 无罪推定原则、不得强迫自证己罪原则

将这两项原则放在一起首先讨论，是因为他们都是刑事诉讼法所普遍遵循的原则，但对少年诉讼权利保护来说又有突出的重要意义，需要在这里加以重申。再者，这两项原则的内涵也存在某种贯通性，无罪推定必然要求不得强迫自证己罪。

（1）无罪推定原则基本含义有三点：一是不能像对待罪犯那样对待受到刑事追诉之人，因为他尚未被法院依法判决为有罪；二是应当把被刑事追诉之人作为诉讼的主体来看待，而不是诉讼的客体；三是证明被追诉之人为罪犯的责任在控方，被指控的人没有义务证明自己有罪。《儿童权利公约》第 40 条明确，在审前阶段儿童程序保障的几项权利就包括无罪推

---

① 参见儿童权利委员会《第 10 号一般性意见：少年司法中的儿童权利》，2007。

定的权利。这既是被控少年保护的原则，也是一项重要的权利，对少年人来说有着特别重要的意义。公约确认所有被指称、指控或认为触犯刑法的儿童"在依法判定有罪之前应视为无罪"。就少年司法来说，无罪推定原则还包含下列权利。①不受非法指控的权利。即"任何儿童不得以行为或不行为之时本国法律或国际法不禁止的行为或不行为之理由被指称、指控或认为触犯刑法"。②不得基于"少年"身份而被控有罪。身份犯是基于行为人为少年身份才可能将其某些方面的行为视为犯罪。身份犯的设计原本具有预测性和预防性，提前干预是为了防止未来的犯罪，但这种规定扩张了少年犯罪行为的范围，少年被更多地卷入诉讼程序。①儿童权利委员会在其《关于街头流浪儿童的第21号一般性意见（2017）》中就表示了对基于身份违法行为定罪的担忧。

（2）不强迫自证己罪原则，该原则同时也是一项权利。早在18世纪，不得强迫自证有罪就成了一项宪法原则。在少年司法中不得强迫自证己罪，意味着被控少年"不得被迫作口供或认罪"，为使人供认或认罪而实施酷刑及其他残忍、不人道或有辱人格的待遇，构成对儿童权利的严重侵犯。"强迫"一词应当做广义解释，因而不应仅限于武力或其他明显侵犯人权的行为。儿童的年龄、儿童的身心发育情况、审问持续的时间、儿童判断能力的缺乏、担心某种后果或在被暗示可能遭受监禁之后感到惧怕等，都可能使儿童做出不符合真实情况的供认。如果做出诸如"只要你告诉我们真实情况，你就可以马上回家"等允诺，或者答应从宽处理或将人释放，就更可能出现这种强迫的结果。

2. 专业化原则

《儿童权利公约》第40条第3款规定："缔约国应致力于促进规定或建立专门适用于被指称、指控和确认为触犯刑法的儿童的法律、程序、当局和机构。"可见，少年司法的专业化涉及专门的立法、专门机构以及专业人员。首先，专门的立法包括实体法和程序法，联合国《儿童权利公约》、《少年司法最低限度标准规则》、《保护被剥夺自由少年规则》以及我国《刑法》、《刑事诉讼法》当中都有对少年司法专门性问题的规定，有

---

① 参见 Geraldine van Bueren，*The International Law on the Rights of the Child*（Matinus Nijhoff Publishers，1995），pp. 197 – 198。

很多国家有关于少年案件处理的专门立法，比如德国有《少年法院法》。其次，少年案件的特殊性决定了执法机构应符合专业化标准。国际文件也体现了对执法人员和机构的专业化原则。最后，少年的特点决定了对于少年案件，要有具备"特殊资格"的专业法官、警察、检察官、律师等参与全部诉讼活动，这些人员应当具备相应的法学、社会学、心理学等方面的知识，还应当具备熟悉少年的特点、理解少年的行为特征等方面的素质。专业资格是确保公正有效地执行少年司法的一个重要因素。《北京规则》第22条及其说明规定，应使所有处理少年案件的人员具备并保持必要的专业能力，"对于所有这些人员都要求具有最低限度的法律、社会学、心理学、犯罪学和行为科学的知识，这是同组织专业化和主管当局的独立性同等重要的"。

3. 保护隐私原则

少年司法中对涉案少年隐私的特别保护具有重要意义，《儿童权利公约》明确规定，需保证被控少年的"隐私在诉讼的所有阶段均得到充分尊重"。少年隐私保护还在一些审判原则中得以体现，比如审判不公开原则，就反映了对少年隐私保护的考虑。不公开审理原则在美国、德国等法律中都有规定。北京规则第8条规定："应在各个阶段尊重少年犯享有隐私的权利，以避免由于不适当的宣传或加以点名而对其造成伤害。"

4. 少用监禁原则

少年的自由得到了国际文件的特别重视，少用监禁原则应当体现于审前和审后各个阶段。该项原则在《儿童权利公约》、《北京规则》、《保护被剥夺自由少年规则》中都有所体现。《儿童权利公约》第37条（b）规定："不得非法或任意剥夺任何儿童的自由。对儿童的逮捕、拘留或监禁应符合法律规定并仅应作为最后手段，期限应为最短的适当时间。"北京规则第13条规定："审前拘留应仅作为万不得已的手段使用，而且时间应尽可能短。""如有可能，应采取其他替代办法，诸如密切监视、加强看管或安置在一个家庭或一个教育机关的环境内。"《保护被剥夺自由少年规则》第18条规定："应使主管当局可以采用各种各样的处理措施，使其具有灵活性从而最大限度地避免监禁。"

5. 特别保护原则

特别保护原则和下面接着要谈到的适应原则都是具有概括特点的原

则。也就是说，上文提到的隐私权保护、少用监禁等原则都体现了对触法少年的特别保护，除了单独列出的这些原则，还有一些原则也体现了对触法少年的特别援助和保护的理念，比如提供法律援助、父母到场等。（1）法律援助的权利。这一权利涉及获得律师帮助权、必要辩护制度。国际文件和一些国家的少年刑事法（如德国）都肯定了获得律师帮助的权利，《北京规则》第15条规定，"在整个诉讼过程中，少年应有权由一名法律顾问代表，或在提供义务法律援助的国家申请这种法律援助"。必要辩护制度也是一项基于少年诉讼能力不足而设定的特别保护措施，如我国的指定代理制度。（2）父母到场权。父母到场得到国际文件和多国法律的认可，比如美国法律中就有规定，被指控少年的父母有"及时得到通知，进一步的听证，对特别的问题必须与少年见面"的权利。① 《儿童权利公约》明确肯定了这项权利，但同时指出父母在场应以有利于儿童的最大利益为条件。例如，父母可能会扰乱听证，或者法官可能要求一个儿童对某种行为进行解释，这种解释可能会暗指父母的暴力或虐待等行为，而儿童可能会因父母的在场而不敢说实话，这时父母在场就不符合儿童的最大利益（3）迅速审判权。《儿童权利公约》规定，要求在被控少年得到适当法律援助的情况下，"通过依法公正审理迅速作出判决，并且须有其父母或法定监护人在场，除非认为这样做不符合儿童的最大利益，特别要考虑到其年龄和状况"。（4）被告知权。《公民权利和政治权利国际公约》和《北京规则》中有规定，被指控少年"一俟逮捕就应立即将少年犯被逮捕之事通知其父母或监护人，如无法立即通知，即应在随后尽快通知其父母或监护人"。《儿童权利公约》也规定，少年享有"迅速直接地被告知其被控罪名"的权利。

　　6. 适应原则

　　相适应原则既是少年司法的一项目标，也是应当遵循的原则。《北京规则》将其解释为"相称原则"。该原则要求对少年的处遇不仅要符合少年利益，还要与其个人情况和违法行为相称。适应原则具有广泛的适用空间，不仅体现于少年刑事司法各项程序性规定中，还体现在其他程序及实

---

① 参见 Cynthia Price Cohen and Howard A. Davidson, *Children's Rights in America: UN Convention on the Rights of the Child Compared with US Law* (American Bar Association, 1990), p. 11。

体处置上，比如民事程序、行政程序以及福利性的措施。为实现少年特别保护的目的，少年应当被以与其生活环境和所犯罪责相适应的方式对待。少年司法中的相称原则已经不同于传统意义上的"罪刑相适应原则"，这里的适应原则是指对少年犯的处遇应符合该少年的福祉并与其个人情况和违法行为相适应。从实体法上看，涉及国际法中刑事责任的观念应当与少年能够理解其行为后果的年龄相适应。因此，《北京规则》建议尽量不提交正式审判、少用监禁、快速简约审理案件、对少年予以特别保护和帮助、进行适当的背景调查等。与普通审判相比，少年法庭的审判犹如摆事实讲道理的会议，目的不是力图用法律手段证明少年被告人确实有罪，而是帮助、指导有非法行为的少年。① 与少年特点相适应的特别审判方式还体现在就少年个人、家庭以及生活社区所进行的社会调查制度。芝加哥的少年法官朱利安·麦克认为，法官所裁决的问题是要查询这个少年是谁，为何会变成今天的样子，怎样做才能避免他滑向犯罪的深渊等问题，显然，要求专业性的法官做出"最有利于儿童"的个别化处理才是正当程序的追求。② 《儿童权利公约》要求缔约国"应采用多种处理办法，诸如照管、指导和监督令、辅导、察看、寄养、教育和职业培训方案及不交由机构照管的其他办法，以确保处理儿童的方式符合其福祉并与其情况和违法行为相称"。

7. 不适用死刑和终身监禁原则

多个国际人权公约和文件都有对少年犯不适用死刑的规定。禁用死刑和终身监禁原则的根据是，不够成熟的少年人很难真正理解其行为的后果和生命的意义，死刑对他们是不适当的。《北京规则》第 17 条规定：少年犯任何罪行都不得判处死刑。《儿童权利公约》第 37 条规定："对未满 18 岁的人所犯罪行不得判以死刑或无释放可能的无期徒刑。"公约首次将禁用刑罚的范围扩大到无释放可能的无期徒刑，并将禁用无期徒刑和禁止酷刑、残忍、不人道或有辱人格以及死刑条款规定在一起，或许可以理解为，无期徒刑对 18 岁以下的少年来说其非人道程度相当于酷刑，因此应当禁止适用。还需强调的是，这些禁止性规定不受具体的文化、制度和被控

---

① 参见康树华、向泽选《青少年法学新论》，高等教育出版社，1996，第 289 页。

② 参见 Thomas Grisso and Robert G. Schwartz, *Youth on Trial: A Developmental Perspective on Juvenile Justice* (The University of Chicago Press, 2000), p. 12。

少年具体罪行的严重程度左右。

（三）被剥夺自由少年的权利保护

被剥夺自由是指对一个人采取任何形式的拘留或监禁，或将其安置于公或私营处所，由于任何司法、行政或其他公共当局的命令而不允许自行离去。根据人权委员会的解释，剥夺自由应当包括任何形式的限制自由的行为，不论是基于刑事程序或精神康复程序，还是基于教育或移民目的。因此，剥夺自由不限于逮捕、拘留或监禁。国际法保护以任何形式被剥夺了自由的个人的权利，尤其注重对涉及刑事责任而受到指控被拘禁的人的权利，对其中的儿童给予了特别的保护。国际社会已经开始接受国际条约的观念，限制对儿童使用监禁并将剥夺少年自由的时间限制得尽量短。因为和成人相比，被剥夺自由的少年更加脆弱，而易受到侵害。根据《北京规则》第 19 条及其说明的观点，机构内监禁除了缺乏成功的实践之外，用监禁形式剥夺自由还存在可能导致负面效应的危险，这种负面效应可能来自剥夺自由本身以及不可避免地和少年原来生活环境分离的影响。这种负面影响发生在人生的早期阶段，所以负面的效应更剧烈也更难以克服。就被剥夺自由少年的保护标准看，除了《囚犯待遇最低限度标准规则》、《儿童权利公约》中的相关规定之外，1990 年联合国通过的《保护被剥夺自由少年规则》就被剥夺自由少年的保护做了系统的规定，该规则第 3 条声明，"本《规则》旨在制订出符合人权和基本自由为联合国所接受保护以各种形式被剥夺自由少年的最低限度标准，目的在于避免一切拘留形式的有害影响，并促进社会融合"。

1. 对剥夺儿童自由的限制

《保护被剥夺自由少年规则》虽然将儿童限定于 18 岁以下，但是没有设定一个禁止剥夺儿童自由的最低年龄。在这方面，《儿童权利公约》第 40 条第 3 款（a）要求缔约国"规定最低年龄，在此年龄以下的儿童应视为无触犯刑法之行为能力"。这也就意味着，对刑事责任年龄以下的少年不能施以任何剥夺自由的处罚。该公约还要求对少年采取的逮捕和监禁要符合法律规定，并作为必要的最后手段，也就是说这种剥夺是受到一系列条件限制的，一般情形下对少年自由的剥夺均持否定或极谨慎的态度。《儿童权利公约》第 37 条对此做出了明确规定："不得非法或任意剥夺任何儿童的自由。对儿童的逮捕、拘留或监禁应符合法律规定并仅应作为最后手段。"这条规定中应该特别注意的是剥夺自由应该作为最后不得已而采取的方法,而且,即使这种方法不可避免,也应被限定在尽可能最短的时间内。《公民权利和政治权利国际公约》第 9 条规定,等候审判的人受监禁不应作为一般规则。将对儿童实行审前羁押作为最后手段的精神还体现在《北京规则》第 13(1)和《保护被剥夺自由少年规则》第 17 条当中,后一规则要求各国"应尽可能避免审前拘留的情况,并只限于特殊情况"。对这种预防性拘留应给予"最优先"的处理,"以保证尽可能缩短拘留时间"。这些国际文件都主张国家应当尽一切努力避免审前拘留,尽可能采取其他替代办法(比如社会监督服务),这都是出于对儿童最大利益的考量。但是,审前羁押毕竟是保证审判顺利进行的便捷方式,而对于那些居无定所的儿童特别是流浪儿,国内法院很可能不把审前羁押作为"最后手段"而作为一种"优先选择"。①

《儿童权利公约》第 37 条除了明确要求对受到指控的少年少监禁和不得已需要监禁也应作为最后手段之外,还要求逮捕、拘留或监禁应为最短的适当时间。少年司法中,监禁期限适用最短的适当时间适用于审前和审后。监禁应为最短时间原则在《北京规则》中也有所体现,该规则第 17 条规定应"尽可能缩短拘留时间"。第 28 条对尽早采取假释做了规定,"有关当局应尽可能采用并尽早许可从监禁机关假释",而不一定要服满刑期。对于获得假释的少年,有关当局应给予帮助和监督,社区应予以充分的支持。可见,少用监禁、限制或剥夺自由作为最后手段和最短时间不仅限于审前程序,也体现于少年刑事审判要尽可能缩短监禁和刑期的精神。

2. 被剥夺自由少年适用的原则及其权利

被剥夺自由少年所适用的原则与被控少年的有些原则和权利是重叠的,如少用监禁原则、专业化原则、迅速简约原则、保护少年隐私原则、特别保护原则、适应原则等,这些原则及其所涉及的相应的权利同样适用于被剥夺自由的少年。当然,这里所涉及的原则同样也适用于被控少年,并不意味着对未被剥夺自由的被控少年就可以施行体罚,对他们的案件就可以无限制地拖延,或对他们的尊严就可以不予尊重。只不过由于被剥夺

---

① 参见 Geraldine van Bueren, *The International Law on the Rights of the Child* (Martinus Nijhoff Publishers, 1995), p. 211。

自由少年失去自由这一特殊状况，尤其要注重在这些方面的特别保护。

第一，分离原则。分开监禁不仅是对儿童人身安全的保护，还在于确保能够有一个满足他们特殊的心理、社会和精神需要的环境。《儿童权利公约》第37条指出："所有被剥夺自由的儿童应同成人隔开，除非认为反之最有利于儿童……"《公民权利和政治权利国际公约》第10条第3款强调少年罪犯应与成年罪犯隔离开，并给予适合其年龄及法律地位的待遇。《北京规则》第13条（4）和第26条（3）基于保护少年免受不良环境影响的考虑，对分开关押少年与成人做了明确的规定。

第二，迅速简约原则。《儿童权利公约》也对少年案件的迅速审理做出了反应，第37条规定：不得已对儿童采取逮捕、拘留或监禁的，"期限应为最短的适当时间"。还规定"所有被剥夺自由的儿童均有权迅速获得法律及其他适当援助"，并有权对剥夺自由一事的合法性提出异议，"有权迅速就任何此类行动得到裁定"。《北京规则》第20条及其说明对少年案件审理应当避免不必要的拖延做了规定："每一案件从一开始就应迅速处理，不应有任何不必要的拖延。""在少年案件中迅速办理正式程序是首要的问题。否则法律程序和处置可能会达到的任何好效果都会有危险。随着时间的推移，少年理智和心理上就越来越难以把法律程序和处置同违法行为联系起来。"迅速简约原则还得到许多国家少年刑事司法的重视，如德国、美国等。

第三，禁止酷刑、不人道待遇原则（人道待遇原则）。在被剥夺自由少年的管理中，体罚等侮辱人格的做法已成为一个突出的践踏少年尊严和人格的问题。《儿童权利公约》规定，"任何儿童不受酷刑或其他形式的残忍、不人道或有辱人格的待遇或处罚"。关于什么是残忍的、不人道的或有辱人格的待遇或处罚，至今没有国际文件对这些概念下过定义，即使《禁止酷刑和其他残忍、不人道或有辱人格的待遇或处罚公约》，也只对"酷刑"做了限定性的规定。[①] 此外，在禁止非人道待遇的同时，必然要求采取人道待遇原则。《儿童权利公约》第37条规定："所有被剥夺自由的儿童应受到人道待遇，其人格固有尊严应受尊重，并应考虑到他们这个年龄的人的需要的方式加以对待。"人道待遇和对固有尊严的尊重是对成人

---

① 参见1984年《禁止酷刑和其他残忍、不人道或有辱人格的待遇或处罚公约》第1条。

和儿童都适用的普遍标准，这项原则在《公民权利和政治权利国际公约》第 10 条、《北京规则》中都有所体现。比如，《北京规则》第 13 条规定，在看管期间"少年应接受按照他们的年龄、性别和个性所需要的照顾、保护和一切必要的社会、教育、职业、心理、医疗和物质方面的个别协助"。《保护被剥夺自由少年规则》第 27 条、第 28 条增加了对少年的待遇还要考虑少年"最适宜的安置及其所需和拟采用的特定类型和等级的管教方案"的规定。

四　我国未成年人刑事责任制度及司法保护

我国涉及未成年人刑事责任及其司法保护的专门立法包括《未成年人保护法》、《预防未成年人犯罪法》、《最高人民法院关于审理少年刑事案件的若干规定》，另外，在刑法、刑事诉讼法、监狱法以及司法解释性文件中也有所涉及。从立法的总体发展趋势及司法实践上看，我国对违法犯罪未成年人的权利给予了越来越多的关注。这些进步从未成年人刑事责任的规定、少年刑事司法注重对被控少年的程序保障中都可以看得出来。如1997 年修改刑法时，缩小了 14—15 岁少年负刑事责任的范围，将原来的"杀人"、"重伤"修改为"故意杀人"、"故意伤害致人重伤或者死亡"；《刑事诉讼法》设立专章对未成年人刑事案件程序问题做了专门规定。这些看似简单的修改，实际折射出观念上的重大变化，表明我们对未成年人特点及其犯罪的认识已经上升到一个较高的层面。但是，也应当看到，许多国际文件中的原则和标准还没有反映到我国的立法中来，少年司法中也还存在若干不利于触法少年康复和重返社会的做法，下面拟对我国关于未成年人刑事责任的立法和少年司法保护问题做一简单的梳理，在此基础上对少年的立法和司法中的问题进行总结并提出建议。

（一）未成年人刑事责任立法及检讨

1. 立法特点和根据

我国关于未成年人的刑事责任问题被规定在刑法、刑事诉讼法、监狱法和司法解释性文件中。例如，《刑法》第 17 条规定："已满 16 周岁的人犯罪，应当负刑事责任。已满 14 周岁不满 16 周岁的人，犯故意杀人、故意伤害致人重伤或死亡、强奸、抢劫、贩卖毒品、放火、爆炸、投毒罪应负刑事责任。已满 14 周岁不满 18 周岁的人犯罪，应当从轻或者减轻处罚。因不满 16 周岁不予刑事处罚的，责令他的家长或者监护人加以管教；在必要的时候，也可以由政府收容教养。"第 49 条规定："犯罪时不满 18 周岁的人，不适用死刑。"相关的司法解释也对不认为是犯罪的情形、责任年龄的起算、跨年龄段的刑事责任认定、不负刑事责任未成年人的教育和救助措施、附加刑和财产刑的适用等问题做了进一步的规定。[①]

针对未成年人刑事责任的立法特点，一方面是相对普通刑法规定而言，其因涉及特殊主体——少年而在立法上做出一些特别的规定；另一方面是相对其他国家的立法而言，我国有关被控少年的刑事责任的立法在立法理念、立法技术、立法内容、表达方式上的特别之处。就目前情况看，我国被控少年的刑事责任特别规则可归纳为四个方面。①我国将未成年人的刑事责任范围划分为三个阶段：未满 14 周岁的为无刑事责任年龄段（不予刑事处罚）；14—16 周岁为相对刑事责任年龄段（对 8 类犯罪承担刑事责任，从轻、减轻）；16—18 周岁为完全刑事责任年龄段（从轻、减轻）。[②] ②我国对少年犯罪的处理采取免除、从轻或减轻的宽宥原则。"免除"指对未满 14 周岁的未成年人实施的危害行为不予刑事处罚，以及对 14—18 周岁少年犯罪不适用死刑和死缓的规定。"从轻"或"减轻"指对 14—18 周岁少年的犯罪比照成人同样罪名在法定刑幅度内从轻处罚，或在法定刑以下减等处罚。该立法原则一方面与我国的立法传统相联系，另一方面也是顺应国际法对触法少年应予特殊保护的立法趋势。③我们对刑事责任概念做广义理解，《刑法》第 17 条第 4 款规定了对未成年人的非刑罚处罚方式，对于不满法定年龄不予刑事处罚的，责令其家长或监护人管教，必要时由政府收容教养。这就将家长监管和收容教养等非刑罚性惩罚措施和行政处罚纳入了刑事责任承担方式的范围。可见，我国刑法不排除

---

① 参见最高法院 1995 年发布的《关于办理未成年人刑事案件适用法律的若干问题的解释》；2000 年发布的《关于审理强奸案件有关问题的解释》、《关于适用财产刑若干问题的规定》。

② 有学者认为我国为四分法：未满 14 周岁为无刑事责任阶段；14—16 周岁为相对刑事责任阶段；16（有认为是 14 岁）—18 周岁为减轻刑事责任阶段；已满 18 岁为完全刑事责任阶段。参见赵秉志《少年的刑事责任问题研究》（一），《山东公安专科学校学报》2001 年第 2 期；杨春洗、杨敦先主编《中国刑法论》，北京大学出版社，1998，第 92 页以下。

广义刑事责任概念，只有这样理解，"才能与刑法所规定的刑事责任的实现方式相衔接，才能说是……对刑事责任规范的全面而正确的解读"。① ④对未成年犯排除死刑。基于未成年犯身心发育的特点，以及对生命权利的尊重等原因，1997 年刑法规定对未成年犯禁止适用死刑。这是我国立法史上的一大进步，体现了对未成年人特殊保护的刑事政策。此条包括两层含义：一是只要犯罪时不够 18 周岁，即使判刑时已满 18 岁也不适用死刑；二是排除死刑也包括死缓。

　　刑法为什么根据不同的年龄段规定不同的刑事责任范围，其立法依据是什么？笔者认为，我国被控少年的刑事责任立法依据可以从三方面表述。（1）考虑到了被控少年的刑事责任能力的特点，此为立法的生理、心理科学依据。各年龄阶段未成年人的生理、心理发展的差异性是规定其刑事责任范围的科学基础。有关少年的责任观念发展研究表明，随着年龄的增长，少年的认识能力和意志能力都有了相应的发展，责任观念和是非观念随着认知能力的增强也得到了相应的提高。② 比如，已满 14 周岁不满 16 周岁的少年在知识、生理、心理和智力方面有了一定的发展，对某些严重危害社会的行为如杀人放火等具备了一定的辨认和控制能力。因此，刑法将 14 周岁作为承担刑事责任的界限，但是，他们在能力程度上仍然是有限的，还不具备完全意义上的辨认和控制能力，因而规定 14—16 岁只对严重危害社会的 8 类犯罪承担刑事责任。（2）受被控少年的刑事责任目的和少年犯罪刑事政策的指引，此为立法的政策依据。对被控少年刑罚的目的和国家关于少年犯罪的刑事政策，是被控少年刑事责任立法的政策观念基础。对于具备了一定的分辨和控制能力的少年，法律规定其对几种特别严重的犯罪承担刑事责任，既体现了未成年人的刑事责任能力发展的渐进性特点，也能够起到对特定未成年犯的特殊预防和对社会上一般人的警示和教育作用。从一般刑事政策的惩罚威慑到强调教育挽救而给予违法犯罪少年以特殊保护，这体现了我国刑事政策对少年犯罪从宽的特点，也体现了立法者对少年违法犯罪特殊性的认识。（3）受世界上少年刑事立法发展趋势的影响，此为立法的制度观念依据。外国和国际文件关于被控少年的刑

---

① 屈学武：《刑法规范及理论上的若干模糊域梳理》，载陈泽宪主编《刑事法前沿》（第一卷），中国人民公安大学出版社，2004，第 99 页。
② 参见白学军编著《智力心理学的研究进展》，浙江人民出版社，1996，第 238 页。

事责任的立法及其立法理念，特别是我国已经批准的国际文书中的相关规定，对我国相关立法具有一定的参考价值和指导意义。如《儿童权利公约》的相关规定。

2. 未成年人刑事责任制度的检讨及完善

由于我们对未成年人的刑事责任问题认识的局限性以及立法、司法水平的有限性，立法上还存在不完善的地方，表现在以下几个方面。一是少年司法的法律体系还很不完备，没有一部少年刑法、少年事件处理法等这样的专门立法。二是仅有的法律规定也存在一定缺陷。比如，《刑法》关于未成年人刑事责任的规定，采取列举式的立法方式，规定14—16周岁被控少年对8类犯罪应负刑事责任，但这8种犯罪是行为还是罪名，学界和实务界一直众说纷纭。三是关于降低刑事责任年龄和无刑事责任能力者的严重危害社会行为的处理。四是刑罚的适用。对未成年犯适用的刑罚方式包括：管制、拘役、有期徒刑、无期徒刑、罚金、剥夺政治权利、没收财产。学界和司法实务界对被控少年适用无期徒刑问题、罚金问题、剥夺政治权利问题等都有争论。比如，关于罚金刑有两种截然相反的观点：反对者认为这是一种变相株连；赞成者认为对没有收入的少年施以罚金，可以看作父母或监护人对其承担疏于管教的责任方式。其实更重要的是，从被控少年的利益考虑，罚金刑作为宽缓的刑种可以避免服刑期间的交叉感染。

针对这些存在的问题，需要在立法上加以完善，立法问题可以考虑分两步走。第一步，在现行法律制度框架下，在刑法中对少年的刑事责任问题做出专章规定，并同时制定专门的"少年保安处分条例"、"少年观护办法"、"少年事件处理法"等单行法。纵观别国立法例，除德国、美国、日本等有少年法的国家外，其至少对少年刑事责任做了专章或专节的规定。做出专章单独规定可以采取与成年人刑事责任互相照应的方法，其大致内容如下。第一，关于被控少年的刑事责任年龄，宜维持三个阶段的年龄划分，相对刑事责任年龄阶段如采取列举方式，可参照1997年《俄罗斯联邦刑法》的做法，在列举的罪行后用括弧标明相对应的条款。第二，行为人年龄的认定以犯罪时年龄起算。第三，14—18周岁的犯罪人由于特殊原因免除刑事责任的规定：心智发育迟缓、激情犯罪等情节。第四，不得适用终身监禁和死刑。第五，对少年从轻和减轻的规定：量刑规则如自由刑限制在成人刑罚的 1/2、最高刑罚不得超过 10 年等。第六，少年缓刑、减刑及假释制度的建构。第七，科处刑种的规定：罚金、强制性工作、拘役、一定期限的剥夺自由。第八，矫治场所及其管理。第二步，制定实体和程序一体化的"少年法院法"，大致涵盖下列内容。第一编，适用范围。第二编，犯罪行为及其后果：第一章，刑事责任年龄；第二章，刑罚（量刑标准）；第三章，缓刑、减刑及假释。第三编，刑事违法行为及其后果：第一章，观护制度；第二章，保安处分。第四编，不良行为及其后果：第一章，工读学校；第二章，治疗机构。第五编，法院组织和刑事诉讼程序：第一章，法院组织；第二章，管辖；第三章，诉讼程序；第四章，执行和行刑。第六编，前科记录的消除。

　　在立法过程中有些问题可能会比较突出甚至引起激烈的争论，比如关于刑事责任性质问题的认识。在被控少年的刑事责任立法中，应特别注意区分刑法意义上的责任和犯罪学上的责任。只有行为人有罪过并可以归罪，才存在刑法意义上的刑事责任。犯罪学上责任的成立，不要求实行刑法意义上的犯罪，只要有"实行犯罪"这一事实，就引起犯罪学上的刑事责任，即"危险状态"也会引起刑事责任。所以，为实现预防、治疗、教育等目的，犯罪学意义上的责任所适用的不是真正意义上的刑罚，而是保安处分、观护制度等这类非监禁性的处遇制度。这类处遇措施或是抑制犯罪发生（排除犯罪发生的可能性）的措施，或是治疗或教育措施，因此不发生前科记录问题。犯罪学意义上的刑事责任一般也由刑事法院做出评判，被作为刑罚的补充或替代适用，因此，通常人们也将这种形式的责任作为刑法意义上的责任理解。在少年的刑事责任立法中，既要注意区分刑法意义上的刑事责任和犯罪学意义上的责任，也要适当考虑犯罪学意义上责任的补充作用，这是少年主体特点所要求的。再有可能引起激烈争论的问题是刑事责任年龄的界限问题。

　　关于降低刑事责任年龄问题曾引起激烈的讨论，争论的起因是发生了几起低龄儿童犯重罪事件。我国《刑法》确立了少年刑事责任制度，并将 14 周岁作为承担刑事责任的底线，这一规定符合儿童的心理状况，符合我国刑罚目的的要求以及国际社会处置少年越轨行为的发展趋势，比较好地体现了对少年违法犯罪实行"教育为主、惩罚为辅"的刑事政策及少捕少判的精神。但随着社会的复杂化，低龄少年恶性杀人和伤害事件时有发生，降低刑事责任年龄的呼声不绝于耳，其主要目的在于维护社会秩序，但也有很多学者认为降低刑事责任年龄弊大于利。那么，对于降低刑事责任年龄是不是解决低龄少年犯罪的不二选择，如果不降低刑事责任年龄如何防控低龄犯罪等问题，笔者认为可以从以下几个方面考虑。

（1）降低刑事责任年龄不是解决低龄重罪问题的有效手段。降低刑事责任年龄反映的是少年司法基本理念和发展导向的转变。降低年龄的动因无非在于加强对低龄少年犯罪的打击力度，维护社会秩序。与国外相比，我国少年司法制度已足够严厉，所谓的不予刑事处罚即为纵容犯罪，纯属对刑法条文的误读，其实是相关非刑事处罚措施跟进不到位的结果。将低龄少年纳入刑事司法系统，并不利于控制犯罪，反而会制造更多的成年犯罪后备军。法律规定针对的是普遍现象，而不是少数现象。我国刑事责任年龄以 14 岁为起点有心理学、教育学等相关理论作为依据，如果需要降低刑事责任年龄，必须有实证研究证明少年人认知能力普遍提前，而不能根据若干个案，以生理早熟来决定。也不能以低龄少年重罪案件增多为依据，况且低龄重罪毕竟是极少数情况。需要特别指出的是，不负刑事责任不意味着不承担相应的违法责任。对于因年龄不到而没有被追究刑事责任的违法少年，应当采取多种措施和手段，防止其再犯。

（2）国际上关于刑事责任年龄的通例。尽管根据"散墨原理"，人的辩控能力有一个渐进的发展过程，不可能在某个时刻发生突变，但以年龄为标准确定刑事责任能力毕竟是一个便于操作可行的标准，绝大多数国家都采取年龄标准。但由于各国历史、文化、社会发展等方面的原因，负刑事责任的最小年龄差别很大。《联合国少年司法最低限度标准规则》明确规定，少年负刑事责任年龄的起点不应规定得太低，应考虑到情绪和心智成熟的实际情况。现代的做法是考虑儿童是否能达到负刑事责任的精神和心理要求，即根据孩子的辨别和理解能力决定其是否能对本质上反社会的行为负责。如果将刑事责任的年龄规定得太低或根本没有年龄限度，那么责任概念就会失去意义。关于刑事责任年龄界限，除了一些国家因为宗教等原因没有规定刑事责任年龄界限之外，绝大多数国家的刑法都规定了刑事责任年龄的上下限。但不同国家对于上限和下限的划定则不同。大多数国家规定刑事责任年龄的下限为 14 周岁，例如，加拿大、日本等国为 14 周岁，蒙古国、俄罗斯等为 16 周岁。也有的国家的规定低于 14 周岁。如印度为 12 周岁、澳大利亚为 10 周岁。美国 50 个州中，有 27 个州规定了刑事责任的最低年龄，大多数州为 14 周岁，也有的规定为 10—12 周岁。当然，很多国家也都面临低于责任年龄儿童实施严重危害行为的问题，但通常都没有采取降低刑事责任年龄的措施，相反，一些责任年龄起点过低的国家提高了或正在考虑提高责任年龄的下限。比如，2014 年欧洲人权委员会就建议将欧洲各国的刑事责任最低年龄定规定为 14 周岁。因此，希望通过降低责任年龄应对低龄重罪的主张，与现代刑法通例及其发展趋势不符。

（3）采取切实可行的综合治理措施防控低龄少年犯罪。应当清醒地认识到，对低于法定责任年龄的少年犯罪应当采取有效措施，积极预防。据此，不仅在少年司法的观念上要更新，还涉及一系列相关制度措施的进一步完善和细化。①在观念更新的基础上正确认识罪错少年及其行为。罪错少年包括有不良行为、违法行为以及犯罪行为的少年。少年犯罪有个体因素，也有社会、家庭、学校方面的原因。个体因素包括青春期危机、心理因素、生理因素。前两项与外界的影响和指导有关。生理因素如轻微脑功能失调综合征等在少年犯罪中占一定比例，需要早发现早治疗。低龄少年属于心智发育尚不健全的群体，其罪错行为是身处青春期和社会化不足的表现。罪错少年同样有着对健康家庭、伙伴关系、学校和社区各生长环境之间互动的需求，不幸的是，这种互动带给他们的往往是严重的心理和行为问题，这使他们更加需要专业的帮助和辅导，因此，有必要针对青春期少年发展和成长的特殊需求，采取适当方式，帮助其顺利度过青春期并适应未来的社会生活。②制定和执行一项少年司法综合政策。这是儿童权利委员会提出的要求，预防以及利于触法少年回归社会是综合性少年司法政策的核心内容之一，需要形成综合性的福利化和社会化的少年司法体制，及时挽救、矫治误入歧途的少年。综合性少年司法体系架构预示着其发展方向必然是有社会的方面。从少年司法长远发展来看，少年司法的改革需要有心理学、社会学、法学、医学等专业知识队伍的介入。少年司法的社会化体现在三个方面。第一，把少年司法作为一个多个阶段有序展开的司法制度，比如从福利到社会再到司法的一体化展开，从维权、教育、预防到矫正、观护多功能一体化展开，等。第二，司法过程引入社区因素，帮助矫治少年的行为和心理。第三，司法过程与司法结果引入公众参与，更便于过程的民主性和结果的可接受性。③采取有效措施优化儿童成长的生态环境。少年和环境、司法之间存在这样四个事实：被认为犯罪且受到监禁处分的年龄越小，日后再犯罪可能性越大；经历过分严厉司法体制的人，很可能日后犯更大的罪；不公正和不和谐的社会，会受到社会所濡染少年人的因果报应；儿童早期环境是否健康及所受的教育与其成长后的暴力行为有正相关关系。对儿童违法犯罪的个案考察发现，违法犯罪少年的背后都存在社会责任和家庭教育的缺失。因此，要特别注意家庭教育以及教师素质的培养，特别关注辍学以及未完成既定学业的儿童。④相关制度体系的建构与完善。除了综合性少年司法政策以及与此密切相关的儿童福利制度、家庭辅导和协助、学校教育、社区服务等制度体系的建构，防控少年低龄犯罪的综合治理措施还涉及少年民事司法、行政司法、刑事司法制度的完善，以及少年不良行为和心理矫正制度，等。每项制度都涉及其他制度的配套，特别应重视采取措施的可行性。比如，劳动教养制度废止之后，对不予刑事处罚的犯罪少年收容教养也面临同样的困境。因此，对于不良行为以及违法犯罪少年，有必要建立和完善儿童教养、工读教育、少年观护、社区矫正等制度。⑤国家和社会在救治罪错少年中应发挥积极作用。国家在儿童保护和少年司法制度中应当发挥其独特的优势和作用，这不仅表现在法律政策的制定和实施、相关制度的建构等，还在于在家庭功能缺失的情况下，发挥儿童最后保护人的作用。此外，国家的独特作用还体现在政府代表国家对需要帮助的儿童及其家庭提供的援助，以及对社会资源的整合。这就需要将一部分政府职能社会化，以补充资源的不足，满足弱势儿童及其家庭的需求。

（二）少年刑事司法中的权利保护

1. 少年司法模式及其特点

我国少年司法模式基本属于一种混合模式，混合了刑事法庭模式和社区参与模式的一些特点，从少年犯罪治理所形成的公检法司"政法一条龙"和以工青妇为主的多部门参与的"社会一条龙"的跨部门合作机制就可以看出混合模式的特点。① 从少年司法角度看，我国在未成年人刑事责

---

① 参见 2001 年《最高人民法院关于审理未成年人刑事案件的若干规定》；2002 年《人民检察院办理未成年人刑事案件的规定》；2010 年中央综治委预防青少年违法犯罪工作领导小组、最高人民法院、最高人民检察院、公安部、司法部、共青团中央六部门联合发布的《关于进一步建立和完善办理未成年人刑事案件配套工作体系的若干意见》。

任确认的各阶段上，也显示了一些不同于普通刑事司法程序的特点。①立案阶段。立案对象除犯罪少年外，还包括 14—17 周岁予以治安处罚的，以及 18 周岁以下予以收容教育或需强制戒毒的少年。需要说明的是，我国少年司法的管辖范围包括违法行为和犯罪行为，没有关于虞犯少年的规定。关于少年严重不良行为的矫治在《预防未成年人犯罪法》中有相关规定，该法同时还规定了对严重不良行为少年的治安惩罚和收容教养的问题，实际上已经将严重不良行为纳入了广义的少年司法范围。②侦查阶段。由公安机关负责未成年刑事案件的侦查，所遵循的特别侦查程序规定在 1995 年公安部制定的《公安机关办理未成年人违法犯罪案件的规定》中，具体包括：遵行侦查不公开原则；设置专门的侦查机构，且侦查人员具有心理学、犯罪学、教育学、法学等专门知识；严格限制和尽量减少采取强制措施，并将之作为最后手段；预审讯问方式适合未成年人特点，并注重保护未成年人的各项权利。③起诉阶段。根据 2013 年修订的《人民检察院办理未成年人刑事案件的规定》，在起诉阶段，对少年案件应坚持全面审查原则，除对一般事项的审查外，还包括未成年人的出生时间、成长经历、家庭环境、犯罪原因等。除一般不起诉的六种情况，还对附条件不起诉做出了专门规定，除要求附条件不起诉的少年接受社区矫治外，检察院还可以会同其监护人、社区等对他们进行考察、教育，实施跟踪帮教。检察官的起诉不以惩罚为目的，并应具备法学、心理学、社会学、教育学等专门知识。④审判程序。少年审判程序的法律依据是《刑事诉讼法》、最高人民法院的《关于审理未成年人刑事案件的若干规定》（2000 年）和《最高人民法院关于审理未成年人刑事案件具体应用法律若干问题的解释》（2005 年）。与普通刑事审判的主要区别表现在以"教育为主，惩罚为辅"的总体审判原则以及一系列体现未成年人特点的具体审判规则。比如，人民陪审员要求由熟悉未成年人特点和热心未成年人保护工作的人员担任；在法庭设置上尽量减少法庭对抗；在庭审方式上按照最有利于未成年人的方式和在谅解的气氛下进行；对未成年罪犯适用刑罚，应当充分考虑是否有利于未成年罪犯的教育和矫正；对已满 14 周岁不满 16 周岁的人犯罪一般不判处无期徒刑；等。

2. 少年司法原则及权利保障

我国对少年司法保护的原则，体现在《刑事诉讼法》第五编特别程序的第一章"未成年人刑事案件诉讼程序"、《未成年人保护法》第五章"司法保护"、《预防未成年人犯罪法》、《最高人民法院关于审理少年刑事案件的若干规定》等法律文件中。未成年人刑事诉讼程序应当适用哪些原则，关系到未成年人刑事诉讼程序的设置和运行的基础。《刑事诉讼法》第 263 条规定虽然明确规定"对犯罪的未成年人实行教育、感化、挽救的方针，坚持教育为主、惩罚为辅的原则"，但其作为刑事诉讼程序的原则明显不完整，并且主要是实体法意义上的原则。就刑事诉讼法来说，应当确定的是未成年人刑事诉讼程序的原则。需要规定的适用于未成年人刑事诉讼程序的原则主要包括两个方面：一是刑事诉讼普遍适用的原则；二是仅适用于未成年人刑事诉讼程序的特定原则。

（1）刑事诉讼普遍适用的原则。未成年人刑事诉讼程序作为刑事诉讼程序的特别程序，与普通程序一样，应当遵循现代刑事诉讼的基本原则。未成年人刑事诉讼程序之所以特别，是因为未成年人的特点和对其应予特殊保护的需要，因此，现代刑事诉讼法律制度旨在保障权益、规范职权的基本原则，同样适用于未成年人诉讼程序。关于何为现代刑事诉讼的基本原则，学界已有较多的讨论。在此，需要特别讨论的有两项原则。一是无罪推定原则。该原则系现代刑事诉讼程序的基石，因而对建构我国的未成年人刑事诉讼程序具有特别重要的作用。学界关于无罪推定原则的认识现在比较一致，即不应简单地从认识论的角度看待该原则，而应从无罪推定原则的基本含义出发认识其价值。我国已经加入的《儿童权利公约》、《联合国少年司法最低限度标准规则》等国际文件对此都有明确规定，指出在依法判定有罪之前应视被控儿童为无罪，因此，无罪推定应被作为未成年人刑事诉讼程序的原则予以明确规定。二是不得强迫自证其罪原则。这也是刑事司法的一项基本原则，其具体的制度设计包括：被追诉人有权拒绝回答归罪性提问、不得采用强迫性讯问手段、强迫供述下的非法证据排除规则、禁止做出不利评价或推论以及获得律师帮助的权利。这项原则尽管放在了诉讼法证据章节中，但基于对儿童的特别重要意义，这里放在总原则的位置。我国《刑事诉讼法》第 43 条规定，"严禁刑讯逼供……不得强迫任何人证实自己有罪"。

（2）未成年人刑事诉讼程序适用的特定原则。未成年人刑事诉讼程序还应根据其特殊的需要而确定特殊的原则。关于未成年人刑事诉讼程序的特殊原则，学界已经进行了深入的讨论，形成了许多不同的观点。根据现有法律、法规和司法解释性文件，此处对适用于未成年人诉讼程序的原则以及相关的权利保护归纳如下。

第一，全面调查原则。不拘泥于起诉的内容，而对儿童个人情况、家庭情况、社区环境等做全面调查，以考虑对其犯罪行为做全面考察，以及量刑时的全面考量。这项原则的根据主要是对儿童年龄和促进儿童重新融合的考虑，这就需要少年司法过程中的专业人员了解儿童的发展和成长情况、儿童福祉的需求，了解司法及刑事制裁对儿童发展的负面影响，以便更好地发挥少年司法教育的挽救功能。《刑事诉讼法》第268条规定，办理未成年人刑事案件，根据情况可以对被控少年的成长经历、犯罪原因、监护教育等情况进行调查。

第二，分案处理原则。其体现在三个方面：其一，对未成年人适用强制措施要与成年人分别关押；其二，未成年人和成年人适用不同的诉讼程序，设立专门的未成年人办案机构和办案人员办理；其三，未成年人和成年人的生效判决执行分离。《刑事诉讼法》第269条规定，"对被拘留、逮捕和执行刑罚的未成年人与成年人应当分别关押、分别管理、分别教育"。

第三，保障未成年犯罪嫌疑人、被告人诉讼权利原则。这是指司法机关在刑事诉讼中对未成年犯罪嫌疑人、被告人的保护主要体现在权利的告知和保障未成年人诉讼权利的行使两个方面。这些权利包括涉案少年知悉权和陈述意见的权利，知悉是陈述意见的前提。儿童不仅须迅速直接地知悉对其提出的指控，而且还须知悉少年司法程序本身及可能裁定的措施，获得法律援助人员对相关规定的解释。对被控少年来说，陈述意见的权利对于进行公正审理至关重要，这项权利必须在少年司法的全过程中都得到充分尊重。比如，律师或其他代理人仍然有必要告知相关儿童：他们可以盘问证人，并且可以在这方面发表意见。另外，被控少年还享有上诉的权利。

第四，迅速简约原则。就触犯法律的儿童而言，从犯下不法行为到对此种行为采取最后应对措施的时间，应当尽可能短暂。这段时间越长，应对措施就越可能失去想要达到的积极的教育效果，相关儿童就越可能遭受歧视。

第五，特别帮助和保护原则。这是指对其提供超过成年人的、适合未成年人需要的特殊帮助和保护。这一方面是基于未成年人刑事诉讼同样会出现冤假错案，另一方面则是因为未成年人在刑事诉讼中更易于受到不法侵害且在现行刑事诉讼制度中难以得到有效保护。该原则的宗旨应是有效保障刑事诉讼中的未成年人的合法权益，尤其是被刑事追诉的未成年人的合法权益。该原则要求对未成年人提供适合其需要的特别帮助和保护，并应适用于刑事诉讼的全过程。比如，触法儿童与其援助人员之间的通信应当不受妨碍，其隐私权需得到充分尊重。《刑事诉讼法》第267条关于被控少年指派律师为其提供法律援助的规定，第270条关于代理人到场的规定，第271—273条关于附条件不起诉制度的规定，第275条关于犯罪记录封存的规定，都体现了对被控少年特别帮助和保护的原则。

第六，不公开审理原则。其体现对儿童隐私权保护以及其健康成长需求的尊重。这在《未成年人保护法》和《预防未成年人犯罪法》中都有所体现，《未成年人保护法》第42条规定："十四周岁以上不满十六周岁的未成年人犯罪的案件，一律不公开审理。十六周岁以上不满十八周岁的未成年人犯罪的案件，一般也不公开审理。"关于不公开审判，我国法律也考虑到了程序正当和少年权利保护问题，因此，《刑事诉讼法》第274条修改为"审判的时候被告人不满十八周岁的案件，不公开审理。但是，经未成年被告人及其法定代理人同意，未成年被告人所在学校和未成年人保护组织可以派代表到场"。

索　引

参考文献

1. 白学军编著《智力心理学的研究进展》，浙江人民出版社，1996。

2. 曹漫之主编《中国少年犯罪学》，群众出版社，1988。

3. 储槐植：《美国刑法》，北京大学出版社，1996。

4. 陈光中主编《〈公民权利和政治权利国际公约〉批准与实施问题研究》，中国法制出版社，2002。

5. 陈兴良：《本体刑法学》，商务印书馆，2001。

6. 陈兴良：《刑法的启蒙》，法律出版社，2000。

7. 陈兴良：《刑法哲学》，中国政法大学出版社，1998。

8. 程树德：《九朝律考》（卷三），商务印书馆，1927。

9. 程味秋、杨诚、杨宇冠编《联合国人权公约和刑事司法文献汇编》，中国法制出版社，2000。

10. 常健：《人权的理想·悖论·现实》，四川人民出版社，1992。

11. 丁道源编著《中外观护制度之比较研究》，中华文化复兴运动推行委员会、中央文物供应社，1983。

12. 樊风林主编《刑罚通论》，中国政法大学出版社，1994。

13. 冯军：《刑事责任论》，法律出版社，1996。

14. 房传珏：《现代观护制度之理论与实际》，三民书局，1977。

15. 高仰止：《刑法总则之理论与实用》，五南图书出版公司，1986。

16. 葛明珍：《〈经济、社会和文化权利国际公约〉及其实施》，中国社会科学出版社，2003。

17. 黄京平：《限制刑事责任能力研究》，中国政法大学出版社，1998。

18. 黄丁全：《刑事责任能力研究》，中国方正出版社，2000。

19. 洪福增：《刑事责任之理论》，刑事法杂志社，1988。

20. 胡云腾：《死刑通论》，中国政法大学出版社，1994。

21. 郝卫江：《尊重儿童的权利》，天津教育出版社，1999。

22. 鞠青主编《中国流浪儿童研究报告》，人民出版社，2008。

23. 贾洛川：《中国未成年人违法犯罪人员矫治制度研究》，中国人民公安大学出版社，2005。

24. 康树华、赵可：《国外青少年犯罪及其对策》，北京大学出版社，1985。

25. 康树华、向泽选：《青少年法学新论》，高等教育出版社，1996。

26. 梁根林主编《刑事政策与刑法变迁》（第三卷），北京大学出版社，2016。

27. 联合国儿童基金会编《〈儿童权利公约〉执行手册》，全国妇联、儿基会中国办事处翻译，2006。

28. 鲁明键：《中国司法制度教程》，人民法院出版社，1991。

29. 林准等主编《中国少年犯罪与司法》，世界知识出版社，1993。

30. 马克昌：《比较刑法原理》，武汉大学出版社，2002。

31. 柳华文：《联合国核心人权公约与机制》，湖南大学出版社，2016。

32. 《历代刑法志》（上下册），群众出版社，1962。

33. 栗劲：《秦律通论》，山东人民出版社，1985。

34. 李心鉴：《刑事诉讼构造论》，中国政法大学出版社，1998。

35. 李志敏主编《比较家庭法》，北京大学出版社，1990。

36. 林纪东编《少年法概论》，"国立"编译馆、正中书局，1972。

37. 马克昌：《比较刑法原理》，武汉大学出版社，2002。

38. 马克昌：《刑法原理——外国刑法学总论》，武汉大学出版社，2002。

39. 莫洪宪、康均心主编《未成年人权益保护及救济理论与实务》，武汉大学出版社，2001。

40. 彭驾骍：《少年问题探究》，巨流图书公司，1985。

41. 联合国：《人权：国际文件汇编》，1994。

42. 史尚宽：《亲属法论》，中国政法大学出版社，2000。

43. 尚晓援：《中国弱势儿童群体保护制度》，社会科学文献出版社，2008。

44. 佟丽华：《未成年人法学》，中国民主法制出版社，2001。

45. 夏勇主编《走向权利的时代》，中国政法大学出版社，2000。

46. 夏勇：《人权观念起源——权利的历史哲学》（修订版），中国政法大学出版社，2001。

47. 夏勇：《中国民权哲学》，生活·读书·新知三联书店，2004。

48. 熊先觉：《中国司法制度新论》，法制出版社，1999。

49. 王敏远主编《刑事诉讼法学》（下），知识产权出版社，2013。

50. 杨春洗：《刑法理念新探索——杨春洗文集》，北京大学出版社、人民法院出版社，2003。

51. 姚建龙主编《中国青少年犯罪研究综述》，中国检察出版社，2009。

52. 姚建龙：《长大成人：少年司法制度的建构》，中国人民公安大学出版社，2003。

53. 杨春洗、杨敦先主编《中国刑法论》，北京大学出版社，1998。

54. 赵秉志主编《香港刑法学》，河南人民出版社，1997。

55. 赵雪纲：《功利主义人权观批判》，载徐显明主编《人权研究》（第二卷），山东人民出版社，2002。

56. 张智辉主编《国际刑法问题研究》，中国方正出版社，2002。

57. 张文等：《刑事责任要义》，北京大学出版社，1997。

58. 张筱薇：《比较外国犯罪学》，百家出版社，1996。

59. 张明楷：《刑法学》（上），法律出版社，1997。

60. 张晓秦、赵国玲主编《当代中国的犯罪与治理》，北京大学出版社，2001。

61. 朱胜群编著《少年事件处理法新论》，三民书局，1976。

62. 中华全国妇女联合会儿童工作部、英国救助儿童会中国项目编《儿童参与：东西方思维的交汇》，中国法制出版社，2004。

63. 〔奥〕凯尔森：《法与国家的一般理论》，沈宗灵译，中国大百科全书出版社，1996。

64. 〔奥〕曼弗雷德·诺瓦克：《民权公约评注：联合国〈公民权利和政治权利国际公约〉》（上、下），毕小青等译，夏勇审校，生活·读书·新知三联书店，2004。

65. 《德国刑法典》，徐久生、庄敬华译，中国法制出版社，2000。

66. 〔德〕弗兰茨·冯·李斯特：《德国刑法教科书》，徐久生译，法律出版社，2000。

67. 〔德〕马克斯·韦伯：《论经济与社会中的法律》，张乃根译，中国大百科全书出版社，1998。

68. 〔德〕格吕恩特·雅科布斯：《行为责任刑法——技能性描述》，冯军译，中国政法大学出版社，1997。

69. 〔法〕卡斯东·斯特法尼：《法国刑法总论精义》，罗结珍译，中国政法大学出版社，1998。

70. 〔法〕卢梭：《爱弥儿：论教育》（上、下卷），李平沤译，商务印书馆，1983。

71. 〔法〕卢梭：《社会契约论》，何兆武译，商务印书馆，1982。

72. 〔法〕安德烈·比尔基埃等：《家庭史——现代化的冲击》，袁树仁等译，生活·读书·新知三联书店，1998。

73. 〔意〕杜里奥·帕多瓦尼：《意大利刑法学原理》，陈忠林译，法律出版社，1998。

74. 《意大利刑法典》，黄风译，中国政法大学出版社，1998。

75. 〔意〕加罗法洛：《犯罪学》，耿伟、王新译，储槐植校，中国大百科全书出版社，1996。

76. 〔意〕菲利：《实证派犯罪学》，郭建安译，中国政法大学出版社，1987。

77. 〔英〕密尔：《论自由》，程崇华译，商务印书馆，1962。

78. 〔英〕J. C. 史密斯、B. 霍根：《英国刑法》，李贵方等译，法律出版社，2000。

79. 〔英〕J. W. 塞西尔·特纳：《肯尼刑法原理》，王国庆等译，华夏出版社，1989。

80. 〔英〕伯特兰·罗素：《婚姻革命》，靳建国译，东方出版社，1988。

81. 〔英〕J. 边沁：《立法理论——刑法典原理》，孙力等译，中国人民公安大学出版社，1993。

82. 《加拿大刑事法典》，卞建林等译，中国政法大学出版社，1999。

83. 〔美〕巴里·C. 菲尔德：《少年司法制度》（第二版），高维俭等译，中国人民公安大学出版社，2011。

84. 〔美〕玛格丽特·K. 罗森海姆等编《少年司法的一个世纪》，高维俭译，商务印书馆，2008。

85. 〔美〕杰克·唐纳利：《普遍人权的理论与实践》，王浦劬等译，中国社会科学出版社，2001。

86.〔美〕J. 罗斯·埃什尔曼：《家庭导论》，潘允康等译，中国社会科学出版社，1992。

87.〔美〕罗斯 S. 肯普、C. 亨利·肯普：《虐待儿童》，凌红等译，辽海出版社，2000。

88.〔美〕罗纳德·德沃金：《认真对待权利》，信春鹰、吴玉章译，中国大百科全书出版社，1998。

89.〔美〕特拉维斯·赫希：《少年犯罪原因探讨》，吴宗宪等译，中国国际广播出版社，1997。

90.〔美〕纳坦·塔科夫：《为了自由——洛克的教育思想》，邓文正译，生活·读书·新知三联书店，2001。

91.〔美〕李查德·霍金斯等：《美国监狱制度——刑罚与正义》，孙晓雳等译，中国人民公安大学出版社，1991。

92.〔日〕大须贺明：《生存权论》，林浩译，吴新平审校，法律出版社，2001。

93.〔日〕大塚仁：《犯罪论的基本问题》，冯军译，中国政法大学出版社，1993。

94.〔日〕野村稔：《刑法总论》，全理其、何力译，法律出版社，2001。

95.〔苏〕П. В. 巴格里－沙赫马托夫：《刑事责任与刑罚》，韦政强等译，法律出版社，1984。

96.〔苏〕А. К. 多尔戈娃：《少年犯罪社会心理学》，徐世京等译，上海翻译出版公司，1985。

97. 俄罗斯联邦总检察院编《俄罗斯联邦刑法典释义》（上、下册），黄道秀译，中国政法大学出版社，2000。

98. Asbjørn Eide, (et al.), (eds.), *Economic, Social and Cultural Rights*, Martinus Nijhoff Publishers, 2001.

99. Birgitta Rubenson, "The Rights of the Child in Swedish Development Cooperation", Swedish International Development Cooperation Agency, 2002.

100. Barry C. Feld, *Justice for Children: The Right to Counsel and the Juvenile Courts*, Boston: Northeastern University Press, 1993.

101. Bob Franklin, (ed.), *The Rights of Children*, Basil Blackwell, 1986.

102. Claire Breen, *The Standard of the Best Interests of the Child*: *A Western Tradition in International and Comparative Law*, Martinus Nijhoff Publishers, 2002.

103. C. A. Wringe, *Children's Rights*: *A Philosophical Study*, Routledge & Kegan Paul, 1981.

104. Clyde B. Vedder, *Juvenile Offenders*, Charles C Thomas Publisher, 1979.

105. Cynthia Price Cohen and Howard A. Davidson, (eds.), *Children's Rights in America*: *U. N. Convention on the Rights of the Child Compared with United States Law*, American Bar Association, 1990.

106. George H. Pagne, *The Child in Human Progress*, G. P. Putnam's Sons, 1916.

107. George Mousourakis, *Criminal Responsibility and Partial Excuses*, Dartmouth: Ashgate, 1998.

108. Gudmundur Alfredsson and Asbjφrn Eide, (eds.), *Universal Declaration of Human Rights*: *A Common Standard of Achievement*, Martinus Nijhoff Publishers, 1999.

109. Geraldine van Bueren, *The International Law on the Rights of the Child*, Martinus Nijhoff Publishers, 1995.

110. Goran Melanderand G. Alfredsson, (eds.), *The Raoul Wallenberg Compilation of Human Rights Instruments*, Martinus Nijhoff Publishers, 1997.

111. Gordon Bazemore and Lode Walgrave, (eds.), *Restorative Juvenile Justice*: *Repairing the Harm of Youth Crime*, New York: Criminal Justice Press, 1999.

112. Howard Cohen, *Equal Rights For Children*, Littlefield, Adams & Co., 1980.

113. Jaap Doek, Hans van Loon and Paul Vlaardingerbroek, *Children on the Move*: *How to Implement Their Right to Family Life*, Martinus Nijhoff Publishers, 1996.

114. John Muncie, *Youth and Crime*: *A Critical Introduction*, SAGE Publications, 1999.

115. Jonathan Herring, *Criminal Law*, Beijing: Law Press, 2003.

116. Judith Ennew, *The Sexual Exploitation of Children*, Cambridge: Polity Press, 1986.

117. Lawrence J. LeBlanc, *The Convention on the Rights of the Child: UN Lawmaking on Human Rights*, University of Nebraska Press, 1995.

118. Michael Freeman and Philip Veerman, (eds.), *The Ideologies of Children's Rights*, Martinus Nijhoff Publishers, 1992.

119. Michael Freeman, *The Moral Status of Children: Essays on the Rights of the Child*, Martinus Nijhoff Publishers, 1997.

120. Philip E. Veerman, *The Rights of the Child and the Changing Image of Childhood*, Martinus Nijhoff Publishers, 1992.

121. Philip Alston, (ed.), *The Best Interests of The Child*, Oxford: Clarendon Press, 1994.

122. R. Hanski and M. Suksi, (eds.), *An Introduction to the International Protection of Human Rights*, Institute for Human Rights, Abo Akademi University, 1999.

123. Sharon Detrick, (ed.), *The United Nations Convention on the Rights of the Child: A Guide to the "Travaux Préparatoires"*, Martinus Nijhooff Publishers, 1992.

124. Sanford J. Fox, *Juvenile Courts*, West Publishing Co. , 1977.

125. Thomas Grisso and Robert G. Schwartz, *Youth on Trial: A Developmental Perspective on Juvenile Justice*, The University of Chicago Press, 2000.

126. Wolliam Aiken & Hugh LaFollette, (eds.), *Whose Child?: Children's Rights, Parental Authority and State Power*, Rowman and Littlefield, 1980.

后　记

　　这部作品是我的第一部专著。它是我自 1995 年在加拿大渥太华大学人权与教育中心进修期间开始思考儿童权利问题至今的一些积累，也是我对儿童权利问题理解的一个阶段性总结。这十年间，在匆忙的工作间隙，在家有考生的忙碌中，我也曾就儿童保护问题写过一些东西，但总有一个心愿，希望有一段完整的时间坐下来平心静气地把儿童权利问题做一个整体思考。如今，这个愿望似乎实现了，但是心里不免有些惴惴不安，总觉得在行色匆匆间出炉的东西带有过多的遗憾。有些问题还可做深入的研究而未及展开论述，有些资料本可补充进去而未及读完，更遗憾的是，本该做一些翔实的社会调查对书中的一些问题做一些实证分析，因时间和经济原因也未能实现夙愿。还有，本书在编排体例上也似乎有些生硬，其中分论中关于被控少年的刑事责任问题本是由我的硕士论文修改而成，原本考虑独立出版，又觉得尽管谈论的是刑事责任问题，但一定要从权利保护的视角看，被控少年的刑事责任制度及少年司法制度才有独立存在的意义，因此，本书的出发点仍是保护少年的权利，而非单纯的追究责任。况且这个问题与国家义务和社会责任都有着千丝万缕的联系。最后，还是决定合在一起出版。当然，本书的不足还远不止这些，敬请读者指正。

　　我要感谢引领我走上儿童权利探索之路的北京大学白桂梅教授，是她在渥太华的枫树林间鼓励我把儿童权利作为研究的方向。我要感谢直接指导我硕士论文的陈泽宪教授，以及担任我的论文答辩委员会和评阅委员会成员的宗建文教授、黄芳教授、刘仁文教授、王平教授，还有经常给予我帮助和指导的屈学武教授、冯锐教授、胡云腾教授、刘楠来教授、王敏远教授、熊秋红教授以及其他给过我帮助的学者。我要感谢夏勇教授，以及和我一起工作的同事吴玉章教授、黄列教授、徐炳教授、苏亦工教授、钱弘道教授、冉昊博士、毕小青博士和冉井富博士，他们不仅在日常工作中给予我很多帮助，他们对学术的执着追求和对工作的勤勉精神也深深感染并激励着我，使我不论在写作上还是工作上都不能有丝毫的懈怠。我要感谢我的同事蒋隽女士，她为我查阅了很多关于儿童问题的资料，并提供了多种检索资料的方法。我特别要感谢社会科学文献出版社的刘晓君编辑以及其他为出版本书付出辛劳的人们，他们认真负责的工作为本书增色不少。我还要感谢我的父亲、母亲，是他们十几年来为我尽心尽力地带养着儿子，对他们我心存感激、愧疚又无以报答，不知这本书能否作为一份薄礼，安慰他们过早生出的白发。最后，我还要衷心感谢那些为我提供资料和写作之便的师长和同事们。

作者

2005 年 9 月

再版后记

在本书原版刊发后这十几年当中，我将注意力集中到了儿童福利保障部分，并出版了专著《儿童福利论》，写作中获得的新思考在本次修订本中得以体现。我要感谢中国社会科学院法学研究所与社会科学文献出版社发起的"法治、人权系列丛书"出版计划，没有他们提供的机会，我恐怕此生也无法实现出修订本的愿望了。

我要感谢一路走来，扶助我帮助我的师长们，像北京大学白桂梅教授，在她的引领下，我才步入儿童权利研究领域。我要感谢辅导我硕士论文写作的陈泽宪教授以及论文答辩委员会的刘仁文教授、黄芳教授、宗建文教授、王平教授。还有一些学界同人，有很多没有直接接触过而难以望其项背的，而有一些就在身边，他们的指导和帮助让我受益良多，他们的治学精神和严谨的作风一直鼓励着我，成为我不断进步的榜样。他们是中国社会科学院法学研究所的冯锐教授、屈学武教授、刘楠来教授、田禾教授、张绍彦教授、熊秋红教授、薛宁兰教授、柳华文教授、徐卉教授、樊文副教授，一起工作过的同事吴玉章教授、黄列教授、徐炳教授、苏亦工教授、周汉华教授、陈洁教授，等，还有一些人虽然离开了法学所，但对他们的帮助我仍然不能忘却。我也要感谢夏勇教授、胡云腾教授、刘作翔教授。我还要感谢王敏远教授和祁建建女士，他们赠送的《刑事诉讼法学》使我受益匪浅，我在修改"少年司法和儿童权利保护"一章时颇受启发。我还要感谢我的同事蒋隽女士，其为我写作提供资料查阅之便，还有卢娜女士，此次修改我一拖再拖，她总是能给予理解和帮助。当然，我也由衷地感谢为本书出版付出辛劳的社会科学文献出版社的编辑们，特别是芮素平、王小倩等，他们的修改为本书增色不少，没有他们的无私奉献，本书不可能顺利出版。

　　最后，我要感谢我的父亲和母亲。在本书原版出版后的第四年，我母亲病逝，如今父亲也不复当年的英气和睿智，沧海桑田，不知道本修订版能否为天国的母亲和父亲的桑榆晚景再添一抹暖阳。

王雪梅

2018 年元月 26 日

图书在版编目（CIP）数据

儿童权利论：一个初步的比较研究 / 王雪梅著. --
2 版. -- 北京：社会科学文献出版社，2018.10
（中国人权研究）
ISBN 978 - 7 - 5201 - 3362 - 3

Ⅰ. ①儿… Ⅱ. ①王… Ⅲ. ①未成年人保护法 - 研究
- 中国 Ⅳ. ①D922.74

中国版本图书馆 CIP 数据核字（2018）第 200047 号

中国人权研究

儿童权利论
——一个初步的比较研究

著 者 / 王雪梅

出 版 人 / 谢寿光
项目统筹 / 芮素平
责任编辑 / 郭瑞萍 王小倩 张春玲

出 版 / 社会科学文献出版社 · 社会政法分社（010）59367156
地址：北京市北三环中路甲 29 号院华龙大厦 邮编：100029
网址：www.ssap.com.cn
发 行 / 市场营销中心（010）59367081 59367018
印 装 / 三河市尚艺印装有限公司

规 格 / 开 本：787mm × 1092mm 1/16
印 张：26 字 数：421 千字
版 次 / 2018 年 10 月第 2 版 2018 年 10 月第 1 次印刷
书 号 / ISBN 978 - 7 - 5201 - 3362 - 3
定 价 / 109.00 元

本书如有印装质量问题，请与读者服务中心（010 - 59367028）联系

▲ 版权所有 翻印必究